臺灣歷史與文化研究輯刊

六 編

第 21 冊

施叔青《臺灣三部曲》中的歷史想像與臺灣書寫研究

陳姵妤 著

花木蘭文化出版社

國家圖書館出版品預行編目資料

施叔青《臺灣三部曲》中的歷史想像與臺灣書寫研究／陳姵妤
著 -- 初版 -- 新北市：花木蘭文化出版社，2014〔民 103〕
目 4+280 面；19×26 公分
（臺灣歷史與文化研究輯刊 六編：第 21 冊）
ISBN 978-986-322-964-3（精裝）
1.施叔青 2.臺灣小說 3.文學評論
733.08   103015096

ISBN-978-986-322-964-3

臺灣歷史與文化研究輯刊
六　編　第二一冊　　　　　　　ISBN：978-986-322-964-3

施叔青《臺灣三部曲》中的歷史想像與臺灣書寫研究

作　　者　陳姵妤
總 編 輯　杜潔祥
副總編輯　楊嘉樂
編　　輯　許郁翎
出　　版　花木蘭文化出版社
社　　長　高小娟
聯絡地址　235 新北市中和區中安街七二號十三樓
　　　　　電話：02-2923-1455／傳真：02-2923-1452
網　　址　http://www.huamulan.tw 信箱 hml810518@gmail.com
印　　刷　普羅文化出版廣告事業
初　　版　2014 年 9 月
定　　價　六編 21 冊（精裝）新台幣 42,000 元

施叔青《臺灣三部曲》中的歷史想像
與臺灣書寫研究

陳姵妤　著

作者簡介

陳姵妤，臺灣臺北人，目前擔任中學教師。畢業於國立嘉義大學中國文學所碩士班，指導教授為吳盈靜教授。向來喜歡接觸文學作品的我，很開心我的指導教授引領我徜徉施叔青的文學世界中，藉著施叔青的筆觸，我見到了女性細膩的心思、不同的臺灣史觀，這是一趟豐厚、盈滿的文學之旅，也讓我愛上了作家施叔青的作品，這樣的收穫讓我企盼自己未來能在此方面的研究多做精進，能夠有更深入與成熟的研究成果。

提　　要

　　臺灣是一處充滿著歷史感的地方，有臺灣的原住民族、隨著空間移轉的移民，以及見證歷史時間變革的遺民等，人們身上烙印著被遺的苦痛、被殖民的創傷、對母國的企盼與失落……等愁緒，這些前人走過的步履與愁思已深植於臺灣這塊土地上，也交織出獨特的臺灣歷史與文化。施叔青以女性的細膩心思與宏觀的視角觀察臺灣歷史，以情感豐盈的筆觸、馳騁的想像，將臺灣的歷史化為筆下虛實相間的小說，其虛筆與實筆的運用間必然有她聚焦的意義。作者善用現代主義筆法描繪生活於臺灣的人們，以及他們面臨不同政權更迭時的心境轉折，她關懷伶人、小人物被壓抑的聲音，並賦予「物」深刻且細膩的蘊義，如透過人們所穿的衣服可見時代的遊走與心情的轉換；藉擬人化樟樹的自白來為臺灣發聲；以照相機與照片傳達出它們是歷史的見證者，保存了時代的印記。在作品中，施叔青除關懷小人物外，她亦從另一個角度描繪來臺的治理者，如清領時期官吏來臺的孤寂，與對原住民族有益的治臺政策；日本殖民者被愛國主義氛圍繚繞的沉重包袱，與他們落寞的內心世界……等，在作者細膩的觀照下，呈顯出治理者非只是高高在上者，在他們的內心也有著深刻的傷痛，施叔青在這樣的筆法中，流露出了濃濃的「救贖」味道。而在《風前塵埃》中，作者亦透過無弦琴子的追溯身世之旅，最終她於花東大自然氣息的包圍中，改變了她看待臺灣的視角，進而有了釋然、放下的心境，她從禁錮自己的殖民囹圄中「救贖」了自我。本論文欲從《臺灣三部曲》中了解施叔青想像之筆的意義、她如何呈顯出臺灣的歷史，進而可歸結知道她所構築出的史觀，而這樣的觀點與臺灣大河小說家又有何異處，從中可知作者在臺灣大河小說長流中重要的地位，及《臺灣三部曲》的價值與不足處。

謝　誌

　　時光荏苒、時序遞嬗，韶光無聲無息地溜走，三年的光陰轉瞬即逝，畢業的那一刻，我的心中有無限的喜悅與感激，同時也泛著淡淡的哀愁感，喜悅的是我又完成了自己人生中的一個理想，哀愁的是離開的不捨。憶起在嘉義大學上課的點點滴滴，依舊歷歷在目，在職進修的日子，讓我體會到要兼顧工作與課業是十分辛苦的，蠟燭兩頭燒正是當時的我的處境。雖然過程辛苦，但卻為我的生活注入了一股活泉，教授們用心的教學，讓我在知識的殿堂中獲得諸多的知識，對我而言，那是一趟艱辛卻充實、飽滿的求學之旅。

　　完成論文的剎那，心中滿溢著成就感與感謝。感謝我的指導教授吳盈靜教授孜孜不倦地教導，與老師的相處過程讓我感到十分充實與溫暖，每一次的討論，都讓我如沐春風，老師總是予我許多的指導，不斷地給予我新的觸發，讓我在每一次的討論後都滿載而歸，也讓我的論文在經過一次又一次的討論、修改後，有了進步。除了論文的指導外，老師還細心地關心著我的健康，提醒我寫論文很重要，但身體健康更重要，老師所說的那一句句：「不要太累了！」、「加油喔！」在我耳畔響起的同時，也溫暖了我的心房，讓我忘卻了寫論文的苦，至今憶起，心裡仍舊感覺到有股暖流流淌過。老師謝謝您的指導，您為我的求學與論文完成的過程注入了許多的暖流與活水，這些正是支持我努力完成論文的動力，謝謝您！

　　感謝王欣禾教授、王玫珍教授在論文計畫與論文口考時，給予我許多的指導，並告訴我應如何修正才能讓論文更豐厚、有內容，謝謝您們的諄諄教誨與耐心的指導，在口考之時，我深深佩服著兩位教授的博學，謝謝您們讓我有豐盈的收穫，也了解了自己的缺點，並找到了修改與進步的方向，謝謝您們！

在那段求學的日子，在我的身旁有著許多支持我的溫暖力量：奶奶無微不至的關心與照顧，讓我苦悶的感覺消逝無蹤，與奶奶聊天的時候，是我最放鬆、愉快的時光，當我疲乏時，奶奶總是支持著我，為我加滿活力，讓我被幸福的感覺包圍。我的父親心疼我工作下班後，又要直奔嘉義大學上課，他不辭辛勞地開車接送我上、下課，他總是邊開著車，邊告訴我：「先小睡一會吧！」我在嘉大上課多少時日，也代表著父親載著我往返家中與嘉義大學的里程，家父在我的生命中有著嚴父、慈父、良師等多重的角色，無論是工作上、生活上他都是我最佳的傾訴者與請益者，偉大的父親，謝謝您！您辛苦了，長久以來的栽培與教導，豐厚了我的羽翼，讓我可以展翅飛翔，您是在我背後支撐著我的重要力量！謝謝母親時常從臺北撥電話關心要兼顧工作與課業的我，您溫暖的關懷早已消弭了南、北遙遠的距離。叔叔的好手藝，總是溫暖了我的味蕾，當我嘗著叔叔淌下汗珠、用心製作的佳餚時，我更品嘗到了叔叔對我的疼愛與關懷，叔～謝謝您！公公、婆婆對我疼愛有加，時常關心著我，讓我有了強力的後盾，謝謝您們！爺爺、奶奶、父親、母親、公公、婆婆、叔叔、姑姑們、姑丈們一句句關心的話語，都為我的生活，增添了幸福的色彩、溫暖的色調，謝謝您們！還有我最可愛的妹妹——君君，我們倆總是互相鼓勵，為對方打氣，姊妹情深正是我們的最佳寫照。

論文中，英文摘要的完成，要特別感謝我的小姑姑，謝謝小姑姑在忙於備課時，一聽聞我需要幫忙，立即擱下原本在做的事，為我花了六個小時，在電腦桌前思索、推敲著我寫的中文字句，要用哪一個英文單字來傳達較好，您用心地先將我所寫的語意、意境消化、了解後，才化為筆下英文字母構成的字句，您的耐心與嚴謹是讓我十分佩服的，言簡意賅的一句「謝謝您！」傳遞著我溢於言表的感激之情。

謝謝我的丈夫——佑仁，他是我最安穩的依靠，總是緊握著我的手，牽著我往夢想、理想前進。每當我因為工作疲累不堪，而放下論文時，他會輕聲地鼓勵我，神奇的是他的話總是能擊跑讓我疲累、倦怠的因子，使我又充滿活力與鬥志，開始拾筆寫論文，他扮演著「忠實的支持者」與「嚴厲的督促者」兩種角色，鼓勵、督促我完成我的論文。寫作論文的半年來，他陪著我在從北至南地奔波，國家圖書館、臺師大、嘉大、中正、高師大、中山等圖書館，都留有我們汲取知識的足跡。有他的支持與陪伴，讓我在人生的旅途上，有著幸福的力量推動著我勇敢地往前進，也讓我在悲傷、難過時，有

令我安心的停泊處，給予我重新出發的力量，比翼鳥須擇良伴始能展翅高飛，而你即是我另一半的翅膀，謝謝你！

家人們的鼓勵與支持，讓我有滿滿的力量，朝著自己的理想奔馳，而好友們的關心也為我加滿動力。相識十多年的厚誠，一直都是我的摯友、知己，關心著我的健康、工作、課業……等，電話中的關心，簡訊捎來的溫暖，深厚的友誼，無須太多言辭說明，已展現在彼此的默契中；扮演好姐妹與麻吉搭檔的慧貞，當我有歷史方面的疑問時，我們倆便展開了探訪歷史的腳步，愉悅地討論起歷史洪流中發生的點點滴滴，工作上彼此勉勵、支持與關心，讓工作有了溫馨的感覺；惠瑛、惠珍，在在職進修的日子，我們一同品嚐其箇中滋味，也會為彼此加油、提醒，互相鼓勵，讓求學的時光，有了暖暖的氛圍；念竹的貼心問候，讓我感受到友誼陪伴的溫暖，謝謝妳抱病幫我看英文摘要；粗枝大葉的宏嘉，有著一顆善良、體貼人的心，他總是不時地捎來令人感動的關心；雅筑看著我的文筆時，總是說要幫我按好幾個讚，真是讓我信心倍增；在和敏華分享碩士論文寫作的歷程時，總是會有著許多愉悅的笑聲響起，我們分享著其中的酸、甜、苦、辣。謝謝許多好友、同事們、學姊、學弟妹的關心，友誼溫暖的溫度充溢於心，溫暖著我。

在此，將我的成果、喜悅與我摯愛的人分享……。

颯妤謹誌

100.12.12

目
次

第一章　緒　論

第一節　研究動機與目的

　　臺灣大河小說向來被賦予以「臺灣史為敘述主體」的重要屬性，並承繼本土文學論述的傳統〔註1〕。1961年，鍾肇政《濁流三部曲》、《臺灣人三部曲》開啓了臺灣大河小說的創作，繼之者有1980年李喬創作《寒夜三部曲》，在兩人的作品中流露他們對歷史的關懷。至1989年，東方白以十年時間苦寫完成了《浪淘沙》，此作將臺灣大河小說推向了高峰，作品中除歷史的角度外，還融入了性別的意識。直至施叔青的《臺灣三部曲》──《行過洛津》、《風前塵埃》和《三世人》，作品中除了有歷史的關懷與性別的意識外，還加入了後殖民的視角。

　　從施叔青的作品中可以看見時代的脈動與其中融入的文學思潮，在閱讀的過程中彷彿閱見了當時人物的生活樣貌，進而被帶入了那個時空背景，閱覽了一段段的歷史，她透過人、事、物細微的刻畫，發抒對社會底層小人物的關懷心聲，並從而構築出具有歷史感、富含深意的文學作品。筆者喜愛施叔青對文字的敏銳，在文學中寫入歷史，除了虛實交錯的小說設計外，更富深意與省思空間，讓筆者可以跟著她的文字敘述，在歷史的洪流中，探尋屬於臺灣的點點滴滴，《臺灣三部曲》即是如此。

　　施叔青曾自言：「臺灣是我土生土長的地方，自然對它特別有感情。」〔註

〔註1〕歐宗智：《臺灣大河小說家作品論》，（臺北：前衛出版社，2007年），頁8。
〔註2〕陳祖彥：〈施叔青暢談寫作與生活〉，《幼獅文藝》，430期，（1989年10月），
　　　　頁16。

2）在臺灣發生過的事、生長於此的各個族群，她以文學的眼光栩栩如生地呈顯出臺灣的人、事、物，在《臺灣三部曲》中即各自展露了不同的關懷，以拼圖般的方式，細緻地呈現臺灣的社會景象，並重新書寫臺灣歷史及重構時代背景，爲被掩蓋的歷史重新發聲，跟隨著作者文字的足跡，進而思考臺灣主體性的存在。陳芳明曾對施叔青的作品評價爲：「擅長使用以小搏大策略的施叔青，在最細微的地方窺覓了未曾爲史家所發現的生命力。」〔註3〕作者立於女性的視角，細微地觀察身處臺灣的人，與在臺灣發生的歷史，因此，當筆者閱讀著這些小人物的故事、閱覽著他們的生命力與滄桑時，在筆者的心靈也響起了共鳴，並且深受感動。

　　施叔青書寫過去被遺忘的歷史，並透過底層人民來暴露社會侷限，關注歷史的文化議題，以片段歷史來展開臺灣早期移民史的歷史書寫，以文化歷史來建構底層人民的生活情境，著重的是底層人物、文化的議題〔註4〕。她透過文學的眼光帶進歷史，其所呈顯的是什麼樣的風貌，此是筆者想要了解與探尋的。再者，臺灣著名的文化評論家南方朔認爲由施叔青來寫《臺灣三部曲》，幾乎是當代作家的唯一人選〔註5〕，《臺灣三部曲》爲臺灣大河小說又增添了璀璨的扉頁，由此亦可見《臺灣三部曲》的重要地位。故本論文從人、物與時空的角度，透過紀實與虛構的兩個層面來觀察、探究《臺灣三部曲》，探討施叔青藉何種書寫手法、技巧傳達其臺灣意識，如何以底層人物凝塑時代氛圍，及歷史與文學結合而激盪出的意義，藉此看出作者對臺灣歷史的定位與文化的意義。

第二節　文獻回顧

　　施叔青創作數量甚豐，包括小說、散文、雜文、戲劇和藝術評論、傳記等作品，其中尤以小說作品最受矚目，也備受學界研究與評論。以下將有關《臺灣三部曲》的研究分爲單篇論文及學位論文分別作評述。

〔註3〕陳芳明：〈情慾優伶與歷史幽靈──寫在施叔青《行過洛津》書前〉，收錄於施叔青：《行過洛津》，（臺北：時報文化出版社，2003年），頁11。

〔註4〕邱貴芬：〈召喚另類生活想像〉，《中國時報》，第2版（開卷版），2004年1月18日。

〔註5〕南方朔：〈走出「遷移文學」的第一步〉，收錄於施叔青：《行過洛津》，（臺北：時報文化出版社，2003年），頁8。

一、單篇論文

　　有關臺灣三部曲的單篇論文，有從人、物、歷史事件與空間聚落發展等不同的角度切入，爲研究《臺灣三部曲》提供了參考資料。如：曹世耘〈《行過洛津》——小說與戲曲《荔鏡記》的互涉書寫〉〔註 6〕、林曉英〈音樂文獻抑或藝術史小說——《行過洛津》〉〔註 7〕、劉梓傑〈每個人都會寫他最熟悉的地方〉〔註 8〕、邱貴芬〈召喚另類生活想像〉〔註 9〕、張瑞芬〈行過歷史的紅氍——讀施叔青《行過洛津》〉〔註 10〕，這些論文基本上都指出了小說以伶人觀點書寫洛津的企圖，而這企圖不論是「以小博大」或「歷史幽靈」，都認爲施叔青的《行過洛津》是以底層的視角，來重建歷史記憶。黃啓峰〈《行過洛津》的歷史書寫研究——從小說人物看後殖民現象的權力運作〉〔註 11〕則從後殖民的角度進行研究。廖炳惠的〈紀實與懷舊之間〉〔註 12〕詳細地將小說《行過洛津》與施叔青的香港三部曲做了比對，並針對小說中「講古」的角色做評論，將小說中的角色，以及作者引述的歷史史料做聯繫，提供閱讀小說龐大史料的面向與基礎。陳芳明〈與爲臺灣立傳的臺灣女兒對談〉〔註 13〕、黃英華〈淺論《風前塵埃》的歷史書寫〉〔註 14〕，肯定《風前塵埃》爲歷史小說的書寫提供了極有價值的借鑒。以下將單篇論文中，對筆者研究《臺灣三部曲》深具啓發的論文分別述之。

〔註 6〕 曹世耘：〈《行過洛津》——小說與戲曲《荔鏡記》的互涉書寫〉，《2005 青年文學會議論文集》，（臺南：國家臺灣文學館出版，2005 年），頁 69～97。

〔註 7〕 林曉英：〈音樂文獻抑或藝術史小說——《行過洛津》〉，《臺灣音樂研究》，2006 年 4 月，頁 119～141。

〔註 8〕 劉梓傑：〈每個人都會寫他最熟悉的地方〉，《中國時報》（開卷版），2003 年 12 月 14 日。

〔註 9〕 邱貴芬：〈召喚另類生活想像〉，《中國時報》，第 2 版（開卷版），2004 年 1 月 18 日。

〔註 10〕 張瑞芬：〈行過歷史的紅氍——讀施叔青《行過洛津》〉，《文訊》，219 期，2004 年 1 月，頁 21～23。

〔註 11〕 黃啓峰：〈《行過洛津》的歷史書寫研究——從小說人物看後殖民現象的權力運作〉，《國立中央大學中國文學研究所論文集刊》，10 輯，2005 年 7 月，頁 95～107。

〔註 12〕 廖炳惠：〈紀實與懷舊之間〉，《聯合報讀書人》，2004 年 2 月 22 日。

〔註 13〕 陳芳明：〈與爲臺灣立傳的臺灣女兒對談〉，收錄於施叔青：《風前塵埃》，（臺北：時報文化出版社，2007 年），頁 262～277。

〔註 14〕 黃英華：〈淺論《風前塵埃》的歷史書寫〉，《安徽文學》，第 11 期，2009 年，頁 169。

（一）陳芳明〈情慾優伶與歷史幽靈——寫在施叔青《行過洛津》書前〉〔註15〕：

文中強調臺灣置身邊緣的處境，藉著伶人的身份，說明邊緣性身份如何見證大歷史，如何「以小博大」，以臺灣的殖民地屬性來討論洛津的位置。在《臺灣三部曲》中的《風前塵埃》、《三世人》亦談到了日本對臺灣的殖民，此文提出施叔青細微的觀察，及運用「以小博大」的書寫策略，從小人物身上所顯現的歷史必然不同於官方的歷史紀錄，此論文的分析提供了研究《臺灣三部曲》的視角。

（二）李紫琳〈地理環境的歷史書寫：從地貌及聚落空間解讀《行過洛津》〉〔註16〕：

本文針對洛津的歷史、地理及地景的變化，將洛津的移民使與地形演變史做了清楚的整理，並將小說中所有關於地理環境描述的字句做註解，解釋了小說中的地理史料，說明小說與地理史料的關係。文中結語認爲小說中呈現出漢人移民至臺灣的情況，他們流離失所、漂洋過海來到臺灣，經過一連串的過程在此落地生根，許情身分認同的過程，即象徵著這些漢人對自己在這片土地上的認同。此論文爲研究《臺灣三部曲》提供了地理空間歷史的素材，提及的認同問題也可作爲參考。

（三）張羽〈「轉眼繁華成水泡」：《行過洛津》的歷史敘事〉〔註17〕：

此文探討施叔青作品中眾多小人物的匯聚描寫象徵與顛覆的意義，再現歷史發展中常被史書忽略不記的眞實，文中認爲施叔青以全然超脫官方的、男性的歷史紀錄之眼光，將情慾與歷史、庶民與官場交疊映現，全方位地展現臺灣的歷史，以戲子的視野來探討性壓抑的問題，凸顯傳統文化對人性的壓制。此文從女性主義、後殖民主義分析許情的定位，從許情的視角看嘉慶年間的臺灣，有助了解小說虛構歷史的意義。

〔註15〕陳芳明：〈情慾優伶與歷史幽靈——寫在施叔青《行過洛津》書前〉，收錄於施叔青：《行過洛津》，（臺北：時報文化出版社，2003年），頁11～16。

〔註16〕李紫琳：〈地理環境的歷史書寫：從地貌及聚落空間解讀《行過洛津》〉，《東華中國文學研究》，第4期，2006年9月，頁171～198。

〔註17〕張羽：〈「轉眼繁華成水泡」：《行過洛津》的歷史敘事〉，《臺灣研究集刊》，第1期，2008年，頁66～74。

（四）南方朔〈透過歷史天使悲傷之眼〉[註18]：

南方朔指出在《風前塵埃》中，特意著墨和服的「政治美學」，以及運用「有如揭謎式的多層次敘述」展現出了作者不凡的寫作功力，同時盛讚施叔青以「受苦的歷史」為底蘊，運用更寬容、憐憫的態度推展「征服──被征服」、「認同──自我分裂」、「受害──加害」、「迫害──野蠻」等課題。南方朔對此書的分析，有助了解《風前塵埃》中顯現之殘酷不仁、自以為是的帝國文明，及在日本統治下不同的生活方式與自我認同。

（五）李文茹〈當代臺灣女性作家殖民書寫：論《風前塵埃》的 「帝國」創傷記憶〉[註19]：

此文最大的特色是以「非我族類的國」的女性為主角分析，透過性別論述，分析《風前塵埃》如何描寫「帝國」創傷記憶後並嘗試提出當代臺灣女性作家歷史再書寫的可能與不可能性。文中以佐久間左馬太與太魯閣之役分析帝國武士的失敗，透過佐久間左馬太的「氣衰力微」來寫「殖民者的心理創傷」與預言「帝國的失敗」，而這也是構成整部作品的基調，旋繞在被殖民地經驗的人物描寫當中。此篇論文分析文本並輔以歷史事件，從女性主義的視角與後殖民的觀點出發，分析殖民者與被殖民者的心理。

（六）南方朔〈記憶的救贖──臺灣心靈史的鉅著誕生了〉[註20]：

南方朔認為《三世人》已無所迴避地碰觸到最難碰觸的「臺灣認同」問題，可說是近代臺灣文學裡第一部有關心靈史的創作，談及臺灣從乙未割臺到二二八事變政權三度更換，人的心靈也由「清代認同」、「日本認同」、「中國認同」、「反中認同」四度更換，並透過語言、服裝的變化作為政權更迭的對應。而在《三世人》的每卷卷首，都有一段樟腦紀事，樟腦隱喻了臺灣命運的起落，「我是誰」這個困惑的種子因而在痛苦中被種下。此文在認同的轉移與心態、身份的認同，有深刻的分析。

[註18] 南方朔：〈透過歷史天使悲傷之眼〉，收錄於施叔青：《風前塵埃》，（臺北：時報文化出版社，2007年），頁5～10。

[註19] 李文茹：〈當代臺灣女性作家殖民書寫：論《風前塵埃》的「帝國」創傷記憶〉，《第五屆花蓮文學研討會論文集》，（花蓮：國立東華大學中文系，2009年），頁243～260。

[註20] 南方朔：〈記憶的救贖──臺灣心靈史的鉅著誕生了〉，收錄於施叔青：《三世人》，（臺北：時報文化出版社，2010年），頁5～9。

（七）王德威〈三世臺灣的人、物、情〉〔註21〕：

王德威認為《三世人》不只是講臺灣三代「人」的故事，也講三代「物」的故事，施叔青進一步觀察殖民時期臺灣人和物微妙的互動關係。文中提及施叔青在《三世人》的寫作手法上是採用掃描式的觀照，讓各路人馬輪番登場，小說中雖然沒有明確的結局，但暗示故事結束時，歷史並不因此打住，更令人矚目的是《三世人》越寫越淡，甚至令人覺得清冷。文中所暗示的敘事姿態和歷史觀點的變化，值得玩味。

二、學位論文

有關研究施叔青的學位論文，截至目前為止共有十七篇，可將這些論文分為三類，分別為有關施叔青小說的整體研究、小說與歷史之間的互文比較研究、施叔青與其他作家的比較研究。以下從此三大類的論文中，擇取對研究《臺灣三部曲》具參考之處的學位論文分別述之。

（一）有關施叔青小說的整體研究

1. 梁金群的〈施叔青小說研究〉〔註22〕：

此論文以外緣、內緣兩大途徑討論施叔青的小說，外緣部分處理了成長背景、時代思潮等課題，內緣部分則將其作品分為「性、死亡與瘋癲」和「東方／西方與殖民／被殖民之間」兩個主題，特別著重其間的性別意識，研究的作品至香港三部曲。此論文側重在施叔青小說藝術形式的探討，將人物形象、語言特色、情結與結構、象徵手法等部分加以研究，對施叔青的小說與研究資料做了有系統的整理與歸納，分析作家成長環境與其作品，並與張愛玲的作品做比較，在整理研究資料方面提供了貢獻。

2. 魏文瑜的〈施叔青小說研究〉〔註23〕：

魏文瑜依施叔青的創作歷程，將其小說分為「現代派的心靈夢魘與對生命意義的探索」、「小說家的社會關懷」、「所羅門的寶藏：施叔青和她的香港」

〔註21〕王德威：〈三世臺灣的人、物、情〉，收錄於施叔青：《三世人》，（臺北：時報文化出版社，2010年），頁10～16。

〔註22〕梁金群：〈施叔青小說研究〉，臺中：逢甲大學，中國文學研究所，碩士論文，1999年。

〔註23〕魏文瑜：〈施叔青小說研究〉，臺北：政治大學，中國文學研究所，碩士論文，1999年。

三部份作討論，說明家鄉鹿港是施叔青創作重要的精神來源，並援引現代主義、精神分析、女性主義、後殖民論述等做為分析的理論依據，討論作品自〈壁虎〉至香港三部曲。此論文著重作家創作的思想根源，分析了施叔青作品中的文學思潮。

3. 魏玲砡的〈孤島施叔青〉〔註24〕：

論文中強調施叔青的女性意識和爭取歷史發言權的企圖，將其人生歷程與作品結合，探討臺灣、曼哈頓、香港三島所呈現的歷史想像，並指出施叔青家國認同的轉變。魏玲砡認為施叔青沉澱其種族、東西文化，資本社會種種議題，以博觀完成其書寫，以書寫成就其博觀，並作出種種預先的關懷。此文對研究施叔青在失根與回歸的命題提供思考的角度，分析施叔青建構臺灣、香港的書寫手法。

以上三篇論文從小說藝術形式的探討，書寫手法與運用的文學策略做研究分析，為研究施叔青的文學養成與作品分析提供了參考的資料。

4. 陳惠珊〈施叔青鬼魅書寫研究〉〔註25〕：

以施叔青創作中所具的鬼魅書寫作為研究對象，並以現代主義、女性主義、魔幻現實主義論述中的鬼魅美學作為理論框架，藉以析論施叔青鬼魅書寫中所呈現的鬼魅意象、鬼魅意涵以及鬼魅美學特色等。文中透過鬼魅形式特徵、鬼魅意象、鬼魅意涵的層層推進，揭露作者創作中顯露的自我存在意識、女性意識與歷史意識，重現歷史記憶並藉此梳理國族歷史、紓解歷史創傷，以重構歷史的主體性。

5. 洪靜儀〈施叔青小說女性書寫之研究〉〔註26〕：

此論文以「女性書寫」為思考角度，認為施叔青小說中女性書寫的呈現，表露出女性自我成長的脈絡軌跡：從最初「閣樓裡的瘋女人」，以瘋狂、邊緣手法來顛覆父權為中心的傳統；到第二階段的「父權下的無奈」，揭露女性切身所遭遇的問題，來反映女性在父權禁錮下的掙扎與覺醒；到了第三階段的

〔註24〕 魏伶砡：〈孤島施叔青〉，臺中：中興大學，中國文學研究所，碩士論文，2006年。

〔註25〕 陳惠珊：〈施叔青鬼魅書寫研究〉，花蓮：東華大學，中國語文研究所，碩士論文，2007年。

〔註26〕 洪靜儀：〈施叔青小說女性書寫之研究〉，臺北：政治大學，國文教學碩士學位班，碩士論文，2007年。

「身體書寫」，積極且正面去歌頌身體，進而達到解除父權禁錮的目的，藉以確立女性自己的地位。

6. 姜怡如〈施叔青長篇小說的港臺書寫〉〔註27〕：

此論文從施叔青有關港臺的六部長篇小說——《維多利亞俱樂部》、《她名叫蝴蝶》、《遍山洋紫荊》、《寂寞雲園》、《微醺彩妝》、《行過洛津》，探究施叔青書寫香港與臺灣的書寫手法。從文本中的人物分析殖民者與被殖民者的不同樣貌，並從小說的情節與結構、語言的特色、象徵的運用三方面來討論其藝術特色。論文將施叔青的創作生涯分為四個階段，「鄉俗、怪誕、夢魘的時期」、「婚姻、文化差異、鄉土關懷的時期」、「吃盡穿絕、物欲徵逐、國族寓言的時期」、「原鄉追尋、身心安放、位臺灣作傳的再回歸時期」，所分析的作品至《行過洛津》，其缺點在於各階段的命名不夠凸顯特色，較為紛雜。

7. 楊采陵〈家鄉的三重變奏——從空間語境和身體意識探究施叔青的臺灣書寫〉〔註28〕：

此論文認為施叔青擅長從身體、感官、欲望、物質等微觀之處，透視國家、族群、階級的巨觀議題。文中透過施叔青的生命軌跡和時代演變風貌，系統化地觀察施叔青如何書臺灣，藉由「空間語境」和「身體意識」的途徑，和不同時空背景、社會脈絡、文學思潮，變奏出風格樣貌殊異的三重曲調。

8. 謝秀惠〈施叔青筆下的後殖民島嶼圖像——以《香港三部曲》、《臺灣三部曲》為探討對象〉〔註29〕：

此論文呈現出施叔青面對後殖民論述的思考脈絡，並將事件本身置放於當時其所處的政治、社會、文化與歷史情境中，以此來探討社會底層的庶民與被雙重宰制的婦女在事件發生時被噤聲的處境，並探討在霸權文化的宰制下，這些身處帝國邊緣的社會底層庶民與女性，其在身體和精神受到雙重的創傷與異化的情形。其論文將施叔青小說的創作歷程分為三期，「鄉土想像和

〔註27〕 姜怡如：〈施叔青長篇小說的港臺書寫〉，桃園：中央大學，中國文學研究所，碩士論文，2007 年。

〔註28〕 楊采陵：〈家鄉的三重變奏——從空間語境和身體意識探究施叔青的臺灣書寫〉，新竹：清華大學，臺灣文學研究所，碩士論文，2009 年。

〔註29〕 謝秀惠：〈施叔青筆下的後殖民島嶼圖像——以《香港三部曲》、《臺灣三部曲》為探討對象〉，臺北：臺灣師範大學，臺灣文化及語言文學研究所，碩士論文，2010 年。此論文探究的臺灣三部曲是指《行過洛津》、《風前塵埃》，未包括《三世人》。

現代主義時期」、「婚姻與女性議題時期」、「後殖民理論時期」，此分期凸顯出施叔青創作歷程深受不同主義的影響，但在作品的歸類於何時期上有商榷之處。謝秀惠在寫此論文時，因《三世人》尚未問世，故其所謂的《臺灣三部曲》實只有《行過洛津》、《風前塵埃》，故論文名稱直接以《臺灣三部曲》命名，有不夠嚴謹之缺。

　　以上五篇論文有運用現代主義、女性主義、魔幻現實主義進行分析，有透過女性的書寫角度看施叔青作品，亦有從殖民與被殖民的不同立場看臺灣歷史的發展，並運用不同的分析方法探究施叔青的作品，對研究《臺灣三部曲》的書寫策略與理論分析提供了思考的引線。

（二）小說與歷史之間的互文比較研究

　　曹世耘〈小說《行過洛津》之互文性書寫研究〉〔註30〕：

　　論文針對施叔青的小說《行過洛津》，從文本書寫的策略與內容，討論本小說的互文性書寫，討論的方向分別朝著文本互文、空間互文、歷史與文本的互文、文本內在的互文四個方面去觀察，探究在「互文性」的視野下，究竟體現出什麼樣的書寫策略，以及文本隱喻。

　　此論文透過分析小說中的角色、探討小說中洛津形貌的描寫與《荔鏡記》對小說的影響，對研究《行過洛津》提供基礎的了解。曹世耘在論文中第四章討論的「漂移」現象，研究移民精神與認同的心理。

（三）施叔青與其他作家的比較研究

1. 陳筱筠〈戰後臺灣女作家的異常書寫：以歐陽子、施叔青、成英姝為例〉〔註31〕：

　　此論文的研究關懷是以異常書寫的觀點分別切入探討戰後臺灣三位女作家——歐陽子、施叔青、成英姝的作品，重新觀看這三位女作家與其各自在其時空脈絡下所生產的文本。藉由異常書寫的軸線進行貫穿此論文的研究，將三位女作家在文本中所呈現遊走、掙扎在社會所規範的所謂「理性」、「正常」的邊界拉出來探討。

〔註30〕曹世耘：〈小說《行過洛津》之互文性書寫研究〉，臺南：成功大學，中國文學研究所，碩士論文，2007年。

〔註31〕陳筱筠：〈戰後臺灣女作家的異常書寫：以歐陽子、施叔青、成英姝為例〉，新竹：清華大學，臺灣文學研究所，碩士論文，2007年。

2. 劉依潔〈施叔青與李昂小說比較研究——以「臺灣想像」為中心〉〔註32〕：

論文中提及施叔青、李昂兩姊妹具備近似的成長背景與求學歷程，兩人多運用女性主義、後殖民主義理論作為寫作技巧，並以臺灣女性的角度創作小說。此論文將施叔青、李昂這對姊妹的小說作品中有關「臺灣想像」的刻畫與描述進行有系統的論述，以凸顯兩人所勾勒的「臺灣想像」。此論文對施叔青「臺灣想像」的書寫策略與構築的歷史提供參考資料。

3. 莊嘉薰〈鹿港雙姝——施叔青與李昂的小說主題比較〉〔註33〕：

莊嘉薰綜觀施叔青與李昂的作品，認為鹿港與女性是兩人的創作母題，而兩人於此二者間，又隱然呈現著似可對話的脈絡，或相呼應，或為互補。莊嘉薰整理兩人的小說文本及評論，爬梳她們創作主題間蘊含的對話性，並將之做歸納比較，透過此論文可了解施叔青的作品特色。論文中將施叔青的創作歷程分為三個階段，分別為「第一階段：扛著現代主義的旗幟走進文壇（1961～1970年）」、「第二階段：回歸鄉土與關注女性問題（1971～1977年）」、「第三階段：香港創作時期（1978～1997年）」，其歸類分期的作品自〈壁虎〉至《香港三部曲》。

以上三篇論文將施叔青與其他作家做比較，比較後的相同之處，可凸顯出相同創作主題之重要性，而相異之處，則可凸顯施淑青的個人特色。其中，〈施叔青與李昂小說比較研究——以「臺灣想像」為中心〉凸顯兩人所勾勒的「臺灣想像」。而〈鹿港雙姝——施叔青與李昂的小說主題比較〉此論文除描繪兩人筆下的鹿港風貌外，還提出了「女性」此創作主題，將作家的生命歷程與女性角度相扣合研究。

整體而言，施叔青的作品受時代環境、文學思潮的影響極深，《臺灣三部曲》之一《行過洛津》和二部曲《風前塵埃》的論者，多半肯定施叔青延續先前《香港三部曲》以小人物推展出歷史的「以小搏大」之寫作筆法，也讚揚她以女性命運連貫臺灣命運，超脫男性、官方的史料記錄，地位令人推崇。然而，施叔青在小說裡所呈現的臺灣是經過她所理解、感受後，所勾勒而出

〔註32〕 劉依潔：〈施叔青與李昂小說比較研究——以「臺灣想像」為中心〉，臺北：輔仁大學，中文研究所，博士論文，2008年。

〔註33〕 莊嘉薰：〈鹿港雙姝——施叔青與李昂的小說主題比較〉，臺北：政治大學，國文教學碩士學位班，碩士論文，2008年。

的臺灣想像，並非眞正的臺灣歷史，所展現的是個人所知所感的臺灣，若以文學角度來檢視她小說作品裡對於臺灣的想像與勾勒，不僅能夠強調出施叔青作品在文學領域裡的地位，也能凸顯其作品在文學上的評價。

第三節　研究範圍與義界

　　本論文目標爲研究施叔青的臺灣三部曲，研究範圍以《臺灣三部曲》——《行過洛津》、《風前塵埃》與《三世人》的文本爲主。除此三本著作外，施叔青的其他作品亦是探勘、窺透《臺灣三部曲》的重要參考資料，如散文〈拾掇那些日子〉，小說〈壁虎〉、〈痊癒〉、《香港三部曲》、《兩個芙烈達·卡羅》與評論《胡風沉冤》等是作爲研究的素材與參考依據。而從《臺灣三部曲》中，可見施叔青對臺灣歷史下了許多工夫，故要研究《臺灣三部曲》必須有臺灣史作爲背景知識，故舉凡有關臺灣史的論述亦是參考的資料，如曹永和《臺灣早期歷史研究》、葉石濤《臺灣文學史綱》、楊碧川《簡明臺灣史》等。如此，對施叔青這位作家與《臺灣三部曲》會有較全面的了解與掌握。

　　本論文題目——施叔青《臺灣三部曲》中的歷史想像與臺灣書寫研究，以下針對「歷史想像」、「臺灣想像」此二詞做義界。作家的成長經歷與作品呈顯的意識如血脈相連，故其歷史想像與臺灣書寫必然緊扣著他的生命歷程。施叔青遷徙於臺灣、香港與紐約曼哈頓島之間，曾提及對島嶼命運多舛的感觸、臺灣歷史斷裂和臺灣人認同的痛苦〔註34〕。她將對臺灣的關懷注入於作品中，書寫臺灣的身世與認同，以及傳達因臺灣歷史的特殊地位與命運，而在時代更迭中遺漏的許多聲音，施叔青重現對臺灣歷史的想像，在虛實之間更凸顯人們的認同情感與強烈的被殖民感受，於此亦可以了解施叔青觀看歷史的多向視角與「宏觀」的史觀。

　　此論文所言之「歷史想像」，是立基於史實而對歷史事件以不同的視角來觀察，並加上作家對史料的解讀，融入主觀的感受與見解而鋪衍出的歷史，讓原本隱而不顯的事件被呈顯出來，使史料重新被分析。而在不同的歷史想像中，往往蘊含著活在現在的個人如何和過去的人群發生想像性的關聯，因

〔註34〕　楊艾俐：〈施叔青：學習寬恕歷史〉，《天下》，294 期，2004 年 3 月，頁 172；
　　　　張同修：〈我的鄉愁，我的歌〉，《誠品好讀》，41 期，2004 年 1 月，頁 63；印
　　　　刻雜誌編輯：〈鹿港·香港到紐約港——陳芳明對談施叔青〉，《印刻文學生活
　　　　誌》，4 卷 2 期，2007 年 10 月，頁 28～31。

此，歷史想像並非沒有根據的想像，而是有社會性的反映，當時的生活方式、民俗文化、宗教慶典等皆是採擷的來源。

而「臺灣書寫」是指施叔青以小人物的互動，書寫當時的生活的點點滴滴，進而牽引出整個社會生活風貌與歷史的足跡。臺灣人民在經過多次異族統治、外來文化的不斷侵襲下，在政治、經濟、文化等各方面產生重大的變遷，在這樣的現實環境下，族群的認同產生了危機與轉向，爲適應現實的變化，將認同的對象轉至主流族群，對自我族群產生認同危機，於是過去的歷史記憶便遺留在生活、風俗、文物裡，也因此這些要素是我們了解臺灣當時的社會與歷史的基石，而透過底層人物生活的書寫亦呈顯出施叔青的歷史想像。

施叔青從女性視角進入歷史，解構傳統大歷史敘述，建構小人物的歷史敘事，從歷史文化層面透過底層人物的描寫探究臺灣歷史的演變，秉持對族群、階級、性別的關懷，體物入微地觀察當時的人、事、物，建構出臺灣歷史的想像，亦織就出動人的歷史圖像。

第四節　研究方法

探究文本時，以相關的文學理論與方法輔助更能夠深入了解其中的蘊義，以下爲此論文所運用的方法：

一、文本分析法與歸納法

對《行過洛津》、《風前塵埃》與《三世人》進行相關資料的搜索、蒐集，立基於文獻的探討與閱讀，參考閱覽相關的資料及書目，可以對研究的問題和處理方式有較清晰的脈絡，在從事文獻探討的過程中，仔細檢視其邏輯、推論、佐證，並加以整理分析。

探究在分析文本時需藉助現代主義理論、女性主義理論。現代主義理論，主要著重在語言的多義特質和象徵的應用上，如語言符號的非絕對性、意識流敘述、視角跳躍、顛倒語序、對生命的探索等。此處所要採用的研究方法是現代主義理論中的象徵主義理論，主要論點爲藉由「象徵」某種能統合主體與客體、精神與物質、感性與理性、共相與殊相、自然與人爲的媒介來暗示、傳達生命的眞理。〔註 35〕施叔青崛起於臺灣文學明顯西化的六〇年代，

〔註 35〕何欣著：《現代歐美文學概述——象徵主義至二次大戰》，（臺北：書林出版有限公司，1996 年），頁 27。

早期發表的作品善用象徵手法，有現代主義的風格。六〇年代現代主義在臺灣文學思潮中崛起，如殷海光、韋政通等鼓吹自由主義，勞思光、陳鼓應介紹存在主義，透過相關思想的鼓倡與雜誌的傳揚，現代主義在當時文壇上的主導地位不容忽視。

　　在《臺灣三部曲》中亦運用許多豐富的現代主義技巧，如：《行過洛津》裡的許情，有著臺灣命運的象徵縮影。《風前塵埃》中的和服成了戰爭的符號。《三世人》則以自幼被賣身為養女的王掌珠，做為臺灣的化身，從王掌珠換下大陶衫，依序換穿和服、洋裝、旗袍，最後再換回大陶衫，即是時代和政權轉換的象徵，小說中以臺灣樟木貫串，進行擬人化敘事，以樟木比喻臺灣人的命運，對照著臺灣的命運。在《臺灣三部曲》中，施叔青運用現代主義技巧成功地刻畫了人物的心靈，同時以象徵的手法呈顯不同角色、事件的深層意涵，故要了解《臺灣三部曲》中人、事、物的蘊義，需用現代主義理論來分析作品。

　　不同時代、地域、文化情境下產生的女性主義理論受到主流思潮的影響，而衍生出各種的流派，各流派女性主義在歷史淵源、分析方法和主張上固然有基本的差異，但其目的都在批判、改造父權文化，所以差異之外也多有重疊、神似之處。〔註36〕本論文所採用的為後現代女性主義的角度，後現代女性主義認為女人可以成為自己，而不是男性的他者，進而打破男權神話。〔註37〕

　　施叔青在作品中以女性的角度，對傳統倫理進行重新反省與評價。傳統社會將人的價值放在廣闊的社會關係網路之中，而施叔青則將社會關係網路放在個人心中加以考察，女性意識抬頭，性的掙扎在她的筆下可以是自我的歡愉，是一種內心的歷程。因性別差異，作者表現出了許多不同於男性臺灣大河小說作家的思維。從《行過洛津》裡著重描寫纏小腳，以戲旦歌伎之眼看鹿港的人間百態，到《風前塵埃》由三代日本母女對臺灣的記憶與和服花色的法西斯戰爭美學，也多見對「物」細膩地絮絮描繪、與對女性情慾的不諱細述。《三世人》中藉由王掌珠的情事，表達在政權的轉移下，其一生穿換

〔註36〕雷蒙・塞登爾（Raman Selden）、彼得・維德生（Peter Widdowson）、彼得・布魯克（Peter Brooker）合著，林志忠譯：《當代文學理論導讀》，（臺北：巨流圖書股份有限公司，2009 年），頁 155～184。

〔註37〕羅斯瑪麗・派特南・童著，艾曉明等譯：《女性主義思潮導論》，（武漢：華中師範大學出版社，2002 年），頁 15。

了四種服裝：大陶衫、日本和服、洋裝、旗袍，以及二二八事變後再穿回大陶衫的心路歷程。施叔青以女作家的身分寫女人在時代推移裡的生活和情緒，恰恰顚覆了男性中心的歷史敘述視野，故研究《臺灣三部曲》需藉由後現代女性主義理論來分析、探究。

施叔青將其自身經驗投身於作品中，並受當時文學背景與文學思潮的影響，閱讀、分析施叔青的作品可以了解其中蘊含的深刻意義。有這些工夫奠基後，再加以歸類，從而對施叔青的《臺灣三部曲》逐一探究、說明。

二、歷史分析法

歷史分析法是運用發展、變化的觀點分析客觀事物和社會現象的方法。客觀事物是發展、變化的，分析事物要把它發展的不同階段加以聯繫和比較，才能弄清其實質，揭示其發展趨勢，在分析和解決某些問題的時候，必須追根溯源，弄清它的來龍去脈，才能提出符合實際的解決辦法。

《行過洛津》以鹿港古名「洛津」作爲出發，施叔青自言從收集資料到小說的書寫，都是考據再三，鉅細靡遺的。《風前塵埃》從日治時期切入，又是一段漫長的資料考究史。〔註38〕從《臺灣三部曲》中可見施叔青下了許多史料的準備工夫，故研究《臺灣三部曲》需用歷史分析法，透過歷史分析法，追尋臺灣歷史的過程中，也可了解施叔青在作品中所表現的歷史想像與史觀。

在不同的政權下，生活在當時的人民在心理上必然有不同的感觸與轉折，因此在做歷史分析時，需結合精神分析理論，如此可將歷史與心理做緊密的結合，也更能了解《臺灣三部曲》中，刻畫人物心理的手法。而在精神分析理論流派中，筆者所用的是佛洛伊德的精神分析理論，佛洛伊德認爲「潛意識」已不再用來指稱那些當時潛隱的事物，而是心靈中的一個特殊領域，它有著自己的欲求衝動、自己的表達方式以及在其他領域並不發生的一個特殊心理機制〔註39〕。一個人由於遇到了足以動搖其生活的創傷事件而完全停

〔註38〕施叔青自言：「《風前塵埃》寫花蓮，還包括時代背景的不同，我蒐集了許多的史料，功夫之龐雜，也是耗盡我心力的。」資料來源：歷史的行腳者——女書店專訪「臺灣三部曲」之《風前塵埃》作者施叔青：http://blog.roodo.com/fembooks/archives/5696511.html，下載日期：2010 年 12 月 9 日。

〔註39〕佛洛伊德（Sigmund Freud）著，彭舜譯：《精神分析引論》，（臺北：左岸文化出版，2010 年），頁 263。

滯不前,進而對現在和將來不再發生任何興趣,永久地沉浸在對往事的回憶之中〔註40〕。如《三世人》的施朝宗即是如此。

　　臺灣人歷經清朝、荷蘭、明鄭、西班牙、日本⋯⋯的統治,無形中讓臺灣人產生認同上的痛苦,在《臺灣三部曲》中流露著被殖民的創傷記憶、潛意識中認同與不認同的分割、掙扎,故創傷記憶、認同與不認同等問題需運用精神分析理論協助分析。

〔註40〕佛洛伊德(Sigmund Freud)著,彭舜譯:《精神分析引論》,(臺北:左岸文化出版,2010年),頁338。

第二章　施叔青的人生歷程與文學養分

　　施叔青〔註1〕，一九四五年出生於負載臺灣移民開發史的歷史古城——彰化鹿港，與施淑〔註2〕、李昂〔註3〕為姊妹，她的文學啟蒙受家庭環境與姊姊施淑影響甚大，在臺灣文壇上，各具風格的施家三姊妹各有一席之地，深具

〔註1〕 施叔青，本名施淑青。施淑青因不想被視為女作家，故將「淑」改為「叔」。參簡瑛瑛：〈女性心靈的想像：與施叔青對談文學／藝術與宗教〉，《中外文學》，第 27 卷第 11 期，(1999 年 4 月)，頁 119。施叔青自言：「施叔青的『叔』以前是有三點水的，在我很年輕的時候就把她去掉，因為我覺得作家就是作家，不要讓人以有色的眼光來看女作家，我是以人的立場來寫，而非站在女性的立場來寫作。」參施叔青：〈後殖民歷史與女性書寫——從香港到鹿港〉，收錄於劉亮雅、舞鶴、施叔青等著：《想像的壯遊：十場臺灣當代小說的心靈饗宴2》，(臺南：國立臺灣文學館，2007 年)，頁 169。施叔青在 2008 年獲得第 12 屆國家文藝獎，同時也成為首位女性榮獲此殊榮的作家。

〔註2〕 施淑，本名施淑女，其創作文類以論述為主，是文學評論家，亦為當前研究中國新文學發展之主要學者之一。所著三○年代以來中國作家及作品之評論，極受學術讚賞，她嘗試以文學社會學方法，探討五四新文學運動以後，中國知識階層的思想分化及二○年代以後國際新興文學思潮，對中國左翼作家的創作實踐、思想取向及批評觀念的影響。曾獲聯合報文學獎、時報文學獎、巫永福文學評論獎。資料來源：國立臺灣文學館——2007 臺灣作家作品目錄，網址：http://www3.nmtl.gov.tw/Writer2/writer_detail.php?id=953，下載日期：2011 年 12 月 01 日。

〔註3〕 李昂，本名施淑端，在家排行老么。十四歲時開始寫第一篇作品〈安可的第一封情書〉，就讀彰化女中高中部時（十六歲），開始寫〈花季〉，十七歲發表〈花季〉於《徵信新聞報》副刊，亦因此而登上文壇。十九歲自鹿港北上，就讀中國文化大學哲學系，期間仍創作不輟，畢業後赴奧勒岡大學攻讀戲劇碩士。曾獲中國時報報導文學首獎、聯合報中篇小說獎首獎、中國時報報導文學獎。《殺夫》得聯合報中篇小說獎首獎，此作更因探討性與暴力問題而引發文壇震撼。其作品擁有英、德、法、日等多國語文翻譯。參施淑、高天生主編：《李昂集》，(臺北：前衛出版社，1992 年)，頁 305～309。

影響力。施叔青的創作歷程深受現代主義、鄉土主義、女性主義等思潮薰陶，
她喜愛閱讀張愛玲的作品〔註4〕且深受影響，作者在《情探》序中，將自己的
創作生涯分成三個階段：

> 早期擅長挖深隱秘、幽暗的心靈糾葛，是慘綠少女對人世間的驚詫
> 與夢魘；第二階段寫婚姻，現在大概算第三階段吧。人活到一定的
> 年紀，成熟了，不斷的成長中，比較可以跳出自我，冷靜的來看待
> 人世，層面也就愈來愈廣，不再局限於小天地，哀嘆年華老去、婚
> 姻不遂心一類很個人的事，而是學著以一種同情、瞭解、寬廣的心
> 情來對待人生。〔註5〕

從施叔青對自我作品風格的論述，可推知其人生經歷與她的襟懷日益開闊，
而這樣的思維也可從《臺灣三部曲》中找到脈絡，亦可明瞭為何施叔青在看
待歷史事件時，會有著宏觀的觀照，這樣的視角與胸襟與她的人生經歷是緊
密扣合的。有關施叔青作品的分期有不同的分法〔註6〕，但這些分法多扣合著

〔註4〕施叔青曾自言：「書頁都被翻毛，看得太熟太熟了」，可見其喜愛的程度。施家
　　　姊妹早期文本中，皆留有張愛玲女性主體及細節描摹的模仿痕跡。參莊宜文：
　　　〈張愛玲的文學投影——臺、港、滬三地張派小說研究〉，私立東吳大學，中
　　　國文學研究所，博士論文，2001年，頁151。
〔註5〕施叔青：《情探》，（臺北：洪範書店有限公司，1986年），頁8。
〔註6〕將施叔青作品分期的碩士論文與著作分別有：
　　（1）梁金群將施叔青作品分三期，分別為：1961～1971書寫性、瘋癲、死亡
　　　　、夢、潛意識，充滿現代主義色彩。1972～1977寫婚戀故事與鄉土故事，
　　　　有女性主義色彩。1978～1997創作香港傳奇故事，其中雜採著歷史關
　　　　懷，有後殖民主義色彩。參梁金群：〈施叔青小說研究〉，私立逢甲大學，
　　　　中國文學研究所，碩士論文，1999年。
　　（2）魏文瑜將施叔青作品分三期，分別為：大學時期，創作現代主義作品。
　　　　七〇年代，以充滿社會關懷的作品為主。八、九〇年代，以香港為背景
　　　　的小說為主。參魏文瑜：〈施叔青小說研究〉，國立政治大學，中國文學
　　　　研究所，碩士論文，1999年。
　　（3）賀安慰分析施叔青1969～1984年所創作的短篇小說作品，以施叔青19
　　　　69年的《約伯的末裔》、1976年的《長滿姨的一日》、1984年《懷細怨》
　　　　代表施叔青的三個創作階段。參賀安慰：《臺灣當代短篇小說中的女性
　　　　描寫》，（臺北：文史哲出版社，1989年），頁45～60。
　　（4）姜怡如將施叔青的創作生涯分為四個階段：「鄉俗、怪誕、夢魘的時期」
　　　　、「婚姻、文化差異、鄉土關懷的時期」、「吃盡穿絕、物欲徵逐、國族
　　　　寓言的時期」、「原鄉追尋、身心安放、位臺灣作傳的再回歸時期」。參
　　　　姜怡如：〈施叔青長篇小說的港臺書寫〉，國立中央大學，中國文學研究
　　　　所，碩士論文，2007年。

她受現代主義影響的早期作品特色，其後以婚姻爲題材，站在女性立場探討兩性間的情愛糾葛，最後在作品中呈顯關注歷史、家國的視角，以及注入了民族關懷的元素的書寫等階段以分期。

作家的創作歷程與其人生閱歷、遷徙經驗之聯繫如剪不斷的臍帶般，施叔青爲臺灣人，而她的丈夫是美國人，因此，她的部分作品便在東西文化之間碰撞出火花，並化爲筆下絢麗的色彩。加上她曾經徙居臺灣、香港、紐約曼哈頓三島，因此，在作品中有思鄉的情懷，亦有著遷徙經驗的描繪。這些交纏糾葛的文化背景與她本身的生命經驗，提供了她不同的視野與創作素材，讓她的寫作格局更爲開闊，也造就了不同的文學風格與特色。

第一節　家鄉鹿港的滋養與現代主義的縈繞

家鄉鹿港的詭譎，自作品中，可感受到施叔青對家鄉所深植的情感，在她的創作之途，她始終惦念著她所愛的鹿港。從施叔青的作品中可見臺灣文壇所盛行的現代主義之足跡，亦可了解作者的作品中爲何充斥著濃厚的現代感氛圍，以及她在運用象徵手法時的熟稔與動人。

一、家鄉鹿港的記憶

施叔青成長於文化澱積深厚，卻敷滿陰森鬼魅氛圍的鹿港城鎮，她的父親是白手起家的養鰻商賈，母親則是傳統的家庭主婦，她的家境頗爲優渥，家中經濟狀況不需子女分擔，再加上浸潤於文風鼎盛的鹿港，在此條件與氛圍之下，施叔青的父母十分重視孩子的教育與栽培，在他們家中藏有豐富的書籍供孩子閱讀，施叔青曾自言：

> 家裡總是有很多書，而且一本本都用透明的「米紙」細心的包起來，
> 拿在手上，會覺得這本書應該被尊重、愛惜的。〔註7〕

（5）楊采陵將施叔青作品依時間分期，分爲：早期：扛著現代主義的旗子走進文壇（1961～1976）。近期：爲臺灣立傳（1997～2008）。參楊采陵：〈家鄉的三重變奏——從空間語境和身體意識探究施叔青的臺灣書寫〉，國立清華大學，臺灣文學研究所，碩士論文，2009年，頁6～8。

（6）謝秀惠：〈施叔青筆下的後殖民島嶼圖像——以《香港三部曲》、《臺灣三部曲》爲探討對象〉，國立臺灣師範大學，臺灣文化及語言文學研究所碩士學位在職進修專班，碩士論文，2010年，頁16～27。

〔註7〕黃鳳鈴：〈與施叔青談閱讀與寫作——騷動與沉潛〉，《明道文藝》，259期，（1997年10月），頁18。

施叔青對閱讀有著濃厚的興趣，並且十分珍惜她所擁有的書籍，在閱讀文學作品的過程中，她深受作品的啓發與薰陶，在此耳濡目染的讀書環境下，作者的文學之路也因此奠定了基礎。由此可見施叔青父母的教育方式與其自小養成的閱讀習慣，再加上優渥的家庭環境、藏書的豐沛都爲施叔青的文學創作奠定穩固的根基。

作者成長的鹿港城鎮，來自福建的移民稱之爲「鹿仔港」〔註8〕，它曾是郊商雲集，貿易鼎盛的城市，是臺灣中部的交通樞紐與貨資轉運中心〔註9〕，港口幡檣林立，風帆接天與際，觸目所及的是絡繹不絕的帆船，故人稱之爲「鹿港飛帆」。當時的鹿港與臺南、萬華同爲臺灣的三大門戶，有「一府、二鹿、三艋舺」之稱，由此稱亦可以想見鹿港當時的輝煌景象。

鹿港曾擁有繁盛的風光，同時也因爲它是臺灣早期業已開發的港口，因此，在此處留下了許多的古蹟，眾多的傳說更在人們的口耳相傳間，留下無法抹滅的足跡，在它與泉州對渡的貿易過程中，諸多的舶來品亦隨之踏上鹿港，因此，鹿港被繪聲繪影的奇異傳說之氛圍圍繞，在它身上更可找到許多多元的印記，這樣的鹿港構築出了施叔青童年的鹿港記憶，因此，在她的小說中亦充斥著奇異怪誕、陰森詭異的氣氛，她曾回憶舊時時光，說道：

> 想當初，我還是個穿制服的高中女生，被故鄉神秘的氛圍所魘住了的女孩，唯一逃離的方式，就只有借用文字來吐訴我的驚嚇與愁情。
> 〔註10〕

家鄉鹿港古老斑駁的建築、具有漳泉移民特色的「長條屋」、幽暗的長廊、曲窄的巷弄、隘門、傳統的文化風俗及充滿神秘色彩的信仰與廟宇等，再加上生活於其中的一群扭曲怪異的畸零人，鹿港的人、事、物都是施叔青文學作

〔註8〕 有關鹿港此地名的來源有：一、荷據時期，臺灣中部一帶多鹿，常有鹿群聚集海口草埔，故名「鹿仔港」，後簡稱「鹿港」。二、平埔族地名「Rokau-an」轉譯而來。三、港口的地形凹凸彎曲，有如鹿角。四、港口碼頭有許多方型的米倉，昔日稱爲「鹿」，因爲用來儲存稻穀的方形倉廩稱爲「鹿」而得名。參心岱：《百年繁華・最鹿港》，（臺北：西遊記文化，1996年），頁8。

〔註9〕 朱景英《海東札記》卷一〈記巖壑〉曾記載鹿港還未開港爲正口之前已有船隻往來的盛況：「鹿子港則烟火數千家，帆檣麇集，牙儈居奇，竟成通津矣」參朱景英：《海東札記》，（臺北：臺灣銀行，1958年），頁8。當時的繁景由《彰化縣志》的記載亦可窺見：「鹿仔港，烟火萬家，舟車輻輳，爲北路一大市鎮。西望重洋，風帆爭飛，萬幅在目，波瀾壯闊，接天無際，眞巨觀也。」參周璽：《彰化縣志》，（臺北：臺灣銀行，1830年），頁21～40。

〔註10〕 施叔青：《那些不毛的日子》，（臺北：洪範書店有限公司，1988年），頁206。

品擷取的養分，有了這些文學養分的滋養，在她的作品中自然就瀰漫著陰森鬼魅、神秘的氛圍。施叔青曾自言：

> 我想一個作家應該寫他本能的生活經驗與世界，只有這樣才能寫得
> 貼切。我除了喜歡寫鹿港那些小人物，以及那些小人物周遭發生的
> 事情，還有一點，我非常懷念鹿港過去的光榮。所謂一府二鹿三艋
> 舺，鹿港曾是臺灣第二大城，而且文風很盛，出了好些秀才文人。
> 可是到了我們這一代已經殘破得一塌糊塗，什麼都沒賸下來。所以
> 這就像在夕陽殘照之下，找尋過去的一點點什麼，來保持鹿港人的
> 光榮，這真是莫名其妙的心理，也是一種懷念的心理。〔註11〕

由此可知，鹿港的人、事、物給予作者創作的靈感，而她也用書寫來緬懷和紀錄家鄉。可見鹿港除了是施叔青的家鄉，亦是其作品的原鄉，這樣的連繫在她的作品顯而可見，鹿港深植於作者心中的情感與重要地位，便在她的文學彩筆下化為一篇篇動人的作品。白先勇認為在施叔青的作品中，如〈約伯的末裔〉等即呈顯出鹿港詭譎、充滿鬼氣的風格：

> 施叔青的小說，背景不一定是在鹿港，但必是與鹿港相似的一些「荒
> 原」，這些荒原，遠離都市，不受文明力量的左右。因為只有在這種
> 荒原上，死亡──性──瘋癲的力量才能發出最大的原始性的威
> 力。〔註12〕

> 夢魘似患了精神分裂症的世界，像一些超現實主義的畫家（如達利）
> 的畫一般，有一種奇異、瘋狂、醜怪的美。〔註13〕

劉登翰在〈在兩種文化的衝撞之中──論施叔青早期的小說〉亦提及施叔青的鹿港童年，是她的寫作的動力，他認為施叔青創作的兩股強大的動力，一個是「無法掌握命運的神秘、迷惘的情緒，即所謂『現代感』」，另一個則是「童年時代那個古風淳樸的鄉俗社會在她心中留下的強烈印象」。〔註14〕可見在施叔青的作品中，濃厚的家鄉味是顯而可見的。家鄉在作家心中就如有臍

〔註11〕 陳秀芳：〈如是我寫──與施叔青一席談〉，《幼獅文藝》，第 41 卷第 4 期，（1975
　　　　年 04 月），頁 213～214。

〔註12〕 白先勇：〈約伯的末裔・序〉，收錄於施叔青《約伯的末裔》，（臺北：仙人掌，
　　　　1969 年），頁 4。

〔註13〕 白先勇：〈約伯的末裔・序〉，收錄於施叔青：《約伯的末裔》，（臺北：仙人掌，
　　　　1969 年），頁 4。

〔註14〕 劉登瀚：〈在兩種文化的衝撞之中──論施叔青早期的小說〉，收錄於施叔青：
　　　　《那些不毛的日子》，（臺北：洪範書店有限公司，1988 年）。

帶相連般的情感，熱鐵烙膚般的意象往往會在腦海中搬演。鹿港在施叔青作品中扮演著重要角色，王德威於〈異象與異化，異性與異史——施叔青論〉中，亦認為鹿港對施叔青的寫作之路有舉足輕重的影響：

> 庭院深深的破落門戶，逼仄陰濕的寺堂巷道，畸零醜怪的市井男女，構築了家鄉的人文景觀。禁忌與蠱崇瀰漫，信仰與褻瀆交雜。然而就是這樣一個詭異墮落的環境，成為施叔青文學啟蒙的殿堂。〔註15〕

在施叔青筆下有許多的人、事、物皆是擷取自鹿港，齊邦媛認為「她的想像力給她童年記憶中的鹿港蒙上一層神秘的魅力。那曾經繁榮的古城，在她筆下日漸頹圮灰暗而成了多層次的荒原——時間性的荒原，因為古舊沒落而充滿了死亡和夢魘。」〔註16〕其筆下的鹿港有施叔青寄寓的想像虛構成分，然而在虛構中卻有著最真實的情感，她將底層人物的特色與心靈更深刻地道出。

　　然而，在幾經時序遞嬗，鹿港在嘉慶一朝的風光光景，面臨了好景不長的命運捉弄，自清朝中葉開始，因西部海岸泥沙的堆積，而讓鹿港水道的淤積問題亦日益嚴重，鹿港從水深腹闊的良港搖身一變成了淤港，其航運功能自然也逐漸衰微，此狀況即施叔青在〈走向歷史與地圖重現〉所言的：

> 地理空間像是一個不具一定界線的流體，並不全然固定，而是由於地形變異、地震、天災、不斷移動改變。〔註17〕

因港口興起而繁華鼎盛的鹿港，後來，亦因為港口嚴重淤淺，而導致日漸沒落，這彷彿訴說著那是隱藏在市街繁華背後的地理宿命。至日本據臺時，又因有多數的商賈富豪不願受日人統治，故在「遣僑」活動中返回大陸老家，因此，鹿港的商業功能更是頓時萎縮。〔註18〕當初的飛帆盛景已不再，取而代之的是湮沒繁榮的沙礫，自此我們閱見了鹿港的滄海桑田。然而，如白先勇所言的這個「夢魘似患了分裂症的世界」〔註19〕的鹿港卻一直是施叔青的

〔註15〕王德威：〈異象與異化，異性與異史——施叔青論〉，收錄於王德威：《跨世紀風華當代小說20家》，（臺北：麥田出版社，2002年），頁270。

〔註16〕齊邦媛：〈閨怨之外——以實力論臺灣女作家的小說〉，收錄於齊邦媛：《千年之淚》，（臺北：爾雅出版社，1990年），頁119。

〔註17〕施叔青：〈走向歷史與地圖重現〉，《東華人文學報》，第19期，（2011年7月），頁1。

〔註18〕施懿琳：〈鹿港在臺灣史上的地位及其人文特質〉，《鹿港風物》，第8期，（1987年），頁12。

〔註19〕白先勇：〈約伯的末裔·序〉，收錄於施叔青《約伯的末裔》，（臺北：仙人掌，1969年），頁4。

創作根源，他曾經鐵口直斷的說：「施叔青是臺灣鹿港人，她是鹿港長大的——這點非常重要，鹿港是她的根，也是她小說的根。」〔註 20〕，又言：「作者的故鄉，臺灣西海岸的小鎮鹿港，起著決定性的作用，因為它構成了她的經驗世界。」〔註 21〕施叔青的小說風格，漫著其人生經驗，是其經驗世界的投影，故在品味她的作品時，即可嗅聞到古鎮鹿港之風，更可明瞭它對作者根深柢固的影響，《臺灣三部曲》中的首部曲《行過洛津》，她即是以洛津（鹿港）為故事展演的歷史空間，自故鄉邁開她的臺灣大河小說創作之路。

二、現代主義氛圍的縈繞

　　除了家鄉是施叔青作品的元素外，其所處的環境氛圍與流行風潮亦對她有著不容小覷的影響，從其作品呈顯的現代主義色彩，可知她受到現代主義洗禮之大，這樣的連結可明瞭作品的完成，除了需要作家以細膩的筆觸描繪人、事、物外，也可從作品中探究作家所處的時代背景。

　　現代主義於三〇年代在臺灣萌芽，因此，文壇上瀰漫著現代主義的風潮，三〇年代的臺灣亦時值日本殖民帝國的統治，臺灣人民遭受著日本政府嚴密的殖民統治與壓迫，生活於此背景下的作家們，面對著現實的政治壓力和種種矛盾複雜的情感，故部分作家將筆墨轉向書寫內心的感覺世界，從三〇年代在臺灣的現代主義文學潮流呈顯出：

> 三〇年代中以西川滿為首的在臺日人文學的唯美傾向，日本本土的私小說、新感覺主義，經日文傳譯過來的十九世紀末歐洲的頹廢文藝風尚。〔註 22〕

創辦《現代文學》的白先勇曾言有關臺灣現代主義文學的興起乃是一必然的現象，此思潮為文壇帶來了新的刺激，並注入新的生命，他如此闡述：

> 《現代文學》創刊以及現代主義在臺灣文藝思潮中崛起，並非一個偶然現象，亦非一時標新立異的風尚，而是當時臺灣歷史客觀發展以及一群在成長中的青年作家主觀反應相結合的必然結果。〔註 23〕

〔註 20〕陳萬益編：《施叔青集》，（臺北：前衛出版社，1993 年），頁 10。

〔註 21〕陳萬益編：《施叔青集》，（臺北：前衛出版社，1993 年），頁 272。

〔註 22〕施淑：〈日據時代臺灣小說中頹廢意識的起源〉，收錄於《兩岸文學論集》，（臺北：新地出版社，1997 年），頁 119。

〔註 23〕白先勇：〈《現代文學》創立的時代背景及其精神風貌〉，收錄於白先勇：《第六隻手指》，（香港：華漢出版社，1988 年）頁 274。

施叔青出生於臺灣四〇年代，初中時，她喜愛捧讀《創世紀》、《藍星》、《好望角》等現代詩刊，並著迷、沉浸於洛夫、瘂弦詩的文學世界中，高中時期發表首篇小說〈壁虎〉，在作品中即呈顯出現代主義的筆法。施淑認為四〇年代的臺灣社會正感接受歐美現代化之外，臺灣本身還有著其禁錮封閉的一面：

> 這白色恐怖的窺視文化，戒嚴令延長的戰爭狀態，窺視者緊張、痙攣、破裂的心理，提供六〇年代臺灣現代主義發生發展的內外在條件，當時的文學青年，會在還來不及認識現代及現代性的基礎上，沒有異議地接受作為它的反命題的存在主義、心理分析，會義無反顧地以困境、疏離（異化）、荒謬、沒有原因的反叛等等套語和模式思考、行動、創作，都是這歇斯底里的處境的條件反應。〔註24〕

在施叔青求學階段，臺灣文壇正流行著現代主義，一九六〇年代被稱為現代主義時期，可見現代主義對臺灣文壇產生的巨大影響，余光中針對六〇年代作家創作特色而述及：「向內走入個人的世界，官感經驗的世界，潛意識和夢的世界。佛洛伊德的泛性說和心理分析，意識流手法的小說……，乃成為年輕作家刻意追慕的對象。」〔註25〕1962 年時，是施叔青生命中初次的遷移經驗，她離開了家鄉鹿港，隻身到臺北就讀淡江大學，當時的臺北正充盈著各種文化，亦充滿著現代感，在《臺灣小說史論》中如此記載著：

> 臺北作為臺灣本土、日本殖民遺緒、中國移民文化、香港文化以及美國文化匯流的場域，多種文化交會撞擊所造成的震驚、興奮與惶恐，都促進臺灣現代派文學的興起與發展。〔註26〕

施叔青自己亦曾如此回憶，說道她在臺北的大學生涯中所接觸到的風潮，與臺灣六〇年代文壇瀰漫的現代主義風氣：

> 那是一個現代主義大行其道的年代。文化圈的藝文工作者無視於物質生活的窘困，在精神上天馬行空，把美國新聞處所提供的藝壇最新動態訊息，生吞活剝毫無選擇地移植過來。於是，臺北的前衛畫家們大畫超普普藝術，可口可樂、坎貝罐頭湯……美國普普畫家心

〔註24〕 施淑：〈現代的鄉土——六、七〇年代台灣文學〉，《兩岸文學論集》，（臺北：新地出版社，1997 年），頁 306。

〔註25〕 余光中：《中國現代文學大系——小說第一輯・總序》，（臺北：巨人出版社，1972 年），頁 3。

〔註26〕 陳建忠、應鳳凰、邱貴芬、張誦聖、劉亮雅合著：《臺灣小說史論》，（臺北：麥田出版社，2007 年），頁 219。

　　目中的流行文化，到了臺北觀眾的眼中，因其希罕舶來而受吸引，
　　意義正好相反。劇場同仁不消上演《等待果陀》一類的荒謬劇，六
　　〇年代的臺北文化人生活在扭曲的荒謬裡。詩人們追求意象、隱喻
　　象徵，寫些晦澀難懂的現代詩，現代文學雜誌翻譯卡夫卡、喬哀思
　　的現代小說，引進了存在主義思潮。我們都是被拋棄到這世界來，
　　注定要不快樂的，每一個文藝青年對這兩句話琅琅上口。〔註27〕

六〇年代的臺灣，那是個壓抑的年代，卻也是個跨文化交流十分活躍的年代。
在 1961 年時，正值青春年華的施叔青，發表了她的首作〈壁虎〉，並獲得施
淑的支持與陳映真的賞識，此作登上了《現代文學》雜誌，也讓她自此踏入
文壇。〈壁虎〉以第一人稱敘事觀點敘事，藉由那隻赤裸裸的壁虎象徵「情欲」，
以此既推動情節發展，又左右人物命運。此作品生動地寫出愛欲不僅破壞了
篤信耶穌、恪守古訓的家庭的平衡，也破壞了故事中那位病態少女的心理平
衡，直至當她自己也燃起先前所不恥的那種情愛欲念時，才真正獲得平衡。
施叔青寫出情欲既是生命的動力，又是罪惡的根源，她將故事中人物的心路
歷程，描繪地細膩又深刻，自此可見，在〈壁虎〉中呈顯出的濃厚現代感。

　　1945 年至 1969 年，臺灣正瀰漫著現代主義的風潮，身處現代主義濃厚的
場域，在此環境成長的施叔青表示自己年輕的叛逆，加上鹿港詭異的氛圍，
她感到必須自創一種新的文體語言，她曾自言：

　　感到如非自創一種新的文體語言，白開水一樣的乏味的白話文是不
　　足以貼切地形容我內裡的風情。〔註28〕

因此，她早期的作品〈約伯的末裔〉、〈倒放的天梯〉等皆是現代主義洗禮下
的作品，施叔青以有深意的象徵筆觸，充滿現代主義的象徵筆法與技巧，寫
出了她內在的情緒與感受，透過這樣的筆法，施叔青深入且細微地寫出人的
心境轉折與內心世界，同時，也讓她筆下的人物角色更加飽滿、有生命力，。
如在〈倒放的天梯〉中，她描繪出吊橋是促成潘地霖精神分裂的直接原因，
也是潘地霖幻覺中對現實的概括，她絮絮描繪了潘地霖的內心吶喊的聲音與
心理世界：

〔註27〕施叔青：〈不快樂的六〇年代〉，收錄於施叔青：《回家，真好：原鄉的變調》，
　　　　（臺北：皇冠，1997 年），頁 210。
〔註28〕施叔青：〈追逐成長〉，收錄於楊澤主編：《從四〇年代到九〇年代：兩岸三邊
　　　　華文小說研討會論文集》，（臺北：時報文化出版社，1994 年），頁 177。

> 恍恍惚惚，我意識到現在是吊在荒山的半空中，俯臨地球的表面，
> 遠離人群，大地在我望不見的底下，我無法企及……
>
> 喔，對了，吊橋既是一具倒放的天梯，我可以緣著它一步步走下來
> 呵！我不敢奢望一階階上去而至天堂了。〔註29〕
>
> 終究，我是個被人用線牽的傀儡，擺盪於深淵之上，一無所歸，既
> 然這就是我，那麼讓我把自己扮演成一個更逼真、更稱職的傀儡吧！
> 我放鬆了屈曲的雙腿，四肢僵直的垂下，然後開始打起秋千，前前
> 後後甩盪起來……〔註30〕

施叔青透過書中人物的自白，讓讀者見到了小人物面對世事變革、現實壓力
的痛苦與無奈感，小人物的心聲在她的書中發聲，有了滄桑感但也凝聚了力
量。而在〈約伯的末裔〉中，那破敗的木寮，就具體表面而言那是木匠江榮
的生活環境，但就抽象的心理層次來看，那也正是江榮內心枯竭的象徵，文
中栩栩如生地描繪那啃噬生命的小蟲，啃著木頭，卻彷彿也噬著江榮的心：

> 木頭裏的小蟲不僅整夜不眠不休地啃著，咬著。更可怕的，他微微
> 感覺這群小生物，彷彿在漏夜趕工。牠們比白天更積極，更肆意地
> 蛀腐著。而藉著雨聲掩護，這批夜間的工作者更能無忌地進行牠們
> 的陰謀。再過半個月，雨依然不停，那麼，屋樑會比預期的日限更
> 快地變軟，以至坍陷下來。〔註31〕

外表完好的木寮大樑，實際上樑柱中已被蟲蛀空，隨時有崩塌的危險，江榮
的內心也如同那外表看不出傷痕的大樑般，早已傷痕累累，空無一物，無法
逃脫最終衰頹的命運。精神上的荒蕪、心靈的焦慮失落，彷彿一切的狀況都
已失衡，施叔青透過疏離、異化狀態下的畸零人，傳達出了整個社會的精神
病徵。

　　《泥像們的祭典》則是在富有象徵意味的描寫中，流露出其中迷惘的現
代失落感，劉登翰認為《泥像們的祭典》是：「作者借東方的民俗注入了西方
的現代觀念，或者說讓西方的觀念找到它的東方型態。這裡我們又看到兩種

〔註29〕 施叔青：〈倒放的天梯〉，收錄於施叔青：《那些不毛的日子》，（臺北：洪範書
　　　　店有限公司，1988 年），頁 114。
〔註30〕 施叔青：〈倒放的天梯〉，收錄於施叔青：《那些不毛的日子》，（臺北：洪範書
　　　　店有限公司，1988 年），頁 115。
〔註31〕 施叔青：〈約伯的末裔〉，收錄於施叔青：《約伯的末裔》，（臺北：大林出版社，
　　　　1973 年），頁 108。

文化的衝撞聚合，在施叔青小說中產生出的特殊效果。」〔註32〕黃英哲則指出在施叔青最初的創作階段，其小說的內容主要是：「集中表現個人的心理風暴，及渲洩年輕生命的騷動，她嘗試以女性的視野來探討性壓抑的問題，凸顯傳統文化力量對人性的壓制，同時她也思考『人』存在普遍的處境，藉用小說的形式來探尋生命的真實本相，這都顯示了她此刻的創作實深受了現代主義、存在主義、心理分析的影響。」〔註33〕從以上學者的分析中，可知作品的表現正好成作家生命歷程的紀錄者，從施叔青不同階段的創作中，即可見她生命歷程的軌跡。

　　現代主義的筆法，在施叔青不同時期的作品中繚繞著，而這也是她所擅長的寫作手法，從她早期的作品，直至《臺灣三部曲》都可見象徵的手法，這樣的筆法也成了她作品的一大特色。陳芳明對施叔青早期受現代主義洗禮的作品亦有深刻的見解：

> 現代主義美學直接從美國進口，開啓多少臺灣作家的想像。通過這種美學的洗禮，臺灣作家終於學習了如何挖掘內心被壓抑的感覺與想像，施叔青在這方面正是相當傑出的一位。在她的早期作品中，鹿港小鎮充滿各種死亡意象，不時出現棺木、墳穴、鬼魅的各種幽暗聯想，怵然開啓一位少女內在世界的夢魘。這種手法頗近於現代主義的模仿。〔註34〕

施叔青深受現代主義的啓蒙，在現代主義氛圍的薰陶與影響下，自然也將現代主義的特色反映在她筆下的作品之中，她透過象徵的筆法傳達出她所要表達的蘊義與內心的思維，也因此之故，《臺灣三部曲》的書寫筆法，容易進入人物的內心世界，她傳神地刻畫不同角色的行為舉止，以及在各人物背後深刻的情感與思想，讓每一位小說人物都挹注了生命力，活靈活現的展現在讀者眼前。

〔註32〕劉登翰：〈在兩種文化的衝撞之中——論施叔青早期的小說〉，收錄於施叔青：《那些不毛的日子》，（臺北：洪範書店有限公司，1988 年），頁 10。

〔註33〕黃英哲：〈香港文學或是臺灣文學：論「香港三部曲」之敘述視野〉，《中外文學》，第 33 卷第 7 期（2004 年 12 月），頁 133。

〔註34〕陳芳明：〈歷史・小說・女性——施叔青的大河巨構〉，《聯合文學》，第 317 期（2011 年 03 月），頁 85。

第二節　異鄉人的漂泊愁思與女性主義的思維

　　施叔青本身有著豐富的遷移經驗，因此，字裡行間有著漂泊的味道，在她筆下細膩地刻畫出異鄉人的愁思，因她本身有此經歷，故作品中所描繪的惆悵與思鄉，更顯真摯動人。而跨足東西文化差異的婚姻，讓她對於筆下女性有了盈滿自主思維的描繪，浸潤於女性主義的她，自然也將此經歷與思維方式鎔鑄於作品之中。因此，在《臺灣三部曲》中，有許多空間移轉的故事，在時空推移下的人民，有著思鄉的惆悵、想家的孤寂、無奈的愁緒；同時，在書中也可見女性握有發聲的自主權，甚而她們就是故事的述說者。

一、異鄉人的漂泊愁思與戲劇文化的陶冶

　　施叔青 1970 年自淡江大學法文系畢業後，旋即嫁給來臺進行人類學博士研究的美國籍先生羅拔，完成了她的終身大事，婚後不久她便隨著夫婿漂洋過海，抵達美國紐約，而這是施叔青的第二次遷移經驗，家鄉的距離從原本的鹿港到臺北，擴展成間隔著太平洋的臺灣到美國，此次的遷移不僅距離遙遠，還跨足了東西文化的差異性。至美國後，施叔青即赴紐約市立大學攻讀戲劇碩士，她自述：「飛抵紐約時，正巧故宮的『中華瑰寶』在大都會博物館展覽，趕在閉幕前幾天參觀。……在同一個展櫃見到世上稀珍三件汝窯擺在一起。也不得不佩服大都會陳列展題的藝術，據朋友說，為了這次的展出，全部按照展品量身製作櫥櫃，果真效果突出，視覺上達到賞心悅目之效，遠非故宮所能及。」〔註 35〕紐約市是美國電影工業的重地，亦是充滿文藝氣息的地方，她在波士頓、康橋接觸到了塞繆爾‧貝克特〔註 36〕、哈羅德‧品特〔註

〔註35〕　施叔青：〈文物外交？〉，收錄於施叔青：《回家，真好：原鄉的變調》，（臺北：皇冠，1997 年），頁 105〜106。
〔註36〕　塞繆爾‧貝克特（Samuel Beckett，1906 年 4 月 13 日〜1989 年 11 月 10 日），20 世紀愛爾蘭、法國作家，創作的領域包括戲劇、小說和詩歌，尤以戲劇成就最高。他是荒誕派戲劇的重要代表人物。1969 年，他因「以一種新的小說與戲劇的形式，以崇高的藝術表現人類的苦惱」而獲得諾貝爾文學獎。塞繆爾‧貝克特一生的創作經歷，以 1952 年話劇《等待戈多》的上演為標誌而被劃分為前後兩個時期。前期主要創作小說，而後期則主要寫劇本。儘管如此，塞繆爾‧貝克特的文學風格卻始終沒有很大變化，而是從一開始就選擇了一條遠離現實主義傳統的道路。作為荒誕派戲劇的創始人之一和集大成者，塞繆爾‧貝克特一生共創作了 30 多個舞台劇本，其中有 20 多個被拍成電視劇或電影。其中最重要的三部作品是《等待戈多》、《劇終》和《啊，美好的日子！》。

37）、艾奧尼斯等人的劇本，也因此，激發她創作以〈追蹤遊戲〉爲主的一組荒謬劇本，並延續著六○年代對於人與人之間的疏離、生存的荒謬不合理的關注。

在求學期間，施叔青曾在導演課上指導外國同學排演《王寶釧》一劇，卻也因此她面臨了諸多的挑戰，如演員的身段姿態不夠到位、西方人難以融入故事背後那龐大古老的中國傳統思維，就連授課老師也無法理解中國戲劇疏離、象徵等手法的意義，她所導的《王寶釧》對深受西方戲劇訓練的人而言，無疑成了一齣荒謬劇，然而，這一次的課堂經驗也讓她深刻體會到東、西方戲劇文化上強烈的差異。〔註 38〕在紐約學習西洋戲劇的日子，施叔青在某日意外地看到電視上所放映的昆曲〈秋江〉折子戲，當她看到中國戲曲的抽象劇場表現，使她深感震撼，亦不禁讚嘆其中所表現的劇場形式、演員唯妙唯肖的動作、抽象的心理表現等，觸動心弦後，施叔青進而發現到原來眞正的藝術就在中國，心中深深感慨自己對中國傳統戲劇所知甚少，從而有了省思的心情表現：

> 我們這一輩的年輕人，只顧一味地往外衝，盲目的崇拜，對於自己
> 的文化忽略漠視，更可能是故意鄙棄。這是多麼不可原諒的一件事。
> 〔註 39〕

在她心中想回家的觸動便如波濤洶湧般襲來，她曾自言：「當那一直爲我所熟悉的彎曲巷，竟然在記憶中飄浮了起來，我告訴自己，是回去的時候了」〔註 40〕。在戲劇理論的訓練、薰陶下施叔青提升了她的寫作技巧與視野，1971年時，她創作了劇本〈另外一個人〉，此作發表於《現代文學》四十八期。在 1972 年，她順利於紐約市立大學杭特學院獲戲劇碩士學位，完成碩士學位後的施叔青便整理行囊，邁開歸臺的步伐，旋即回臺灣的她，除持續寫作外，更致力於京戲、中國戲曲、臺灣鄉土歌仔戲和南管音樂等方面的研究。

〔註 37〕哈羅德・品特（Harold Pinter，1930 年 10 月 10 日～2008 年 12 月 24 日），是一位英國劇作家及劇場導演，他的著作包括舞台劇、廣播、電視及電影作品。哈羅德・品特早期的作品經常被人們歸入荒誕派戲劇，有時被稱爲「威脅喜劇」，深受荒誕派戲劇代表人物塞繆爾・貝克特的影響，後來兩人更成爲深交。他是 2005 年諾貝爾文學獎的獲得者。

〔註 38〕白舒榮：《自我完成、自我挑戰》，（北京：作家，2006 年），頁 74～79。

〔註 39〕施叔青：《兩個芙烈達・卡蘿》，（臺北：時報文化出版社，2001 年），頁 68。

〔註 40〕施叔青：〈「琉璃瓦」序〉，收錄於施叔青：《琉璃瓦》，（臺北：時報文化出版社，1976 年），頁 3。

施叔青回臺北後，先後於政治大學西語系、淡江大學外文系、世界新聞專科學校執教，除持續寫作外，還從事京戲、臺灣鄉土歌仔戲、鹿港古風貌和南管音樂等方面的研究，施叔青此階段的人生經驗，在加上她深刻地了解到東西的文化差異，故此時期的作品有了不同以往的風格。

1974 年，她獲中山文化基金獎助研究平劇，開始《拾玉鐲》的研究，她投入戲劇家俞大綱門下學習傳統戲劇的精華，且跟隨臺灣著名京劇演員梁秀娟學習花旦的做工、姿勢和身段，並於同年她獲得中山文化基獎助研究撰寫〈拾玉鐲〉的研究，之後她將多篇研究心得結集為戲劇評論集《西方人看中國戲劇一書》。其中《〈拾玉鐲〉研究》以現代觀念研究、探討〈拾玉鐲〉的結構、主題、人物性格心理，俞大綱先生更稱許施叔青此作頗有見地。這樣深入戲劇的經歷也對施叔青日後的小說創作產生了影響，也為她日後寫有關戲劇評論的作品奠定深厚的基礎。

筆耕不輟的施叔青，對傳統文化有著熱情與喜愛，這樣的情感可從其作品中，探尋出她所下的工夫與情感，亦可閱覽崑曲、歌仔戲……等戲劇文化，經歷了戲劇藝術的研究與薰陶的她，已將這些經歷化為她作品中的文學養分。除了有關戲劇的作品，如：劇本〈另外一個人〉、〈俞大綱教授談平劇〉、戲劇評論集《西方人看中國戲劇》、《臺上臺下》、藝術評論集《耽美手記》外，在《臺灣三部曲》中亦可見施叔青對戲劇的熟稔，《行過洛津》中，她以鹿港作為《臺灣三部曲》的首站，故事中我們可體會到施叔青在歷史、藝術、戲劇、傳統文化等所下的工夫，她自述：

> 《行過洛津》是在紐約寫的，我從臺灣運來好幾大箱的有關這一段時期的史籍文獻資料，用南管音樂、臺灣民歌、發黃的舊照片在紐約的書房營造出清代鹿港的氛圍。……記憶加上地緣的熟悉，又有史籍歷史紀錄，我複製了一個清代中期貿易盛的海港城市——古名洛津的鹿港。〔註41〕

> 以小說為清代的臺灣做傳，我生怕自己不能免俗，患了大鹿港沙文主義的毛病，特地南下走訪府城，虛心地去認識接續荷蘭人經營之後，這座明鄭三代政治文化中心的臺灣第一城，再加上我對隔海的泉州古城的印象，然後我在異國關起門來，終日與泛黃的舊照片、

〔註41〕陳芳明：〈與為臺灣立傳的臺灣兒女對談〉，收錄於施叔青：《風前塵埃》，（臺北：時報文化出版社，2007 年），頁 264～265。

歷史文籍爲伴，在古雅的南管音樂與蔡振南〈母親的名叫臺灣〉的
激情呼喊交錯聲中，重塑了我心目中清代鹿港。〔註42〕

《行過洛津》小說的主線是從飾演《陳三五娘》婢女益春的南管童伶許情（藝
名「月小桂」）發展出來，他以七子班的身份，三次來臺，看著洛津從繁華到
沒落，人事皆非的景象，勾起他的回憶，小說便由許情的回憶開展故事，在
書中可見施叔青參閱了史料複製了清朝鹿港的風華與衰敗，也複製當時的南
管文化。她曾自言戲劇對其創作文學作品，的確存在著一定的影響力：

> 戲劇方面的研究，的確深刻的影響我的創作。在戲劇創作中所特別
> 會遇到的 space 觀念，包括時間的倒敘、空間的錯置，那些戲劇效
> 果的呈現等等。在視覺的創作上，有顏色的、不同區塊的，我都會
> 有比較敏感的察覺。像《行過洛津》裡我對景物時空的安排敘述，
> 到《風前塵埃》裡我對於大自然描寫的部分。那些我所書寫的植物
> 花草，都是我所親自觸摸過、感動過的。在《風前塵埃》裡大自然
> 與人的對話，是我不同於以往的更多著墨之處。我想這些觀察都跟
> 我的戲劇經驗有很大的關係。這也是我這部小說中我很喜歡的部
> 分。〔註43〕

《行過洛津》以許情串起故事，同時也見證了洛津的興衰。《臺灣三部曲》中
以鹿港爲首部曲，亦可了解家鄉鹿港正在施叔青創作的根源，也是她作品的
原鄉。陳芳明回顧施叔青的創作之旅，認爲：

> 她的書寫生產力，可能是三、四十年來最爲豐富的其中一位。無盡
> 無止的書寫，爲她的生命畫出極爲寬闊的版圖。她所開闢出來的領
> 域，以海島的故鄉鹿港爲起點，延伸到北美洲的紐約港，最後又返
> 身航向東方的香港。所有陌生的港口，以及遼夐的水域，也許不曾
> 察覺曾經接納過一位漂泊女性的思維。但是，在迂迴的旅行過程中，
> 施叔青從未忘記在每個港口留下龐大的文字。文學作品使她的生命
> 有了可靠的據點，只要守住文學，她就可以決定自己的命運。〔註44〕

〔註42〕 施叔青：〈後記〉，收錄於施叔青：《行過洛津》，（臺北：時報文化出版社，2005
年），頁351。

〔註43〕 夏琳：〈歷史的行腳者──女書店專訪「臺灣三部曲」之《風前塵埃》作者施
叔青〉，資料來源：女書沙龍部落格，網址：http://blog.roodo.com/fembooks
/archives/5696511.html，下載日期：2011年06月06日。

〔註44〕 陳芳明：〈歷史・小說・女性──施叔青的大河巨構〉，《聯合文學》，第 317
期（2011年03月），頁84。

這段文字中，亦可見施叔青的遷移經驗，也可知當代學者對她的作品之肯定。筆者在閱讀施叔青的作品，可見其人生經歷的足跡已駐足於她的作品之中，作者不同時期的作品，正好成了施叔青生命經驗轉捩點的標記。

施叔青曾自言：「我是個島民，年輕時從三個島中最大的島出走，浪跡紐約曼哈頓、香港，轉眼間過了四分之一世紀，從最小的島再轉回來，繞了一圈，已是人到中年。」〔註45〕她於 1962 年開啓了他人生第一次的遷移經驗，從鹿港到臺北求學。1970 年，她隨夫婿到美國，遷移的距離更遠了離開臺灣到美國，在這段遷移經驗施叔青親身接觸到完全不同的西方文化，開拓了她的視野，也爲她的生命譜上藝術色彩。在施叔青的生命歷程中有著許多的遷移經驗，也因此，在她的作品中也有著強烈的遷移色彩，《臺灣三部曲》中的《行過洛津》故事發生在鹿港，至《風前塵埃》場景移至殖民色彩濃厚的花蓮，到了《三世人》則是在臺北展演故事，故事時空移轉的軌跡十分顯著。而除了三部作品彼此有不同的歷史空間外，在各部曲的故事中也有著遷移經驗，《行過洛津》的主角許情往返大陸與臺灣，其中亦不乏有自大陸遷移至臺的人；《風前塵埃》中的日本帝國是來臺的殖民者，他們在花蓮建有移民村，也在花蓮複製了許多日本文化與建築。

由此可知，《臺灣三部曲》各自發生的地點在臺灣遷移外，在各部曲的內容中更有著跨國界的遷移經驗，這些故事的形成，必然與施叔青本身的遷移經驗有關，故她在描繪人物看見「景物依舊，人事已非」的惆悵心情與思家的「鄉愁」時，刻畫細膩，十分傳神。作爲一位出身臺灣的作家，她住過美國、香港，也走過世界許多地方，東、西方大陸的旅行，走訪各地，觀察身處其中的人、事、物，拓展她的文學世界，故其作品中不乏有關旅行之作，如遊記《指點天涯》、《哈爾濱看冰燈》、《湘西行》等。

二、女性主義的思維

1970 年，施叔青嫁給了美籍的丈夫，也因此接觸到了與臺灣迥異的西方文化。以臺灣傳統社會而言，長期是以男性爲尊，處於支配者的地位，而女性的地位是較卑下的，女性主要的責任就是讓自己成爲一位賢妻良母，這是當時社會對女性道德要求的高標準。因當時的社會背景風氣使然，身處其中

〔註45〕施叔青：〈回家，眞好〉，收錄於施叔青：《回家，眞好：原鄉的變調》，（臺北：皇冠，1997 年），頁 216。

的女性並未察覺這是一種文化意識對女性的牽制，但當臺灣社會開始產生變化，女性的教育逐漸普及時，女性開始思考自我存在的價值與被壓抑的不平，而不少女作家也開始以創作表達自我內在的需求，反思自我定位，並為父權體制對女性的壓迫發出不平之鳴。

　　臺灣女性主義的發展，主要興於七○年代的婦女運動、女權運動，從八○年代解嚴後至九○年代，女性主義與女權運動便呈現多元蓬勃的發展景況。婦女團體對多方面議題投入關注努力，如工作權益、婚姻與財產、雛妓救援、性暴力、家庭暴力等等，並且進一步以民間力量研擬法案來促進兩性平權相關法案的立法、修法。〔註46〕八、九○年代堪稱是臺灣女性小說的文藝復興時期。〔註47〕

　　在這樣的時代氛圍下，再加上在施叔青擁有的異國婚姻，因此，她有了較多的機會，可以親身去體驗他國的文化風情，進而拓展視野，同時也開展了她多元的書寫視角與素材，激盪出不同的想法與關注點。施叔青在國立臺灣文學館第四季週末文學對談中表達了為何會對女性議題關注之因：

> 我覺得臺灣女性主義曾經成為過一種顯學，六○年代比起後來的七○、八○、九○年代，還沒有那麼多女性作家用女性議題來寫作，至少我那時代還沒有，我算是比較古早的人。我身為女性，我開始對女性角色特別關注、特別用力來寫是我結婚以後。我覺得一個女人結婚，特別是我的婚姻關係，我先生是美國人，所以是嫁到另外一個文化，所以在種族上、文化上、性別上，要重新去認識一個人、住在同一屋簷下，對我來說，讓我重新認識身為一個女性這個角色、開始有了關照，開始寫一系列婚姻的小說，寫婚姻對女性所產生的影響，當中也包括婚姻的暴力。〔註48〕

由此可見施叔青進入婚姻生活後，生活型態的劇烈改變、周遭不同文化的刺激，她開始思考、關照女性的這個角色，因此，在這個階段出現了大量描寫

〔註46〕張靜倫：〈臺灣的婦運議題與國家的性別政策：訴求與回應〉，收錄於蕭新煌、林國明主編：《臺灣的社會福利運動》，（臺北：巨流，2000年），頁368～369。

〔註47〕范銘如：《眾裏尋她：臺灣女性小說縱論》，（臺北：麥田出版社，2002年），頁151。

〔註48〕施叔青：〈後殖民歷史與女性書寫——從香港到鹿港〉，收錄於劉亮雅、舞鶴、施叔青等著：《想像的壯遊：十場臺灣當代小說的心靈饗宴2》，（臺南：國立臺灣文學館，2007年），頁146。

婚姻生活、旅居異地的書寫，她自言：「從一廂情願的戀愛，到初爲人妻，遠居異地，……實在不是一段輕省的過程。」〔註49〕她由對婚姻生活的感觸、深刻的體認，故她對家庭、婚姻生活的議題投入了更多的關注，有了對女性的關懷。

　　1975年，施叔青主編評論集《由女人到女人》，同年，她創作了《牛鈴聲響》，作品中描述異國的婚姻生活，生動地描繪出異國夫妻，因彼此成長背景的文化差異，所造成的價值觀念上的種種衝突。施叔青自創作《牛鈴聲響》開啓了她關注女性議題之路，在作品中混合著現代主義的技巧，也鎔鑄了女性主義的思維，因此，此作可視爲是施叔青作品風格轉捩點的代表作。黃英哲閱讀她此階段的作品後，有了此感觸：

> 從少女蛻變爲女人的過程中，作家開始轉換書寫視野並投射女性自身的經驗，以婚姻議題描寫時代變遷下，女性面對家庭以及生活價值觀的轉折，在這一階段中施叔青創作空間的放大，挹注了她在異國的所見所感，小說中雜採了許多關於西方的景物文化，並注意到擺盪在東西文化間臺灣女性心靈的轉折與矛盾。〔註50〕

> 施叔青在七○年代告別了少女時期，同時也告別了顛倒幽暗的語言文字，這時期的創作以《牛鈴聲響》、《琉璃瓦》及《常滿姨的一日》〔註51〕爲代表。施叔青的生命在此時期產生了大變動，作者負笈美國歷經結婚而返臺執教，其漫長的流動歲月以及生命的豐富體驗，對她的作品造成了頗大的改變。〔註52〕

從上述的評析中，可知施叔青作品風格的轉變，也印證了作家作品風格與人生經歷的緊密相連。她以現代主義的手法描繪鹿港、描摹各種的畸零人，同時也透過她的作品讓各人物表達了他們心中被壓抑的聲音，有了前面的人生歷練，此時的施叔青已蛻變成女人，她關注的視角也不同以往，女性的抵禦

〔註49〕 施叔青：〈序：仍然跳動的心〉，收錄於施叔青：《完美的丈夫》，（臺北：洪範書店有限公司，1985年），頁1。

〔註50〕 黃英哲：〈香港文學或是臺灣文學：論「香港三部曲」之敘述視野〉，《中外文學》，第33卷第7期，（2004年12月），頁133～134。

〔註51〕 《常滿姨的一日》中所收錄的短篇小說共有〈常滿姨的一日〉、〈後街〉、〈完美的丈夫〉、〈這一代的婚姻〉、〈困〉與〈安崎坑〉六篇。

〔註52〕 黃英哲：〈香港文學或是臺灣文學：論「香港三部曲」之敘述視野〉，《中外文學》，第33卷第7期，（2004年12月），頁134。

力量在她內心深處不斷萌芽，她赫然發現在男性掌控權力的社會中，身為女人是被壓抑的、被邊緣化、被貶抑的，她開始自我審視，進而自我詮解，從而創造出一條女性命運的道路，陳芳明評析作者此階段的作品，認為：「七〇年代中期以後，她的自傳性書寫，其實就是有意要讓被囚禁的女性身分釋放出來。」〔註53〕兩性關係、女性議題正是這個階段施叔青所著墨的。

　　1976 年，呂秀蓮為推動婦運，創辦拓荒者出版社，施叔青擔任出版社的總編輯，她引介西方女權運動理論，宣揚女性主義並反映臺灣婦女的情況。在這段時期，施叔青創作婚戀小說，從小說中可見她審視婚姻制度的思維，著墨刻畫出婦女處於無法自己抉擇、無奈被動的環境中，看不見出路的心酸，與她們受限於社會、家庭，抑鬱徬徨的心情。

三、跨出田調的步履與田野的鍛鍊

　　七〇年代初期，國際的政治環境與臺灣國內社會的結構都有了巨大的變化，此時的臺灣正面臨著一連串外交挫敗的事件，在這樣的岌岌可危與緊張的情勢、氛圍之下，促成了臺灣青年有了走上街頭的保釣運動，以及下鄉服務的社會風氣，反西化、反帝國主義、反殖民（買辦）經濟的民族意識和關心普羅大眾生活問題的社會意識，於文學和文化（美術、音樂、雕刻）場域匯流成一股龐大的「鄉土文學運動」，同時也展開了「回歸鄉土」、「關懷現實」的兩大訴求。〔註54〕

　　至 1975 年，施叔青獲中山文化基金獎助，跟著一團野臺歌仔戲班，穿街走巷的進行田野調查，有了這樣親身的體驗與田野經驗，她在這段時間完成了〈歌仔戲的研究〉、〈歌仔戲的扮仙〉等《臺灣歌仔戲報告》，加深她對傳統戲劇的瞭解，也內化成施叔青的藝術根基。逐次拓深的鄉土認同感，施叔青申請了一筆基金，請漢寶德主持鹿港古風物之調察，她在美國紐約經歷的西方人文、藝術、文化，也在她心中起了漣漪，回臺後，她在白先勇帶領下，積極投入當時臺灣回歸鄉土的潮流，研究臺灣戲曲，推動城鄉文物，並且參與《文學季刊》編輯。

〔註53〕陳芳明：〈歷史・小說・女性——施叔青的大河巨構〉，《聯合文學》，第 317
　　　　期，（2011 年 03 月），頁 85。
〔註54〕呂正惠：〈鄉土文學與臺灣現代文學〉，收錄於陳映真編：《左翼傳統的復歸：
　　　　鄉土文學論戰三十年》，（臺北：人間，2008 年），頁 107～112。

　　1977 年至 1978 年，施叔青獲得美國亞洲基金會的贊助，與漢寶德等人開始鹿港古城古風物的調查，從事「鹿港手工藝研究」，並完成《南管研究》一書，因此，鹿港的點滴更加深刻地銘印於她的心中。她關懷著傳統與民俗文化，同時也身體力行的去參與與研究，再加上置身於當時臺灣社會瀰漫的回歸鄉土之風，施叔青對土地有著深切的情感，在田野調查的過程中，帶給她感動與迷亂的心情，她自述：

> 開始三天兩頭往故鄉跑……一回去，脫下城市的衣服，踩著腳踏車，彎入曾經離開過一段時間的小街古巷，踩遍每一吋的土地。〔註55〕

> 下鄉尋找古物，又目睹人們是怎樣糟蹋這些寶貴的遺物，在一種很迷亂的心情底下動筆的。〔註56〕

在這樣的風潮底下與自我心境的轉換，此時的施叔青動筆寫下了《琉璃瓦》，這部作品可視爲是作者重返家鄉鹿港的鄉土田野報告書，而這些經歷對她日後的小說創作提供了創作的素材，也爲作者日後寫有關戲劇、傳統文化、古風情的作品奠定深厚的基礎。

　　八○年代中，施叔青得到臺灣《中國時報》資助，大量接觸大陸的作家、藝術家，而這些訪談經驗也成了施叔青的作品題材之一，如大陸作家訪談錄〈上帝是唯一的聲音：天津作家馮驥才談寫作與作品〉、〈與阿城談禪論藝〉、〈散文化小說是抒情詩：與大陸作家汪曾棋對談〉、〈以筆爲劍，爲民請命：與大陸作家劉賓雁對談〉、〈走出大山，擁抱生活：與大陸作家古華對談〉、〈鳥的傳人：與湖南作家韓少功對談〉、〈爲了報仇寫小說：與大陸作家殘雪對談〉、〈「造園家」與「美食家」：與大陸作家陸文夫對談〉、〈知識份子三部曲：與大陸作家戴厚英對談〉、〈走出絕望：與大陸作家史鐵生對談〉等，這些作品於 1989 年時，集結爲《對談錄：面對當代大陸文學心靈》，親身的訪談經驗，讓施叔青在反芻之後，亦內化成爲她生命的一部分。

　　施叔青有著敏銳的觀察力，亦投入相當多的時間進行田野調查，尋找歷史與文明的身影，這樣的經歷也爲她的文學養成與之後的作品及《臺灣三部曲》，提供了創作元素。

〔註55〕施叔青：〈「琉璃瓦」序〉，收錄於施叔青：《琉璃瓦》，（臺北：時報文化出版社，1976 年），頁 4。

〔註56〕施叔青：〈「琉璃瓦」序〉，收錄於施叔青：《琉璃瓦》，（臺北：時報文化出版社，1976 年），頁 4。

四、漂泊愁思與女性思維的相遇

　　1978 年，施叔青因夫婿工作的調派而舉家遷居香港，她帶著兩歲半的女兒再次離開臺灣，此次的經歷爲她的遷移經驗又增添了一筆，遷移的場域自臺灣至香港，她的生活圈轉移到了香港這個充滿都會味道又絢麗的島〔註57〕，此時的香港正值經濟蓬勃發展之際，這樣五光十色的繁榮景象，正是作者日後創作《香港三部曲》的時空背景。再加上她的工作性質，讓她開始出入香港上流社會，同時也增添了她對殖民者有了更進一步的瞭解，這樣的經歷爲她日後的文學創作添加了歷史與殖民、被殖民的養料。施叔青自言：

> 因爲是以外來的身份作切入，所以可以用比較清新敏銳的觀點來探究香港，基本上在書寫上的揮灑上是毫無顧忌的。由於香港剛好碰到六四天安門的社會運動，我很立即地產生參與感，認同到自己也是當中的一份子，也產生了我想看香港歷史的初衷。我以 1842 年到 1990 年開始，爲這段述說香港歷史的小說作傳，黃得雲這個角色的意義，不只在傳統小說，更有著歷史小說的況味。從香港割據給英國的觀點進入，女主角被綁架與她微寒的身世，都在在呼應了這部小說與歷史脈絡的牽扯。〔註58〕

在 1979 至 1984 年間，施叔青受聘擔任香港藝術中心亞洲表演節目策劃主任，投身於古物的鑑賞與書畫的描摹，接觸大批南下的大陸專業演藝表演者，也深切地了解到四九年以後中共發展的水墨畫，遂將一年兩次的蘇富比拍賣預展當教室，並到香港大學藝術系受教於莊申老師門下。黃英哲於〈香港文學或是臺灣文學：論「香港三部曲」之敘述視野〉中，認爲施叔青擔任此職務爲她之後創作香港三部曲奠定了根基：

〔註57〕 施叔青說：「我的香港歲月開始於一九七七年，離開臺灣時鄉土文學正如火如荼地展開，經濟正要起飛，物質條件並不好。一踏上香港，彷彿從一個灰濛黯淡的世界走入絢麗繁華的大舞臺。香港雖是殖民地，但當時已發展至巔峰狀態，五光十色，一切都非常進步。記得我們第一天抵達香港，就下榻在銅鑼灣的一家飯店，時序正好接近中秋，飯店離維多利亞公園很近，四處張燈結綵，火樹銀花，當時我眞覺得香港是個充滿色彩的地方。」參施叔青文學網頁，網址：http://www.sayho.com/shuqing/inside1.htm#，下載日期：2011 年 06 月 06 日。

〔註58〕 夏琳：〈歷史的行腳者──女書店專訪「臺灣三部曲」之《風前塵埃》作者施叔青〉，資料來源：女書沙龍部落格，網址：http://blog.roodo.com/fembooks/archives/5696511.html，下載日期：2011 年 06 月 06 日。

　　　施叔青從臺灣至香港，此時正值香港經濟上百花齊放之際，金融業、
　　觀光業以及酒店事業的蓬勃，使得香港經濟到達了鼎盛的顛峰時
　　期，眞正成爲一座幻象之都。施叔青任職香港藝術中心並負責節目
　　策劃，基於這個因緣，作家開始出入香港上流社會，周旋於殖民地
　　的統治者與上流華人之間，眞正見識了香港物質文化的極致，並開
　　始了她對香港殖民地統治階層的觀察，也奠定了其後撰寫「香港三
　　部曲」的基本視野。〔註59〕

范銘如在評論施叔青的《香港三部曲》時，認爲「女作家們不斷觸及女性主
體性與家國論述的糾葛，或者以女性中心或其他邊緣位置出發，重新敘述國
族建構的歷史，施叔青的《香港三部曲》即是箇中表率。」〔註60〕施叔青曾
說出了自己創作《香港三部曲》的心路歷程：

　　　從少女時第一篇小說〈壁虎〉登上《現代文學》雜誌，寫到如今白
　　髮蒼蒼，一路走來，彷彿就是爲了實現一個使命：女性作家不能夠
　　在大河小說的園地缺席。中國的文學傳統，由古至今大部頭的大河
　　力作，幾乎無一不出自男性作家筆下。因緣際會，移居當時還是英
　　國殖民地的香港，身處華洋雜處的殖民地社會，觸動了我以小說撰
　　寫香江百年歷史的契機，我有意識的採取女性的角度，創造一個受
　　性別、階級、種族三重壓迫的人物——黃得雲，以小搏大，站在女
　　性立場發言，找回詮釋歷史的權力，而一直以來這項權力都是掌握
　　在男性作家手中。但願我的香港三部曲填補了這個空缺。〔註61〕

施叔青閱盡香港風華的興衰，也感受到殖民與被殖民者截然不同的地位與其
間諸多的不公平，於是她執筆寫下了她創作生涯中的重要標誌——《香港三
部曲》。作者也在《她名叫蝴蝶》的著作中，自述寫下《香港三部曲》的契機
與觸發，此作也記錄下了深刻又傷痛的香港故事：

　　　之所以萌生如此龐大的計劃，全由八九年大陸學生爭取民主運動間

〔註59〕黃英哲：〈香港文學或是臺灣文學：論「香港三部曲」之敘述視野〉，《中外文
　　　　學》，第33卷第7期，（2004年12月），頁134。
〔註60〕范銘如：《眾裏尋她：臺灣女性小說縱論》，（臺北：麥田出版社，2002年），
　　　　頁228。
〔註61〕第十二屆（2008年）國家文藝獎得主施叔青得獎感言，資料來源：國家文化
　　　　藝術基金會——國家文藝獎，網址：http://www.ncaf.org.tw/Content/award-prize
　　　　.asp?ser_no=74&Prize_year=2008&Prize_no=十二&prize_file=Prize_feeling，下
　　　　載日期：2011年06月06日。

接促成。「六四」槍聲一響，對我個人和創作是個重要的轉捩點，我
認同了旅居十多年的香港，自願與六百萬港人共浮沈，參與每一次
遊行示威，中共屠城的事實令我因一己的無力而消沈，經過長時間
反思，我不得不回到原來的位置，只是比以前更為執著。我應該用
筆來作歷史的見證，除了描寫一八九四的香港更必須接著往下寫，
把故事主線集中在黃得雲以及她的後代，緊貼香港社會變遷，寫到
九七大限為止。〔註62〕

多元文化雜揉的香港充滿了華麗、冒險、刺激，在香港的這段期間，施叔青見
證了香港的繁華鼎盛、五光十色的絢爛生活與香港的滄桑，她以外來客的特殊
身分，加上她與香港的上層社會交流頻繁，因此，她在寫作香港時的視角選取，
從被殖民者黃得雲、上層社會殖民者與高等華人的活動，鋪陳出香江歷史。

　　施叔青曾自言：「我覺得全世界找不到第二個地方像香港這樣有利於我的
寫作。」〔註63〕在這段期間她用細膩的筆觸、敏銳的觀察與鮮活的語言來描
繪香港五光十色的眾生相，深刻的道出香港的歷史和處境，她曾說道：

下筆之前，遍讀有關史話、民俗風情記載，凡是小說提到的街景、
舟車、建築風貌，英國人維多利亞風格的室內佈置，妓寨的陳設，
那個時代衣飾審美、民生飲食，中、西節慶風俗，甚至植物花鳥草
蟲，我都刻意捕捉鋪陳，也不放過想像中那個年代的色彩、氣味與
聲音。我是用心良苦地還原那個時代的風情背景。〔註64〕

《香港三部曲》中有女性議題，也可見施叔青轉換成一位具有立場與判斷的
歷史觀察者，她建立了女性史觀，是抗拒男性價值的歷史書寫者，故從作品
中我們可品味出她的歷史觀。陳芳明認為《香港三部曲》正是施叔青以女性
視角創作歷史的重要作品：

「香港三部曲」相當清楚定義了一位臺灣女性的史觀。在龐大的傳
統脈絡下，歷史發言權與解釋權總是落在男性手上。凡是由男性寫
出來的歷史，都負載他們的褒貶評價與審美原則；凡不符男性的尺

〔註62〕施叔青：〈我的蝴蝶——代序〉，收錄於施叔青：《她名叫蝴蝶》，（臺北：洪範
　　　　書店有限公司，1993 年），頁 2。
〔註63〕舒非：〈和施叔青談她的香港的故事〉，收錄於施叔青：《一夜遊》，（香港：三
　　　　聯書店，1985 年）。
〔註64〕施叔青：〈我的蝴蝶——代序〉，收錄於施叔青：《她名叫蝴蝶：香港三部曲之
　　　　一》，（臺北：洪範書店有限公司，1993 年），頁 3。

碼，就沒有機會進入歷史。這是權力的濫用與誤用，並且成為牢不可破的女性戒律。……施叔青選擇在空白的地方，注入女性的想像。在悲壯、偉大的歷史舞台上，她為香港創造了一位名叫黃得雲的女子，這位虛構的人物，重新又全程走完香港近代史。她扮演不斷被出賣的角色，讓歷史又重演一次。〔註65〕

《香港三部曲》不僅記錄了香港百年殖民風華，也成了施叔青文學生涯中輝煌的扉頁。她自言：「就是這個穿街走巷、回到人群的經歷，使我得以轉換從另一個新的角度來觀察香港。閉門靜思後，我決定採取比較有把握的創作方式，以不止一部的長篇小說來總結旅居香港的十年。」〔註66〕從施叔青開始創作有關香港歷史的作品——《維多利亞俱樂部》、《香港三部曲》，讀者可從她的作品中，看到施叔青對歷史的掌握，以及她有意虛構筆下人物的用心，她以人物多樣和複雜的背景，交錯出過往的歷史光景，於香港這塊大英帝國的殖民地上演屬於他們的歷史故事，施叔青有著屬於她自己的獨特視角與史觀來構築出香江殖民史。

在《臺灣三部曲》中，我們也可見作者亦以女性細膩的眼光來看待展演在臺灣的人與事，如從《行過洛津》裡有戲子被貶抑、女性亦被貶抑的關注，她描寫到「纏小腳」此情景，故事透過戲旦歌伎之眼看鹿港的人間百態，同時也描繪了許情性別認同的心情轉折。到了《風前塵埃》她把歷史的場景，轉移到日據時代的東部，描繪被殖民但卻充滿強悍血液，抵抗日本殖民帝國的原住民，竟與日本女子有了刻骨銘心的戀愛，在這樣的背景下，讓這段浪漫熱情的愛戀抹上的淒愴的色彩，從字裡行間可見施叔青對女性情慾的不諱細述。而《三世人》則是藉由王掌珠的情事鋪陳，表達在政權的轉移下，掌珠的心情轉變，她一生穿換了四種服裝：大陶衫、日本和服、洋裝、旗袍，以及「二二八事變」後再穿回大陶衫，這樣曲折的心路歷程，讓衣服有了多重的意義，也讓掌珠的傷痕更加深刻，這即是施叔青以她細膩的女性觀照，所寫下的扣人心弦、女性發聲之故事。

〔註65〕陳芳明曾對香港三部曲評析，謂：「香港，是東西文化的交界，是海洋與內陸的關口，是傳統與現代的錯身。確切而言，香港正是歷史翻轉過程的關鍵點；把一位名不見經傳的女性，放置在這個空間，恰恰反映出歷史背景有多寬大，而女性生命有多渺小。」參陳芳明：〈歷史‧小說‧女性——施叔青的大河巨構〉，《聯合文學》，第317期，（2011年03月），頁86。

〔註66〕施叔青：〈我寫《維多利亞俱樂部》〉，收錄於施叔青：《維多利亞俱樂部》，（臺北：聯合文學，1993年），頁3。

第三節　對家國的關懷之情與心靈的昇華之旅

施叔青在創作《臺灣三部曲》時曾自言對臺灣的歷史下了許久的時間閱讀與探尋，她對臺灣的文化及生活於此的人們，她以她細膩的女性觀照，細細觀察、品味、了解著臺灣的歷史，也因此，構築出了她獨具特色的女性史觀，亦流露出她對鄉土與家國的關懷，她的人生經歷皆是她作品中所汲取的養分，而這些多樣的養分也滋養了她的作品，使作品更加豐厚、有味。

一、對家國、歷史的關懷與後殖民的視角

曾置身於西方文化，其後又在旅居香港度過了十六個年頭，輾轉遷徙於臺灣、美國、香港的施叔青，最終在心中泛起了濃厚的鄉愁〔註67〕，她在1994年時，從居住了十六年的香港回臺，但三年後又移居美國，自2000年起，她在陳芳明的鼓勵下，開始構思創作《臺灣三部曲》的寫作計畫〔註68〕。創作《香港三部曲》後，她的寫作技巧更加昇華，而她企及歷史的敘述功力亦更為深厚，施叔青以血脈裡隱隱流動著思鄉之情開啟創作臺灣歷史的旅程，展開《臺灣三部曲》的返鄉之旅、歷史之旅，她以家鄉鹿港為《臺灣三部曲》首部曲《行過洛津》的故事舞台，開始了臺灣歷史想像的書寫之旅。

艾德華・薩依德（Edward Said）曾言：「存在於一種中間狀態，既非完全與新環境合一，也未完全與舊環境分離，而是處於若即若離的困境，一方面懷鄉而感傷，一方面又是巧妙的模仿者或秘密的流浪人。」〔註69〕在《臺灣三部曲》中我們可看到性別、族群、種族此三股勢力的糾葛並未因為改朝換代而停下腳步。施叔青從對中國的文化認同，到對臺灣故鄉的國族認同，她走過一段漫長的心靈道路，她先是以書寫《香港三部曲》，體認到香港命運與

〔註67〕 施叔青在接受訪談時說道：「後來我到了異鄉，離開鹿港越來越遠，但是鹿港小鎮在我的心中始終是家鄉的懷念。」參夏琳：〈歷史的行腳者——女書店專訪「臺灣三部曲」之《風前塵埃》作者施叔青〉，資料來源：女書沙龍部落格，網址：http://blog.roodo.com/fembooks/archives/5696511.html，下載日期：2011年06月06日。

〔註68〕 施叔青言：「我寫臺灣，你也要負責任。當初多少受到你的激勵，我才有勇氣『潦』下去，才不顧自己力不從心，投入這漫漫無止境，又吃力不討好的龐大寫作工程。」參陳芳明：〈與為臺灣立傳的臺灣兒女對談〉，收錄於施叔青：《風前塵埃》，（臺北：時報文化出版社，2007年），頁263。

〔註69〕 艾德華・薩依德著，單德興譯：《知識分子論》，（臺北：麥田出版社，1997年），頁87。

自己的連結，然後是臺灣──這個心靈原鄉，對自己的真正意義。《兩個芙烈達‧卡蘿》，如果是施叔青生命的「對照記」，那麼《行過洛津》除了是為臺灣立傳外，也為施叔青自己立傳（如施叔青所言，透過寫作「對抗失根」〔註70〕）。在《臺灣三部曲》中，可看到作者的鄉土認同，亦可知她對臺灣的認同是種土地的熱愛。

　　陳芳明在分析長篇歷史小說時，將它們置於後殖民的問題意識中析論，他認為作家在寫歷史時，其實就是創作作家心中的歷史，而非真正的史實：

> 書寫歷史記憶的同時，在記憶重構的過程中，許多虛構的想像與模擬的情節也可能滲透進去。真實與虛構的敘述混合在一起之後，就不再可能是歷史的恢復（restoration），而是一種歷史的再現（representation）。〔註71〕

有了這些豐富的人生閱歷與文學養成，為施叔青創作《臺灣三部曲》提供了多面向的視野與素材，除此之外，她在史料的搜羅、研讀上下了許多工夫，她曾自言：「『歷史書寫』不能等同於歷史本身。」〔註72〕她從漫長的資料收集、史料閱讀到小說的書寫，都是考據再三且鉅細靡遺的，歷史上不存的虛構人物反映出她所要強調的視角與思維。林佩蓉認為施叔青是「在飄泊與定根間，嘗試在島與島之間書寫土地，為自己也為生長於斯的每顆閱讀心靈，尋找關於『生命』與『根』的故事。」〔註73〕在創作《行過洛津》時，她仔細思考著：

> 如何重現洛津過去的榮光，繁華再現，則必須依據歷史文獻記載，穿過時光隧道，跨過現有殘存的地理界限，從方誌中按圖索驥，重新架構昔日的地理空間，借用一支筆來召喚逝去的光景，還原重現文獻裡描述的洛津繁華景象。〔註74〕

〔註70〕張瑞芬：〈陳玉慧、施叔青、鍾文音近期文本的國族／家族寓意〉，收錄於張瑞芬：《胡蘭成、朱天文與「三三」臺灣當代文學論集》，（臺北：秀威資訊科技股份有限公司，2007年。），頁138。

〔註71〕陳芳明：〈後戒嚴時期的後殖民文學──臺灣作家的歷史記憶之再現〉，收錄於陳芳明：《鞭傷之島》，（臺北：自立晚報社，1992年），頁110。

〔註72〕施叔青：〈走向歷史與地圖重現〉，《東華人文學報》，第19期，（2011年7月），頁3。

〔註73〕林佩蓉：〈當代女性文學家──施叔青〉，資料來源：文建會電子報──人物專訪，網址：/http://www.cca.gov.tw/images/epaper/20110218/p02.html，下載日期：2011年06月06日。

〔註74〕施叔青：〈走向歷史與地圖重現〉，《東華人文學報》，第19期，（2011年7月），頁2。

可見作者在創作《臺灣三部曲》時，在史籍文獻上下了許多工夫，她細細地
閱讀與體會，同時她亦透過不斷的旅行與鑑賞，以細膩的心思，用心探察人
生百態，將所閱見的逐一轉化成爲小說的一部分。2003 年，她曾經受邀回臺，
在東華大學擔任駐校作家，在花蓮的經歷，也讓她有了新的視野與感動，她
說道：

> 花蓮是我在臺灣除了原鄉鹿港和臺北之外住過最久的地方。七年前
> 我從曼哈頓高樓林立的夾縫脫身，空降花蓮當東華大學的駐校作
> 家。抵達後立刻愛上這個地方，一望無際的藍天，雲彩飄忽變化令
> 我爲之神奪，縱谷山海美得不可思議，朝夕與大自然爲伍，有幸身
> 處一個充滿靈性的所在，更難得的是有機緣接觸到阿美族的女巫
> 師，參加各種祭典，也和太魯閣的警察、獵人交上朋友，經常飛車
> 騁馳花東縱谷，踏察分散各地的部落。〔註75〕

在這段期間，施叔青接觸到了花蓮的文化、風俗，也和太魯閣的警察、獵人
成了朋友，更開始大量閱讀有關東臺灣的史籍資料，除此之外，她更是用心
閱讀著在這塊殖民色彩特別濃厚的後山，觀察著生活其中的人、事、物之間
的各種故事，這樣的經驗在她之後的創作留下伏筆，因此，在《臺灣三部曲》
中的《風前塵埃》即是以東部爲時空背景，太魯閣事件也成爲故事的主軸，
書中時間的斷限也過渡到了日據殖民時期，她曾說：「『太魯閣事件』觸動了
我，使我走進歷史空間，研究這一段比較少爲人知的史料，翻轉日本殖民者
眼中的太魯閣事件，寫了《風前塵埃》。」〔註76〕她又言：

> 要不是花蓮山海雲彩大自然給了我靈感，我是不可能寫出《風前塵
> 埃》那麼抒情、詠嘆山林的小說，創造出太魯閣青年上山打獵的過
> 程，因爲它超出我所習慣認知、所熟悉的一切。〔註77〕

從此處可知施叔青的花東之行是她截然不同的人生經驗，也讓她深深眷戀著
花東的一切，這樣的心思在《風前塵埃》中即可閱見。

〔註75〕 施叔青：〈走向歷史與地圖重現〉，《東華人文學報》，第 19 期，（2011 年 7 月），
頁 5。

〔註76〕 施叔青：〈走向歷史與地圖重現〉，《東華人文學報》，第 19 期，（2011 年 7 月），
頁 5。

〔註77〕 施叔青：〈走向歷史與地圖重現〉，《東華人文學報》，第 19 期，（2011 年 7 月），
頁 6。

二、心靈的昇華之旅

中年之後，施叔青皈依聖嚴法師，拜在其門下學禪，並於因緣下爲聖嚴法師作傳，著有《枯木開花：聖嚴法師傳》〔註78〕、《心在何處：追隨聖嚴法師走江湖訪禪寺》〔註79〕，接觸宗教的施叔青，洗滌了塵世的心靈，拓展了身、心、靈與創作領域，她曾自言：

> 沒想到人到中年，我的生命會來一個這樣大的翻轉。經歷過飛揚
> 浮躁、追逐聲色的大半輩子，耽溺於吃盡穿絕的物質世界裡的我，
> 居然也會有厭倦於感官的一天，繁華落盡，轉向內在性靈的追求。
>
> 〔註80〕
>
> 我必須尋找一條途徑，緣著它，使我蒙塵疲倦的心靈得以慢慢甦醒。
>
> 〔註81〕

追隨聖嚴法師學禪的經歷，爲她帶來了更寬闊的思考與視野，這是一段特別的歷程，也是一趟心靈收穫飽滿之旅，這樣的心靈修習過程，她領會了釋然、放下的開闊心境，這樣的思維方式也影響了她的創作，如在《風前塵埃》中即可見這樣的足跡，她曾說道：

> 在創作過程中，我感覺到大自然才是人類的救贖，解決統治與被統
> 治、種族、階級、性別這些人爲的枷鎖，唯一的出路好像只有以大
> 自然爲依歸，回到本源，很老莊道家的想法。〔註82〕

在作品中有著濃厚的「救贖」色彩，表達了「放下」才是救贖自己的方法，這樣的思維方式十分寬宏，也有著佛教的色彩。李瑞騰在〈香港、臺灣與世界——施叔青小說略論〉中論及：「站在什麼角度看社會人生，是所有一切文藝創作的要務；進一步說，內在涵養更核心更本質，所謂的自我修爲關乎學習，閱讀、旅行，皆可增進，而學佛參禪終將會從根本影響她的寫作。」〔註83〕在施叔青的作品的確有著佛教、禪意的筆觸與思維。

〔註78〕施叔青：《枯木開花：聖嚴法師傳》，（臺北：時報文化出版社，2000年）。
〔註79〕施叔青：《心在何處：追隨聖嚴法師走江湖訪禪寺》，（臺北：聯合文學，2004）。
〔註80〕施叔青：〈放下反而獲得〉，收錄於施叔青：《心在何處：追隨聖嚴法師走江湖訪禪寺》，（臺北：聯合文學，2004），頁9。
〔註81〕施叔青：〈放下反而獲得〉，收錄於施叔青：《心在何處：追隨聖嚴法師走江湖訪禪寺》，（臺北：聯合文學，2004），頁9。
〔註82〕施叔青：〈走向歷史與地圖重現〉，《東華人文學報》，第19期，（2011年7月），頁6。
〔註83〕李瑞騰：〈香港、臺灣與世界——施叔青小說略論〉，（藝術家素描，第十二屆

　　施叔青在文學園地的耕耘，展現其豐富的人生經歷，也讓我們了解她在人生不同階段的轉折，而這點點滴滴構築出的生命歷程，皆呈現於她各具風貌的作品之中。她的人生經驗提供了她在文學創作上豐富多樣的養料，在她的作品中可見現代主義、女性主義、後殖民立場等的痕跡與思維，綜觀施叔青自 1961 年開始步入文學創作之途至目前爲止，其文學作品創作分別有受現代主義啓蒙與影響、投入戲劇的熱愛與研究、關注女性議題與對鄉土認同、國族關懷等軌跡。施叔青《臺灣三部曲》的最後一部《三世人》在 2010 年殺青問世時，陳芳明說道：

> 施叔青的臺灣三部曲，最後一部《三世人》終於在 2010 年殺青問世。長達六年的營造與構築，終於把她推向另一座藝術高峰。施叔青這個名字已經不屬於一個個別作家的記號，而是臺灣女性文學的專有名詞。她所代表的，是一種以小搏大的逆向書寫。她抗拒的已不只是男性霸權傳統，她真正抵禦的是四方席地而來的歷史力量。滔滔洶湧的巨浪，使歷史上女性的身分與地位完全遭到淹沒。沒有命名、沒有位置的弱小女性，從來就是注定要隨波逐流，終至沉入深淵。施叔青挺起一支筆出現在臺灣文壇時，使詭譎的歷史方向開始改流。〔註84〕

施叔青的《臺灣三部曲》是她以女性的身分，企圖建構臺灣的歷史圖像，有著不同於男性作家的思維方式。以往的歷史發言權與解釋權總是落在男性手上，然而由男性寫出來的歷史，有著他們傳統觀念的包袱，也負載著他們的褒貶評價及審美原則，因此，只要是不符他們觀點，認爲上不了臺面的歷史也隨之被隱藏起來，不爲人知了。施叔青以女作家的身分寫女性在時代推移裡的生活和情緒，採用以小搏大的書寫策略，顛覆了以男性爲中心的歷史敘述視野。她以女性細膩的視角與宏觀的史觀書寫臺灣的歷史，加上她擁有許多實際的遷移經驗，也因此造就了施叔青異於男性的臺灣大河小說書寫。

　　國家文藝獎得主 2008 年），資料來源：國家文化藝術基金會——國家文藝獎，網址：http://www.ncafroc.org.tw/Content/award-prize.asp?ser_no=74&Prize_year=2008&Prize_no=%A4Q%A4G&prize_file=Prize_Desc，下載日期：2011 年 06 月 04 日。

〔註84〕陳芳明：〈歷史‧小說‧女性——施叔青的大河巨構〉，《聯合文學》，第 317 期，（2011 年 03 月），頁 84。

第三章　宏觀視角下的臺灣史圖像

　　臺灣是充滿著歷史感的地域，由臺灣原住的民族、空間移轉的移民，以及見證歷史時間變革的遺民等，共同為臺灣譜出豐富的歷史色彩，也因此交織出臺灣獨特的歷史文化。王德威論及移民、殖民、遺民的特色，與各具的時代意義：

> 顧名思義，移民背井離鄉，另覓安身立命的天地；殖民受制於異國統治，失去文化政治自主的權力；遺民則逆天命，棄新朝，在非常的情況下堅持故國之思。但三者互為定義的例子，所在多有。對一個講求安土重遷，傳承歷史文明而言，不論移民、殖民、還是遺民，都意味著一種身心的大剝離，大捨棄。〔註1〕

臺灣早期冒著生命危險，辛苦渡過黑水溝踏上臺灣土地的人民，從原本的中國遺民身分轉換成了來臺的移民，在幾經時序遞嬗、政局動盪後，移民們與生活在臺灣的所有人民，於一八九五年時，又再一次轉換了身分，他們成了滿清的遺民與日本的被殖民者，在身份移轉更換的過程中，他們經歷了苦痛、認同的矛盾，人民日日期盼能早日回歸母國的懷抱，早日找回自我，帶著這樣的心情咬牙撐過了好幾個年頭，終於在一九四五年，臺灣這群棄兒要重返母國的懷抱，臺灣光復的那一刻，人民彷彿得到了重獲自由、尊嚴……的宣告，懷著感恩、雀躍的心情，迎接母國的到來，然而此時的臺灣人民又怎知他們即將夢碎，他們迎接的是更大的惡夢───一個黑暗時代的降臨，國民政

〔註1〕王德威：〈後遺民寫作〉，收錄於王德威：《後遺民寫作》，（臺北：麥田出版社，2007年），頁25～26。

府至臺,他們與臺灣百姓在語言、生活習慣、文化等都存在著深不可測的鴻溝,也因此讓彼此的隔閡逐日加深,因此,在一九四七年引爆了二二八事件,臺灣人民自此刻起陷入了暗無天日的生活,全臺籠罩、瀰漫著肅殺的氣氛,恐怖的氛圍如影隨形地跟著臺灣人民,何時才能撥雲見日成了人民心中最深沉的期待。

臺灣人民歷經時序遞嬗、空間移轉,他們的身份也跟著更換,在移民、遺民、被殖民的身分中轉換。在這漫長的歷史歲月中,他們留下了開拓的血汗、忠誠的赤膽、苦難的淚珠、難以抹滅的傷痕,而臺灣人民究竟是怎樣的身分,「我究竟是誰」這樣的疑惑依舊經年累月的在人民心中翻轉……。施叔青以文學的筆法、細膩的觀察,寫出清領時期的移民,他們冒著生死的危險,承受著渡海的艱辛,渡臺開拓新的家園;清吏帶著思鄉的愁思與被遺的孤苦踏足臺灣土地;當臺灣飄揚著太陽旗時,臺灣的人民身上刻下了痛入心扉的傷痕,有被清遺棄棄兒般的傷痛,帶著遺民愁緒,生活在與自己格格不入的土地上;有將臺灣是為愛國主義延伸場域的殖民者;亦有將臺灣視為「家」的日本移民,在他們的身上交錯著殖民與被殖民的傷痛;當太陽旗離開臺灣後,人民迎接國民政府來臺,企盼失落的哀痛與被傷害的陰霾籠罩著臺灣人民;臺灣人民、日本移民面對著轉瞬更迭的政權時,他們迷失了自我,烙下了諸多的傷痕,如何尋回自我,已成了他們心中的痛。

第一節　清領時期：移民與遺民

臺灣早期歷史由離鄉背井的移民與懷有黍離之思的移民交織而成,他們不同的生命歷程與經驗,都豐盈了臺灣這塊土地,也為臺灣增添了不同的色彩與生命力,王德威在〈後遺民寫作〉中曾論及移民與遺民,他如此說道:

> 臺灣在歷史的轉折點上,同時接納了移民與遺民。如果前者體驗了空間的轉換,後者則更見證時間的裂變。舊的山河猶待重返,新的土地也有待開墾。回歸與不歸之間,一向存有微妙的緊張性。談「花果飄零」的悵惘,或是「靈根自植」的期許,臺灣所經驗的兩難,正是古已有之,於今為烈。〔註2〕

〔註2〕 王德威:〈後遺民寫作〉,收錄於王德威:《後遺民寫作》,(臺北:麥田出版社,2007年),頁27。

移民帶著愁緒與夢想，離鄉背井到臺灣耕耘，開拓自己的天地，從移居到定居，從心中的他鄉到認可的家園，如此的遷移經驗與心境的轉換，為臺灣的開發史增添了厚度。而歷經時間遞嬗、統治者更換的遺民，在面對自我時有了認同的疑惑與矛盾，面對新的統治者與截然不同的時局，在這一漫長的適應階段中，必然會有摩擦，也會有激烈的衝突與反抗。遺民們若認同新的統治者，則必須褪去原本的自我，塑造自己成為殖民者眼中的模樣；若不能認同新的統治者，則會成為與現實格格不入的人，也成為他人眼中的異類，他們否定現實狀況，沉浸於過去的世界，懷抱回歸的理想與希望，辛苦地活在生不逢時的當世，身不由己的現實壓力，讓他們有了悲愴的愁緒與傷痕。在那樣的情況下，想要成為自己理想中忠誠不二的模樣，做自己想做的自己，那需要莫大的勇氣與堅毅的精神，且面對強大的殖民政府，遺民要與之抗衡，個人的力量如滄海之一粟，身心更是不斷在現實與理想之間擺盪，經歷著度日如年的煎熬。

移民在與大海的搏鬥過程，可能因此喪命，亦可能如願以償踏足臺灣，在渡海之時，他們有諸多的辛酸與徬徨的心理，然而，這些苦都只能默默自己吞嚥，苦味入喉後也牢牢地刻印於心；當移民經歷艱辛，抵達臺灣時，他們與原本生活於臺灣的民族，因彼此文化的差異，導致有了許多的衝突、摩擦，原住民族甚至因此而失去了原本賴以生存的土地，在這段歷史中，有融合的和諧，亦有流血的衝突事件，施叔青立於宏觀的視角，將移民的在海上的孤寂、無依、恐懼、焦慮等心情描繪地躍然紙上，也將當時恐怖的氛圍營造地十分懾人，亦將原住民族的「痛」，透過族群的交流烘托而出。除了移民遷徙生活的家園外，施叔青也關懷了清領時期，統治臺灣的官吏來臺灣的心情，她將清吏治臺「三年官兩年滿」的史實情景，以文學的筆觸，繪出他們不願久留臺灣的心境，在清吏們的身上有著「被遺棄」、「被貶謫」的創傷，思鄉、想家的愁緒已佔滿他們所有的思緒，臺灣是異鄉之地，心裡的傷痕得不到撫慰，治臺與返鄉得不到平衡，故他們有了強烈的「遺苦」。

一、移民渡海的辛酸

一六八三年，鄭克塽投降滿清，明鄭政權自此滅亡。在一六八四年，清廷於臺灣設置一府三縣，隸屬於福建省，將臺灣正式納入中國版圖。清廷雖然取消通海之禁，允許百姓出海貿易與捕魚，然而對大陸、臺灣人民之間的

來往卻有著嚴格的規範，且為了限制百姓移民臺灣，清廷頒布了渡臺禁令〔註3〕，欲渡海到臺灣者，必須報經官府審核通過，且不准攜帶家眷才可渡臺。因移民不能攜家帶眷，導致臺灣男女人口的比例懸殊，因此，收取高額聘金、領養童養媳的風氣在臺灣相當普遍，而窮苦的人家則是「一個某，恰贏三仙天公祖」，只能夜夜抱著空枕入眠，反映出其孤苦伶仃的心情。故隻身來臺的單身漢，或基於成家的渴望，或基於生理的需求，紛紛向平埔族的女子通婚〔註4〕，亦有被平埔族招贅者，在《行過洛津》中可見移民渡海辛酸，與至臺後男女比例失衡的情景，書中的施輝娶潘吉即是此狀況下而結合的婚姻關係，他們亦成了史實背景的反映與寫照。

當時，雖然清廷有嚴格的禁令管制，卻只是徒具虛文，大陸沿岸的人民，或為了謀生，或為了避難，仍不惜遠離故土，跨海另建家園，臺灣成了移民的夢想國度，要過海的人想辦法賄賂偷渡至臺，而貪官更是開方便之門、荷包大賺，還有人專門作起了偷渡的生意。渡臺移民的情況越禁越多，除了閩人繼續渡臺外，到了康熙中葉，粵人也陸續過海來臺，如《渡臺悲歌──臺灣的開拓與抗爭史話》中所載：「康熙末年，來臺人士已分佈於全臺灣一半之地，可見其渡臺移民盛況熱烈的程度」〔註5〕，移民情況之烈已成為臺灣歷史上的特色之一，施叔青將此段移民史、移民之苦與渡臺之熱烈描繪地躍然紙上，當時渡海雖然艱辛卻依舊澆滅不了移民對臺灣的企盼之情，作者透過文字的揮灑，讓此段歷史彷彿歷歷在目。

〔註3〕 清廷頒布之渡海禁令有三：
　　　1. 欲渡船臺灣者，先給原籍地方照單，經分巡臺廈兵備道稽查，依臺灣海防同知審驗批准；潛渡者嚴處。
　　　2. 渡臺者不准攜家帶眷；業經渡臺者，亦不得招致。
　　　3. 粵地屢為海盜淵藪，以積習未脫，禁其民渡臺。
　　　參臺灣省文獻委員會編：《臺灣史》，（臺北：眾文圖書，1990年），頁290。
〔註4〕 清政府曾經禁止漢人與番人通婚，但是許多地方是政教不及之區，也就天高皇帝遠了。況且母系社會的平埔族的召贅風俗，正好與這些「一個某，恰贏三仙天公祖」的單身漢一拍即合。有許多單身漢，找不到「牽手」，無家室、無恆產、無固定工作，隻身一人謀生，最後淪為遊民，當時的臺灣人稱這種人為「羅漢腳」。臺灣俗諺：「紅柿出頭，羅漢腳目屎流」，充分道出這些遊民的辛酸。有的羅漢腳消極淪為乞丐，故臺灣俗語中，又有「乞食伴羅漢」之語。參李筱峰、劉峯松：《臺灣歷史閱覽》，（臺北：自立晚報，1994年），頁78～80。
〔註5〕 黃榮洛：《渡臺悲歌──臺灣的開拓與抗爭史話》，（臺北：臺原出版社，1989年），頁23。

（一）驚心動魄的渡臺之行

山多田少、人口壓力過大的福建、廣東二省的人民，仰慕「臺灣錢淹腳目」，生活容易的情況，「人無貴賤，必華美其衣冠。……下而肩與隸卒，袴皆紗帛」，破產的漳、泉、潮、惠、嘉應各州農民，冒險渡臺。〔註6〕渡臺移民的盛況，興起了「客頭」〔註7〕此行業，偷渡者付給客頭一筆可觀的偷渡費，客頭就會打點好船隻。然而，在渡海過程中，客頭不保證偷渡者能安全登陸，一旦發生狀況，客頭毫不考慮地先自己逃命，而擠在悶濕的舢板艙底的偷渡者，面臨著無法自主、任人宰割的悲慘命運。有些人還沒到臺灣，就被人推下海，或是抵岸前遇有沙汕，被騙已抵達臺灣，被「放生」下水，任其自生自滅。或被客頭硬趕下船，像「種芋」一般，擱陷泥沼中；或隨潮浪掙扎漂溺，成了「餌魚」，入海中魚蝦之腹。施叔青將此渡海險困的歷史，融入《行過洛津》栩栩如生地呈現出當時人們無法掌握生死命運的狀況：

> 即使船底不鑿洞，驚濤駭浪渡過海峽，船夫故意不靠岸，看到沙洲
> 陸地，把乘客偽騙下船，他們叫作「放生」，沙洲距離海岸極遠，必
> 須涉水才能上岸，乘客走到深處，陷入泥淖，慘遭滅頂，惡船戶形
> 容為「種芋」，求生的乘客在涉水中途碰到漲潮隨波而去，葬身魚腹，
> 他們稱之為「餌魚」。〔註8〕

除了人為因素導致渡臺的艱辛外，自然因素更扮演著吞噬生命與希望的角色，如颱風、暗礁的無情、不可預料，吞噬滿懷希望欲渡海來臺者，造成渡臺之行充斥著許多無法掌握的危險因子。許情的第三次渡臺之行即面臨著這樣的情況，施叔青透過許情之眼、許情的親身經歷，細膩地表達出渡臺的危險與驚恐不安的心理：

> 許情在全洲獺窟港口足足等了半個月，終於盼到吹北風，才能發舟
> 航行。帆船一離開碼頭，海上水天相連，茫茫無涯方向難辨，……
> 航行了兩三個時辰，突然一股巨浪襲來，船身起伏如盪秋千，乘客

〔註6〕 楊碧川：《簡明臺灣史》，（高雄：第一出版社，1987年），頁53。

〔註7〕 從事帶路來臺職業之人，稱為「客頭」。「客頭」有不少是不肖之徒，許多偷渡客因此受騙而賠上財物或生命。「客頭」有時還會串通習水的海盜。參黃榮洛：《渡臺悲歌——臺灣的開拓與抗爭史話》，（臺北：臺原出版社，1989年），頁44。李筱峰、劉峯松：《臺灣歷史閱覽》，（臺北：自立晚報，1994年），頁81～82。

〔註8〕 施叔青：《行過洛津》，（臺北：時報文化出版社，2003年），頁6。

中午下肚的米粉，一條條盡吐了出來，接著海上起了暴風，風聲有如鬼哭神號，令人聽了毛骨悚然。日落天黑後，船身搖晃更是激烈，像是凌空而起，躺在船艙裡難以入眠的許情，恍如御風而行，一時之間以為已葬身海底，靈魂出殼遨遊太空，人一驚嚇，暈死了過去，醒來已是天明……。〔註9〕

隔著一層濃濃的灰霧，島嶼在望，船客歡聲雷動，以為危機已過，舵工在距離港口甚遠的外港拋錨下碇，不知是經驗不足，還是故意，結果丟失了拋下海的鐵錨，船隻一無所繫又漂出外海，海浪摧折船舵，鷁首又裂了開來，一船人命在旦夕。〔註10〕

施叔青以許情心情的迭宕起伏，描繪出了渡臺移民心中的企盼與驚恐，在茫茫大海之中，以人的力量要與大海搏鬥，無非是以卵擊石之舉。隨著海浪起伏，安全與危機亦伴隨著載浮載沉，霎時間彷彿已度過危機，但下一刻面臨的可能是另一波凶險的情景，在這樣險惡的大海上，人們可能隨時要面臨「死別」。然而，臺灣對移民們的魅力，正代表著一種希望，因此就算渡臺之行充斥著艱辛，卻也不減移民們要踏上臺灣這塊土地上的決心。

移民渡海至臺之行的驚險，從閩南漳州、泉州傳誦的〈渡海悲歌〉與「過蕃有一半，過臺灣攏無看」此俗諺即可窺知，這些先民遺留的文化資產生動地傳達出他們的心聲，也傳神地記錄下當時移民面臨的驚險景況，施叔青的《行過洛津》中即化用〈渡海悲歌〉，將民間傳誦的文化融入於行文中：

閩南漳州、泉州傳誦的〈渡海悲歌〉〔註11〕前四句就是這麼唱的：

〔註9〕 施叔青：《行過洛津》，（臺北：時報文化出版社，2003年），頁4。
〔註10〕 施叔青：《行過洛津》，（臺北：時報文化出版社，2003年），頁5。
〔註11〕 從客家歌詞〈渡海悲歌〉中可看出當時渡海來臺的危險，也可看出臺灣海峽的險惡，得看天氣才能航行。然而辛苦渡海到臺灣之後，即發現臺灣的景象非原本想像的美好，想到臺灣創立新天地的夢想破滅，隨之而來的是許多的無奈與辛酸。從中亦可見「客頭」在當時人的心中，是不擇手段只顧賺錢的騙人者，故人們充滿了怨懟的心情。可窺見有著各種族群生活在臺灣這塊土地上，顯現出臺灣的多元文化。以下為〈渡海悲歌〉的節錄：

勸君切莫過臺灣　臺灣恰似鬼門關　千個人去無人轉　知生知死都是難
就是窖場也敢去
臺灣所在減人山　臺灣本係福建省　一半漳州一半泉　一半廣東人居住
一半生番並熟番　生番住在山林內　專殺人頭帶入山　食酒唱歌喜歡歡
熟番原係人一樣　理番吩咐管番官　百般道路微末處　講著賺銀食屎難
客頭說道臺灣好　賺銀如水一般了　口似花娘嘴一樣　親朋不可信其言

勸君切莫過臺灣，臺灣恰似鬼門關，

個個青春無人轉，知生知死都是難。〔註12〕

「過蕃有一半，過臺灣攏無看」這一句俗話，「蕃」指的是南洋，閩南人渡海到印尼、馬來西亞、暹羅，有一半的人還回得了家鄉，過臺灣的幾乎沒有人回得去。〔註13〕

然而，渡臺之行雖然充滿著許多未知數，但因臺灣提供了閩粵難民一個新生、存活的天地，故他們仍不計九死一生，甘冒「黑水溝」〔註14〕波濤之險，也

到處騙感人來去
幾多人來所信言
上了小船尋店歇
家眷婦人重倍價
恰似原差禁子樣
大船還在港口據
人講臺灣出米谷
一碗飯無百粒米
臺灣蕃薯食一月
火油炒菜喊享福
想愛出街食酒肉
不敬斯文無貴賤
讀書兒童轎夫樣
寒天頭布包耳孔
迎婚嫁娶去恭賀
席筵無讓賓和客
不知貴賤馬牛樣
疾病臨身就知死
病到臨頭斷點氣
叮嚀叔姪併親戚
一紙書音句句實

心中想賺帶客錢
隨時典屋賣公山
客頭就去講船錢
兩人名下賺三圓
適時返面無情講
又等好風望好天
痾膿滑血花娘言
一共蕃薯大大圓
多過唐山食一年
想食鹹魚等過年
出過後世轉唐山
阿旦和尚稱先生
比我原鄉差了天
熱天手帕半腰纏
未見一人有鞋穿
搶食猶如餓鬼般
看起心頭似火煎……
愛請先生又無錢
出心之人草蓆捲
切莫信人過臺灣
並無一句是虛言

千個客頭無好死
單身之人還做得
壹人船銀壹圓半
各人現銀交過手
各人船銀交清楚
也有等到二三月
講著食來目汁出
三餐蕃薯九隔一
頭餐食了不肯捨
總有臭餿脯鹹菜
雞啼起身做到暗
農商轎夫並乞食
並無一點斯文氣
到此斯文都饑賤
赤腳短衫連水褲
且郎轎夫廳堂坐
睡在草中無人問
當日出門想千萬
每有子弟愛來者

分屍碎骨絕代言
無個父母家眷連……
客頭就受銀四圓
錢銀無交莫上船
亦有對過在臺灣
賣男賣女眞可憐……
手扛飯碗氣沖天
飯碗猶如石窖山
又想留來第二餐
每日三餐兩大盤
又無點心總三餐……
相逢俱問頭家言
赤腳蓬頭拜聖賢
看見心頭怒沖天
洗身手帕半腰纏
上頂人客坐墊間
愛茶愛水鬼行前
不知送命過臺灣……
打死連棍丟外邊

參黃榮洛：《渡臺悲歌——臺灣的開拓與抗爭史話》，（臺北：臺原出版社，1989年），頁24～42。

〔註12〕施叔青：《行過洛津》，（臺北：時報文化出版社，2003年），頁5～6。

〔註13〕施叔青：《行過洛津》，（臺北：時報文化出版社，2003年），頁7。

〔註14〕黑水溝：澎湖到臺灣這段水域為黑水溝。黑水溝遠比紅水溝險惡，水流湍急，冬季東北風起，怒濤萬丈洶湧懾人，俗話說「唐山過臺灣，心肝結歸丸」，因為過去臺灣民間流傳「唐山過臺灣，十去六死三留一回頭」，黑水溝之險可知。黑水溝水域之所以難渡，是因為洋流強勁而且固定向北，一年三六五日不停。另外，因為海底地形由深變淺，造成漩渦；海面由寬變窄，水壓增高水流變快，急速的水流加上漩渦，靠風力行駛的帆船，很難橫渡臺灣海峽。此外，海蛇眾多，毒氣蒸發，又增危懼。別名有「墨洋」、「墨水洋」、「黑洋」、「重

要橫渡到臺灣,「唐山過臺灣,心肝結歸丸」〔註15〕,便是描繪出對臺灣之行既期待,卻又充斥著恐懼的複雜心情。

(二) 曇花是鄉愁

在滿清消極的治臺政策下,使得臺灣的發展主要是靠民間的努力,加上臺灣在地理位置上是屬海上的孤島,與各國的貿易、聯繫需依賴海運,因此鄰近港口的都市因而興起,成為繁榮的貿易中心,「郊」〔註16〕、「郊商」〔註17〕便在此背景之下蓬勃發展,「一府二鹿三艋舺」即是當時繁榮的寫照。「郊」的成立,不僅促使臺灣商業的發達,經濟的成長,亦使地方富庶,民生安定,同時也有著穩定臺灣移民秩序的功用。在《行過洛津》中,施叔青寫出郊商的重要地位與作用:

> 洛津這商人的聚落,像石煙城這類見買賣致富的郊商,在地方上
> 卻扮演舉足輕重的角色,勢力及影響力竟然凌駕官府之上,甚至像

洋」、「澎湖溝」。清・謝金鑾《續修臺灣縣志》:「黑水溝有二:其在澎湖之西者,廣可八十餘里,為澎、廈分界處,水黑如墨,名曰大洋。其在澎湖之東者,廣亦八十餘里,則為臺、澎分界處,名曰小洋,小洋水比大洋更黑,其深無底,大洋風靜時尚可寄椗,小洋則不可寄椗;其險過於大洋。」參許俊雅:《裨海紀遊校釋》,(臺北:國立編譯館,2009 年),頁 65。此即寫出了臺灣海峽的凶險,尤其是澎湖到臺灣的這段海域最為湍急洶湧,水底處處暗藏漩渦,一不小心便會迷失在茫茫大海中。若在冬天颳北風時,橫渡臺灣海峽則更是生死難卜。由於這段海道窄,顏色又深黑如墨,故當時人們稱之為「黑水溝」。

〔註15〕 李筱峰:《快讀臺灣史》,(臺北:玉山社,2002 年),頁 31。

〔註16〕 所謂「郊」,又叫「行郊」,是一種以貿易範圍相同之商號所結合而成的商業集團。這種商業集團在雍正時代已在臺灣府治的臺南出現。這些行郊主要是從事對外的貿易。分為「北郊」、「南郊」。配運上海、寧波、天津、煙臺、牛莊等北方港口者,叫北郊,約有廿餘家;配運金門、廈門、漳州、泉州、香港、汕頭者,為南郊,約卅餘家。另外有「港郊」,以臺灣各港之採糴為主者,約五十多家。以前臺灣陸地交通不便,臺灣南北往來仍靠各港海運。所以,直到今天,稱南部人還叫「下港人」,稱北部人叫「頂港人」。參李筱峰、劉峯松:《臺灣歷史閱覽》,(臺北:自立晚報,1994 年),頁 95～96。

〔註17〕 郊商的發展,到了乾隆中期(約一七八四年以後),在彰化鹿港也急速興起,使得鹿港成為中部大港。到了乾隆末期(一七九〇年代左右),發展到八里坌、艋舺。故臺諺:「一府二鹿三艋舺」,正反映出臺灣的產業與商業的發展由南往北的過程。而負擔兩岸貿易職能的郊商,急速成長為可與地主抗衡的新富階級。其背後,正是臺灣海洋文化性格的展現。參李筱峰、劉峯松:《臺灣歷史閱覽》,(臺北:自立晚報,1994 年),頁 96。

是維持地方秩序及治安，排解糾紛，主持廟宇祭祀，修橋築路，建
廟宇置義塚等也非得倚賴他們不可。〔註18〕

當時，郊商扮演著十分重要的角色，故他們的地位也備受尊崇，施叔青在書
中凸顯出郊商的地位，且她更細膩地描繪了具有如此舉足輕重地位的郊商
們，他們的心情轉折，他們自故鄉移民來臺，思鄉之情縈繞於心，臺灣只是
暫留之處，然而，除了這樣的情感外，仍有另一種心情在他們心中翻騰著——
——要在臺灣落地生根，將臺灣當作家。面對這樣截然不同的心情轉折，心路
歷程必然是複雜的，在書中，施叔青以「曇花」勾勒出郊商思鄉的情感，透
過具體的曇花傳達出抽象的愁緒，此亦可見作者對「物」與「情」的連結筆
法，將心情具象化，「睹物思鄉」之情更顯濃烈：

> 石煙城在萬合行的舊址大興土木，擴大地坪築建連雲甲第，造屋所
> 需的一木一石皆來自內地。〔註19〕

> 石煙城見貴客駐足賞花，趕忙上前說道：

> 「這是先父親手種的，從福建祖家那盆曇花分剪了幾枝，帶過來插
> 到土裡，」他指著天井那口圓井：「先父淘這井水澆花，總算水土適
> 合，長出新芽，結苞開花，一開十幾朵，可惜先父先走了一步，要
> 不年年可欣賞花開……擴建萬合行，我把這株曇花留下來做紀念！」

> 「當然要留，睹物思人啊！」〔註20〕

> 回歸故里終老之前，石萬喜歡坐在萬合行兩進磚屋的天井——那是
> 早年草蓬的原地，堪輿師傅認定的風水寶穴——白髮蒼蒼的老人，
> 坐在天井那把竹椅，一隻手撐在椅把上，另一隻閒閒下垂，臉上是
> 奮鬥勞苦過後的安適，眼睛望著他從老家折枝移栽的曇花，好像在
> 詢問何時才會結苞開花。〔註21〕

> 「細思千里外，山水兩悠悠」，望文生義，石煙城把它解釋為指的是
> 海峽那一端才是他落葉歸根之處。

> 不管疏濬港口，或是另闢王功港取代，洛津只不過是暫居之處。〔註22〕

〔註18〕施叔青：《行過洛津》，（臺北：時報文化出版社，2003年），頁60。
〔註19〕施叔青：《行過洛津》，（臺北：時報文化出版社，2003年），頁59。
〔註20〕施叔青：《行過洛津》，（臺北：時報文化出版社，2003年），頁65。
〔註21〕施叔青：《行過洛津》，（臺北：時報文化出版社，2003年），頁96。
〔註22〕施叔青：《行過洛津》，（臺北：時報文化出版社，2003年），頁98。

> 一等港口遷移到王功，石煙城將功成身退，步他父親的後塵，落葉
> 歸根，渡海回到故里安享晚年。〔註23〕

《行過洛津》中的石萬，他從老家渡海來臺，造屋的根柢、支柱皆由內地而來，就如在石萬心中有著穩固、不頹圮的故鄉，雖然他在洛津發展的有聲有色，但心中最魂牽夢縈的仍舊是故鄉，故從故鄉帶來曇花，親手栽種故鄉之花，可見其思鄉之濃，盼讓它到洛津生根成長，然而可惜的是他從未見他所栽種的曇花在臺灣的土地綻放，期望的落空是令人失落的，但似乎也表現出洛津非石萬之根，故待其老時，他回到故鄉安享老年，並未駐留台灣。石萬之子——石煙城，見父親自故鄉帶來栽種的曇花，睹物思父，亦睹物思鄉，對石煙城而言，洛津亦只是他的暫居之處，並沒有在此有落地生根的心境，彼方的家鄉才是落葉歸根之處。洛津港口的淤廢對靠海港起家的石煙城是不利的，也應是讓他擔憂的情況，然而幾經時序遞嬗，這樣的情況，讓石煙城有了興廢之感，燃起了要回故鄉安享天年的念頭，平靜之中有著物換星移的悲愴，也可見石煙城亦未以臺灣為家，臺灣只是過境之地，心中剪不斷的根乃在福建祖家，他要追隨父親的腳步回到他心中的避風港。

（三）許情情感的漂泊與停泊

除了同知朱仕光、石萬父子外，施叔青以「泉州七子戲班旦角月小桂（即後來成為鼓師的許情）的生平遭際為主線，切進了洛津的移民史頁」〔註24〕，許情跟隨戲班來臺三次，以其眼見證了洛津的興衰，「許情回憶第一次抵達洛津，所搭乘的戎克船直接停泊在東北角溪口入海的石家碼頭，港口桅檣及風帆片片，岸上苦力裝卸貨物往來如梭，海水一直流到石家五落大厝的繁榮景象，如夢一樣，已然無痕無踪了」〔註25〕，心情也跟著不同的經歷，而有了不同的視野與轉折。

許情第一次來臺時，身分是泉州泉香七子戲班的小旦，藝名為月小桂，來臺乃是戲班應洛津郊商之首石煙城之邀，為慶祝北頭天后宮重修完工而演戲，時年十五歲半的他，觸目所及的皆是洛津的盛景，讚嘆之情油然而生：

> 整條港溪頂自船仔頭，下至利濟橋，兩邊泊滿了大大小小的貨船，

〔註23〕施叔青：《行過洛津》，（臺北：時報文化出版社，2003年），頁239。
〔註24〕南方朔：〈走出「遷移文學」的第一步〉，收錄於施叔青：《行過洛津》，（臺北：時報文化出版社，2003年），頁7～8。
〔註25〕施叔青：《行過洛津》，（臺北：時報文化出版社，2003年），頁15。

只留下當中一條水道，以供船隻進出，舢舨、竹筏來往穿梭，與戎克船爭道，港口擁擠而忙碌。〔註26〕

洛津溪海口的河段更是檣林如薺，其中一艘三桅帆船裝載整船的米、糖、樟腦等臺灣土產，正揚帆待發，靠著風向，往北駛向寧波、上海，最遠可到天津、錦州、膠州等處。剛剛駛進港口泊岸的，則是一艘龐然的斗頭船，從泉州運來大批木材、布疋及其他日用品、藥材等，船底又載了大批的紹興酒、惠安開採的優質花崗岩壓船艙。〔註27〕

許情第一次來臺純粹是因戲班來臺演戲，映入眼簾的是富足繁華的洛津景象，也在此時接觸到洛津的商人，周遭充斥的物慾，然而，此時的他心中只單純地渴望能有一個依靠，可得到寵愛與認同，洛津對他而言沒有家的感覺，它只是一個繁華之都。而當許情第二次隨著泉州宜春七子戲班渡海，到洛津演戲慶祝修建完工龍山寺時，此時的許情已跳脫月小桂的旦角，擔任戲班的副鼓師。許情踏上臺灣這塊土地時的心境，已不單純只是應邀演戲，他還渴望見到讓他時時掛念的人——阿婠，阿婠一直住在他心中，無法淡忘，因此，思念之情充溢其中，他未多思考自己在臺灣的去留：

臨離開洛津前兩天，許情終於鼓起勇氣，來到後車路，穿過「門迎後車」的隘門，彎曲窄巷深盡處，那一棟門楣貼著紅紙，寫上「鴻禧」二字的紅磚屋，十一年來他沒有一天不思念的如意居，不知是否風情依舊？〔註28〕

令許情感到訝異的是那株花椒樹枝葉茂盛如傘蓋，十一年前，臨離開洛津前夕，他無心插種的，沒想到竟然活了，而且長得如此繁茂。〔註29〕

越過牆頭的那棵花椒樹，依然枝葉繁茂如昔，許情在如意居唯一留下的，就只有這棵樹……。〔註30〕

許情第三次渡海來臺，主要乃應洛津戲班班主之邀，要組織洛津第一個七子

〔註26〕 施叔青：《行過洛津》，（臺北：時報文化出版社，2003 年），頁9。
〔註27〕 施叔青：《行過洛津》，（臺北：時報文化出版社，2003 年），頁9。
〔註28〕 施叔青：《行過洛津》，（臺北：時報文化出版社，2003 年），頁205。
〔註29〕 施叔青：《行過洛津》，（臺北：時報文化出版社，2003 年），頁205。
〔註30〕 施叔青：《行過洛津》，（臺北：時報文化出版社，2003 年），頁345。

戲班，許情擔任鼓師，教七子戲班的童伶們唱《荔鏡記》，抵達洛津時，他所見的景象為「咸豐初年，洛津衰相畢現，瀕臨沒落邊緣」〔註31〕，已和之前到洛津所見之景，有著天壤之別。縱使時序、景物早已物換星移，但活在他心中的阿婠，是難以抹滅的，讓他時時惦念著，洛津有著他人生轉折的回憶，更有著他朝夢夕想的阿婠，兩人曾擁有許多的點滴回憶，此時的許情想要在洛津留住下來，洛津成了許情情歸之處：

> 許情看著岸上的屋舍樹木街景，似曾相識卻又感到陌生，心中湧起一股莫名的情怯。後車路臨門深處，那棟門楣貼著紅紙寫上「鴻禧」二字的紅磚屋如意居，隨著他水上漂浮，似乎一下子近在咫尺，卻又彷如遠不可企及。但不知如意居里的那個人是否別來無恙？〔註32〕

> 他是為她而回來，那個朝夢夕想無時無刻不在念中的人兒。由於情怯，許情腳下不聽使喚……。〔註33〕

> 應聘從泉州渡海教戲的鼓師許情，卻很想在教完《荔鏡記》之後，繼續在洛津留下來。〔註34〕

> 第一次隨泉香七子戲班到洛津來演戲，那時正趕上洛津貿易鼎盛，剛過完十六歲生日的許情，卻是迫不及待地想逃離洛津，搭船回泉州。三十幾年後，這海港城日薄西山，繁華落盡，他卻反而想留住下來。〔註35〕

> 泉州來的鼓師許情打算教完戲之後，有意在洛津留下來長住不走。〔註36〕

許情不僅搬演著自己一生的故事，也呈顯出臺灣早期的移民社會情景，移民社會的歡樂與悲情已鎔鑄其中。到臺灣的移民，遠離了他們的家鄉，既有開疆拓土的雄心，也有著離鄉的愁緒，思念故鄉的鄉愁，可見臺灣早期的移民對這塊土地的矛盾情感。許情從一開始將臺灣視為暫居之地，隨著歲月的流

〔註31〕施叔青：《行過洛津》，（臺北：時報文化出版社，2003年），頁290。
〔註32〕施叔青：《行過洛津》，（臺北：時報文化出版社，2003年），頁8。
〔註33〕施叔青：《行過洛津》，（臺北：時報文化出版社，2003年），頁15。
〔註34〕施叔青：《行過洛津》，（臺北：時報文化出版社，2003年），頁290。
〔註35〕施叔青：《行過洛津》，（臺北：時報文化出版社，2003年），頁291。
〔註36〕施叔青：《行過洛津》，（臺北：時報文化出版社，2003年），頁345。

逝，他的伶人生涯也如洛津命運的盛衰般，匆匆即逝，無法拒絕也無法抵抗，在經過諸多歷練的他，最終終於停下他的腳步，不再漂泊，臺灣是他的停泊之處，許情的心理轉折亦是當時移民的心情寫照，在矛盾、漂泊、停泊的歷程裡，必然有著愁緒與感傷，這些足跡也成了移民生命中深刻的印記。

二、移民的衝突與融合

　　早期渡臺的移民，常是同姓氏或是同祖籍者一同搭船渡臺，渡臺移民因語言、風俗的不同，自然就出現依原鄉籍貫聚居的現象，形成了「泉之人行乎泉，漳之人行乎漳，江浙兩粵之人行乎江浙兩粵」〔註37〕的情景，道光年間對臺灣開墾情形所做的調查結果為：

> 開墾人眾，閩、粵兩籍自必兼有，且難保從前私墾之人必無閩、粵
> 兩籍，設開墾之時任聽粵人聚墾一處，漳、泉兩籍又各具墾一處，
> 是開墾之時，以伏分類之勢。〔註38〕

移民們原本的祖籍，讓他們形成生活共同圈，也發展出各具特色的文化特性，此即《羅漢腳──清代臺灣社會與分類械鬥》所記載的情況：「長期的共同生活的一群人無論在生態環境的適應上，在人群組織的方式上，甚至在概念的形成上，不斷地面臨一些選擇，這些選擇與決定的累積就是文化」〔註39〕，原鄉的風俗、信仰、戲曲等文化即在臺灣扎根，在衝突與融合的過程中，激盪出新的文化特色。

（一）「故鄉」與「異鄉」的衝突

　　來臺的移民往往會帶著原有的習慣，也會將故鄉的名字帶到臺灣命名，移民在渡海之處聚居，形成街衢，便以故鄉來命名，有思鄉的心情摻雜其中。而不同的民族各具特色，必然有相異之處，一旦遇到必須共處時，自然會因彼此的文化不同，而需有時間來磨合與適應，在這樣的過程中，可能彼此同化，亦可能因此產生誤會，甚至衝突甚烈，施叔青觀察到移民至臺的衝突與

〔註37〕林偉盛：《羅漢腳──清代臺灣社會與分類械鬥》，（臺北：自立晚報，1993年），頁78。

〔註38〕林偉盛：《羅漢腳──清代臺灣社會與分類械鬥》，（臺北：自立晚報，1993年），頁78。

〔註39〕林偉盛：《羅漢腳──清代臺灣社會與分類械鬥》，（臺北：自立晚報，1993年），頁164。

融合情況，在她的筆下藉虛構的人物描繪這段族群衝突、融合的歷史：

> 這女子向管戲籠的示意，伸出勞動粗糙的手指頭，指了指戲龍，用
> 聲調不很純正卻極悅耳的泉州話說明來意，一張嘴，一口用澀草或
> 芭蕉花朵染的黑牙齒。她是個漢化的平埔族女人，除了一雙大腳，
> 衣著與泉漳女子無異，腦後還梳了一個已婚女人的大髻，已經不會
> 說本族的語言。〔註40〕

> 兩個不同族群生活風俗習慣迥異的男女，同住在一個屋頂底下，尤
> 其是施輝的羊癲瘋不時發作，平時也少不了裝瘋賣傻，因此啼笑皆
> 非的情事層出不窮地發生。〔註41〕

> 平埔族人喜歡把鹿角放在瓦片上烘焙成粉，和酒一起泡來喝，他們
> 相信鹿角儲存了鹿的血氣，吃了會增加精力，……施輝聽她亂叫亂
> 嚷中了魔似的，看她斑斑點點又腫又硬的臉，以為平埔族黥面番人
> 祖先借她的病體附身，說些他聽不懂的番話好像在詛咒他，害怕得
> 奪門而出。〔註42〕

> 河水不犯井水，好男不與女鬥，漢人番子各信各的鬼神，他建議施
> 輝到番婆庄請平埔族的女巫作法除妖。〔註43〕

移民來臺時，將原有的信仰帶進臺灣，同時也將家鄉的語言、文化、風俗、
習慣等帶到臺灣，自中國來的移民將街衢、地方以故鄉名來命名，帶進他們
的命名，也隱含著濃厚的思鄉之情，將生活的臺灣營造出故鄉的風情，是將
臺灣當作「故鄉的複製」，或是「異鄉」，其中摻雜著難以言喻的心情。不同
的種族各有自己的民俗、信仰，一旦沒有互相了解，就會如書中的施輝與潘
吉一樣鬧出不少笑話，也增添了誤解。施叔青透過不同民族的角色營造，如
實地呈現出各民族的風俗，也呈顯出臺灣這塊土地是充滿多元文化的地域。

　　當時的臺灣是封閉的農業社會，加上陸上交通不便，因此，來自不同原
鄉的村落少有交流機會，後來地利日墾、田土相錯，彼此為了生存的需要、
土地上的競爭而產生摩擦，引發械鬥，不僅閩南人與客家人爭鬥，同樣來自
閩南的漳州人和泉州人一樣也會起爭執，形成了因不同祖籍的械鬥、宗姓之

〔註40〕施叔青：《行過洛津》，（臺北：時報文化出版社，2003年），頁40～41。
〔註41〕施叔青：《行過洛津》，（臺北：時報文化出版社，2003年），頁50。
〔註42〕施叔青：《行過洛津》，（臺北：時報文化出版社，2003年），頁50。
〔註43〕施叔青：《行過洛津》，（臺北：時報文化出版社，2003年），頁51。

間的械鬥、村落之間的械鬥，甚至是職業團體間之鬥。械鬥在臺灣發展的歷史上，是重要的一頁，施叔青將械鬥的歷史融入故事背景中，栩栩如生的描繪出械鬥之烈與令人詫異的械鬥原因：

> 漳、泉同為閩南人，言語相通，又多宗戚姻友之誼，只因信仰、語
> 音腔調稍有差異，一朝起釁，竟如此深仇大恨，相互追殺，而且手
> 段之殘酷，令同知盧鴻咋舌。〔註44〕

此段文字寫出了造成械鬥的枝微末節之因，也呈顯出不同族群的移民械鬥凶狠、令人咋舌的程度。清代學者劉家謀在《海音詩》中，提及械鬥與祖籍的關係：「北路先分漳泉，繼分閩粵，彰淡又分閩粵，且分晉、南、惠、安、同，南路則分閩、粵，不分漳、泉」〔註45〕臺灣當時為一遺墾社會，於是出現了大量遊民——「羅漢腳」，他們的形象如《羅漢腳——清代臺灣社會與分類械鬥》所載：「單身游食四方，隨處結黨，且衫褲不全，赤腳終生也，大市村不下數百人，小市村不下數十人」〔註46〕，好勇鬥狠的精神在強悍的民風上，各種叛亂、械鬥及暴力活動層出不窮。械鬥過後仇恨益深，有時兩莊斷絕往來形同世仇，有時誓不與某姓氏談婚論嫁，或因此造成落敗者黯然捨棄家園，另尋地方安身立命，再次移民。

（二）真實的歷史是小說遙遠的背景

除械鬥外，還出現了被稱為「三年一小反，五年一大亂」的抗官民變，這些民變，也有部份事件引發了移民間的衝突，林偉盛研究臺灣的械鬥歷史時，論及：「在朱一貴抗清時，乃引發了閩粵衝突。而餘恨未消，在吳福生案、黃教案、張丙案、林恭案時，仍可看到閩粵各籍藉亂事互相仇殺」〔註47〕。施叔青在《行過洛津》中寫進朱一貴〔註48〕、林爽文〔註49〕兩件農民起義的事件，

〔註44〕施叔青：《行過洛津》，（臺北：時報文化，2003 年），頁 178。
〔註45〕林偉盛：《羅漢腳——清代臺灣社會與分類械鬥》，（臺北：自立晚報，1993 年），頁 62。
〔註46〕林偉盛：《羅漢腳——清代臺灣社會與分類械鬥》，（臺北：自立晚報，1993 年），頁 115。
〔註47〕林偉盛：《羅漢腳——清代臺灣社會與分類械鬥》，（臺北：自立晚報，1993 年），頁 91。
〔註48〕朱一貴於康熙二十九年（1960 年）生於福建省漳州，在清領臺灣之初，從福建漳州移民臺灣，曾充任役吏，因故被革職，居於羅漢門（今高雄旗山、內門鄉一帶），以養鴨為業，人稱「鴨母王」，據說他訓練的鴨子可以齊步走。當時的臺灣知府王珍的苛政引起民間怨聲載道。康熙六十年（1971 年），友人

並讓此兩件事件和移民的衝突扣合，他們的作為是轟轟烈烈的，同時也在歷史上留下深刻的足跡與影響，但作者並不特意著墨於兩事件的描繪，也不渲染他們的影響力與地位，反而是將他們作為「小說中遙遠的背景」〔註50〕，施叔青以淡筆將之作為故事中的遙遠背景，似有若無，卻又不時的提起，如此的寫法反而讓人感覺到他們不可抹滅的歷史地位，對於當時的渡臺情況與清廷治臺的政令，他們的確影響、造就了諸多的轉捩點，作者在書中如此呈顯：

> 黃殿等人聚集在朱一貴家中商討大計，以其姓朱，認為是明代的後裔，遂以此來號召鄉里。眾人奉朱一貴為主，大書「大元帥朱」之紅旗，終於豎旗起事。朱一貴的反抗軍直逼臺灣府（臺南），許多文武官員嚇得紛紛逃往澎湖。朱一貴起事後，北路有賴地，南路有杜君英（客家人）也聚眾起兵響應。七天之內，全臺（當時只有諸羅、鳳山縣、臺灣縣這三縣而已）陷入朱一貴之手。朱一貴率軍浩浩蕩蕩開入府城，被尊為「中興王」，戴通天冠，穿黃袍執玉笏，築臺受賀，祭告天地列祖列宗及延平郡王，建元「永和」，遵故明，大封群臣，飭令全體兵民蓄髮，恢復明制，以表明自己「反清復明」的心志。但是，未多久，群臣發生內訌，自相殘殺。因杜君英認為自己功勞較朱一貴大，應由其兒子杜會三當王，演成閩、客大械鬥，杜君英率眾出走，向清朝政府投降。最後，滿清動用南澳總兵藍廷珍、福建水師提督施世驃（收臺居鹿港，施琅之子，施世綸之弟）加以平定。朱一貴被解送北京處死，此事件前後歷時五十天。參李筱峰、劉峯松：《臺灣歷史閱覽》，（臺北：自立晚報，1994年），頁90。臺灣省文獻委員會編：《臺灣史》，（臺北：眾文圖書，1990年），頁291。

〔註49〕林爽文事件起因於1786年夏天諸羅縣楊光勳、楊媽世兄弟為爭家產，各自結會相鬥，地方文武官員以查拏會黨為由，大肆清鄉，彰化大里代（今臺中縣大里市）為林姓聚族而居之地，多有參加天地會黨者，於是人人自危，遂擁林爽文等人抗官。1787年元月林爽文等人在茄荖山（南投縣草屯）豎旗起事，進攻大墩營盤（今臺中市南屯），旋陷彰化、諸羅兩城，臺灣知府以下文武官員多人被殺，林爽文自稱「盟主大元帥」，建元「順天」，誓言誅殺貪官，以安百姓。北路會黨既發動起事，南路會黨亦奉莊大田為首，攻陷鳳山縣，2月會黨南北會攻府城，為總兵柴大紀及義民所阻，雙方進入相持時期。清廷為平民變，屢調大軍，前後達6萬人，最後派遣協辦大學士福康安抵臺督戰，1788年初攻破會黨的最後據點大里代，1788年2月林爽文被捕，3月莊大田就擒，事件始告平定。由於此事件波及甚廣，平定費時耗力，乾隆自詡為其「十大武功」之一。參楊碧川：《臺灣歷史辭典》，（臺北：前衛出版社，1997年），頁153。

在林爽文事件中，有許多被官方稱為「義民」的諸羅縣住民（包括部分阿里山的高山族）協助滿清官方鎮壓反抗軍，清皇乾隆為了「嘉」勉諸羅義民的「義」舉，特於事件發生當中，將諸羅改名為「嘉義」。參李筱峰、劉峯松：《臺灣歷史閱覽》，（臺北：自立晚報，1994年），頁91。

〔註50〕陳芳明：〈情欲優伶與歷史幽靈——寫在施叔青《行過洛津》書前〉，收錄於施叔青：《行過洛津》，（臺北：時報文化出版社，2003年），頁13。

清初施琅平定臺灣後，以「粵地屢爲海盜淵藪」，曾下不准粵人來臺的禁令，一直到康熙末年朱一貴作亂，當時鳳山各地的客家人組織義勇軍協助，因平亂有功才解除，使粵人來臺不再受歧視。乾隆末年開始有大批客家人渡海而來渡海而來，他們語言、信仰、風俗習慣與泉州人不太相同，而且比起洛津人多勢眾的泉州人，顯得人單勢薄，處處遭到排擠，無法在街市立足，客家人被迫到，荒郊野外的城外拓墾，洛津郊區逐漸形成幾個客家聚落。〔註51〕

康熙末年，朱一貴造反，皇帝派施琅的第六子施世標渡海平亂，施世榜被命爲兵馬司副指揮進渡鹿耳門，還寫了一首詩。〔註52〕

過去把戲場當官場的鬧劇也有先例，康熙皇帝在朝最後一年，原爲鄭成功部將的朱一貴在岡山養鴨爲生，看不慣府城知府魚肉良民，揭竿造反，糾眾數萬打敗不堪一擊的官兵，短短十餘日就佔領了整個臺灣，自稱中興王，國號大明，因他養鴨出身，人稱他爲鴨母王。既然反清復明，他大封的國師、太師、公侯將軍的尚書總兵以千計，卻對朝廷官場的體制制度一無所知，以爲就是戲棚上帝王將相的裝扮。〔註53〕

從文本可見施叔青僅以淡筆以朱一貴事件點綴出客家人能夠渡海來臺之因，說明客家人從出身於受人鄙棄的海盜淵藪之地，因而備受輕視，爾後，地位翻轉成功渡臺、不再受到歧視，歸功於協助平定朱一貴事件，此事件是他們的地位的轉捩點，施叔青未以大篇幅描繪此事件，反而將重心置於此事件對庶民的影響，隨即描寫的即是各族群釀成往後械鬥的背景，而未聚焦於朱一貴事件。或只是以朱一貴爲背景，主要乃是要烘托出施世榜爲何人，究竟爲何來臺，施世榜才是主角，朱一貴只是陪襯。而當故事中有人仿造戲裡大元帥的旗號，豎旗造反，加上人們爲了看戲遠近爭睹，造成無數件的事件、糾紛，令同知朱仕光心驚，「百姓受戲曲的影響如此之深，已經融入他們的生活變成生命中的一部分」〔註54〕，這樣的影響力正是同知朱仕光之後改寫《荔鏡記》的伏筆，此處以朱一貴把戲場當官場，作爲戲曲對人民生活影響不容小覷之例，聚焦在戲曲的影響力，亦非朱一貴事件。

〔註51〕 施叔青：《行過洛津》，（臺北：時報文化出版社，2003 年），頁 33。
〔註52〕 施叔青：《行過洛津》，（臺北：時報文化，2003 年），頁 45。
〔註53〕 施叔青：《行過洛津》，（臺北：時報文化出版社，2003 年），頁 117。
〔註54〕 施叔青：《行過洛津》，（臺北：時報文化出版社，2003 年），頁 116。

乾隆末年，林爽文在彰化擁兵作亂，一把火摧毀了不堪一擊的竹城，
事變過後多年，洛津首富，靠貿易起家的萬合行船頭行主人石煙城，
有意獻金築建被焚毀的彰化城門，防禦敵匪侵犯，具帖宴請洛津的
父母官——理番海防同知朱仕光商議建城門事宜。〔註55〕

洛津人對這位當年追隨林爽文抗清，被封爲平海大將軍的王芬看法分
爲兩極，……。王芬是泉州人，他説，從小魁梧有力好打不平，隨著
父親來臺，先在洛津落腳，後來搬到沙鹿，加入天地會組織，漳洲人
林爽文痛恨清廷官吏橫徵暴斂貪污顢頇，揭竿造反，王芬拋開狹窄的
地域觀念，追隨林爽文抗清，被封爲平海大將軍。……〔註56〕

林爽文之變後，朝廷以洛津港口地位險要，設游擊率一名領手下冰
丁防守海防，駐軍土城，這些兵丁都是從福建各地營伍抽調，合併
成軍渡海的，清廷不准臺人守臺，唯恐叛變，又提防軍兵駐臺，日
久坐大脫韁不易控制，每三年輪調一次，軍官與兵丁皆不准攜眷來
臺，把親人留在內地當人質，使官兵不敢有異心。〔註57〕

施叔青在此處以林爽文事件爲點綴的背景，主要是要鋪陳出洛津無城門可守
的情景，「由北而南綿延三里的狹長海岸，赤裸裸地暴露海天之下，既無山坡
天險，也無城門可守」〔註58〕，「彰化縣爲三縣中之一縣，也具建城門資格，
共設四個門，周邊四里多，以莿竹圍城，栽樹爲城，經過林爽文之亂，竹城
夷爲平地。」〔註59〕如此毫無任何防備的洛津，彷彿只能任人宰割，此處預
告著洛津港口淤廢在即，也宣示著洛津的滄海桑田。

再者，在《行過洛津·濁水溪的神話》中，施叔青筆下描繪參與林爽文
事件的王芬，比重是比林爽文重的，讓林爽文事件像是背景般協助著王芬出
場。施叔青以虛實穿插的筆法，將歷史上的眞實人物林爽文、王芬與故事中
虛構的人物石萬父子作了緊密的連結，以林爽文烘托出王芬，又以王芬烘托
出石萬父子見風轉舵、只重利益的性格，亦合理的鋪衍出因爲石萬父子的背
信，故林爽文事件注定走向失敗的命運。林爽文事件雖然平定，卻處處留下

〔註55〕 施叔青：《行過洛津》，（臺北：時報文化出版社，2003 年），頁 54。
〔註56〕 施叔青：《行過洛津》，（臺北：時報文化出版社，2003 年），頁 107。
〔註57〕 施叔青：《行過洛津》，（臺北：時報文化出版社，2003 年），頁 177。
〔註58〕 施叔青：《行過洛津》，（臺北：時報文化出版社，2003 年），頁 55。
〔註59〕 施叔青：《行過洛津》，（臺北：時報文化出版社，2003 年），頁 54。

他的足跡，不斷影響著清廷治臺的各種政令，可見在其殞落後，仍不斷地發揮其影響力，如清廷為了防止類似事件上演，故不准臺人守臺，又將自中國來的官兵，予以嚴格的控管、輪調，並將兵將的父母妻子留在內地，使他們不敢有異心。同時政令有了不同的作法，如：罷止班兵，改為召募，以防臺人守臺，會彼此勾結。施叔青在此處將歷史融入其中，然而這些歷史事件反而只是空間背景，而非作者著墨之處，她以虛構的人物為主角，娓娓道出臺灣移民在各種衝突下的心境與辛酸。

三、清吏的「遺苦」

　　自清廷派遣官員至臺管理的方式，可見清廷對臺灣的不放心，他們擔心曾是鄭氏抗清根據地且多叛亂的臺灣，會聚眾反抗，因此，採取防範措施，對到臺灣的官員亦有防備之心，當時清廷規定嚴格，如《臺灣歷史閱覽》所載：「凡駐臺官吏任期三年，立刻調離，官吏不准攜家帶眷，家眷留在大陸，形同人質，可牽制官員使其不敢在臺灣有二心」〔註60〕。在這樣的時空背景下，來臺的官員也多只是將臺灣當作過境之地，並不把臺灣當作家，更無心經營臺灣，「三年官，兩年滿」〔註61〕即是當時清官至臺治理的寫照，也因此清代時臺灣的吏治情況最為敗壞。康熙三十六年，仁和人郁永河來臺採硫，曾感慨地說：「今臺郡百執事，朝廷以其海外勞吏，每三歲遷擢。政令初施，人心未治，而轉盼易之。安必蕭規曹隨，後治者一守前人繩尺，不事更張為？況席不暇暖，視一官如傳舍，孰肯為遠效難稽之治乎？」〔註62〕，道光間分巡臺灣兵備道徐宗幹，所著《斯未信齋文集》，嘗論及之，曰：「各省吏治之壞，至閩而極；閩中吏治之壞，至臺灣而極。」〔註63〕，光緒初年時的福建巡撫丁日昌亦言：「臺灣吏治黯無天日，牧令能以撫字教養為心者，不過百分之一、二，其餘非性耽安逸，即剝削膏脂，百姓怨毒已深，無可控訴。」〔註

〔註60〕李筱峰、劉峯松：《臺灣歷史閱覽》，（臺北：自立晚報，1994 年），頁 77～78。
〔註61〕自清朝統治臺灣開始，臺灣的官吏便十分腐敗。其原因除了清廷不重視臺灣，把臺灣當作剝削的化外之地外，還有凡至臺灣做官者，有三年一調的制度，使他們無心經營臺灣，只將臺灣當作過路的客棧。自一七二九年起，文官在臺兩年多就調升回中國，對這些需回家的官員，臺灣只是他們搜刮飽囊的過境之地，這些貪官更是如魚得水。
〔註62〕臺灣省文獻委員會編：《臺灣史》，（臺北：眾文圖書，1990 年），頁 274。
〔註63〕臺灣省文獻委員會編：《臺灣史》，（臺北：眾文圖書，1990 年），頁 274。
〔註64〕李筱峰、劉峯松：《臺灣歷史閱覽》，（臺北：自立晚報，1994 年），頁 92～93。

64〕可見清初吏治的敗壞，亦可從中窺見來臺官吏心中所抱持的想法，從以上的記載可見當時清吏的腐敗與剝削膏脂的貪婪形象，自此亦可見史家之筆與觀察，然而，從施叔青的《行過洛津》一書中，筆者未見作者如史家的筆觸，反而是在官吏心境的揣摩上下工夫，寫出了他們被「遣」的苦悶，而這樣的寫法更能凸顯出施叔青從文學的角度寫歷史，也補足了在史傳記載中不可見的清吏形象，讓他們的心情與苦悶有了發抒的機會。

（一）「移」與「遣」的傷痕

施叔青描述同知朱仕光到臺灣就任的心理，可見她細膩的觀照與筆觸，流露出她觀看歷史的角度，有著與史家極大的差異性，及作者善用現代主義手法與重視心理描摹的筆法，從她的筆下傳神、細膩地描繪出當時官吏普遍的想法，與他們感到被「遣」於臺灣的痛苦心情：

> 歷任福建巡撫只知對朝廷粉飾太平，自身畏懼臺灣風土惡劣，極少踏足海島，萬事交給當地衙門處理了事，同知朱仕光自覺被拋棄在這窮山惡水的海角餘地，感到孤單無依。〔註65〕

> 同知朱仕光多麼希望能夠及早離開這孤懸海外械鬥頻仍的島嶼，回到他所屬的內地。……三年官兩年滿，提前回轉早已成為官場慣例……。〔註66〕

> 同知朱仕光和其他派駐臺灣的官員一樣，害怕臺灣風土惡劣，不願攜帶家眷，而是隻身上任，反正在臺地做官，三年官兩年滿，任期未了，即可打道渡海回家，這已成為外放官員的慣例。〔註67〕

施叔青將「三年官，兩年滿」的清吏慣例融入於作品中，從中可以了解當時來臺的官吏心中是有著「被貶謫」的苦痛，在踏上臺灣的那一刻，他們的心中的治臺想法，早已被思鄉之情給湮滅，最終他們懷抱著欲速歸家鄉的心情，生活於臺灣，因此，在他們身上找不到快樂的影子，只留下被「遺棄」於臺灣的傷痕。

（二）「鬧」與「靜」的對比更顯孤苦

因為清吏是被遺棄、拋棄的，在喧鬧的環境中更顯出孤單與格格不入，

〔註65〕施叔青：《行過洛津》，（臺北：時報文化出版社，2003 年），頁 57。

〔註66〕施叔青：《行過洛津》，（臺北：時報文化出版社，2003 年），頁 179。

〔註67〕施叔青：《行過洛津》，（臺北：時報文化出版社，2003 年），頁 56。

也加強了被遺之苦，故強烈的孤獨感便席捲而來，書中藉由朱仕光的內心世界傳達出清吏的遺苦：

> 同知朱仕光自嘆屈居海隅，終日與粗鄙不文，服裝僭越的商人草民爲伍，心中鬱悶可想而知。〔註68〕

> 同知朱仕光感到身處邊緣，處在一種心不踏實，虛懸擺盪的狀態，這種感覺令他詫異困惑。他本來代表滿清朝廷，這棟三進的磚造同知府，銅牆鐵壁，是洛津最高的行政中心，權力的所在地，而他自己正是權力的核心，不應有身處邊緣的感覺才是。〔註69〕

> 他深居門禁森嚴的衙府，與百姓隔絕，全無連繫，晚上這種迎神賽會慶典，在他這渡海任職的朝廷命官眼中，不過是村夫俗民的迷信娛樂。〔註70〕

> 衙府外歡騰同慶的喧嘩，傳到牆內同知朱仕光的耳裡，令他有著被摒除在歡樂之外的感覺，百姓——他的百姓——置他於不顧，自得其樂去了，使他多少有一種被冷落拋棄的失落感。今天晚上，衙府顯得冷清，黯幽一片，他孤單單一個人留守其間，一股深沉的寂寞向他襲來。〔註71〕

身爲臺灣同知的朱仕光，有著至上的權力，照理說應有著繁華、享樂的生活光景，然而，在熱鬧的民俗活動中，朱仕光卻無法融入這樣的氛圍，心中反而湧起孤獨的感受，他深感被百姓遺棄，也被清廷遺棄於這塊令他孤單的土地上。施叔青以對比的手法，在百姓歡慶的喧嘩聲、嬉笑聲、熱鬧的慶典活動中，在「鬧」與「靜」、「多」與「寡」的對比中，更加凸顯朱仕光孤苦、無依的心情。被清廷派至臺灣的心情本是孤苦的，當踏足在這塊土地上，他因心中對這塊土地的種種不認同與鄙棄，導致被遺的感受更加強烈，思鄉之情自然縈繞在心中，心中不免將臺灣與故鄉作比較，然而因此之故，卻又讓愁思更爲濃烈，渴望離臺的心情更是最深的期盼。作者善用故事角色的內心世界道出當時治臺的清吏不爲人知的痛苦：

> 臺灣炎熱季節長，洛津冬天簡直與他揚州家鄉的夏天一樣，眼看清

〔註68〕　施叔青：《行過洛津》，（臺北：時報文化出版社，2003年），頁180。
〔註69〕　施叔青：《行過洛津》，（臺北：時報文化出版社，2003年），頁182。
〔註70〕　施叔青：《行過洛津》，（臺北：時報文化出版社，2003年），頁176。
〔註71〕　施叔青：《行過洛津》，（臺北：時報文化出版社，2003年），頁182。

明才過，已經酷熱難當。同知朱仕光感嘆這種天氣對他這來自四季
分明的大陸客，簡直不知如何穿衣，整個亂了套。〔註72〕

深夜無眠，同知朱仕光就著一盞孤燈給遠在揚州的夫人寫家書，想
到炎炎夏日竟然披上羊裘，令他哭笑不得，格外思念家人，尤其感
念夫人心細。寫到一半放下筆，摸摸臉頰，竟然濕成一片，不知是
思鄉落淚，抑或羊裘逼出的汗水？〔註73〕

同知朱仕光外放洛津上任……。同知朱仕光放下蓋碗，不覺思念起
他那「長堤花柳全依水，一路樓臺直到山」的家鄉。〔註74〕

揚州的雲花要到初夏才盛開，值此清明過後暮春時節，家鄉瘦西湖
畔長堤春柳想來已然迎風抽長，點點綠意，古塔側旁那株唐代銀杏，
也快綻出鴨掌似的葉子了吧？……洛津金盛巷的風情，十分近似揚
州的小巷。……他心中湧起陣陣鄉愁，揚州也以窄巷聞名……鄉愁
更是濃得化不開來。〔註75〕

他寡味的口腹多麼渴望吃一碗豐腴的家鄉菜，多少撫慰了獨居這鳥
不生蛋的濱海絕地的愁情。……洛津土法燒出來的豬頭，缺少揚州
家廚的手藝，一定達不到油而不膩、香濃可口的程度，不過聊勝於
無，將就解饞。〔註76〕

故鄉的家人、四季、自然景物、美食……縈繞在朱仕光的腦海中，思鄉之情
化不開，對治理臺灣自然就少了動力。施叔青描繪獨居臺灣的朱仕光，以多
處的陳述刻畫出思鄉的形象，也呈現出清代官吏治理臺灣的普遍心理，虛實
交錯的筆法，為真實存在於歷史的他們發聲。從清吏的身上，筆者閱見了他
們沉痛的「遺」與充滿愁思的「移」，兩種心情的交會也讓清吏的治臺增加了
悲愴的氛圍。

四、遺民的歷史處境

　　一八九五年，臺灣在《馬關條約》條款中割讓日本，臺灣面臨天崩地坼

〔註72〕施叔青：《行過洛津》，（臺北：時報文化出版社，2003年），頁56。
〔註73〕施叔青：《行過洛津》，（臺北：時報文化出版社，2003年），頁56。
〔註74〕施叔青：《行過洛津》，（臺北：時報文化出版社，2003年），頁62。
〔註75〕施叔青：《行過洛津》，（臺北：時報文化出版社，2003年），頁66。
〔註76〕施叔青：《行過洛津》，（臺北：時報文化出版社，2003年），頁175～176。

的變局，開啓了被殖民的命運。清人歸莊認爲「遺民」指的是「新的朝代建立之後，仍忠於前朝之人」〔註77〕，清人宋犖在〈遺民詩序〉中界定爲：

> 夫遺民之稱爲何？昉夫〈大雅・雲漢〉之詩曰：「周餘黎民，靡有孑遺。」而衛懿公之國滅身殲也，〈春秋傳〉云：「衛國之遺民男女宵濟河。」是則古今所稱遺民，大抵皆在凶荒喪亂亡國之餘，而忠義牢騷者多出於其中。其歌也有思，其哭也有懷。〔註78〕

王德威對「遺民」則如此釋義：

> 「遺民」的本義，原來就暗示了一個與時間脫節的政治主體。遺民意識因此是種事過境遷、悼亡傷逝的政治、文化立場；它的意義恰巧建立在其合法性及主體性已經消失的邊緣上。如上文所述，臺灣上承明鄭遺民傳統，與清廷一向存著若即若離的關係。日本侵占臺灣，無非更強化臺灣進入殖民的地理政治，無從回返宗主國的現象。被遺棄、割裂自然成爲一輩文人念茲在茲的命題。〔註79〕

遺民生存於異朝，內心抗拒新朝代的來臨，帶著強烈的民族意識、濃厚的思歸之情，面對江山易代之際、環境時局的限制與變異，心情自然有著複雜的起伏，更與更替的時代背景格格不入。

（一）「清廷遺民」與「日本皇民」的掙扎

原本空間轉移至臺的「移民」與生活在臺灣的人民，在統治者的更換下，成了見證時間興替更迭的「遺民」。日本統治臺灣後，他們懷著強烈的遺民心情，面對無法認同的新統治者，而自日本至臺的治理者，則是以殖民者的姿態，將臺灣人民原本認同的文化精神，狠狠地扼殺、禁止。首任總督樺山資紀至臺灣後，看見在滿清治理下的臺灣人民，留著長辮、纏小腳、吃鴉片，樺山資紀急欲根除這三種劣質文化，因此，倡放足、斷髮、禁食鴉片。後藤新平任臺灣民政長官時，更從臺灣人的性質上發現了三項弱點，並利用這些弱點，制定了治臺三策：「一、臺灣人怕死——要用高壓的手段威嚇的。二、臺灣人愛錢——可以用小錢利誘的。三、臺灣人重面子——可以用虛名籠絡

〔註77〕〔清〕歸莊：〈歷代遺民錄序〉，收錄於《歸莊集》，（北京：中華書局，1962年），頁170。

〔註78〕〔清〕宋犖：〈遺民詩序〉，收錄於《四庫全書禁燬叢刊》，（北京：北京出版社，1995年），頁405。

〔註79〕王德威：〈後遺民寫作〉，收錄於王德威：《後遺民寫作》，（臺北：麥田出版社，2007年），頁34～35。

的。」〔註 80〕，再者，日人強力推展皇民化運動，將臺灣原有的風俗、習慣視爲落後，因此，強加以剷除，以此企圖消弭臺灣人的「自我」。臺灣人在無法自主的現實情況下，過著只能隨日人捏塑的日子，心情之悲苦與不自主可以窺知，而這樣的悲苦肇因於日本人立於支配者的角度，看待被殖民的臺灣人，藤井省三一針見血地道出日本人看待臺灣的視角：

> 臺灣悲情的根源，在於曾是日本的殖民地。臺灣人和日本人之間，或許有個別的友情和親密。但是，殖民地的支配民族與被支配民族之間的關係，則破壞彼此的美好關係。事實上，日本人到底對臺灣人理解多少呢？不能理解臺灣人的原因是什麼呢？不就是因爲日本人高傲地站在支配者立場的緣故嗎？〔註81〕

生活於臺灣的人民，面對強權的壓迫，有些人懷抱著「遺民」的愁緒，懷有總有一天可以回歸祖國的企盼，他們在與自己「疏離」的時代背景生活著，不管是生活、心理……皆有著殘酷被遺的感受，抑鬱的心情無處可傾洩，身處「清廷遺民」與「日本皇民」的掙扎之中，最後只能活在自己營建的世界裡。

（二）辮子是「根源」的象徵

存著傳統文人的底蘊，守書院、倡詩社，過著與現實生活隔絕的日子的遺民，身、心都受到了極大的創傷，縱使他們無法承受時代給予他們的傷痕，但那些傷痕依舊狠狠地刻印在他們身上。在《行過洛津》中作者塑造出的施寄生即是遺民的代言者，他無法認同日本人的斷髮政策，因爲辮子對他而言是種「根源」的象徵，是祖國的具象化，故他以性命守護著他的辮子，不願也不允許任何人將他的「根」斬斷，他堅持要做他自己，不肯隨波逐流，也不顧他人異樣的眼光，並時時提醒自己不可忘本、不可丟棄自己的文化。縱使日本統治者高呼皇民化政策，他依舊在自己的天地，留著辮子，他認爲「剪去了辮子等同做了日本人」〔註 82〕，堅持漢文文化的他，以文言文寫作，這樣的作爲與堅毅的遺民精神，自始至終從未因時局而變易，從施寄生的言行舉止，可見施叔青刻畫出忠烈的遺民形象，讓遺民的形象十分鮮明：

〔註80〕黃煌雄：《臺灣抗日史話》，（臺北：前衛出版社，1992 年），頁 76。
〔註81〕藤井省三著，張季琳譯：《臺灣文學這一百年》，（臺北：麥田出版社，2004 年），頁 89～90。
〔註82〕施叔青：《三世人》，（臺北：時報文化出版社，2010 年），頁 55。

身體髮膚受之父母，辮子成為安身立命的一部分，一根辮髮留存，
等於留存一股氣節，認同漢民族。役所回來，寄生晚上睡不安穩，
生怕別人趁他熟睡，把辮子割斷。斷髮易裝，看起來與日本人無異，
寄生將認不出自己的面目，這樣一來，他就不能做他自己。〔註83〕

幾乎所有的來賓都對一早就坐在那裡，身著長衫、辮子盤在頭上梳
成道士髻的施寄生投以好奇的眼光。〔註84〕

一疊寄生自編自印的《修身教科用書》，拿在手上頗有份量。日本當
局頒佈「書房義塾規則」，取消漢文書塾的活動，創辦公學校灌輸日
本國的歷史文化，寄生不忍眼看漢文生機遭受滅絕，就此斬斷臺灣
與中原的文化臍帶，編了這本書當課本。〔註85〕

乙未變天至今他不學日語，不用日本天皇年號，他以文言文作漢詩，
只認同漢民族傳統，寄生堅持要做他自己。〔註86〕

寄生說他要做他自己。用文言文寫漢詩他才能做他自己。他拒絕成
為自己以外的另一個人。〔註87〕

施寄生說他要做他自己。用文言文寫漢詩他才能做他自己。他拒絕
成為自己以外的另一個人。〔註88〕

外面鬧烘烘的推展皇民化運動，施寄生把自己關在屋子裡用文言文
寫漢詩，做他自己。……寄生眼睛朝屋梁上看，他早已把施家列祖
列宗的牌位藏在梁柱上，每年祖先祭日，他偷偷照常祭拜。〔註89〕

施寄生「他要做他自己」，這樣的心聲在他的心中低迴，也呼應了遺民的心情，
看似簡單的願望，但是在事與願違的時局下，那樣的願望反而令人感到悲涼。
施寄生面對殖民者的政策，他成了叛逆者，與當局政策格格不入。而承受被
日本改造過的臺灣人的睥睨眼神，他深感「這些被改造過的新人類，好像喝
下迷魂湯，摧毀本來的意識，切斷記憶，變成沒有過去的遊魂」〔註90〕，目

〔註83〕施叔青：《三世人》，（臺北：時報文化出版社，2010年），頁55。
〔註84〕施叔青：《三世人》，（臺北：時報文化出版社，2010年），頁19。
〔註85〕施叔青：《三世人》，（臺北：時報文化出版社，2010年），頁18。
〔註86〕施叔青：《三世人》，（臺北：時報文化出版社，2010年），頁20。
〔註87〕施叔青：《三世人》，（臺北：時報文化出版社，2010年），頁54。
〔註88〕施叔青：《三世人》，（臺北：時報文化出版社，2010年），頁201。
〔註89〕施叔青：《三世人》，（臺北：時報文化出版社，2010年），頁205。
〔註90〕施叔青：《三世人》，（臺北：時報文化出版社，2010年），頁56。

睹這樣的情景，心情是悲愴的、是氣憤的、卻也是無奈的，充盈著覓無知音
的孤獨感受，也有著被清廷遺棄的心酸，不管是心中所信服的清廷，或他不
認同的日本政府，他都有著「被遺」的感受，面對兩種不同的被遺感受，施
寄生得到了相同的結果——孤獨。施叔青在書中立於遺民的角度，爲歷史上
存在的遺民們道出心中深沉的哀痛，她以她擅長的現代主義手法，細膩、仔
細地刻畫出他們內心的矛盾與痛苦，道出在日本殖民的背景下，時局的改變
提醒著他們已被拋棄，然而，由衷不肯成爲皇民的他們，身心的剝離，讓他
們留下一道道的傷口，這些傷口一直被剝開，從中不斷流淌出鮮紅的血液，
也流出了所有的辛酸，遺民成了弱勢的邊緣人物，在作者的筆下讓我們閱覽
了遺民辛酸又痛苦的處境。

（三）拆除建築褪去過往，迷失的徬徨

被日本殖民的臺灣，有著矛盾、混雜的面貌，有堅貞不改志節的遺民，亦
有逐步褪去過去的皇民，兩種截然不同的人們，彼此以異樣的眼光相待，他們
已忘了彼此原本都是相同的臺灣人，而把對方當成了異類。施叔青將此段歷史
寫進故事中，栩栩如生地寫出當時臺灣的情景，故書中的施寄生除了面對大環
境的變易外，在家他也必須面對著認同的衝突，他的兒子施漢人成長在殖民環
境，「一心想走出父親牢騷滿腹暗淡的家」，平日說著日語，對日文書愛不釋手，
且謀求東京辦公室的職位，如此的處境，讓施寄生的愁緒更爲濃烈，孤獨的感
受更是如影隨形，他孤單無依，無處可容身，滿腹情緒卻無處發洩：

> 寄生一直相信臺灣與中原唐山本來陸地相連。中間被海峽隔開，是
> 在亙古時代一次雲龍動眼、天柱震搖的大地震，地牛翻身，山海移
> 動，臺灣才從唐山剝離出來，自成一個四面環海的孤島。
>
> 乙未變天，臺灣島上的人在不知不覺間被大清帝國遺棄，一夕之間
> 變成棄地棄民……。〔註91〕

臺灣現代化的過程產生了自願「皇民化」這樣特殊的例子，問題到底出在哪
兒呢？首先，在漢文化的區域內，由於臺灣發展較晚，早期移民來臺灣的漢
人又以犯人及「羅漢腳」爲主，無可否認的，文化的體質較爲薄弱。在日本
進行殖民後，除了有深厚家學淵源的家族外，一般的臺灣人其實對漢文化或
中國文化的認識逐漸趨於淡漠。而由於見聞的限制，他們又很容易把進步、
強大的日本當作國家的楷模來崇拜，從而對日本的現代化及整個日本文明產
生獨特的仰慕情緒。再加上統治者在宣傳上推波助瀾。參呂正惠：《殖民地的
傷痕：臺灣文學問題》，（臺北：人間出版社，2002 年），頁 38～39。
〔註91〕 施叔青：《三世人》，（臺北：時報文化出版社，2010 年），頁 206。

痛陳日本暴政虐民的記述詩找不到知音，滿腹牢騷何處訴？可憐心
中隱痛無人會。如何消解胸中塊壘？只怕斗酒也難消百斛愁吧！
〔註92〕

透過施寄生的心情告白，作者寫出當時在殖民者的統治下，漢文文化已幾近
被湮沒，所有的制度也有了新規範，原有的建築也被更動、破壞的史實。她
以洛津為故事場景，描繪了不容拒絕的殖民統治者，寫出臺灣被殖民的命運
——洛津五福街不見天也被以衛生為由，落了被拆除的命運，令施寄生不禁
感慨在「市區改正的政令下，原本結構完整的洛津古城被開膛破肚，令彎拐
如袖子一般的巷子柔腸寸斷。為了拓寬道路，連歷史悠久的廟宇也難逃拆遷
的命運，地處偏遠的王爺廟也逃不了劫難」〔註93〕，連偏遠之地也逃離不了
被拆除的命運，可見日本殖民者對臺灣一步步地進行換血大改造。施寄生家
中後院的初月亭也面臨被削去一半的命運，被拆除後的初月亭讓施寄生不再
踏足，任由它荒廢，這是施寄生無言又堅貞的抗議，既然無法以己力改變現
狀，故不再流連駐足，只得走進自己營造、他人無法剝奪的小世界，以此撫
慰自己。

（四）長尾三娘、玫瑰花與遺民氣節

施寄生懷抱著堅貞的遺民氣節，不願面對日本殖民世界的無奈心境，以
及無力面對的沉痛心情，藉著他喜愛的長尾三娘道出，長尾三娘與施寄生在
日本殖民者對臺灣進行大改造的時刻都噤聲了，「噤聲」是他們無奈卻又有力
的無言抗議：

奇怪的是一向鳥語啁啾，朱喙羽色青翠的長尾三娘，進屋後從此噤
聲，再也不開口鳴唱。〔註94〕

寄生不自覺地把目光轉向先前種的被他嫌棄的那一排玫瑰，一朵花
形不怎麼美麗的紅花，孤伶伶的兀立在枝頭，寄生趨前細看，這朵
花已開到盡頭，卻倔強地隨風搖晃，花瓣不肯萎落凋謝，再往下看，
寄生發現玫瑰的根莖也受到病蟲害，已經腐敗的根固執地不讓花朵
凋落，兀自搖曳風裡。〔註95〕

〔註92〕　施叔青：《三世人》，（臺北：時報文化出版社，2010年），頁75。
〔註93〕　施叔青：《三世人》，（臺北：時報文化出版社，2010年），頁52。
〔註94〕　施叔青：《三世人》，（臺北：時報文化出版社，2010年），頁53。
〔註95〕　施叔青：《三世人》，（臺北：時報文化出版社，2010年），頁213。

日本殖民者企圖改造臺灣人民，讓臺灣人民拋棄了他們的母語、捨棄了他們原有的生活方式與文化。施叔青刻畫出在日本當局斷髮、皇民化政策下，日本人改造臺灣人民的作為正像病蟲害從玫瑰花的根莖腐蝕，根一旦動搖要摘除就是輕而易舉之事。然而，此處映入施寄生眼簾的玫瑰花〔註 96〕縱使根已腐敗，卻依舊兀立在枝頭不肯凋落，如俠士般為了自己堅持的氣節不願屈服強權，而施寄生的生命韌性就如這堅強的玫瑰花一般，兩者相互呼應著，遺民在夾縫中生存的處境，逼迫著他們的窒息感，已栩栩如生地映入我們的眼簾。

從中國辛苦渡海來臺想尋求新天地的人民，在面臨諸多波折與苦難後，好不容易踏足臺灣土地，他們的身分也隨之改變，從「遺民」成了「移民」，臺灣給予他們希望，滋養了他們，而他們也在臺灣留下了他們的足跡，如：文化、生活習慣、廟宇、建築……等，豐富了臺灣的多元文化。在《馬關條約》後，臺灣割讓給日本，因此，生活於臺灣的人民成了被拋棄的「遺民」。施叔青立於宏觀的視角，以故鄉洛津為創作的場景，以陳三五娘的私奔故事串起臺灣移民史，以施家三代的認同差異、自我的追尋，突顯出遺民的悲情。

隨著歷史的時間轉軸，統治者有了變換，人民的身份也有了轉變，他們共同構築出臺灣的移民與遺民歷史，移民的開墾足跡、遺民的悲苦心境、被殖民的印記傷痕，豐富了臺灣沉鬱深厚的內蘊。施叔青寫出了「小人物」的求生歷程，刻畫出種種的情慾，道出了悲情與生命力，在她細膩的觀察、愛的觀照下，移民與遺民的形象與精神，正活躍在臺灣這塊土地上，留下無法抹滅的人生故事。

第二節　日治時期：帝國之眼的凝視

一八九四年，歲次甲午，中國與日本為了朝鮮問題而發生了甲午戰爭，此次戰爭持續近九個月，最後日本獲得了輝煌的勝利，雙方於一八九五年四月十七日，由李鴻章與伊藤博文在日本下關〔註 97〕簽署《馬關條約》〔註 98〕，

〔註 96〕玫瑰花有著美麗的蘊義和愛情的浪漫精神，在古希臘、羅馬時代，他們以玫瑰來象徵他們的愛神阿芙羅狄忒（Aphrodite）和維納斯（Venus）。玫瑰在希臘神話中，它是宙斯所創造的傑作，他用玫瑰的美來向諸神誇耀自己的能力。而在中國，玫瑰則因其枝莖帶刺，所以被認為是刺客、俠客的象徵。

〔註 97〕即日本馬關，今山口縣下關市下關港一帶。

甲午戰爭才告結束。根據史學家林熊祥在《臺灣史略》一書上記載，當年割臺之議，傳抵臺灣，全臺爲之震驚。臺灣紳民於是電奏北京：「割地議和，全臺震駭。自聞警以來，臺民慨輸餉械，固亦無負列聖深仁厚澤。二百餘年之養人心、正士氣，正爲我皇上今日之用，何忍一朝棄之。……若戰而不勝，待臣等死後，再言割地。」〔註99〕在《馬關條約》中，已然決定了臺灣的命運，「臺灣從此橫被敵人由祖國割離，淪爲歷時半世紀之殖民地及任憑宰割之人民矣。」〔註100〕臺灣這個邊陲孤島自此屬於日本〔註101〕，同時也開啓了臺灣被日本殖民的序章。

施叔青描繪出日治時期的總督，他們帶著強烈的愛國主義踏入臺灣，欲讓太陽旗在臺灣人民心中飄揚，治理臺灣的殖民者，亦有如橫山新藏般，因空間的移轉，自日本移至臺灣，他的心境與身分有著天壤之別的差異性。作者並透過日本女性在臺灣的心情，寫出了她們看待臺灣爲「異鄉」，抑或是「家鄉」，截然不同的視角。而日本移民村的日本人，他們將臺灣視爲「家」、「故鄉」，因此，當他們在回鄉之行，看到以前在臺灣的「家」不復存在時，他們的內心百感交集，淌下了悲痛、不捨的淚珠。最後，太陽旗不再在臺灣土地飄揚時，臺灣人民歡欣鼓舞，感到終於苦盡甘來，可惜這樣的想法卻禁不起考驗，人民很快地跌入了夢碎的痛苦與企盼的失落中，送走了「太陽」卻迎接了「地獄般的陰霾」，在如影隨行的肅殺氛圍中，動亂、恐懼等雜沓的聲音，如夢魘般侵入每一個角落，臺灣人民的傷口不斷地被加深又加深，縱使已痛入心扉，卻依舊等不到癒合的時候，自此可見施叔青以不同人們的內心世界，展演出了臺灣的「創傷史」。

一、臺灣總督對抗日之聲的消弭

《馬關條約》雖然宣示了臺灣的命運，然而日本領有臺灣的過程並不順利，

〔註98〕馬關條約原名《馬關新約》，日本稱之爲《下關條約》或《日清媾和條約》。李鴻章在與當時日本首相伊藤博文進行馬關條約的談判時曾聲明：「臺灣已立一行省，不能送給他國。」參李鴻章：《臺灣割讓——中日談判秘話錄：伊藤博文・李鴻章一問一答》，（四川：西南書局，1975年），頁48。

〔註99〕吳三連口述，吳豐山撰記：《吳三連回憶錄》，（臺北：自立晚報，1991年），頁16～17。

〔註100〕臺灣文獻委員會：《臺灣史》，（臺北：眾文圖書，1990年），頁490。

〔註101〕《馬關條約》第二條：中國把遼東半島、臺灣、澎湖諸島之權及該地城壘、兵器製造所及國有物永遠割給日本。

當臺灣人民聽聞已被割地予日，旋即有以藍地黃虎爲旗的臺灣民主國成立，並發表「抗日宣言」，內容爲：「設以干戈從事，臺民惟萬眾禦之，願人人戰死而失臺，決不拱手而讓臺。……臺民慾盡棄其田，則內渡後無家可依，欲隱忍偷生，實無顏以對天下。因此捶胸泣血，萬眾一心，誓同死守。」〔註102〕日本由陸軍中將北白川宮能久親王〔註103〕率領近衛師團於五月二十九日抵達基隆外海，臺灣的乙未抗日行動風起雲湧，與日軍抵抗。直至辜顯榮等人〔註104〕有迎日軍進入臺北城之舉，他對日軍說：「在臺北的所有清廷文武官員都已經全逃走了，土匪盜賊都乘此時機蜂起胡作非爲，掠奪百姓的財物，但願日軍能夠趕快入城來鎮壓。」〔註105〕在六月七日，一位陳法的老婦與她的兒子自城牆上放下竹梯，以便日軍進城，於是，日軍輕易地進駐臺北城，樺山資紀見此情況，喜悅地打了電文給伊藤博文：「我軍於今日早晨進入臺北城，當地的人民並沒有激烈的反抗，我於二、三日內準備將總督府移到臺北，南進時可能免不了會發生小小的戰鬥。」〔註106〕六月十七日，日本海軍上將樺山資紀任臺灣第一任總督，在原撫衙門廣場舉行「始政式」，宣布建立殖民統治權，臺灣自此改朝換代，耳畔響起的是日本的國歌，日本並訂此日爲「始政紀念日」。

雖然，臺灣淪爲日本的殖民地，淪爲帝國主義權力支配的場域，喜安幸夫研究殖民者的心態，記載：「臺灣之被歸劃入日本的版圖，時爲推動日本帝國跨進一個嶄新時代的一大契機！」〔註107〕雖然臺灣被殖民的命運以不容改變，但臺灣抗日的行動依舊前仆後繼地向日軍席捲而來，樺山資紀面對這些抗爭，他所做的是不斷地鎮壓臺灣人民的抗日行動，這樣的作法與樺山資紀

〔註102〕莊嘉農：《憤怒的臺灣》，（臺北：前衛出版社，1990 年），頁 45。

〔註103〕北白川宮能久親王成爲日本殖民臺灣之象徵，被日本官方封爲「臺灣鎮守之神」，於全島廣建神社，加以奉祀。其生前所到之處，稱爲「御遺跡地」，或立碑紀念，或保存原建築物及相關文物，刻意塑造殖民統治之意識型態神話，宛如烙在臺灣人民心頭之烙印。參顧力仁主編：《臺灣歷史人物小傳：日據時期》，（臺北：國家圖書館，2002 年），頁 33。

〔註104〕辜顯榮爲彰化縣鹿港人，甲午戰爭後代表艋舺士紳迎接日本軍進入臺北城。在動亂中，尤以外國人及紳商財閥最爲著急，於是鄉紳李春生、鹿港浪人辜顯榮，及德商 Ohly、英商 Themson、美新聞記者 Davidson、法商畢狄蘭、鄉紳李秉鈞、吳聯元、陳舜臣、劉廷玉、陳儒林等乃商議迎日軍進城。參李筱峰、劉峯松：《臺灣歷史閱覽》，（臺北：自立晚報，1994 年），頁 117。

〔註105〕喜安幸夫：《臺灣抗日秘史》，（臺北：武陵出版社，1983 年），頁 37。

〔註106〕喜安幸夫：《臺灣抗日秘史》，（臺北：武陵出版社，1983 年），頁 43。

〔註107〕喜安幸夫：《日本統治臺灣秘史》，（臺北：武陵出版社，1983 年），頁 7。

於始政式所言的：「我將日夜勉勵自己，維持本島人民的安寧，促進本島人民
的幸福。」〔註108〕成了強烈的對比，所謂的維持安寧與促進本島人民的幸福，
只不過是以殖民者的立場，企圖弭平所有反抗的謊言，被殖民的臺灣人是得
不到幸福感的。樺山資紀在一九八五年十一月十二日電告日本政府：「現在全
島已完全平定。」然而，近衛親師團團長北白川宮親王卻在征臺戰役中失去
生命，日本朝野為了紀念他，尊奉他為「平定臺灣之神」〔註109〕，《風前塵埃》
化用這段歷史，寫到北白川宮親王「他是吉野移民村的守護神，每年六月八
日鎮座祭典十分隆重盛大」〔註110〕。施叔青在書中對樺山資紀施行懷柔政策
的心思如此寫道：

> 日本領臺後對山上的先住民，一開始是採取懷柔政策。
>
> 樺山資紀上任臺灣首任總督之前，曾經以間諜身分瞞著清廷潛伏東
> 部山區結交蕃民，他深知對蕃民強硬不如懷柔有效。〔註111〕

然而臺灣人民依然沒有屈服，抗日之聲依舊沸騰，雜草般的韌性與堅毅的精
神在臺灣蔓延，這些抗日行動為孤島臺灣留下了諸多可歌可泣的歷史足跡。
陳芳明曾言：

> 一部臺灣抗日運動史，可以說就是一部臺灣的自治運動史。這種自
> 治主義，並非停留在「地方自治」的層面，而是具有「民族自決」
> 的意義。民族自決的概念之介紹到臺灣，使於一九一八年美國總統
> 威爾遜（Woodrow Wilson）在第一次世界大戰後所提倡。威爾遜強
> 調的自決觀念，在於每個民族有決定自己命運的權利，無論任何人
> 均不能干涉，也不能剝奪每個民族的生活、教育、道德、習慣、語
> 言等等的基本權利。〔註112〕

一八九六年四月一日，日本公布日本統治臺灣的基本法——《應於臺灣施行
法令相關之法律》，該法又稱為「六三法」〔註113〕。此法律的發布，宣示著臺

〔註108〕喜安幸夫：《臺灣抗日秘史》，（臺北：武陵出版社，1983 年），頁 48。

〔註109〕喜安幸夫：《臺灣抗日秘史》，（臺北：武陵出版社，1983 年），頁 79。

〔註110〕施叔青：《風前塵埃》，（臺北：時報文化出版社，2008 年），頁 19。

〔註111〕施叔青：《風前塵埃》，（臺北：時報文化出版社，2008 年），頁 22。

〔註112〕陳芳明：《殖民地摩登：現代性與臺灣史觀》，（臺北：麥田出版社，2004 年），
頁 209。

〔註113〕當時是「法律第六十三號」，故有此簡稱。條文有六：

第一條：臺灣總督在其管轄區域內，得發布具有法律的效力之命令。

第二條：前條之命令，應由臺灣總督府評議會之議決，經拓殖大臣奏請敕裁。

灣人沒有絲毫的政治權和自由，陷入不得解脫的桎梏中，日本派任的臺灣總督大權在握，集行政、立法、司法、軍事大權於一身，對臺灣人民握有生殺予奪的權力。六月一日，日本第二任臺灣總督——陸軍中將桂太郎至臺，不久，日軍發動了雲林大屠殺慘案，血染臺灣，臺灣人民哀鴻遍野。在一八九八年，日本又公布了《匪徒刑罰令》，第一條就規定：「不問目的為何，糾結徒眾圖以暴力或脅迫達到其目的者，是為匪徒之罪。」〔註114〕此令一出，更令抗日者怒不可遏。日人為平息抗日運動，實行「先撫後剿」的政策，至一九○二年「林少貓事件」〔註115〕後，臺灣的抗日運動似乎也逐漸平靜。在《風

臺灣總督府評議會之組織，以敕令定之。

第三條：在臨時緊急時，臺灣總督得不經前條第一項之手續，即時發布第一條之命令。

第四條：依前條所發布之命令，發布後須立即奏請敕裁，且向臺灣總督府評議會報告。如不得敕裁者，總督須即時公佈該命令今後無效。

第五條：現行法律或將來應頒布之法律，如其全部或一部有施行於臺灣之必要者，以敕令定之。

第六條：此法自施行之日起，經滿三年失效。

參吳三連口述，吳豐山撰記：《吳三連回憶錄》，（臺北：自立晚報，1991年），頁18～19。「六三法」在臺共施行了十一年又八個月，至一九一九年才由「三一法」取代之，之後又變更為三號法案，雖然法令不同，但精髓相同，皆是立於殖民統治的地位，不傾聽臺灣的民意。參陳清敏、黃昭仁、施志輝：《認識臺灣》，（臺北：黎明文化，1996年），頁204～205。

〔註114〕 李筱峰、劉峯松：《臺灣歷史閱覽》，（臺北：自立晚報，1994年），頁128。

〔註115〕 林少貓（1865年～1902年），小名少貓或小貓，本名苗生，字義成，臺灣鳳山縣萬丹（今屏東縣萬丹鄉）客家人，後於阿猴經營《金長美碾米廠》，也在阿猴市場中販魚及豬肉，逐漸致富，市場客販多暱稱其小名「少貓」，人稱「小貓」，以小名稱世。是日治初期在臺灣南部武裝抗日的領袖，與簡大獅、柯鐵虎被並稱為「獅虎貓抗日三猛」。清朝因甲午戰爭而戰敗，故於西元1895年，清政府依照馬關條約，將臺灣本島、澎湖群島割讓給日本。同年，林少貓接獲此消息後，即散家資，以銀元召募閩南人、客家人千餘人，與七百名排灣族勇士合成抗日部隊，共達兩千餘人，並獲得劉永福之軍火援助。根據《警察沿革志》紀載：「（林少貓）絲毫不害良民，概以屠戮日本文武官員為旨。」林少貓搶劫日本人或親日的臺灣人財物後，流傳：「且常賑恤附近諸莊，巧售私恩。」以致「人民暗自以少貓為德者甚多，競相掩護其蹤跡。」臺灣總督府甚至稱：「（林少貓）為南臺灣最慓悍、最令官憲棘手之人物。」不易通緝，於是臺灣總督府決議招撫之，保證授予林少貓頭銜，並可率領原部兵馬，屯田居於鳳山後壁林，並享有墾荒、狩獵、殖魚、釀酒、製糖……等特權，明治32年（西元1899年）林少貓被條件所誘，歸順日本官方。明治35年（西元1902年）5月，日軍假藉預防瘧疾的消毒名義，突然進軍後壁林，圍剿林少貓，以大炮狂轟一日，林少貓遭襲，倒臥水田，遭日軍偷襲死亡，並梟首

前塵埃》中作者採用此段抗日歷史寫入故事中，自此亦可見施叔青對抗日者
的敬仰，以及他們在臺灣歷史上的重要地位：

> 兒玉源太郎上任第四任總督後，漢人的抗日行動大致都在招降與討
> 伐中消失，林少貓、吳萬興與林天福等的頑強抗日，也在淡水河最
> 後一役被剿滅。〔註116〕

林少貓、吳萬興與林天福三人皆是眞實存在的抗日人物，雖身在強權底下，
但他們都不願意折腰屈服，那勇於抵抗的決心與毅力是令人讚嘆的，縱使最
後抗日行動大都在日人的招降與討伐中消失，但他們的民族精神已根深柢固
的留存在臺灣歷史上，不會因抗日行動的失敗而消逝。然而，抗日行動的失
敗，無疑也揭示出臺灣不可避免，也逃離不了的被殖民命運。

　　以日本殖民的角度視之，兒玉源太郎總督與其左右手後藤新平，確立了
日本統治臺灣的里程碑，也是「臺灣第一次實施了中央集權制」〔註117〕，總
督府的統治貫徹到臺灣全島，發揮了據臺的目的，在《臺灣抗日秘史》一書
中寫出了日本佔領臺灣的目的「不僅在擴張其勢力範圍，其更主要的目的乃
在於榨取豐富的資源，以追求鉅額的利潤」〔註118〕，因此，臺灣有了不同的
新面貌，同時，也奠定了日本在臺殖民地的建設基礎，從喜安幸夫的研究文
字中，即可窺知這樣的治臺情況：

> 兒玉總督和後藤民政長官就像車的兩輪一般，缺一不可，這也是一
> 般人所公認的事實。這兩輪體制的功績，無論是在財政或治安上，
> 均是前三任的樺山、桂、乃木總督所不及的。而他們這種業績對以
> 後到來的有關國家存亡危急之時，更是日本的一大福音。同時，兒
> 玉、後藤的兩輪體制至此在臺的任務也可算完成了。〔註119〕

在兒玉源太郎之後，由陸軍大將佐久間左馬太擔任第五任的臺灣總督，他是

示眾，得年37歲。日據時期五十年間，林少貓的名字始終留在臺灣人民的心
目中。參楊碧川：《簡明臺灣史》，（高雄：第一出版社，1987年），頁261～
262。林衡道口述、洪錦福整理：《臺灣一百位名人傳》，（臺北：正中書局，
2003年），頁299～300。許雪姬、薛化元、張淑雅等撰文：《臺灣歷史辭典》，
　（臺北市：文建會，2004年），頁465～466。
〔註116〕施叔青：《風前塵埃》，（臺北：時報文化出版社，2008年），頁23。
〔註117〕喜安幸夫：《臺灣抗日秘史》，（臺北：武陵出版社，1983年），頁182。
〔註118〕喜安幸夫：《臺灣抗日秘史》，（臺北：武陵出版社，1983年），頁12。
〔註119〕喜安幸夫：《臺灣抗日秘史》，（臺北：武陵出版社，1983年），頁198。

歷來任期最長的總督〔註120〕，也是影響臺灣原住民甚鉅的殖民者，他廢除以往的綏撫、恩威並行的懷柔主義，改採進行隘勇線前進與討伐的武力鎮壓行動，在其任內對臺灣原住民施以強壓的政策，並發動多次的討伐，故在在日治時代被稱為「理蕃總督」、「鐵血總督」。從一九○六年到一九○九年間，臺灣人民在佐久間左馬太總督任內發生多件的抗日行動，佐久間左馬太派遣部隊去鎮壓原住民的次數，計有十八回〔註121〕。

二、殖民者的內心世界

殖民者有如佐久間左馬太以鐵血的方式，在不斷討伐、鎮壓的過程中，將原住民族困住，迫其斷根；亦有如橫山新藏般愛國的心思流竄他所有的思維，他透過空間的移轉改變了他的命運與地位，但在他的內心卻有著「自卑」與「優越」的矛盾情懷。他們都有著殖民者的高傲光環，但佐久間左馬太最終領會了所有的權勢，終究如風前塵埃般，倏忽即逝，無法永遠握於手中，他們兩人都有著要忠於日本帝國的丹心，然而，經歷流血、勝利、失去……種種的歷程後，讓人反而感受到了他們的落寞，昔日的高傲姿態亦如風前塵埃，無法尋回。

（一）佐久間左馬太的心思

佐久間左馬太對眼中的蕃民，採取鎮壓、討伐、改造，企圖讓這些蕃民真正降伏於日本帝國，使臺灣每一寸土地成為真正的皇土。施叔青將鐵血總督治臺的歷史寫入書中，在治臺的歷史背景中，絮絮地描繪佐久間左馬太討伐各原住民族的心理世界，從殖民者思維也凸顯了他們高姿態的身段。

佐久間左馬太的施政以強硬的理蕃措施為主軸，自一九一○年至一九一四年推動五年計劃理蕃事業。將保護拓墾事業的隘勇線向山地推進，此舉稱之為「隘勇線〔註122〕前進」，並架設通電鐵刺網，以圍堵方式縮小與加強控制原住民的土地與生命財產。施叔青融入此段史實，如此描繪：

〔註120〕佐久間左馬太在臺擔任總督的任期由一九○六年（明治三十九年）四月十一日至一九一五年（大正4年）五月一日，共九年。參顧力仁主編：《臺灣歷史人物小傳：日據時期》，（臺北：國家圖書館，2002年），頁55～56。
〔註121〕李筱峰、劉峯松：《臺灣歷史閱覽》，（臺北：自立晚報，1994年），頁128。
〔註122〕隘勇線是日據時代防範高山族原住民而設置的警戒線。線路內側配以高壓電或地雷，及火砲，在四公里的隘路見隘寮八至十二座，最多時有一八八座。隘勇則由原住民擔任。參楊碧川：《臺灣歷史辭典》，（臺北：前衛出版社，1997年），頁4。

　　　　爲了鎮壓漢人的抗日行動，疲於奔命沒有餘力討撫桀敖不馴的蕃族，
　　　　只好採取隔離政策，將他們封閉拘禁在山上，限制他們的活動範圍，
　　　　禁止自由進出，並在山地與平地界線的通路，用鐵絲網圍圍，又設隘
　　　　勇線，主要據點有監督站，派漢人壯丁監視山地人的出入。〔註123〕

從此段文字的敘述，可見佐久間左馬太對他眼中的蕃族，嚴格地限制他們的
行動，原住民族的生活受到了侷限，如斷翅的鳥一般，身陷囹圄。同時，他
又以武力掃蕩北蕃，不斷地與原住民發生激烈衝突，造成許多流血事件。於
一九一三年完成了西部泰雅族的掃蕩戰後，他給總督府的電文說道：「從明治
43 年（1910）起推動隘勇線前進與蕃社討伐，結果盤據於中央山脈以西的兇
蕃已處分完畢，西部蕃社群業已廓清，本人深感欣慰。……五年計劃理蕃事
業，現在只剩太魯閣蕃尚未平定。」佐久間左馬太將討伐太魯閣族視爲五年
理蕃事業計劃中，最後的一次戰役，也將是規模最大的戰爭。至一九一四年
五月十七日的太魯閣蕃討伐戰，佐久間左馬太佈局了強大的戰力，范情研究
此段歷史，於〈太魯閣的和平使者──姬望‧伊娃爾〉一文中，記錄了當時
的情況：「不僅出動警察隊，還動員軍隊，從花蓮港、南投、宜蘭各廳三方夾
擊。日本動用萬人以上的兵力及先進武器、大砲等，太魯閣族的兵力只有約
兩三千人，寡不敵眾，幾乎滅絕」〔註124〕，此戰役日本動用的兵力最多，作
戰的範圍亦最廣，而原住民所付出的代價也最慘烈。施叔青於《風前塵埃》
中寫進了這段慘烈的歷史，隘勇線的設置，就如吸取人性命的病毒，深入原
住民的生活中，他們的一舉一動都如罪犯般受到了監視，不自由的束縛讓他
們如病人般，失去了往日的風采：

　　　　討伐結束後，佐久間總督把隘勇線向山地深處延伸，更縮小太魯閣
　　　　的生存空間。鐵柵欄通上強大電流，甚至還設觸發性地雷，以防備
　　　　蕃民越過隘勇線偷襲；又在山上開鑿更多的山路，架鐵索橋，並設
　　　　立警察通信電話，以便於通訊，防止太魯閣人死灰復燃，再起來造
　　　　反。橫貫山脈設立十九個「蕃務官吏駐在所」，四十八所「隘勇監督
　　　　所」，七座炮台，真是三步一哨五步一崗，隔離山上住民的隘勇線延
　　　　長到四三六公里，幾乎是圍繞了整座中央山脈。〔註125〕

〔註123〕施叔青：《風前塵埃》，（臺北：時報文化出版社，2008 年），頁 22。
〔註124〕范情：〈太魯閣的和平使者──姬望‧伊娃爾〉，收錄於鄭至慧：《女性履痕
　　　　（二）：臺灣女性文化地標》，（臺北：草根、國家文化總會，2008 年），頁 39。
〔註125〕施叔青：《風前塵埃》，（臺北：時報文化出版社，2008 年），頁 53。

南方朔在〈透過歷史天使悲傷之眼〉亦說道此段歷史的慘烈，同時也道出了在不平等的戰役中，原住民的結局是可預見的：

> 佐久間總督的五年討蕃裡，又以一九一四年五月至八月的討伐太魯閣蕃之役最爲慘烈壯闊。是役也，佐久間自任討伐軍司令，率領軍警六二三五人，附屬工役一萬餘人，總計二萬餘人攻打太魯閣蕃九十七社，一千六百戶，約九千人。這是絕對性的不對等戰爭，以人海戰術式的機槍大炮攻打獵槍與蕃刀。討蕃結束後，到一九一四年止，計沒收獵槍二七○五八支，這是原住民的徹底非武力化，退回弓箭蕃刀的時代。在生存地界日益縮小，生存能力則大幅倒退下，原住民的困厄可知。〔註 126〕

由歷史史書的記載、學者的研究與施叔青融入此段歷史行文，皆可知殖民與被殖民及不平等的地位，而這場戰役也讓臺灣的歷史增添了英雄的悲壯色彩。日本總督爲了防範原住民叛變，沒收了他們的獵槍，同時也去除了他們賴以生存的文化，施叔青於《風前塵埃》中寫進此歷史，她描繪「族人的獵槍被第五任佐久間總督視爲逞凶的武器強行沒收殆盡後，太魯閣族人就像螃蟹被削去雙螯一樣，無以生存」〔註 127〕太魯閣族人只得退回弓箭蕃刀的時代，這是一種「文化的斷根」〔註 128〕。文化倒退，卻又必須面對強勢的殖民者，不公平的立基點似乎已經宣判了他們只得在狹小的生活圈過著狹隘的生活，無法跨越殖民者刻意圍圈的那深不可測的鴻溝，從此處的描繪可見佐久間總督的鐵腕，亦可體會原住民失去自我的苦與深深烙下的傷痕。

　　日本殖民政府直至大正時期，國勢已達如日中天之境界，殖民者開始興建臺灣總督府，而這座建築物也將成爲日本殖民者「俯視」臺灣人民的象徵。施叔青從殖民者的心理，勾勒出佐久間總督的企圖與思維：

> 佐久間總督爲了殖民地的永續統治，做長期留在臺灣的打算，在他任內開始興建臺灣總督府，這座耗費鉅資、全島最高的總督府，完工後將會是臺灣的新地標。〔註 129〕

〔註 126〕南方朔：〈透過歷史天使悲傷之眼〉，收錄於施叔青：《風前塵埃》，（臺北：時報文化出版社，2008 年），頁 5。

〔註 127〕施叔青：《風前塵埃》，（臺北：時報文化，2008 年），頁 132。

〔註 128〕南方朔：〈透過歷史天使悲傷之眼〉，收錄於施叔青：《風前塵埃》，（臺北：時報文化，2008 年），頁 5。

〔註 129〕施叔青：《風前塵埃》，（臺北：時報文化出版社，2008 年），頁 30。

臺灣總督府是日治時期的最高統治機關，採中央集權制，臺灣總督更是總攬行政、立法、司法、軍事等大權，形成總督專制的政體。臺灣總督府，對殖民者而言是權力、地位的象徵，自總督府俯瞰臺北，使之更有著高不可攀的氣勢，這即是殖民者的心態，居於下方的被殖民者是難以反抗，次等的身分也使臺灣人的心理層面產生了變化，如同沙特所言：「殖民地的暴力侵略使被殖民者的恐懼感內化了。」〔註130〕總督府的建立表達出佐久間的內心渴望，而此建築也代表著日本殖民臺灣的象徵，俯視臺灣即是他的姿態與視角。

（二）橫山新藏地位的轉移

　　同樣以殖民者統治地位視角看臺灣的還有橫山新藏。透過空間的移轉，讓橫山新藏從原本日本綢緞店的夥計，轉移成駐臺灣哆比多住在所的巡查部長，也從原本必須小心應對客戶需求的姿態，轉移成發號施令的的權威者。空間的轉移，代表著橫山新藏地位的轉移，由此亦可看出被殖民者可憐的地位，被殖民者只能屈就其下，身分沒有任何移轉的空間，在日本帝國的統治下，一直被視為是次等的皇民。而殖民者將權力握在手上，姿態也跟著高昂，聲音自然也中氣十足，橫山新藏即代表著當時進駐臺灣而移轉身分的日本人：

> 橫山新藏如妻子所願，坐上擺有紙墨硯的辦公桌，只不過他不是綢
> 緞店的掌櫃，桌上沒有算盤帳簿，他來到這遙遠的山上，扭轉了既
> 有的身分，建立了作夢也不敢夢想的權威，挺著胸，雙手按住桌角，
> 向屬下發號施令，矮小的他，聲音卻中氣十足。〔註131〕

橫山新藏是到臺灣的殖民者，殖民的權威讓他的姿態也隨之高傲，外在的矮小，與內在高高在上的心理有了強烈的對比，他自言響應田健治郎總督漸進式的內地延長主義——同化政策，身體力行地響應日人與臺灣人通婚的政策，所以他娶了太魯閣族赫斯社頭目的女兒。然而，從橫山新藏的反應，可看出他自居殖民者、具文明的高地位，視原住民為野蠻未開化的民族，他自視是愛國主義的實踐者，為了母國日本，他化身為崇高的教化者要拯救、改造這些蠻夷之族，娶原住民妻子，非兩情相悅，而是套上了沉重的愛國思想，這樣的婚姻已有了不平等的地位，從中也更流露出原住民的悲情，他們成了實現日本帝國主義的棋子：

〔註130〕Jean Paul Sartre（沙特）：〈灼熱之聲〉，收錄於 Frantz Fanon（弗朗茲‧法農）著，楊碧川譯：《大地上的受苦者》，（臺北：心靈工坊文化，2009年），頁43。
〔註131〕施叔青：《風前塵埃》，（臺北：時報文化出版社，2008年），頁121。

他聲稱此舉與他個人無關,完全服從政府的決策,他個人的價值完全取決於是否能使日本母國獲益。

「把日本人優越的血液注入未開化的野蠻人是我應盡的義務。」他說。〔註132〕

從橫山新藏對原住民妄高高在上的態度,體現了殖民與被殖民截然不同的地位,也呈顯了「征服——被征服」的關係,他要將日本「優越」的血液注入未開化的原住民世界,因此,婚姻是「優越」與「野蠻」的媒介,而這樣的方式也可預見原住民的文化將面臨失根的命運。日本深知要改造臺灣人必須從文化下工夫,要讓他們接受日本帝國的教化,才能讓他們服膺日本統治,此即《文化與抵抗》一書中所述的:「被殖民者的身分是一種建構,是一種經由武力征服和文化移植雙重手段而完成的過程。」〔註133〕,亦即薩依德所謂的「文化對權力是有威脅性的。」〔註134〕。

從發展的角度來看,開拓的歷史常常即是侵略的歷史,殖民者納臺灣為皇土的一部份,這塊土地的資源也是他們欲開發、奪取與竭盡善用的目的,奇萊山的黑色沃土、立霧溪的砂金、森林的巨木、樟腦等都引起了日人的覬覦,因此,如何達到此目的,是他們領有此地後要思考的,如宇野利玄〈臺灣的蕃人教育〉一文中所載:

> 樟腦的製造、山林的經營、林野的開墾、農業的增殖,內地人的移居、礦山的開發,無一不涉及蕃地。要在蕃地興建事業,首先必須使蕃民服從我政府,讓他獲得生活的途徑,脫離野蠻的處境。要使蕃民服從,在使用威力的同時,也非實行撫育不可。〔註135〕

因此,殖民者必須對被殖民者加以改造,最根本的辦法即是去除他們既有的文化,再植入殖民者的文化。日本殖民者優越的意識,高高在上的姿態,著手根除臺灣的文化,書中的佐久間左馬太與橫山新藏即是以此心理,他們以帝國之眼,傲視著臺灣的人民,並奉行要將臺灣人民改造成如日本人優良的

〔註132〕施叔青:《風前塵埃》,(臺北:時報文化出版社,2008年),頁121。

〔註133〕Edward W. Said(愛德華・薩依德)、David Barsamian(巴薩米安)著,梁永安譯:《文化與抵抗》,(臺北:立緒文化,2004年),頁186。

〔註134〕Edward W. Said(愛德華・薩依德)、David Barsamian(巴薩米安)著,梁永安譯:《文化與抵抗》,(臺北:立緒文化,2004年),頁186。

〔註135〕宇野利玄:〈臺灣的蕃人教育〉,收錄於《臺灣霧社蜂起事件研究與資料》,(臺北:國史館,2002年),頁117～118。

民族，愛國的血液流竄於他們的思維中，帝國之眼的凝視帶給他們沉重的包袱，也讓原住民被迫接受著無盡的傷痛。

三、日本移民村的世界

　　倘若殖民者一直以高壓手段統治，最終只會激起臺灣人民的反抗，反致統治失敗，故統治者有了之前的鎮壓、討伐後，日本爲了長久領有臺灣，於是進行日本農民移民至臺，如此，不但可解決日本人口過剩的問題，更可以日本農民同化臺灣人民，以此達到永久占領臺灣、鞏固南進基地的目的〔註136〕，《風前塵埃》中亦將殖民者的心理，生動地刻畫出來：「內地農民在這土地生活，日本才眞正領有臺灣」〔註137〕。因此，日本殖民者在臺灣構築出了充滿時代氛圍的文化——日本移民村。

（一）不容跨越的優越界線

　　日本人要移民至臺必須先經過身分的調查，是優秀者才可以到臺灣，也才足以成爲被殖民者的學習典範，日人在施此政策時，已然是將自己放在優越的地位，有了優越的姿態，日人自然自己築起了一道防線，也因此移民村的人刻意和本地人隔離，自成一個日本小世界。《風前塵埃》呈顯出日人對日本移民至臺的嚴格要求，而這樣的要求，正因爲他們是到臺灣，當臺灣人民的「模範」的：

> 殖民地建立日本村，官營的移民是以模範的日本農民促使臺灣島民見賢思齊，因此挑選來臺的日本移民條件極爲嚴格，要求品行端正，勤儉而精勵農務，必須是有意長住下來的已婚家庭，無酗酒、賭博等不良嗜好者。爲了有效達成移民事業，臺灣總督府給予極優渥的待遇，提供免費船票、貸款每戶分配耕地，補助住屋建築費、購買農具肥料，給予第一年農作物、種苗、醫藥等等。〔註138〕

施叔青於此處道出日本移民至臺灣的緣由，以及殖民者者選擇花東作爲移民

〔註136〕日本對臺農業移民的目的在於：（一）補足在臺灣所從事的資本性移民，以備臺灣島民民族自覺之需。（二）進行實驗日本民族在熱帶地區永久居住之各種事業。（三）吸收母國過剩人口，協助救濟規模太小之農業經營的弊端。參矢內原忠雄著，周憲文譯：《日本帝國主義下之臺灣》，（臺北：帕米爾書店，1987年），頁131。

〔註137〕施叔青：《風前塵埃》，（臺北：時報文化出版社，2008年），頁13。

〔註138〕施叔青：《風前塵埃》，（臺北：時報文化出版社，2008年），頁10。

村基地之因。來臺的日本殖民者與移民村的日本人，為了避免被本地人同化，因此，採取了嚴密的隔離方式，劃清日本人與臺灣人的界線，築下不准跨越的鴻溝，在《風前塵埃》中如此描繪：

> 明治維新後，日本因引進西方文明而變成亞洲強國，但也產生一連串的問題，由於地主制的形成，促使農民大都淪為佃農，農村日益窮困，勞動力不得不大量外流。為了疏解人口過賸的壓力，從明治末年到大正時代，以臺灣作為熱帶殖民試驗基地，特意選擇地廣人稀的後山臺東、花蓮設立官營移民村，作為日本內地延長線，顧忌到如果讓日本移民居住人口稠密的西部，則有被臺灣人同化的疑慮。〔註139〕

> 「從前這一帶很多日本宿舍，」老人手臂從左到右揮了一大圈：「他們在的時候，不讓臺灣人進來，我的兒子看到日本小孩玩野球，想跟他們玩，結果被日本仔用野球棒打出來，一邊打一邊罵……」〔註140〕

自「有被臺灣同化的疑慮」一語中，可見日本人睥睨臺灣人的眼光。而被殖民的臺灣人，體悟到日本人的殖民者之姿不容侵犯，因此，他們有了自卑的心理；來臺的日本人，則體會到自己高於臺灣人的地位，並將此內化我自我的一部份，於是他們在臺灣住得愈久，就更加深殖民者的姿態，《風前塵埃》以透徹的目光描繪來臺的日本移民這樣的狀況，於是他們有了判若兩人的轉變：

> 山本先生本來是個勤勞的農民，一開始耕前鋤後，種植菸草水稻，一家人早餐後拉著牛車到田裡耕作，中午坐在田埂上以白飯醬瓜便當充飢。這種刻苦的農耕方式不久後就改變了，幫他耕作的本地佃農過度謙卑恭謹的態度，使山本先生意識到殖民者的優越感，他自覺高本地人一等，對農事漸漸不屑親力而為，再也不肯起早下地種田，大白天流連花蓮街上的日本餐廳喝清酒買醉。〔註141〕

日本移民們，有如山本先生者，因感受到在殖民者的外衣下，地位是高於本地人的，因此，「優越感」以侵佔他的心，生活於臺灣，享受殖民者優越感的他，已被慾望控制，於是丟棄了他原本單純的面貌，「不屑」正代表著他看待

〔註139〕施叔青：《風前塵埃》，（臺北：時報文化出版社，2008年），頁9～10。
〔註140〕施叔青：《風前塵埃》，（臺北：時報文化出版社，2008年），頁85。
〔註141〕施叔青：《風前塵埃》，（臺北：時報文化出版社，2008年），頁14。

臺灣人、事、物的視角。施叔青以歷史爲軸，在虛與實之間串起故事中每一位人物的背景與心理。黃美娥認爲「日治時代的臺灣，處於『時間』意識與『空間』意識的重大變革階段，由於現代、殖民、本土問題的糾葛牽攣，使得人們在面對自我，以及外在社會、國家、世界時，有了不同以往的認識方式與情感結構。」〔註142〕在《風前塵埃》中，除了有以殖民者之姿居於臺灣的日本人外，亦有移民至臺，將臺灣視爲故鄉的日本人，兩者截然不同的心理認同令人玩味。

（二）陷入自我分裂的泥淖

　　到臺灣的日本人，以殖民者的身分統領臺灣，以高姿態自居，視臺灣的人民爲次等、野蠻的。然而，這些移民在日本本土的人眼中，他們亦被視爲次等人民，《風前塵埃》中將他們矛盾、游移的處境，寫得眞實又淒冷：「同胞們對這些重回家園的『臺灣村』農民歧視排斥，把他們列爲不受歡迎戶，當作是來自會吃人肉的地方。」〔註143〕在這兩種身分的游移中，來臺的日本移民，尤其是灣生者，他們儼然才是「無根」的一群人，透過橫山月姬的自白，可見那帶著自我認同迷失的惆悵感：

> 「其實臺灣就是我的故鄉，可是很奇怪，心裡又想否定它，出生在殖民地，好像就比較卑下委屈，好像如果我的故鄉是日本，就不會感到自卑……」
>
> 月姬承認她對日本有一種奇妙無法解釋的鄉愁。因爲出生在臺灣，所以變得漂泊無依。
>
> 「灣生」這個詞彙帶著微微的憐憫和輕蔑。〔註144〕

「灣生」是日治時期所衍生的身分，因爲他們的矛盾處境，導致他們認同的困惑縈繞於心，臺灣是他們的故鄉，卻也是他鄉。然而，從他們的身上卻也發現了他們對臺灣濃厚的情感與剪不斷的聯繫。作者寫出以臺灣爲故鄉的橫山月姬，在她內心深處她是認同臺灣的，也因爲她對花蓮有著「鄉愁」，因此，晚年的她雖然得了癡呆症，卻能夠對移民村的方位倒背如流：

> 橫山月姬神智清楚的時候，老是念著她住過的花蓮。……母親失憶

〔註142〕黃美娥：《重層現代性鏡像：日治時代臺灣傳統文人的文化視域與文學想像》，（臺北：麥田出版社，2004年），頁7。
〔註143〕施叔青：《風前塵埃》，（臺北：時報文化出版社，2008年），頁85。
〔註144〕施叔青：《風前塵埃》，（臺北：時報文化出版社，2008年），頁128。

嚴重的時候，甚至認不出自己的女兒，一臉茫然的問她是誰……。
〔註145〕

「嗯，筑紫橋，橋的名字真美啊！」

無絃琴子問母親，少女時代的她看到山本先生鋪在橋底的三條青石板，是不是就是這座橋？

老年得了癡呆症的月姬，以罕有的清醒，口齒清晰的斷然回答：

「喲，絕對不是。筑紫橋是座大橋，可以通車子的，而且是在移民村的外面，這條路因這座橋而叫筑紫橋通。山本先生從七腳川山挖掘的青石板，是鋪在宮前圳——神社前面的小弓橋下。」

月姬嗔怪女兒糊塗，點綴風景的小橋怎可和車輛行走的交通大橋相提並論。〔註146〕

施叔青以對比的手法，讓橫山月姬的鄉愁味道更深刻、強烈，也添加了濃濃的悲愴感，令人感到不捨與同情。

橫山月姬的日本人身分，囚禁了她心靈的自由，自己身為灣生的日本人，加上又與日人眼中的蕃民戀愛，這樣的身分使她必須將那段刻骨銘心的情感隱匿起來，然而，在愈想隱匿的情況下，內心真正的情感反而愈顯深刻。橫山月姬真正的自我意識是不會被遺忘的，因此，當她面對現實世界的貶抑時，她創造出了一個第三者——「真子」，藉此反映出真正的自己。透過「真子」她才能夠坦然面對真正的自己，並說出自己的感受與哈鹿克的情感。

患了癡呆症的橫山月姬，對女兒無絃琴子描繪的事情總有矛盾之處，如無絃琴子心裡的獨白：「到底她是哪一年來到人世間的？什麼樣的母親，前言不對後言，自己女兒的生辰竟然有不同的版本。」〔註147〕但，橫山月姬卻能夠對真子的事情絮絮描繪，並且始終如一，亦可見真子即是橫山月姬的真我。施叔青在《風前塵埃》中透過無絃琴子發現母親對真子感情的描繪，她以細膩的目光、寫法帶我們進入橫山月姬的心理世界，也讓我們閱見了橫山月姬的自我分裂與自我認同：

無絃琴子記得小學放學回家，常會看到母親坐在窗前的藤椅，膝上攤開這本家族寫真帖，她以手支頤，對著窗外的小院陷入沉思。有

〔註145〕施叔青：《風前塵埃》，（臺北：時報文化出版社，2008年），頁10～11。
〔註146〕施叔青：《風前塵埃》，（臺北：時報文化出版社，2008年），頁84。
〔註147〕施叔青：《風前塵埃》，（臺北：時報文化出版社，2008年），頁77。

時練琴回家晚了，母親也不開燈，就坐在黑暗裡，心思極爲遙遠，
必須她輕喚了好幾聲，才會回過神來。

這種習慣一直維持到她中學畢業。〔註148〕

母親和往常一樣，膝上攤開那本全家福的寫眞帖，又在回味從前的
日子，活在記憶裡。〔註149〕

橫山月姬的眞我，和世俗的眼光有著強烈的衝擊，活於當世的她不敢面對眞
正的自己，「寫眞帖」成了連結她的「現在」與「過去」的橋樑，也是「世俗
我」與「眞實我」的連結媒介。藉由寫眞帖，她能與眞實的自我相遇，浸潤
於過去的回憶中，眞誠地面對自己，從她的心思可見昔日在臺灣的點點滴滴
是讓她刻骨銘心的，也可體會在橫山月姬的內心有著無法說出的痛，緊緊地
跟隨著她，亦可知「眞子」乃是月姬眞我的映照。

動身到花蓮來之前，無弦琴子才聽到母親說起她的女同學眞子愛上
蕃人哈鹿克的故事。有好一陣子，月姬看起來好像常常出神，神示
不知漫遊漂浮到何方，臉上常掛著微笑，心有所屬似的，跟她說話，
顯得漫不經心。一向以來月姬像海蛤一樣緊緊密閉的兩片硬殼就在
這時開始出現裂縫，她首次提到眞子……。〔註150〕

無弦琴子記得很清楚，這個現象是月姬突然說起她花連高女的女同學
眞子開始的。也許並不那麼突然吧，母親患老年癡呆症前不久，母女
相對面坐，做母親的神情顯得有點不尋常，她不再像平常一樣，空茫
著沒有焦距的眼睛，心思遙遠，而是睜大眼珠，注視隔著餐桌的女兒，
那眼神卻像是她只看到她自己，一種自我的凝視……。〔註151〕

在記憶與懷舊中活了大半輩子的橫山月姬，似乎預感到自己的神智
正在逐漸流失，在陷入迷離不清的狀態之前，她緊緊深閉的內心開
始出現一道裂縫，……說的是別人的情事，卻與她極爲相干似
的，……好像在她身體內有了一個新的生命，那就是眞子，回到她
出墜情網的年紀，重新再活一次。〔註152〕

〔註148〕施叔青：《風前塵埃》，（臺北：時報文化出版社，2008 年），頁 75～76。
〔註149〕施叔青：《風前塵埃》，（臺北：時報文化出版社，2008 年），頁 78。
〔註150〕施叔青：《風前塵埃》，（臺北：時報文化出版社，2008 年），頁 179～180。
〔註151〕施叔青：《風前塵埃》，（臺北：時報文化出版社，2008 年），頁 229。
〔註152〕施叔青：《風前塵埃》，（臺北：時報文化出版社，2008 年），頁 230。

橫山月姬與哈鹿克在月光下坦誠相對的熱情，熱鐵烙膚般的情感，是橫山月姬記憶中美好、深刻的一部份，她懷念花蓮的生活，更思念著心中摯愛的人，因此，真摯的愛烙印在橫山月姬心中，縱使老年的她得了老年癡呆，對許多事常似是而非，種種言行符合老年癡呆的症狀，然而，只要憶起「真子」的一切，她就彷若回到少女時代的月姬，正常而具有活力，在她的身上找不到任何得病的徵兆。自此我們可窺見橫山月姬心中的痛楚與無奈，從她已經假託真子的身分在與女兒敘及真子與哈鹿克的情感時的表現，即可了解為何她不直言是自己的愛情，身分的束縛糾結著那一段不得攤在陽光下的戀情：

> 「很特別的戀愛，」屋子裡只有母女兩人，月姬卻把身子往前傾，
> 俯在女兒耳邊，像害怕被別人聽到似的，低聲說：
> 「她愛上了一個蕃人。」〔註153〕

在屋裡明明只有母女兩人，可是橫山月姬仍舊怕別人聽到似的低語，那是背負著沉重恐懼與矛盾包袱的表現，也讓人了解到橫山月姬的悲愴心情，不能與人說，只能深埋在心中的無奈。無弦琴子在追索自己的身世與母親的過去時，終於了解到母親的痛楚，於是對母親有了「可憐的母親，過去的這場戀情使她終生感到困惑痛苦，即使到了遲暮之年，她還是缺乏面對的勇氣，必須透過自我的否定，把自己想成另一個人，創造了真子讓體內的人復活，只有這樣，月姬才能接受哈鹿克……。」〔註154〕的心情與感慨。灣生的身分在日本人眼中是卑下的，更何況又愛上了日人眼中的蕃人，那對純正的日本人是不堪的，故橫山月姬只能隱藏真正的自我，分裂出「真子」，藉真子道出真正的自己，此作法間接印證橫山月姬在心理認同上亦承認日本人優越不可違逆的地位，身為日本人的身分是切割不斷的，父母的教誨縈繞於心，想脫離亦脫離不了，橫山月姬陷於不斷自我分裂、自我認同的泥淖之中。

（三）「柿子樹」的蘊義

從橫山月姬的母親──橫山綾子，我們可以看到所謂的純正日本人的心態，橫山綾子縱使陪伴夫婿橫山新藏到了臺灣，但她一直覺得自己處於異地，沒有安全感，甚至因此讓自己生了一場名喚為「靈魂感冒」〔註155〕的病，而面對自己的女兒生於臺灣，成了灣生身分的日本人，她不願承認這樣的事實，

〔註153〕施叔青：《風前塵埃》，（臺北：時報文化出版社，2008年），頁126。
〔註154〕施叔青：《風前塵埃》，（臺北：時報文化出版社，2008年），頁232。
〔註155〕施叔青：《風前塵埃》，（臺北：時報文化出版社，2008年），頁70。

更希望能將這個事實隱匿起來。她的心中無法認同臺灣，有著殖民者的心態，故心理的不認同讓橫山綾子有著十分痛苦的臺灣生活，她始終懷念著四季分明的家鄉——日本，施叔青對橫山綾子的心理細膩描繪：

> 橫山綾子留了下來。她自覺被拋棄在這山上與世隔絕。……不知自己為什麼會在這裡，被放逐到這個壁虎、蜈蚣出沒的山巔，與毒蛇、黥面的蕃人為伍。〔註 156〕

在臺灣的生活讓綾子有「被遺棄」的感受，臺灣的風光在她的眼中是蠻荒的，她帶著宛如被貶謫的苦悶心情生活於臺灣，觸目所及的人、事、物都與她格格不入，無奈、痛苦、煩悶的心情佔據她的生活步調，她有「被放逐」的感受，但卻「沒有自由」，反而得到更大的束縛感。九重葛的紫豔令她疲憊，也加深了她的思鄉之情，對她而言，臺灣始終都是異鄉、異地，橫山綾子對臺灣沒有認同感，因此，她寧願承受與女兒的別離之思，也要讓女兒在吉野移民村成長，從此處可見她看待臺灣的視角。故橫山綾子有了慶幸將女兒留在日本移民村的心情，因為移民村是家鄉日本的複製，那樣的世界才是綾子認同的，在《風前塵埃》中如此描繪：

> 兩年住下來，橫山綾子還是適應不了臺灣的氣候。明明已經入秋了，該是茶色的秋衣上身的時候，這裡卻連穿浴衣都嫌熱，楓樹的葉片還沒來得及變顏色凋落，枝頭卻又搶著冒出新芽來。不合時宜開的花尤其令她感到掃興，牆頭外那株九重葛紫豔豔的花，如火如荼怒放了一整年，從不凋謝。
>
> 花不知疲倦地怒放，看的人卻疲倦極了。〔註 157〕

> 綾子也只能在飲食使用的餐具，以及衣著顏色質料上，按照屏風上的四季時令一廂情願的過日子，隨著季節變化，家鄉所舉行的節慶祭典儀式，她也只能靠回憶回想重溫，這使綾子深感遺憾。她慶幸沒把女兒月姬帶到這蠻荒的蕃山上，讓她寄養在吉野移民村，與山本一郎家過著日本農家的生活，應該會有一個比較真正的童年吧！……

> 綾子心目中的異鄉，身為咚叱冬駐在所巡查部長的丈夫橫山新藏不能苟同。

〔註 156〕施叔青：《風前塵埃》，（臺北：時報文化出版社，2008 年），頁 58。
〔註 157〕施叔青：《風前塵埃》，（臺北：時報文化出版社，2008 年），頁 58。

> 怎麼會是異鄉？踩著腳下的土地，他莊嚴地說：
>
> 「這是皇土呀！」
>
> 妻子抱怨山上的冬季天黑得太早，下午四點鐘不到背著陽光的山壁就陷入一片幽闇，氣溫很低又不下雪，更覺得森冷。她的心也和外面的天氣一樣冰冷。〔註158〕

身處異地的綾子，在異鄉的氛圍繚繞中，她得不到安全感，甚至感受不到溫暖的溫度，她的心只感受到「冰冷」，故鄉日本的景象已刻印在腦海中，彷彿歷歷在目。「柿子樹」是家鄉的象徵，她想看看柿子樹，即是想回家的歸鄉之情，施叔青透過植物——柿子樹，寫出了綾子抽象卻沉鬱的心情：

> 綾子乞求丈夫讓她離開這危機四伏的山上，回日本探望她的父母。
>
> 異鄉歲月疏遠了她與親人的感情。
>
> 「離開太久，如果連鄉音都快忘了，會回不去的！」
>
> 本來想告訴丈夫自己懷了身孕，丈夫嚴肅的臉色使她話一出口，變成談起娘家院子裡那兩棵柿子樹：
>
> 「應該果實纍纍了吧！多麼想看一眼掛在樹上的柿子的模樣哩！」〔註159〕

鄉音、故鄉的景緻，是橫山綾子與故鄉的連結，「鄉音」代表著根源，橫山綾子說道忘了根源就回不去自己的故鄉了，在此處筆者讀到了綾子矛盾、想家的惆悵，但對照書中，施叔青寫出日治時期的臺灣人被強迫要成為皇民，必須割捨自己的過往，並學著日本話，在殖民者的強迫下，臺灣人民沒有選擇自我的權力。衡山綾子與臺灣人民，兩者遙遙呼應著，來臺的日本移民者有選擇權，但臺灣人民只能在強權底下生活著，若言橫山綾子心靈有著極大的創傷，那臺灣人民的創傷則更為加劇。

日本移民村對橫山綾子而言，是她在臺灣唯一的寄望，讓女兒橫山月姬在移民村成長，稍稍撫慰了她內心的痛苦，讓女兒出生在臺灣，使她一出生就背負著灣生的身分包袱，這讓綾子內心有了愧對女兒的痛苦，也使她有了丟棄不掉的自卑感與創傷，因此，她不願讓她的第二個孩子再次承受這樣的痛苦。回到日本後的綾子，也回到了她內心認同的原鄉、故鄉，觸目所及的

〔註158〕施叔青：《風前塵埃》，（臺北：時報文化出版社，2008年），頁62～63。
〔註159〕施叔青：《風前塵埃》，（臺北：時報文化出版社，2008年），頁68。

景緻從臺灣的「蕃山」〔註160〕到日本的富士山，心情也從陰闇、沉鬱轉爲雨過天青、神清氣朗，有了歸屬感後，橫山綾子的精神，自然也隨之好轉。在書中，施叔青透過橫山綾子所見的景象，及她內心的獨白，清晰地呈顯出將臺灣視爲異鄉的視角：

> 綾子撫摸自己依然平坦的肚腹，她不要她的第二個孩子在這裡出生。〔註161〕

> 回到日本後，雖然身邊少丈夫女兒，橫山綾子氣色好了許多。

> 由弟弟代寫的家書，夾著一幀寫眞，神清氣朗的站在家中院子驫樹籬芭旁，背景是遠遠的富士山頂，她信中讚嘆：

> 「永遠看不厭富士山主峰下那優美的裙擺似下垂的弧度。」

> 綾子很高興重回四季分明的家鄉，感受季節的變化，按照花樹榮枯的時序過日子。……綾子説如果不是把女兒寄養在吉野移民村山本一郎家，接受正規的日本教育，她是無論如何也不會獨自一個人回日本的。她不敢想像月姬在不受制約規範下成長。〔註162〕

> 最讓綾子耿耿於懷的是女兒身處疾病叢生的殖民地。……綾子一再提醒女兒珍惜身爲日本人，在天皇統治下的臺灣，必須時時考慮到自己的身分，表現出好日本人的精神涵養。〔註163〕

> 她的外祖母綾子，更是蓄意全盤抹殺她的殖民地的過去，逢人便説月姬是被扔在名古屋綢緞店前的棄兒，由她撿回來養大的，把女兒出生在臺灣當作見不得人的事，被扔的棄兒怎樣也比在那窮山裡成長的親生女兒來得體面吧！〔註164〕

橫山綾子對臺灣的視角始終如一，認爲臺灣是卑下的日本殖民地，文化的隔閡、氣候的變遷，都讓綾子充滿不愉快的沉鬱感，總覺得有一雙「窺伺的眼睛始終跟隨著她」〔註165〕，失眠、慵懶、不安種種情緒羈絆著她。甚至連自

〔註160〕此處所言的「蕃山」，乃依《風前塵埃》書中，橫山綾子所述及的，參頁 62
　　　　～63。
〔註161〕施叔青：《風前塵埃》，（臺北：時報文化出版社，2008 年），頁 69。
〔註162〕施叔青：《風前塵埃》，（臺北：時報文化出版社，2008 年），頁 117～118。
〔註163〕施叔青：《風前塵埃》，（臺北：時報文化出版社，2008 年），頁 118。
〔註164〕施叔青：《風前塵埃》，（臺北：時報文化出版社，2008 年），頁 178。
〔註165〕施叔青：《風前塵埃》，（臺北：時報文化出版社，2008 年），頁 70。

己的女兒出生於臺灣，她都認為是不可告人、見不得人的事，寧願捏造出月姬是棄兒，是她撿回來養大的謊言。當孫女在追尋自己的親生父親是誰時，橫山綾子只回答「妳的母親是個純潔的女人！」〔註166〕，同時要孫女做一個真正的日本人，在「純潔」的字面背後隱藏了許多對日本女人的桎梏，然而真正的橫山月姬是跳脫這個桎梏的，也不服合綾子所謂的真正的日本人，這是橫山綾子不願面對、接受的，所以她只能再一次催眠自己，告訴自己與孫女橫山月姬是符合日本教化的純潔女人。故事鋪陳至後，無弦琴子從范姜義明的《臺灣寫真帖》發現了幾幀番人的人像，寫真中還有一粒人的頭顱，由衷感到難怪祖母——橫山綾子要如此捏造母親的身世，蕃人的野蠻，相對於日本的文明，強烈對比的圖像讓無弦琴子了解了祖母的心思。

　　橫山綾子的形象塑造可說是立於殖民者的眼光，橫山月姬則是處於殖民者與被殖民者的模糊地帶，若她以殖民者高傲之姿居於臺灣，她就不會和哈鹿克譜出戀曲，也不會到老都還心繫臺灣、思念哈鹿克，故橫山月姬的心理是最微妙的。橫山綾子在臺灣想念著家鄉日本，曾為了要回日本，託言想看娘家院子裡那兩棵柿子樹，對著夫婿橫山新藏言：「多麼想看一眼掛在樹上的柿子的模樣哩！」〔註167〕而橫山月姬則不斷回味從前的日子，彷彿活在回憶裡，曾對著女兒問：「她身在何處？花蓮還是東京？」〔註168〕她始終對花蓮有著濃烈的鄉愁，又指著日本住家小院子的柿子樹，說她從來沒見過這棵樹。柿子樹〔註169〕，將橫山綾子與橫山月姬的抽象情感具象化，橫山綾子的柿子樹是家鄉，而橫山月姬的柿子樹卻是異鄉。

（四）自我救贖之路

　　當無弦琴子在為母親踏上花蓮之旅時，對花蓮這塊出生地，她感到「幾天來她踩在出生的土地，卻沒有回家的感覺」〔註170〕，花蓮對無弦琴子而言只是一個出生的地方，她對它沒有任何的情感，甚至因為灣生的身分，讓她「早有意識到自己不是完整的日本人，這種不純粹使她自覺殘缺」〔註171〕，身為日本人只因背負灣生的身分而自形殘穢，抬不起頭，連說話的腔

〔註166〕施叔青：《風前塵埃》，（臺北：時報文化出版社，2008年），頁179。
〔註167〕施叔青：《風前塵埃》，（臺北：時報文化出版社，2008年），頁68。
〔註168〕施叔青：《風前塵埃》，（臺北：時報文化出版社，2008年），頁78。
〔註169〕日本人喜愛種植柿子樹，柿子樹象徵著「釋平安」之意。
〔註170〕施叔青：《風前塵埃》，（臺北：時報文化出版社，2008年），頁90。
〔註171〕施叔青：《風前塵埃》，（臺北：時報文化出版社，2008年），頁90。

調都要特別去學，這樣的心情讓無弦琴子不禁埋怨母親：「為什麼母親會出生在一個最後她必須被趕走的地方，連帶的讓女兒受累？」〔註172〕然而，在這段為母親的尋根與為自己追溯身世的旅途，她逐漸體會到了母親的心情，最後「竟然有一股近鄉情怯的感覺」〔註173〕。在無弦琴子的探訪立霧山之行中，山清水靈的自然、幽幽的山風、令人神馳的花香……讓她又有了新的體悟，「上山這幾天，與自然大地親近，無弦琴子感覺到自己的內在起了微妙的變化，對母親生息之地，讓她深深感受到山林之美，體悟了星移日出宇宙的奧妙」〔註174〕，同時她「開始有點懂得這一對與天地合而為一的戀人」〔註175〕。無弦琴子從一開始的埋怨到心領神會母親的感受，也代表著無弦琴子對臺灣的視角有了很大的轉變，從與祖母橫山綾子雷同的視角，一步步轉移成母親橫山月姬的視角，最後繫上母親腰帶的無弦琴子感到她與母親已經合而為一，最初的埋怨儼然已冰釋了，她找到了迷失的自我，也開啟了自己的新命運。

施叔青透過無弦琴子的尋根之旅、歷史追溯之旅，讓我們看見了同是處於殖民者地位的日本人，殖民地位給予的不全然是高傲的姿態，還有著對自我認同的迷失感，臺灣與朝鮮皆曾為日本帝國的殖民地，殖民者烙印的傷痕深深留在被殖民者的身上，《風塵前埃》中以「Wearing Propaganda」將灣生的無弦琴子與韓裔的美國學者金泳喜作了連結，兩人有著類似的歷史傷痕，如何將這傷痕撫平，最終必須要透過自己有勇氣，層層揭開自己不願碰觸的傷疤，「反覆自己經歷這歷史的傷殘過程，把它當作情感宣洩的過程，不再自我壓抑。她相信唯有經過這過程，她才可決定對這段歷史的創傷究竟是寬恕抑或忘記」〔註176〕，如此，才能夠讓自己的心靈重獲自由與新生。

帝國之眼的凝視，其中包含著多重的視角。以殖民者之姿，高姿態凝視臺灣者如佐久間左馬太、橫山新藏。然而橫山新藏以殖民者之姿對待臺灣的人民與原住民妻子，他自詡要將日本人優越的血液注入未開化野蠻人的作為，也因早夭的兒子過世，隨之宣告失敗，橫山月姬說道：「雖然有一半蕃人血統，弟弟很有優越感，凶暴的對待同族的小孩，把他們當馬騎，藤條的馬

〔註172〕施叔青：《風前塵埃》，（臺北：時報文化出版社，2008年），頁90。
〔註173〕施叔青：《風前塵埃》，（臺北：時報文化出版社，2008年），頁111。
〔註174〕施叔青：《風前塵埃》，（臺北：時報文化出版社，2008年），頁190。
〔註175〕施叔青：《風前塵埃》，（臺北：時報文化出版社，2008年），頁191。
〔註176〕施叔青：《風前塵埃》，（臺北：時報文化出版社，2008年），頁200～201。

鞭抽下去，打出一條條血痕，實在是過分呢！」〔註 177〕、「是這樣才活不大吧！」〔註 178〕橫山新藏優越血液，最後的命運是斷根的。除此外，橫山新藏花費了許多工夫拆散女兒橫山月姬與哈鹿克，甚至「但願他不存在」〔註 179〕，雖然最後哈鹿克如他的獵物般被緝捕入獄，然而哈鹿克卻永遠活在橫山月姬的心中，抹滅不了，橫山新藏得到的是「自己養的女兒，原來從來沒有認識過」〔註 180〕，他還是沒有贏得勝利。佐久間左馬太最終得到的是久臥病床，身上所穿的衣服愈來愈厚，年老又久病的他已經氣衰力微，「周遭瀰漫著衰亡的氣息」〔註 181〕。而象徵佐久間左馬太權力的總督府，亦遭白蟻包圍、啃噬，「隱藏在黑暗角落的白蟻，正不眠不休地啃噬著，要把這間和室起居室蛀空，甚至整座官邸。他畢竟沒有完全消滅它們」〔註 182〕，曾以「對付官邸蟻害、趕盡殺絕的手段，來剿滅盤據立霧山上負嵎頑抗的太魯閣蕃人」〔註 183〕的佐久間左馬太總督，與氣勢磅礴的總督府，最後都走向衰頹的命運，讓人不勝唏噓，「討伐立霧山上的太魯閣蕃，他得到勝利了嗎？」〔註 184〕這樣的聲音縈繞於心。透過佐久間總督捂住劇痛的肋膜、白蟻啃噬總督府，日本帝國的衰頹命運已浮現眼前，了然於心。

　　來臺的日本人，亦有著不同殖民者姿態者，如橫山月姬、日本移民村居民，他們把臺灣當故鄉，故最後日本帝國敗亡，他們回到日本卻仍斬不斷、割捨不了他們對臺灣的情感，有著臺灣是原鄉的心理，所以有回臺灣尋根、找家的作法，進而產生「當初以為只要定居下來就會是故鄉」〔註 185〕之感慨。施叔青在《風前塵埃》中選取的視角，不同以往的臺灣大河小說家，鍾肇政、李喬、東方白的小說是從被殖民者——臺灣人的視角看日本殖民臺灣的歷史，而施叔青則採取了殖民者——日本人的視角，透過橫山綾子、橫山月姬、無弦琴子三代的故事與心理轉折帶出日治時期的歷史，並藉由日本灣生的無弦琴子，其尋根的歷程拼湊出她的身世，也重塑臺灣的日據殖民史。李文茹

〔註 177〕施叔青：《風前塵埃》，（臺北：時報文化出版社，2008 年），頁 120。
〔註 178〕施叔青：《風前塵埃》，（臺北：時報文化出版社，2008 年），頁 120。
〔註 179〕施叔青：《風前塵埃》，（臺北：時報文化出版社，2008 年），頁 143。
〔註 180〕施叔青：《風前塵埃》，（臺北：時報文化出版社，2008 年），頁 144。
〔註 181〕施叔青：《風前塵埃》，（臺北：時報文化出版社，2008 年），頁 52。
〔註 182〕施叔青：《風前塵埃》，（臺北：時報文化出版社，2008 年），頁 46。
〔註 183〕施叔青：《風前塵埃》，（臺北：時報文化出版社，2008 年），頁 43。
〔註 184〕施叔青：《風前塵埃》，（臺北：時報文化出版社，2008 年），頁 46。
〔註 185〕施叔青：《風前塵埃》，（臺北：時報文化出版社，2008 年），頁 18。

認為《風前塵埃》的「最大特色是以『非我族類的國』的女性為主角。以男性的缺席為基調，透過女性來為描寫歷史、記憶」〔註186〕，陳芳明曾對臺灣作家的歷史記憶與女性文學如此論述：

> 文學思考的模式仍然是不脫父權的陰影。更確切地說，類似李喬的歷史記憶，乃是以男性的國族思考來取代所有臺灣人的認同。問題在於，構成台灣人之一的女性究竟在小說中如何被呈現出來？……如果歷史記憶只是單一性別的，則所謂解放其實也還是殘缺不全。相較於男性思考的臺灣意識小說，後戒嚴時期的女性小說可以說更為精采而盛放。〔註187〕

> 女性作家的思維，猶如怒濤洶湧，朝向父權文化的高牆劇烈衝擊。曾經滲透了高度男性權力支配的歷史知識，已開始受到女性作家的質疑。她們已經警覺到，在接受各種資訊與知識的過程中，如何過濾偽裝的男性權力。她們重新換一個角度認識歷史，並且為既有的歷史知識再閱讀、再定義、再詮釋。傳統偏向大格局的敘述方式，已經讓女性讀者感到疲憊。……舊有的男性知識結構，在她們的經驗之下，已有必要全盤調整。歷史再書寫的年代，畢竟已經到來。
> 〔註188〕

《風前塵埃》中的所述的殖民者——日本帝國，以高高在上、不容侵犯的統治者之姿對待臺灣人民，然而這樣自以為是的姿態與視角，最終的結局即是西行和尚的體悟，此詩句亦道盡了日本殖民帝國的命運：

> 諸行無常，盛者必衰，驕縱蠻橫者來日無多。正如春夜之夢幻，勇猛強悍者終必滅亡，宛如風前之塵埃。〔註189〕

而無弦琴子為了揭開自己的身世之謎，從患了失憶症卻活在過去回憶的母親

〔註186〕李文茹：〈當代臺灣女性作家殖民史書寫——論《風前塵埃》的「帝國」創傷記憶〉，第五屆花蓮文學論文集，花蓮縣文化局、國立東華大學中文系，2009年12月，頁245。

〔註187〕陳芳明：〈後戒嚴時期的後殖民文學——臺灣作家的歷史記憶之再現〉，收錄於陳芳明：《後殖民臺灣：文學史論及其周邊》，（臺北：麥田出版社，2011年），頁116。

〔註188〕陳芳明：〈挑戰大敘述——後戒嚴時期的女性文學與國家認同〉，收錄於陳芳明：《後殖民臺灣：文學史論及其周邊》，（臺北：麥田出版社，2011年），頁148～149。

〔註189〕施叔青：《風前塵埃》，（臺北：時報文化出版社，2008年），頁52。

身上，企圖拼湊出輪廓，於是她開始了追訴身世的臺灣之行，這趟旅程帶給她意想不到的心靈衝擊，立霧山的自然風光更洗滌了她的心靈，從埋怨母親、和母親有著難以親近的隔閡，一路的探索，她了解了母親灣生的身分囚禁母親一輩子，體會母親的痛楚與難為的處境後，她跨越了和母親的那道距離，終於了解真正的母親——真子。無弦琴子和母親之間，本因身世不明、不知親生父親是誰，而讓母女倆之間有了解不開的結，而最後解開這難解之結的卻是無弦琴子自己，冰凍的距離逐漸冰釋，母女拉近彼此的距離，這樣的釋然必須仰賴當事人自己轉變，才能救贖自己，也才能從傷痛的桎梏中解脫，這樣的方式即是施叔青所言的：

> 我感覺到大自然才是人類的救贖，解決統治與被統治、種族、階級
> 這些人為的枷鎖，唯一的出路好像只有以自然為依歸，回到本源，
> 很道家的。〔註190〕

無論在臺灣的人民對殖民者是認同或不認同，他們皆要承受身心的剝離，認同殖民者的人，努力割捨過去的自己，塑造自己成為一位貨真價實的皇民，以為這樣就脫胎換骨成了日本人。然而，在殖民者眼中，縱使臺灣人民偽裝的像日本人，但骨子裡流的就是臺灣人的血液，是次等的、卑下的臺灣人，是不可能跨越彼此的界線而成為日本人的，讓自己陷入什麼都不是的模糊地帶，非忠誠的臺灣人，也非有尊嚴的日本人，失去了自我，自己是誰已成了難解的謎。不認同日本殖民者，或以自己的血汗與殖民者抗衡，織就出壯烈的歷史痕跡，或活在自己的世界，過著封閉的想像生活沉浸在過去，承受著理想與現實落差的痛苦，留下了一道道令人不忍揭開的瘡疤。

　　施叔青以宏觀的視角與觀照，深刻傳神地描繪了殖民統治者的內心世界，可見她細膩的女性思維與受現代主義洗禮的痕跡，《風前塵埃》中呈顯的殖民者命運，很自然的走向物極必反之途，而被殖民者的救贖之道也很道家，生命的轉捩點掌握在己，唯有自己的心靈能夠釋然、放下，才能讓自己真正的走出種種的傷痕，在此施叔青給予了一條救贖之路，這亦是異於鍾肇政、李喬、東方白之處。

〔註190〕陳芳明：〈與為臺灣立傳的臺灣女兒對談〉，收錄於施叔青：《風前塵埃》，（臺北：時報文化出版社，2008 年），頁 273。

第三節　戰後：二二八創傷

　　一九四五年八月十五日，是臺灣命運的轉捩點。日本戰敗，接受聯合國的波茨坦宣言，日本天皇昭和裕仁透過無線電「玉音放送」，向全國各地的日本軍民親自廣播投降詔書，宣布日本無條件投降。自此結束了第二次世界大戰，也爲日本在臺灣五十年的殖民統治畫下了休止符，臺灣的統治政權轉移至當時的國民政府，當臺灣人民聽聞此訊，莫不歡欣鼓舞，同時，也對即將來臨的新時代充滿著憧憬、興奮與期待。

　　在《三世人》中含蓄的表達當人民聽聞日本投降時的喜悅之情：

> 日本投降的消息傳來，臺灣人還不大感喜形於色，家家戶戶不約而
> 同把家裡的電燈捻的亮亮的，到處燈火通明，好像過節慶祝一樣，
> 空襲時燈火管制以來從沒見過這麼亮的燈光，每個人都爲之目眩，
> 眼睛眨呀眨的。儘管沒有什麼事，各各紛紛走出家門，臉上漾著抑
> 止不住的笑容，主動招呼並不認識的路人。〔註191〕

「臺灣人還不大感喜形於色」反映出臺灣人民在歷經五十年日本的殖民統治，期盼回歸母國的夢想，於此刻實現，反而令人不可置信，似夢似醒。然而此刻的政權還未移交國民政府，故人民將自己的喜悅之情，以點燈慶祝的方式表達無遺。這亦或是長期處於被殖民者，一種無聲的表達，內心的不臣服也於點燈時一同點亮，成了一種無聲的反抗。「臉上漾著抑止不住的笑容，主動招呼並不認識的路人。」欣喜的神色躍然紙上。

　　日本殖民色彩以迅雷不及掩耳的速度自臺灣消逝，日本的國歌、日本營造的景緻，亦隨著日本軍隊的腳步離開了臺灣，臺灣人民歡喜地迎接國民政府踏足臺灣，新的政權在人們的期待下，構築出新的世界。但臺灣人民原本喜悅、歡喜的心情，卻隨著新政權的作爲，熱情逐漸被澆滅，在人們耳畔響起的不再是快樂的笑聲，而是雜沓紛亂的吵雜聲、無助的求救聲、蠻橫的斥責聲、無情的槍聲……，自此人間煉獄的圖像降臨在臺灣人民身上，如夢魘般的恐懼感更是如影隨行，滲透進人們的每一個細胞中，充斥在每一個角落，臺灣人民陷入了自我迷失的痛苦與恐懼中……。

〔註191〕施叔青：《三世人》，（臺北：時報文化出版社，2010年），頁240。

一、日本殖民色彩的消逝

自八月十五日昭和天皇宣布投降，到十月五日葛敬恩〔註192〕率員抵達臺灣之前，臺灣有五十天的政治眞空時期。在這段期間，在臺灣的日本行政機關已對臺灣人民失去了原有的約束。戰前的日人在臺灣因身居統治地位，努力推行皇民化運動，當時的人民不敢違抗統治者的命令，但是否眞心信服，這是難以捉摸的心理狀態。在皇民化運動期間，臺灣的宗教信仰倍受壓抑，日本政府禁止民眾祭祀神鬼，規定臺灣不可以有乩童，且「廟宇、神像都必須燒毀」〔註193〕，各家庭都被要求要參拜日本的天照大神，在學校裡更是注重所謂的「皇道的修鍛」〔註194〕，臺灣處處可見日本殖民的足跡。

（一）泡沫般的皇民煉成

在《三世人》中，施朝宗的父親——施寄生，當他知道日本戰敗後的舉動，如實地反映出深植他骨子裡的民族情懷，「臺灣一光復，五十一年的日本皇民幾乎在一天之間就消失得無影無蹤」〔註195〕，「好像才幾天，日本人的影響全部消失得無影無蹤，不要說五十一年，最後八年的皇民化運動難道會是一場夢？」〔註196〕道出了八年皇民煉成不過是虛情假意，殖民統治者約束了人們的外在行為，卻難以將之內化成心靈的信崇，殖民者要求人民要信奉天

〔註192〕葛敬恩（1889 年 7 月 30 日～1979 年 10 月 11 日），字湛侯，1889 年 7 月 30 日出生於浙江嘉興柴場灣一個布商家庭。抗日戰爭勝利後，葛敬恩任臺灣行政長官公署秘書長兼前進指揮所主任。9 月在南京出席了國民政府舉行的對日受降儀式。10 月赴臺灣主持接受在臺日軍投降、接收臺灣的儀式。在他第一次對臺灣人民演講時，說：「臺灣人還沒接受眞正中華文化之薰陶，是二等公民。」參嘉興市政協文史資料委員會編：《嘉興市文史資料通訊》第 17 期，1996 年 4 月，頁 28。

〔註193〕昭和十五年（1940 年）9 月 26 日的北港郡寺廟整理案，僅保留朝天宮，其他寺廟、神祇不是燒毀就是撤廢。除此外，也不允許民間存有的廟會與野臺戲。殖民當局壓抑民間宗教最激烈的政策是「寺廟整理」，企圖透過地方寺廟的整理與裁併，達到消滅民間宗教的目的。參周婉窈：《臺灣歷史圖說》，（臺北：聯經出版社，2009 年），頁 220。

〔註194〕規定每月一、八、十五日全校都要按時參拜神社，在每日生活規範中亦要求學童到校後要向天皇肖像行禮，每天朝會升日本國旗後必須遙拜宮城，並遙拜皇大神宮。不准學童講自己的母語，一律要用「國語」（日語）交談。參李筱峰、劉峯松：《臺灣歷史閱覽》，（臺北：自立晚報，1994 年），頁 149。

〔註195〕施叔青：《三世人》，（臺北：時報文化出版社，2010 年），頁 249。

〔註196〕施叔青：《三世人》，（臺北：時報文化出版社，2010 年），頁 246。

照大神，臺灣人民在強權底下被迫做著符合日本殖民者的行為，但殖民者是
無法根除人們心中真正的信崇的：

> 施朝宗看到他的父親三兩下動作十分俐落地拆掉奉祀了八年的日本
> 天照大神的神龕，隨手丟棄一旁，又見他登上竹梯，雙手從天花板
> 捧下了兩個盒子，打開一看，原來是一尊白瓷觀音像，以及施家祖
> 先牌位，父親恭敬地把佛像和牌位安置在本來放天照大神神龕的位
> 置，焚香祭祖，稟告列祖列宗，臺灣光復了。〔註197〕

施寄生將象徵日本殖民統治的天照大神的神龕予以丟棄，反映出要回歸母國
的殷切期盼即將實現，也可知在施寄生心中「母國」是根深蒂固的存在著。
在皇民化時期禁止臺灣人民祭祀神鬼，施寄生雖然表面順從，然而，實際上
是將牌位、神像偷偷的藏在天花板上，此作法才是他心裡真正的認同，表面
奉祀日本天照大神，只是迫於無奈的表面作法罷了。人民有此矛盾的心理狀
態，故聞日本戰敗，將換新的政府時，自然對日人不再畏懼。此時，日本人
的心情就如施叔青所描述般，有著極大的落差，「日本戰敗了，臺灣已經不屬
於日本帝國，不再是殖民地了，在很短的時間內，你們立刻把日本這個『國
家』丟得一乾二淨，好像翻手掌一樣容易……」〔註198〕日人原有的統治者之
姿與約束力於此刻已蕩然無存。

　　在臺灣的許多地方，陸續傳出日本警察或臺灣籍的日警遭到騷擾的消
息，甚至有對日警展開襲擊、報復的行為，施叔青栩栩如生地將當時日本警
察的窘狀與人民長期被壓抑的報復行為與心聲寫出：

> 日本投降後，聽說有好幾個作惡多端的日本警察害怕被臺灣人報
> 復，化裝成捕魚人，坐船從洛津港口出逃。〔註199〕

> 回家途中路過太平町，派出所前人頭洶湧，幾個赤膊壯漢圍著毆打
> 身穿制服的警察，圍觀的人愈聚愈多，痛快的喜悅形之於色。「日本
> 仔，打乎死，打乎死！」打的是日本警察。為虎作倀同樣被痛恨的
> 臺灣警察怕被報復毒打，早已逃之夭夭，躲得不見人影了。〔註200〕

> 外面的世界亂成一團，臺灣人終於熬到這一天，長時期以來剝削壓

〔註197〕施叔青：《三世人》，（臺北：時報文化出版社，2010年），頁240。
〔註198〕施叔青：《三世人》，（臺北：時報文化出版社，2010年），頁248。
〔註199〕施叔青：《三世人》，（臺北：時報文化出版社，2010年），頁7。
〔註200〕施叔青：《三世人》，（臺北：時報文化出版社，2010年），頁242。

> 榨他們的官吏、怕挨打的日本人多半逃逸無蹤,也有受不了戰敗的
> 刺激飲汞自殺的。〔註201〕

臺灣民眾對日本警察已經不再敬畏,日本政府對臺灣秩序的掌控顯然已出現了一大缺口。被壓抑已久的臺灣人民,於日本戰敗的此刻,得以將抑鬱的心情宣洩而出,他們不約而同地以行動表達他們的不滿,也反映出他們終於等到可抹去殖民身分、撥雲見日的心境。

(二)河清海宴的作主時期

在沒有統治者的危急時刻,臺灣的知識份子自發性的組織團體,協助維持當時臺灣的治安,而這些組織後來紛紛納入「三民主義青年團」〔註202〕的組織之下,發揮維持良好治安與秩序的力量,讓臺灣在此過渡階段中河清海宴,同時,這五十天的臺灣人自我管理時期也成為了戰後初期臺灣社會治安最良好的時期,從葉榮鐘的記述即可見一斑:

> 到處國旗飄揚,喜氣橫溢,真不愧為光復的新氣象。十月中的某一
> 天早晨,有兩個日本兵找到我家來,叫我給他們證明身分。原因是
> 這樣:他們是海軍,現在集中基隆待機遣送。因人數眾多,食品不
> 夠用。所以用卡車專程到臺中縣下東勢鎮山中,搬運從前埋藏在該
> 處的食品及一部份日用品。但卡車駛到離豐原鎮不遠的石岡鄉,被
> 該地的青年團攔住,經他們再三申辯,都不肯放行。最後說你們若
> 得林獻堂先生或老先生手下的葉某某,證明你們這些物品不是竊取

〔註201〕施叔青:《三世人》,(臺北:時報文化出版社,2010年),頁244。

〔註202〕三民主義青年團,簡稱三青團,於1938年7月9日在武昌正式成立,是當時中國國民黨內的重要組織,三民主義青年團是由中國國民黨領導的青年組織,由蔣中正擔任團長,陳誠擔任書記長,蔣經國則為第一處組織處處長。這是在C.C.派掌控的中央黨部之外,國民黨內最重要的組織之一。,1942年三青團在李友邦領導的臺灣義勇隊內,成立了三民主義青年團中央直屬臺灣區團部,戰後再改稱三民主義青年團臺灣支團部,由李友邦擔任幹部長。1945年9月張士德奉派來臺發展三民主義青年團組織,當時臺灣各地的菁英加入者頗多,並擔任重要幹部。如臺北的陳逸松、嘉義的陳復志、臺南的吳新榮等人。由於三民主義青年團的幹部是地方的領導階級,因此二二八事件發生後,多數被捲入此一事件,造成相當嚴重的損失,旋被解散。1948年9月三民主義青年團奉命和國民黨合併,臺灣省黨部改組。參王良卿:《三民主義青年團與中國國民黨關係研究(1938～1949)》,(臺北:近代中國出版社,1998年),頁357。許雪姬、薛化元、張淑雅等撰文:《臺灣歷史辭典》,(臺北市:文建會,2004年),頁5～6。

偷運，便給你們放行。還有一件是高雄鋁業工廠派人到臺北該公司
的辦事處搬運零件。他們卡車駛到龍井鄉亦被該地青年團攔截不
放，於是該公司託人叫我幫忙解圍，當然我沒權可以命令青年團放
行。只好寫一張條子，說聽當事人的說明似乎屬實，該卡車的物資
可能是有正當用途，並非竊取偷運云云，事實是一片不負責任的爛
言，但在我的立場除這樣敷衍而外別無方法，幸而那兩張條子竟然
發生效力，他們的卡車都順利地到達目的地。這都是地方青年們，
自動地擁護政府保全公物的表現。〔註203〕

《三世人》中亦對此政權真空期，臺灣人自尊自愛，治安良好的景況有所描
繪：

雖然處於無政府狀態，海岸線沒軍隊防守，關卡也沒人管，坐火車
不用買票，直接從窗口鑽入車廂，然而，這兩個月的群眾權力時期，
臺灣各地組織三民主義青年團，既無報酬，也沒接受任何人的命令，
自動自發擔任治安的工作維持秩序……。〔註204〕

施懷宗最懷念從八月十五日到十月十七日，日本投降到國民政府軍
第七十軍登陸基隆接收，當中兩個月的政權真空期，那是臺灣人當
家做主的自治時期。那兩個月，客觀來看，是政治最不穩定的空窗
期，臺灣人卻感到從未有過的安穩。〔註205〕

在這五十天的日子，臺灣人真正地擁有自治權，是當家作主的時期，也是「真
正自由」的時期，臺灣人民在政治最不穩定的空窗期，卻享有安穩的感覺，
這是強烈的對比，更留下對比二二八事件的伏筆。

二、臺灣人民的企盼與失落

臺灣人民度過了五十天的自治期後，終於等到了國軍來臺的日子。在國
軍預定登陸基隆那一天，民眾以孤兒迎接母親的心情，用赤誠且空前熱烈的
場面夾道歡迎國民政府軍隊來臺，在《臺灣歷史概要》書中記載了當時民眾
熱烈、夾道歡迎，歡欣鼓舞的情景：

十月十七日，從祖國來了第七十軍的三千人，與長官公署的官員一

〔註203〕葉榮鐘：《臺灣人物群像》，（臺中：晨星出版社，2000年），頁439～440。
〔註204〕施叔青：《三世人》，（臺北：時報文化出版社，2010年），頁249。
〔註205〕施叔青：《三世人》，（臺北：時報文化出版社，2010年），頁249。

> 起在臺灣登陸，這一天的歡迎情形，眞是不得了，臺北市不用説，
> 遠從臺中、臺南、高雄等地趕來的也不少。軍隊所經過的路兩旁，
> 砌成了人牆，其中有些日本人乖乖地並排站著，使我覺得異乎尋常。
> 學生、青年團員，還有樂隊，連謝將軍和范將軍也被抬了出來，大
> 刀隊和藝閣也著實不少。〔註206〕

然而在民眾滿懷希望、高昂的歡呼聲中，隨即映入眼簾的卻是一支衣衫襤褸、神情渙散、身上背著雨傘，挑著鍋碗瓢盆等器具、隨地吐痰、隊伍不整齊的國軍，而他們的綁腿在腳踝部分更是顯得臃腫不堪。施叔青將此歷史場景，描繪得活靈活現：

> 從船上走下來的，是一群軍服破爛，腳穿草鞋，小腿綁了一大坨布，
> 也有光著腳，形容邋遢的國軍，老的滿臉風霜，像苦力一般，也有
> 十幾歲的少年兵，他們一根扁擔跨著肩頭，兩頭吊掛著的是雨傘、
> 棉被、鍋子和碗筷，搖擺著推擠下船，爲終於能夠踏上穩固的地面
> 很感欣慰似的，眼睛卻不敢去看兩旁軍容整齊，衣服一無塵垢，皮
> 靴擦得雪亮，向他們敬禮的投降日軍。〔註207〕

邋遢的國軍就在人民熱情歡迎下踏上臺灣，他們的樣子著實讓人民不敢置信，與人民的期盼有極大的落差，因此，列隊歡迎的臺灣民眾親眼目睹此景象，無不目瞪口呆。相較於要返回日本的日本軍隊，雖是他們戰敗國卻不止他們軍律嚴謹的約束力與要求，他們整齊的裝束和嚴謹的神態，和接收臺灣的國軍形成了強烈的對比。然而，「出於愛護和自我作解的心理，老人家說：『國軍平常把鉛板紮在腳踝，練習行走，一旦解下，則能疾走如飛；他們背上的雨傘是用來降落用的⋯⋯。』唯有作如此的理解，才能說明何以這樣的國軍能打敗裝備精良、軍容嚴整的日軍。吳濁流也說，他『有了個錯覺，那寒酸的樣子，正是民族精神的實體啊！』」〔註208〕國民政府軍隊來臺的此景象帶給當時的人民無比的震撼與衝擊，同時也夾雜著與想像中的國軍不符的失落感。

國民政府接收臺灣之後，即派人接管臺灣，但在此過程中立刻讓臺灣人民感受到政治上的全面壟斷，他們以「臺灣沒有政治人才」爲藉口，甚至以

〔註206〕蔣君章：《臺灣歷史概要》，（臺北：遠東圖書公司，1970年），頁124。
〔註207〕施叔青：《三世人》，（臺北：時報文化出版社，2010年），頁250。
〔註208〕周婉窈：《臺灣歷史圖說》，（臺北：聯經出版社，2009年），頁239。

「臺胞不解國語國文」為理由，將許多受過良好教育的臺灣人排除在中高階職位之外，他們接替了日治時期日人在臺的統治地位。而令臺灣人更不平的是，在工作上同工不同酬的不平等待遇〔註209〕，當時擔任記者的吳濁流，回憶當時遭受的差別待遇，他說道：「在日據時代，嚐過那種比日本人要低六成的可憐的差別待遇的記者，光復後又同樣要接受這種命運，那當然要比日據時代感到更痛苦了。」〔註210〕從歷史的記載與吳濁流的回憶之語中，可見國民政府接收臺灣的時期，呈現出冰冷及失望的氛圍，人民感受到了殷切盼望下所帶來的是更深沉的痛楚與失落。

（一）新的「殖民」政權踏足臺灣

在歡慶臺灣光復不久後，臺灣人民的熱情與笑聲也漸漸冷卻了，臺灣人以為母國同胞會以將心比心的態度相待，但是他們失望了，施叔青將人民的失望逐筆寫出：

> 以為大陸人會對被迫淪為異族統治的同胞的苦難表示同情，沒有想到在國民政府眼中，臺灣人深受日本奴化，與儒家傳統文化斷絕，已經忘記自己的祖先是中國人。〔註211〕

沉浸於擺脫了半世紀的殖民統治，殷切盼望回到祖國懷抱的喜悅之情轉瞬間消失無蹤，新來的國民政府亦是以征服者的態度對待臺灣，現實的情況讓有志參政的知識份子們大失所望，祖國的無情對待，讓臺灣人民受到的創傷，更甚於日本殖民者所加諸在臺灣人民身上的傷痕。在施叔青筆下如實地描繪當時國民黨軍人的高姿態，及他們對臺灣民眾與資源的掠奪、占據：

> 國民黨軍人擺出一副：「沒有老子八年抗戰，你們哪有今天」的氣焰，口口聲聲臺灣光復是「死了三千五百萬的中國人換來的」。〔註212〕

> 演老生的用養雞來做比喻：「阿本仔管臺灣人，養雞建雞舍，給水給飼料，阿山仔養的是放山雞，不但不給飼料、飲水，還要殺雞兼取卵。」〔註213〕

從施叔青的筆下，道出了臺灣人的悲哀，臺灣人滿心期待國民政府的到來，

〔註209〕李筱峰：《快讀臺灣史》，（臺北：玉山社，2003年），頁58。
〔註210〕吳濁流：《無花果》，（臺北：前衛出版社，1998年），頁178。
〔註211〕施叔青：《三世人》，（臺北：時報文化出版社，2010年），頁251。
〔註212〕施叔青：《三世人》，（臺北：時報文化出版社，2010年），頁262。
〔註213〕施叔青：《三世人》，（臺北：時報文化出版社，2010年），頁262。

本以爲臺灣終於要擺脫了殖民地的可憐處境，沒想到盼來的竟是比「阿本仔」
更剝削的「阿山仔」，臺灣的處境更悲慘了。而希望的落空更有著「哀莫大於
心死」的痛楚，本以爲是歸於母國的統治，但這個母國卻如繼母般凌遲著臺
灣人民，人民陷入更悲慘的生活，這或許是褪不去殖民色彩的臺灣的悲淒之
處，正如《三世人》中那小丑的自白一般：

> 沒卸妝的小丑苦著臉，用京腔道白念道：「陳儀是大蟲，大陸人是蝗
>
> 蟲，日本人是臭蟲，臺灣人是可憐蟲！」〔註214〕

臺灣人民就如那唱戲的小丑，不同的殖民者就如同不同的看戲者，他們搬弄
著唱戲者的小丑人生，要臺灣人民怎麼唱就得怎麼唱，臺灣人民沒有自主的
權利，看戲者是大爺，又怎會去理會他們眼中那卑微的唱戲者呢？所有的苦
只能吞進自己的心坎裡，就如施叔青所言：「在異族統治下苟活，無形之中形
成被殖民的性格，爲了求生存，活得很卑微。」〔註215〕《三世人》中的小丑
表達的是對國民政府的控訴，但用的卻仍是「京腔」，這番滋味又增添了悲愴
之感。

　　不僅如此，國民政府還在臺灣設立了一個和中國大陸各省不一樣的制度
——「臺灣省行政長官公署」，以此做爲統治臺灣的總機關，並派陳儀擔任行
政長官，陳儀身兼臺灣警備總司令，於是集行政、立法、司法、經濟和軍事
大權於一身，其攬權的情況較日治時期的軍人總督，直是有過之而無不及，
這樣的政權無疑像是日本殖民地統治的延續，因此，許多滿懷期待與理想的
臺灣人，都失望的戲稱它爲「新總督府」。

　　臺灣的產業在第二次世界大戰期間遭受重創，百廢待舉，學校、商店、
工廠、醫院、鐵路、發電廠等建設也受到戰火嚴重破壞，加上日本政府停止
臺灣人儲蓄金歸還申請，債券成廢紙，造成金融與物價秩序混亂。國民政府
接管後又大量印製鈔票，並將臺灣人賴以維生的米、布、鹽、糖等民生物資
運往中國以資助國共內戰。施叔青將此段歷史融入《三世人》中，她透過小
人物——總鋪師的一席話道盡臺灣民眾的酸楚：

> 管伙食的總鋪師雙手一攤：
>
> 「米倉的臺灣無米可吃，成什麼世界？」

〔註214〕施叔青：《三世人》，（臺北：時報文化出版社，2010年），頁263。
〔註215〕陳芳明：〈與和靈魂進行決鬥的創作者對談〉，收錄於施叔青：《三世人》，（臺
　　　　北：時報文化出版社，2010年），頁280。

其他的人紛紛壓低聲音，議論政府的貪污腐敗。

> 官商勾結，走私百米運到上海，美其名支持內戰，從中賺取幾十倍
> 的暴利，結果米價一日三市，舊臺幣貶值，買一斗米，必須提一整
> 布袋錢。〔註216〕

「雙手一攤」的肢體動作，已將人民的無奈、痛苦做了最直接的傳達，面對著莫可奈何的情況，臺灣人民只能任由統治者捏塑，任統治者在他們搜括所有的資源，卻也無力抵抗，小人物的聲音是不被統治者所傾聽的。而當時的狀況已造成了嚴重的通貨膨脹、物價暴漲〔註217〕，民生塗炭、民不聊生的狀況益增臺灣民眾對政府施政的反感。〔註218〕此外，國民政府一方面接收原屬日本人與殖民政府的財產，拆裝賣往大陸，另一方面又延續日本殖民政策中的專賣制度，壟斷如煙、酒、糖、樟腦等的買賣，並實施嚴格的經濟管控，壟斷了臺灣與大陸貿易的經濟管道，使得戰後臺灣的政治、經濟、社會等各項資源，幾乎壟斷在「新總督府」的體制下，經濟的凋敝，也造成了嚴重的失業問題。

「新總督府」延續著日本殖民地的方式對待臺灣人民，甚至更變本加厲，而此情況也為一年四個月後的二二八事件埋下了伏筆。〔註219〕原本期待結束殖民對待的臺灣人，心中對祖國的期待與嚮往，已逐漸轉為失望與失落。林宗義於二二八的研究文章中，述及了臺灣人民面對國民政府種種作為的心聲：

> 臺灣人對大陸人的行為、態度、處事都很失望，也對大陸人所說所做
> 之間的出入感到迷惑。臺灣人開始對自己的前途沒有安全感，懷疑新
> 來的政府與大陸人，是不是如他們所宣稱的，是手足同胞。〔註220〕

臺灣人民心中的母國、祖國，如吸血鬼般地榨乾所有的好處與利益，在說「同胞」的口蜜包裝下，暗藏著許多刺傷人民的「利」器，亦宛若鬼魅般，對臺

〔註216〕施叔青：《三世人》，（臺北：時報文化出版社，2010年），頁261。

〔註217〕例如米價在1945年為每斤2元，1947年2月底為40元，煤漲價430倍，糖漲790倍……。參楊碧川：《臺灣歷史辭典》，（臺北：前衛出版社，1997年），頁55。

〔註218〕二二八事件小組：《「二二八事件」研究報告》，（臺北：時報文化出版社，1994年），頁7～8。

〔註219〕李筱峰：《快讀臺灣史》，（臺北：玉山社，2003年），頁57。

〔註220〕林宗義：〈林茂生與二二八——他的處境與苦悶〉，《二二八事件學術論文集——臺灣人國殤事件的歷史回顧》，（臺北：前衛出版社，1995年），頁31。

灣人民採取絕不手軟、不放過的態度。雖然，他們說臺灣人民是他們的同胞，
但事實上並非如此，「糖包」才是他們看待臺灣的視角，施叔青將臺灣人民的
痛苦與失落的心情，言簡意賅地道出：

　　狗走了，現在換了豬來，說我們是「同胞」，是啊，是「糖包」！

〔註221〕
臺灣人民對祖國開始有了真正的了解，真實的接觸與他們原本想像中的祖
國，有著令人難以適應的差距，因此，民心的向背也在期間萌生、蔓延。人
民想像中的新政權，經由一次次的接觸後已經幻滅，重重的文化隔閡造成許
多的衝突，也澆熄了人民對新政權的期待。

　　除此之外，最令臺灣人民不能忍受的是官場上的貪污腐化，當時的臺灣
人民將「接收」稱為「劫收」，譏稱接收的官員個個都是「五子登科」〔註222〕，
這些官員有著嚴重的官僚作風與貪污問題，如把持機關任用私人、涉足酒家
等不良場所、不守紀律常為媒體所報導，在一九四六年一月底至二月上旬的
《民報》，有關貪污的新聞就有六百件之多〔註223〕。而暫駐臺灣的中國軍隊更
是軍紀敗壞，士兵不守法、乘車吃飯不付錢是常見的事，在《「二二八事件」
研究報告》記載：「甚至有公然搶劫者，向民眾強買勒借，乃至姦污婦女，動
輒開槍傷人亦時有所聞。」〔註224〕這些缺點與日治時期日本官員的高行政效
率、紀律嚴明形成強烈對比，也使得政府喪失民心。在歷經五十年日本殖民
統治的臺灣人，日本社會文化、價值觀已深植人心，臺灣人民會將日治時期
的軍、政、經、社會等方面與戰後中國政府的治理者相比較，在此強烈的對
比之下，臺灣人因此有了祖國不如日本人的心理，進而萌生了輕視、鄙夷的
心理。

〔註221〕施叔青：《三世人》，（臺北：時報文化出版社，2010年），頁261。
〔註222〕五子登科的五子意指：金子、房子、車子、位子、女子。除此之外，當時臺
　　　　灣的社會上流行著「五天五地」的諷語：1.日本投降前因為盟軍的轟炸，所
　　　　以「驚天動地」；2.日本投降後聽到臺灣的光復，所以「歡天喜地」；3.接收人
　　　　員到臺灣以後原性不改，所以「花天酒地」；4.重用日官輕視臺胞，政治混亂，
　　　　所以「黑天暗地」；5.工廠關門，交通阻塞，物價飛漲，所以「呼天喚地」。
　　　　參二二八事件小組：《「二二八事件」研究報告》，（臺北：時報文化出版社，
　　　　1994年），頁20。
〔註223〕李筱峰：《快讀臺灣史》，（臺北：玉山社，2003年），頁59。
〔註224〕二二八事件小組：《「二二八事件」研究報告》，（臺北：時報文化出版社，1994
　　　　年），頁23。

當時的臺灣人目睹中國官員的愚昧貪婪與腐敗，為了宣洩心中的憤怒與不滿，臺灣人民藉由漫畫來表達內心的想法，他們「把既矮又胖、細眼厚頰的陳儀畫成豬，用『狗去豬來』〔註225〕的漫畫諷刺。」〔註226〕沉痛又真實地表達出人民在有著孺慕之思的祖國身上，找不到原本渴望的溫暖懷抱，反而是跌入了另一個可怕的地獄生活。

（二）「聲音」營造出肅殺的氛圍

臺灣人的心情從期望到失望，從失望到絕望，種種情緒在一次專賣局私菸查緝的不當取締事件中，以決堤的方式宣洩了出來。一九四七年二月二十七日傍晚（下午七點半左右），「臺灣省專賣局臺北分局」查緝員傅學通、葉得根、盛鐵夫、鍾延洲、趙子健、劉超群等六人及四名警察，在臺北市大稻埕太平町法主公廟對面，天馬茶房〔註227〕前，發現一名四十歲的婦人林江邁正在販賣私煙，於是查緝員沒收林婦所有販賣的香菸及身上所有的錢財。

林婦以家計難以維生，跪地求饒，要求至少歸還經過繳稅的公煙，但查緝員堅持全部沒收。林婦的糾纏讓查緝員不耐煩，同時這場紛擾也吸引越來越多的民眾圍觀，讓查緝員大為緊張，加上彼此語言的不通，林婦被葉得根以槍托擊傷頭部，頓時血流如注，圍觀民眾目睹此景後激起公憤，憤而將查緝員包圍，傅學通逃到永樂町〔註228〕開槍示警，卻擊傷了在自家門口看熱鬧的市民陳文溪。隨後查緝員逃至永樂町派出所，其後轉至警察總局，激憤的群眾在當天晚上包圍警察局，向警方要求懲兇，但由於警察局長官有意包庇下屬，市民眼見官吏濫開槍傷及無辜，卻得不到滿意的答覆，滿腔的怒火與憤慨以一發不可收拾之姿蔓延。施叔青將這段歷史，以許多雜亂的聲音描繪，讓人彷彿身臨其境：

> 從二月二十七日的傍晚，這個海島就開始充滿了各種聲音，最先是臺
> 北太平町的天馬茶房前，取締私煙的官員用槍托狠狠毆打人的聲音，
> 混合著被打的哭泣的哀求聲，路見不平的群眾蜂擁現場雜沓的腳步

〔註225〕當時在臺灣流行一句話：「狗去豬來」，形容日本人（狗）統治臺灣剛結束，國民政府（豬）又來。狗還會看門，豬卻只會吃，顯示臺灣人在國民政府取代日本人成為臺灣統治者後，內心的失望與不滿。參李筱峰：《解讀二二八》，（臺北：玉山社），1998 年。Nancy Hsu Fleming 著，蔡丁貴譯：《狗去豬來：二二八前夕美國情報檔案解密》，（臺北：前衛出版社），2009 年。

〔註226〕施叔青：《三世人》，（臺北：時報文化出版社，2010 年），頁 251。

〔註227〕咖啡館，位於今臺北市的南京西路。

〔註228〕即今臺北市的西寧北路。

> 聲，官員為嚇阻聚集的群眾手槍朝空中發射，子彈飛出槍管咻一聲，
> 被槍擊的路人哀叫倒地的聲音，軍用吉普車被翻倒點火焚燒的嗶剝
> 聲，群眾一路吶喊，向警察局、憲兵隊陳情訴求，得不到反應，回到
> 出事的現場，默默佇立街頭，聽到彼此心裡的怒吼聲。〔註229〕

作者以聽覺的摹寫，刻畫出從二月二十七日的傍晚開始在臺灣島上紛亂的聲音，並以聲音烘托出混亂的時局，因此，這些「聲音」都是飽滿的，其中有強勢加諸於人民身上的傷害聲、剝奪性命的槍聲、哭泣的哀求聲、軍用吉普車被翻倒點火焚燒的嗶剝聲、百姓內心抗議的怒吼聲、震天哀嚎及群眾四散的腳步聲……等，紛雜的聲音凸顯出人民的怒火已被點燃，在怒火中所有壓抑的情緒也將以潰堤的方式崩解。《三世人》中對二二八事件的引爆點做了言簡意賅的描述：

> 太平町天馬茶房外的槍聲一響，原本理性善良的臺灣人，憤怒得好
> 像水牛看見火焰在面前燃燒，揮動雙角不顧一切衝向火燄。〔註230〕

原本理性善良的臺灣人，因長期受到壓抑、迫害，於是在那一聲不分青紅皂白的槍響中引爆了臺灣人的不滿，憤怒的情緒一股腦兒傾洩而出，而那聲槍響也讓臺灣人民僅有的希望跟著槍聲消失殆盡了。同時，那聲槍聲彷彿也預告著在往後的日子裡，將有更多的槍聲在人民耳畔響起，人民將陷入更不見天日的生活。

在槍響的翌日（二月二十八日），群眾擁至臺灣省行政長官公署前請願，未果，大量抗議群眾集結於專賣局示威，結隊衝入專賣局，將文卷器具拋出馬路中焚燬。在抗議的過程中，公署衛兵對市民無預警開槍掃射，造成民眾死傷，使民眾情緒更為憤慨，於是抗議民眾轉進公署附近的臺北新公園繼續示威集結，並於新公園內的臺灣廣播電臺，廣播報導事件始末，鼓動臺灣人民參加此行動，在當日下午一點時，臺灣人民已有萬餘人捲入此抗議的洪流中，商店關門、工廠停工、學生罷課，事件已一發不可收拾。

於下午三點時，警備總司令部眼見情況險峻，於是緊急宣布「戒嚴令」〔註

〔註229〕施叔青：《三世人》，（臺北：時報文化出版社，2010年），頁8。
〔註230〕施叔青：《三世人》，（臺北：時報文化出版社，2010年），頁251。
〔註231〕行政長官兼警備司令今下三時，下令臺北市區戒嚴，一切有關臺民暴動新聞，均由司令部發表。今晚，除發表戒嚴令外，另發表下列新聞一則：「因專賣局查緝私煙問題，致槍傷人命案，引起紛擾，長官公署已有妥善處置。要點如下：（一）對于緝私肇禍之人，決予法辦，並嚴令以後不得再有類此事件發生；

231〕，並開始派遣武裝軍警巡邏市區開槍，掃射民眾。自此該事件由請願轉變為對抗公署的運動，並觸發國民政府接收臺灣後，因貪腐失政所累積的民怨、衝突，抗爭與衝突在數日內蔓延全臺灣，使原本單純的治安事件演變為社會運動，最後導致官民間的武裝衝突，以及臺灣人和中國人之間的衝突，在數日內蔓延全臺灣，最終導致國軍部隊鎮壓。施叔青用「聲音」呈顯當時紛亂、暴動的場面，彷彿一切都失去了控制，蠢蠢欲動的怒火在此刻全部宣洩而出：

> 二月的最後一天，公賣局外敲鑼打鼓，舞獅助陣的示威聲，棍棒、磚塊、石頭砸向公賣局的公務車，砰砰作響，被推倒的車輛撞倒電話亭的轟隆聲，長官公署陽台上機關槍向請願的群眾掃射開火，六個被槍擊中，幾十個受重傷的震天哀嚎以及群眾四散的腳步聲。

> 「臺灣同胞們……」民政長官電台廣播戒嚴令，事變兩天後，臺灣人接收新公園的「臺北放送局」透過十多萬台收音機發出怒吼，響應的聲音從北到南。

> 「喂，你是哪裡人？阿山還是番薯？」

> 用臺灣話、日語問。回答不了的，被拳頭、球棒痛打的聲音，中山裝的口袋、旗袍的下襬撕裂的聲音，把搶過來的皮包丟到火焰裡焚燒的聲音。

至此，一年多來的臺灣人民積怨，再加上臺灣地區的行政長官處理不當，從三月一日起爆發了蔓延全島的反政府行為〔註232〕。事件後，政府擴大鎮壓屠殺〔註233〕、實施清鄉〔註234〕、逮捕槍決知識菁英和民眾。施叔青在《三世人》

　　（二）少數暴徒因此事件而發生越軌行動，致危及治安，總司令布已實行臨時戒嚴，藉以保護秩序，一俟平復，此項戒嚴令即可撤銷」。參林德龍輯註：《二二八官方機密史料》，（臺北：自立晚報，1992年），頁2。

〔註232〕「臺灣人這時所要求於政府的是改革，不是造反。『我們應該很清楚這次反政府行動的目的：除了要求政府改革，別無其他願望。』」參 George Kerr 柯喬治著，陳榮成譯：《被出賣的臺灣》，（臺北：前衛出版社，1991年），頁268。

〔註233〕在一週的鎮壓和屠殺中，當局雖然捕殺了許多直接參與暴動的份子，但是，許多未曾參與任何暴動的社會領導菁英，如民意代表、教授、律師、醫生、作家、教師，也同時受到池魚之殃而遇難。參李筱峰：〈導言〉，收錄於李筱峰：《二二八消失的臺灣菁英》，（臺北：自立晚報，1990年）。

〔註234〕1947年爆發二二八事件時，柯遠芬任臺灣警備總部參謀長，在2月28日事件爆發之初以「陰謀論」認定「奸偽已經混入群眾中，積極地在煽動」，曾說：「寧可枉殺九十九個，祇要殺死一個真的就可以。」，並引用列寧的話，說：「對敵人寬大，就是對同志殘酷」。臺灣社會充滿著恐怖氣氛。隨時聽到有人

中以〈避難〉一章，藉由施朝宗的逃亡，道出二二八事變後肅殺的氣氛，終章〈傷逝〉一章，更將二二八和納粹的屠殺寫在一起，這兩者的連結是十分妥貼的，因爲它們不講理由的殺人精神是一致的，同時，也道出了二二八殺臺灣人是不需要理由的：

> 施朝宗記得南下避難前，一個準備逃亡的同伴，歷歷如繪地跟他說：
>
> 中央軍二十一師分別抵達基隆、高雄，軍艦還沒靠岸，手持自動步槍、輕機槍的國民黨士兵朝民眾和房屋濫射的聲音，港邊苦力、工人、商船職員、火車乘客、市民以爲是鞭炮聲，直至看到中彈的血流成河，才驚叫逃命，來不及逃走的，被抓到活活塞進帆布袋裡，工人被鏈索綁成一排排，從碼頭推入海中，人體墜入海裡，施朝宗恍惚聽到混亂驚惶的那些聲音。

被捕，經常聽到有人被槍決。許多人過著躲藏的逃亡生活，妻離子散、家破人亡。參李筱峰、劉峯松：《臺灣歷史閱覽》，（臺北：自立晚報，1994 年），頁 164。

在《臺灣二月革命》中指稱：「（3 月 9 日）上午 10 時，柯遠芬引導楊亮功到圓山陸軍倉庫前面廣場（圓山事件），指遍倒在廣場上的數百個戰屍說：『這些就是昨晚進攻這個倉庫，被國軍擊斃的奸匪暴徒。』」後來楊亮功對他的跟隨人透露：「倉庫附近並沒有戰鬥過的跡象，死者都是十八、九歲的中學生，又沒有攜帶武器……。這數百名十八、九歲的中學生，就是昨晚在市內各派出所維持治安，而機槍步槍齊響以前，被憲警林頂立的『行動隊』和許德輝的『忠義服務隊』所拘捕，押到圓山倉庫前面廣場，被國軍擊斃的。」、「天未黑，馬路上行人就已絕跡，家家戶戶，都關門閉戶，消滅燈火，只有時斷時續的小孩子啼哭聲，陰霾籠罩著全台北市，一陣又一陣的陰風搖動榕樹。約在十時以後，圓山方面忽然傳來一陣緊急的機槍聲音，接著長官公署，警備總部，警務處，供應局倉庫，警察大隊，鐵路警察署，警察訓練所，臺灣銀行，法院等處，都是大砲、機槍、步槍，響成一片，再接著各馬路上皆是機槍、步槍的聲音，全市浮遍了恐怖的噓噓子彈聲響，人聲則一點沒有，人們在黑暗中不敢睡眠，都知道是國軍來了。」

三月廿日，陳儀以中日文兩種語言書寫〈爲實施清鄉告民眾書〉，發佈內容爲：「這次由亂黨叛徒所造成的暴動，使社會秩序一時陷於混亂，善良人民都蒙受有形無形的損失，回想起來，實在痛心。現幸國軍抵達以後，亂黨叛徒聞風匿散，社會秩序已經恢復。但政府爲了保護善良人民維持全省治安，徹底肅清惡人起見，決定實施清鄉，使少數的亂黨叛徒，無法匿避，再在暗中繼續作擾亂治安、危害國家的陰謀。我們必須把這少數的亂黨叛徒肅清以後，善良的人民才能重過眞正和平幸福的生活。」、「清鄉的目的是在確保治安。清鄉的主要對象，是『武器』和『惡人』。凡是武器和惡人，都應該交給政府，由政府作合理合法的處理。」參李筱峰：《解讀二二八》，（臺北：玉山社，1998年），頁 187。

二十七軍開進臺北城，坦克車、軍用卡車轟隆輾過道路，士兵架著機關槍巡邏，子彈不設固定的目標，沿街胡亂掃射，流彈擊中路樹，射穿住戶門窗，玻璃嘩啦破碎，路上躲避不及中彈市民哭天搶地。

害怕流彈射中門窗牆壁，施朝宗和他的父母不敢睡在床上，抱著棉被擠在樓梯間本來堆雜物的壁櫥間，外面用桌椅沙發當物障圍住，雙手掩住耳朵，還是聽到外邊不斷的槍擊聲⋯⋯

一直到現在，施朝宗連續做著同樣的惡夢：

他迷失在一片相思樹林中，就在他焦慮走不出這林子，逃離不了時，發現前面走著一個人，頭顱被凌空而來的利刀砍下，正好飛過他的肩膀，沒有頭的身體在他面前走了好幾步才仆倒下去⋯⋯

黑色的血噴灑了他一頭臉，施朝宗想伸手拭去血跡，手卻不聽使喚，舉不起來⋯⋯

他唯一的生路是坐船逃離，偷渡到大陸。〔註235〕

作者善以聲音的描繪，營造出令人戰戰惶惶的氛圍，聲音如影隨行地在耳邊響起，甚至侵入夢中，縱使奮力地摀住耳朵，依舊抵擋不了聲音的入侵，它們無孔不入地啃噬著施朝宗與臺灣人民的心靈，令人窒息，也讓人不寒而慄。除了聲音的描寫外，施叔青又以國民政府不講理由的捉人之舉，加深了肅殺的黑暗度與恐怖感，一旦被捉走，即宣告了生命的終結，不問是非、無情地奪走一條條的性命。當被凌虐過、血肉模糊的屍體浮出水面，那是令人哀痛的，而一具具的浮屍彷彿也在對不人道的暴虐行為，進行著最後的控訴，但這也對受害者家屬深深烙下了不可能癒合的傷口與忿恨。作者在《三世人》中，以史家的眼光及筆觸，寫下了這段令人不忍回顧的二二八傷痛史：

「二二八事變」後，國民政府以綏靖的名義進行肅清奸暴的清鄉，警總參謀長以列寧「對敵人寬大就是對同志殘酷」的一句話，寧可枉殺九十九個，只要殺死一個真的肇事者就可以，從北到南，開始全島大逮捕。〔註236〕

不講理由，不出示拘捕令，這些被逮捕的臺灣人，臨離開家門時都異口同聲的向家人說：

〔註235〕施叔青：《三世人》，（臺北：時報文化出版社，2010年），頁9～10。
〔註236〕施叔青：《三世人》，（臺北：時報文化出版社，2010年），頁7。

「我沒有犯罪，不用怕，很快會回來。」

「我跟他們去，我沒做什麼壞事。」

自認爲有功地方社會，反而被列爲要犯的被帶走時說：

「我去向他們說明。」

那些被帶走的臺灣人大都從此就再也沒回來。〔註237〕

基隆河河道曲折處，浮現好幾個著名人士的屍體，裡頭有二二八處理委員會的委員、大學文學院院長、高等法院推事、檢察官、臺灣省議員、報紙發行人、企業家……

新店溪交疊著眼睛暴突、全身赤裸的七、八具死屍。……

淡水河六號水門的幾具浮屍，都是，先被鐵鍊細綁，槍殺後踢下水。基隆港口也同樣發現用鐵絲、鐵鍊細綁的屍體，海岸邊可看到雙腳綁著石塊，卻沉不下去的死者。

高雄火車站、愛河畔橫屍處處，雙手雙腳反綁的屍體卡在螢橋下的石頭，面目模糊，已然無法辨識，漁夫用竹篙將衣襟挑開，露出上衣內繡的名字。〔註238〕

那是一個彷若人間煉獄的環境，清白與否不能決定人的生死，彷彿又回到了「君要臣死，臣不得不死」的時代，而那「君」是不問是非的，寧可錯殺，也不容一絲一毫脅迫到政權的可能性存在。臺灣人民以爲沒有犯罪，就能很快會回來，如此正直的想法，在當時的環境是不適用的，他們不知自己面對是一群嗜血的人，一旦臺灣人民被戴上了像判了死刑的手銬，生命就已交付給死神，回家已是遙不可及的夢了。而那臨行的「我沒有犯罪，不用怕，很快會回來。」儼然成了最後的遺言，家人要再團聚，得千辛萬苦的去打聽「遺體」在哪？好不容易找到了，眼前的不僅是冰冷的屍體，而是一具令人傷心欲絕、怵目驚心的「殘破」屍體。

臺灣人民在日本戰敗時歡欣鼓舞，怎知自己會在自以爲充滿溫暖的母國手中，喪送了自己的性命，對照當時雀躍的心情、爽朗的笑聲，彷彿都諷刺地化爲「輓歌」。二二八是一段滿目瘡痍，另人不忍回想的歲月……，亦使二二八事件影響臺灣長達數十年，李筱峰與劉峯松記錄了此段歷史的「後遺症」：

〔註237〕施叔青：《三世人》，（臺北：時報文化出版社，2010年），頁251。
〔註238〕施叔青：《三世人》，（臺北：時報文化出版社，2010年），頁255～256。

　　經歷這場悲劇，臺灣人彷彿烙下了一個很深的胎記。臺灣人的性格
　　中，顯現出比過去更加卑屈的奴性；而在另一方面，卻又產生對政
　　治的恐懼感。長一輩的人，囑咐自己的子弟不可與問政治。〔註239〕

而二二八的受害者家屬——楊玊治，她經歷、見證了臺灣人民的苦難史，也道
出了她沉鬱的傷痛：

　　楊玊治說：「害怕被滿門抄斬，怕入了心。沒遭遇到的人，非親身經
　　歷的人，不會了解這種恐懼。」長期心靈恐懼形成了社會桎梏，無
　　形無色的恐怖將受難者家屬監禁在孤絕的沉默之中。〔註240〕

弗朗茲‧法農曾言：「殖民主義是一個對他人的系統性否定，一個瘋狂的決定，
拒絕給他人的所有屬性，它逼得被宰制的人民得不斷問自己說：『我到底是
誰？』」〔註241〕施叔青在《三世人》中以掌珠的服裝代表著臺灣歷經不同統治
的時期，而經過了這些截然不同的時期後，臺灣人到底是什麼人呢？最終留
下的卻只是一個問號：

　　掌珠先後穿過大裪衫、和服、洋裝、旗袍，「二二八」之後又變回
　　穿大裪衫，這二十多年的臺灣她走了全過程。每個時期她都告訴自
　　己：「我就是我所穿的衣服的那個人」，到底她是誰？一個大問號。
　　〔註242〕

而身處臺灣的人們，隨著不同的政權更迭變換著不同的身份，而這瞬息變換
的身份，也衝擊著臺灣人的自我認同，臺灣人究竟是誰？找不到定位的人們，
在心中不斷地質問自己：「我是誰？」，是日本殖民政策統治改造的日本人？
還是光復後重回祖國懷抱的中國人？抑或是什麼都不是呢？臺灣在與中國文
化接觸後，現實的衝突，已成為人們心中的懷疑與矛盾，無所依歸如浮萍般
的心情與心酸悄然萌生，臺灣人在自我認同的追尋過程迷失了方向。

（三）撕毀身分證的傷痕

　　身分證是身分的象徵，有了它就有了依歸，也代表著自己是誰，施叔青

〔註239〕李筱峰、劉峯松：《臺灣歷史閱覽》，（臺北：自立晚報，1994年），頁165。
〔註240〕曾秋美：〈楊玊治二二八女性家屬的堅忍典範〉，收錄於鄭至慧：《女性屐痕：
　　　　臺灣女性文化地標》，（臺北：草根、國家文化總會，2008年），頁104。
〔註241〕Frantz Fanon（弗朗茲‧法農）著，楊碧川譯：《大地上的受苦者》，（臺北：
　　　　心靈工坊文化，2009年），頁263。
〔註242〕陳芳明：〈與和靈魂進行決鬥的創作者對談〉，收錄於施叔青：《三世人》，（臺
　　　　北：時報文化出版社，2010年），頁276。

對施朝宗不知「我是誰」的徬徨與無根的心理做了細膩的描摩，施朝宗好像做了三世人，但無論是哪一世，都沒有真正的自我，那樣的處境是令人心酸的，書中如此描繪：

> 從日本投降到二二八事變發生，短短的十八個月，施朝宗好像做了三世人。從日本的志願兵「天皇の赤子」，回到臺灣本島人，然後國民政府接收，又成為中國人。到底哪一個才是他真正的自己？〔註243〕

> 拿出為了自衛從不離身的菜刀，把那張國民身份證切割成兩半，再細細撕成一小塊一小塊碎片，撕著撕著，他記起這不是第一次撕毀自己的身份證，他毀過另外一張，先用墨水塗掉身分證上的日本姓氏，然後撕成碎片，丟到廁所裡，就此與那個名叫太郎、臺北高等學校差一學期畢業的學生永遠告別。

> 他在幾種不同的身分裡變來變去。

> 「這個人是我嗎？」

> 「這個人不會是我吧！」〔註244〕

臺灣人努力地在做要讓統治者認同的那個人，但時序的遞嬗、政權的更迭是令人措手不及的，正如施叔青所說的：「臺灣人是很悲哀的。在不同的政權統治下，命運掌握不在自己手中，一直都是身不由己，無法自主，真的是一種宿命。」〔註245〕臺灣人好不容易樹立了自己認同的對象，但不久後又因政權的轉移，故象徵自己是誰的身分證不斷變換與破滅，自己親手的撕毀，即是找不到自己的定位，迷失了自己……，施朝宗的遭遇與心理變化正是臺灣人民的寫照，臺灣人迷失了自我，最終陷入了連自己最原始的樣子也記不得的痛苦泥淖中，只留下充滿殖民傷痕的軀殼。

第四節　小結：女性作家的歷史想像

施叔青將她所關懷的臺灣歷史與小人物，鎔鑄她馳騁的想像，小人物的生命力在時序的遞嬗、時光的荏苒中，更顯得豐厚動人，情感的真摯也愈益扣人

〔註243〕施叔青：《三世人》，（臺北：時報文化出版社，2010年），頁248。
〔註244〕施叔青：《三世人》，（臺北：時報文化出版社，2010年），頁270。
〔註245〕陳芳明：〈與和靈魂進行決鬥的創作者對談〉，收錄於施叔青：《三世人》，（臺北：時報文化出版社，2010年），頁280。

心弦。在必須移民的時代中，人們所面臨的心境轉折、思鄉之愁緒與在何處生根的心情，是五味雜陳，難以以一語道盡的，作者透過伶人許情往返臺灣與中國的顛簸歷程，扣合著他的心境轉換，許情的「苦」連結著臺灣命運的「苦」，他所背負的伶人身分，巧妙地扣合著他有著如戲劇中角色任人擺佈的苦，然而在這些苦味中，施叔青讓讀者閱見、感受到其中的情味，最終許情情歸臺灣這塊土地，這也是他對臺灣「許」諾的「情」，他終於找到停泊之處而不再漂泊。時光推移至日據時期，台灣百姓們有如施寄生面臨著自我認同的世界崩潰，被興亡之感包覆的痛苦者；亦有如哈鹿克·那威、哈鹿克·巴彥的勇敢抗日者，他們以火紅的鮮血及剛毅的精神，守護著他們的家園與土地；還有如范姜義明、施漢仁、施朝宗等，接受日化的時代氛圍與自我的改造。

　　《臺灣三部曲》中的《行過洛津》採「以小搏大」的書寫手法，以小人物渡臺之險開啓了臺灣移民史，描繪他們對臺灣充滿憧憬與期盼，認為它是一塊安身立命的新天地，因此，冒著生命危險橫渡黑水溝。在當時移民篳路藍縷、開疆闢土的辛勞生活中，信仰與戲劇娛樂在他們心中有著重要的地位。信仰予以心靈的支柱與無比的希望，而戲劇則增添他們生活的色彩，他們熱愛戲劇，也因此戲劇深深影響著他們的生活，他們跟隨著戲中人物喜、怒、哀、樂，戲中的情節也深植民心。從《行過洛津》有人豎旗造反，「把演戲的旗幟當作眞的害人的利器」〔註 246〕、「把戲場當作官場」〔註 247〕，甚至「曠男怨女效法戲棚上的人物相偕淫奔」〔註 248〕，可見戲劇已融入人民的生活，成為他們生命中的一部分，施叔青透過同知朱仕光刪改《荔鏡記》的舉動烘托出當時戲劇影響人民之深，此影響力不容小覷。

　　在《行過洛津》中，作者描繪了清統治時期，漢人對移民至臺灣趨之若鶩，而原本生活在臺灣的原住民，他們的生活必然會受到威脅與改變。施叔青在當時清廷治臺的政令與撫番的作法中，從不同的角度觀察到了並非所有的漢人都是剝削原住民的劊子手，她在書中記述：

> 清廷法令禁止女人來臺，造成男眾女寡的懸殊現象，平地男子娶平埔族女人為妻，卻又令本族男人無妻可娶，人口銳減，從乾隆皇帝開始明令漢人不得與番人結親，違者打一百板，為防止漢人娶番婦

〔註 246〕施叔青：《行過洛津》，（臺北：時報文化出版社，2003 年），頁 116。
〔註 247〕施叔青：《行過洛津》，（臺北：時報文化出版社，2003 年），頁 117。
〔註 248〕施叔青：《行過洛津》，（臺北：時報文化出版社，2003 年），頁 132。

佔番地，又設北路理番同知專司番務，對原來的住民採取撫恤威壓
並行的政策。〔註249〕

從此段文字中，可見清廷為了防止漢人奪取原住民的土地，而明令禁止通婚，
並設立北路理番同知，專門處理與原住民相關的事務，這些作為都是對原住
民較好的作法，與之前漢人對原住民土地的豪取強奪形成強烈對比。透過施
叔青描繪此段歷史的視角，可知她並非立於批判者的角度，非一味否定漢人
對原住民的種種作為，而是立基於較客觀的角度來看待這段歷史，雖同是漢
人，有對原住民暴虐者，亦有撫恤原住民者，自此，可見施叔青細膩地觀察
與她看待此段歷史的史觀。在書中，施叔青寫進原住民不僅受到漢人的壓榨，
也曾被外來的殖民者欺侮，可見在當時的原住民滿是傷痕的心靈與身軀，她
透過在天后宮義務當導覽，人稱之為「瘋輝仔」的施輝，從被殖民的角度，
道出了原住民被荷蘭人詐取土地的遭遇：

要用牛皮換一百倍大的土地！據施輝說，阿烏烏頭目點頭表示同
意，成交後，紅毛蕃拿一把大剪刀，把鋪了一地的牛皮剪成細條，
一條條圍圍土地，圍到的就變成是他的，然後把平埔族的原來住民
趕到深山林內。〔註250〕

施輝口中陳述的紅毛蕃以詭詐的手段，從原住民手中騙取了大片的土地，將
原住民趕出平地，此處凸顯了荷蘭人的詭詐蠻橫，顯現出原住民純樸的特質，
從兩者不對等的關係中，我們亦可窺見殖民者與被殖民者懸殊的地位。「土地」
代表著生命的根源，也是原住民仰賴維生的來源，殖民者騙取土地雖是不合
理的結果，但原住民卻只能被剝削、默默承受，搬離自己的故園。

施輝與潘吉的結合是漢人與平埔族的融合象徵，因為娶了平埔族婦女，
故施輝承受了市井民眾的取笑與嘲諷：

查某頭插閹雞毛，屁股後長了條大尾巴的，你最知影的番仔？〔註251〕

瘋輝仔，番仔屁股後面的尾巴有多長？一尺？兩尺？〔註252〕

喂，你為著要爽，娶一個番仔做某，乎官府抓你去打多少大板？一
百大板，打乎你屁股紅透透，親像一隻紅猴！〔註253〕

〔註249〕施叔青：《行過洛津》，（臺北：時報文化出版社，2003 年），頁 84。
〔註250〕施叔青：《行過洛津》，（臺北：時報文化出版社，2003 年），頁 87。
〔註251〕施叔青：《行過洛津》，（臺北：時報文化出版社，2003 年），頁 83。
〔註252〕施叔青：《行過洛津》，（臺北：時報文化出版社，2003 年），頁 84。
〔註253〕施叔青：《行過洛津》，（臺北：時報文化出版社，2003 年），頁 84。

從眾人嘲謔的語句中，可知當時原住民在他們眼中是落後，是不如漢人的人，
原住民被漢人稱之為「番」即可見端倪，因此之故，與原住民結婚的施輝受
到了牽連，成了眾人輕蔑嘲笑的對象。施叔青敘說原住民的這段歷史時，不
以漢人或平埔族人為敘事者，而是塑造了介於二種身分之間的施輝來敘述。
施輝本身是漢人，但因他娶了潘吉為妻，因此，他在漢人的世界裡是地位卑
下的，然而他在面對妻子潘吉時，他卻有著身為漢人的優越感，複雜矛盾的
心情，冷暖自知。施叔青以這樣的立場來閱覽歷史，不偏袒任何一方，較能
真正看到、體會到歷史的真相。身為漢人的施輝，深深同情起被迫害的原住
民們，感同身受的心情，讓他為原住民們道出了苦痛與傷害：

> 施輝看著這山林中寂寞獨行的山地人，心中好不悽然，先是荷蘭人
> 騙取他們的土地，紅毛番走了，換來一批人數眾多的漢人，鳩佔鵲
> 巢，用武力侵墾，壓迫原來的住民，令他們失去活路，被驅逐趕往
> 深山林內，造成山地人的大遷移，越過中央山脈到噶瑪蘭（宜蘭）、
> 山東後山開墾找生路。〔註254〕

> 漢人先是向平埔族人租用土地，繳納「番大租」，後來給予區區銀兩
> 買斷地權，不必繳租金據為己有。〔註255〕

施叔青透過施輝之口，娓娓道出移民的漢人與平埔族原住民的關係與歷史，
原住民在漢人的用盡心機的擺弄下失去了土地，因此他們被迫離開家園遷徙
他方，因為施輝介乎漢人與原住民間的立場，讓他的視角不被侷限，也更能
有切身的體會：

> 現在才懂得，為什麼平埔族夜祭阿立祖的慶典，哭祭大海的嚎海，
> 會那麼哀慟欲絕了。〔註256〕

> 施輝坐在林子裡一棵相思樹下，曬著月光，他終於懂得平埔族的牽
> 曲唱出沉重的哀慟，除了祭祀死於海難的先民，應該是在悼念失去
> 的土地。〔註257〕

他懂了原住民悲慟的心情，也了解到那一聲聲哀慟欲絕的哭聲背後，有著傷
口不會結痂的故事。移民者對原住民生活造成了熱鐵烙膚般的沉痛傷害，也

〔註254〕施叔青：《行過洛津》，（臺北：時報文化出版社，2003年），頁197。
〔註255〕施叔青：《行過洛津》，（臺北：時報文化出版社，2003年），頁198。
〔註256〕施叔青：《行過洛津》，（臺北：時報文化出版社，2003年），頁198。
〔註257〕施叔青：《行過洛津》，（臺北：時報文化出版社，2003年），頁198。

造成原住民生活空間的劇烈變動,從原住民空間的移轉可閱見殖民者與移民者對他們的深刻影響。

《風前塵埃》以日本殖民爲時代背景,以佐久間左馬太任內的殖民政策爲開端,花蓮則爲故事鋪演的空間,在此時空背景下上演著一段刻骨銘心、跨越族群的愛戀。從《風前塵埃》中我們閱見了一位日本女子——橫山月姬,她追求自己渴望的愛情時的勇敢,她跨越了日本人與原住民間的鴻溝,追求最純粹的愛情,然而在面對現實壓力時,她卻又不得不屈服於世俗的眼光,因此,她不敢告訴女兒自己的愛情,進而分裂出另一個人——眞子,名爲眞子的人其實是不存在的,但對橫山月姬而言,眞子就是她最眞實的化身,透過眞子口中道出在臺灣的一切,都顯得眞實且情感眞切。故事中包含著日本殖民帝國的不仁、被殖民的臺灣人的辛酸、族群間存在的鴻溝。被殖民的臺灣人面對日本殖民者有截然不同的應對方式,有如哈鹿克‧巴彥的反日、反抗,亦有如范姜義明的親日、認同,然而無論是反抗抑或是認同,都無法改變臺灣人民處於弱勢地位的事實。哈鹿克‧巴彥最後的結局是步入死亡,范姜義明的認同,卻讓自己分裂成「二我」,向日本殖民者屈服。

施叔青寫日本殖民臺灣的歷史,並不著重於描寫當時臺灣人民生活的辛酸,而是由橫山月姬這樣的日本女性,述說著臺灣的點點滴滴,在她與哈鹿克之間的愛情的包裝下,爲當時的被殖民歷史增添了哀愁的味道與無法自主的無奈。作者以愛情故事爲主軸,被殖民的臺灣史爲血肉,將日本移民村所隱藏的侵略本質彰顯出來,也把被湮沒的原住民受害情況揭露出來,並藉此道出當時日本政府對臺灣的殖民態度,讓橫山月姬與哈鹿克‧巴彥的愛情,有著沉重的歷史包袱,但又不像史書般沉重的令人喘不過氣,南方朔認爲「《風前塵埃》之所以特別不凡,仍在於它那種有如揭謎式的多層次敘述」〔註258〕,在無弦琴子一層層找尋出自己的身世之謎時,臺灣的歷史也彷彿一層層的被揭示出來,讓我們更接近歷史的核心,更貼近那殖民背景下的悲劇愛情,領略其中的悲與美。

施叔青以活在記憶中卻患有失憶症的橫山月姬作爲故事的主角,並透過日本的傳統服飾——和服,反映出日本的民族性,並藉和服達到宣傳戰爭、愛國不落人後的精神,讓和服有了意識形態。從日本女性的觀點看這一段日

〔註258〕南方朔:〈透過歷史天使悲傷之眼〉,收錄於施叔青:《風前塵埃》,(臺北:時報文化出版社,2008年),頁8。

本在臺的殖民史，是不同於之前的臺灣大河小說家的。施叔青賦予和服有愛國的意識，絮絮描繪和服之美，也帶我們從另一個觀點看日本人。最後，施叔青認爲大自然才是人類的救贖，才能解決統治與被統治、種族、階級這些人爲的枷鎖，給予人們一條救贖之路。這樣的視角與描繪臺灣的被殖民歷史的方式，正是施叔青的用心之處，也是她的特色。

《三世人》中施叔青以施家三代的「雄性敘述」〔註259〕，分別代表臺灣不同的歷史階段。施寄生以清朝遺民自居，他不認同日本殖民者，穿著打扮皆依清朝之制，活在自己想像的中國世界。施漢仁處於日本殖民時代，他並不排斥日本殖民者，但見到父親施寄生「不願像那些腳踏兩條船的臺灣人」〔註260〕堅持做他自己不被外界動搖的決心，於是施漢仁有了矛盾的心情，「漢仁但願有生之年不必再回到破敗的家鄉。異鄉的夜晚，他卻又禁不住想念家中院子裡那棵桑樹」〔註261〕，這樣矛盾的心情衝擊著他。而施朝宗的出生、成長背景已是日治時期，因此，施朝宗已是日本化的臺灣人，他接受日本教育，取了日本名字，也忠誠的願意成爲天皇的志願兵，並以此爲榮。施家三代各有自己的認同，也有著不同的心理轉折與創傷，然而最終「自己是誰」卻是個無解的問題，也帶給他們深沉的痛苦。

施寄生抗拒接受日本殖民者，然而爲了兒子，他準備了洛津的烏魚子給兒子，讓兒子拿去送給日本上司，爲了兒子他壓抑對殖民者的厭惡，從這樣的動作可見偉大的父愛，施叔青細膩地勾勒出父親對兒子的愛：「他不敢讓父親知道此行的目的，沒想到寄生隔天託人買來一對每隻足足有半斤重的烏魚子遞給兒子，明知漢仁拿家鄉名產孝敬自己所痛恨的日本統治者，他還是做了」〔註262〕，除了大環境的歷史陳述外，施叔青還注意到了小人物「最單純的愛」。

除了施家三代的故事外，施叔青在故事中穿插了養女王掌珠的故事，藉由掌珠的思考方式與服裝，我們可從她的身上看見時間的推移、時局的更動與歷史的轉折，也感受到她不向命運妥協的生命力，施叔青曾言：「我一直有

〔註259〕所謂的「雄性敘述」指的乃是隨著大歷史的轉移而造成的心靈變化。參南方朔：〈記憶的救贖──臺灣心靈史的鉅著誕生了〉，收錄於施叔青：《三世人》，（臺北：時報文化出版社，2010年），頁8。
〔註260〕施叔青：《三世人》，（臺北：時報文化出版社，2010年），頁54。
〔註261〕施叔青：《三世人》，（臺北：時報文化出版社，2010年），頁44。
〔註262〕施叔青：《三世人》，（臺北：時報文化出版社，2010年），頁46。

個願望，想好好描寫一個充滿了生命力、淺識可愛，最具臺灣味道的女性，她出身農家，充滿泥土味，可又不能讓她局限於鄉土，必須走出去，見識都會文化，打開視野，才可能提升。」〔註263〕王掌珠即是如此誕生於故事中，有關她的敘述是屬於「雌性敘述」〔註264〕，與施家三代雙線進行著臺灣的歷史故事，兩種不同的人生態度，互相補足。掌珠雖有乖舛的命運，然而她在面對現實情況時並不自怨自艾，反而不斷在提升自己的內涵，努力活在當下，這是掌珠可愛之處，也正是臺灣部份小人物在歷史洪流中的人生寫照。

　　臺灣雜揉著各民族的文化，有多元的的特色，原住民、閩南人、客家人、日本殖民者……的信仰、服裝、生活習慣、建築等都留在臺灣這塊土地，隨處可見歷史留下的足跡。施叔青臺灣三部曲令人感動、悲傷，又讓人感到心中有股暖流流過的悸動，這樣的文學力量就如馬振方所言：「可信的情結未必感人；感人至深的情節卻必須可信。真實性乃是藝術情節諸多條件的首要條件，是作品價值和力量的生命基礎。」〔註265〕，施叔青描繪出臺灣的大歷史，然而她的歷史是建構在小人物的生活上的，陳芳明讚譽她的文學筆法，認為「小說植根生活，不是哲學思辨，因此更能接近時代的真實性，也因此更貼近人心，這其實是弔詭的，作家靠想像力把人物從虛空中召喚出來，讓他們變得有血有肉，好像可以從紙上走了出來似的，卻更能生動傳神的代表那個時代社會。」〔註266〕，小人物的服裝、心理轉折、情緒等在施叔青筆下都如躍紙上地活在我們眼前，不同於男性臺灣大河小說家之處，在她關心到女性的聲音，以女性為主角，在《行過洛津》中有被陰性化的許情、《風前塵埃》藉由日本女性橫山月姬道出日本在臺灣的殖民史、《三世人》有堅韌生命力的王掌珠，再者，傳統的女性在時代背景、現實的壓力下成為童養媳、媳婦仔，她們屈就於命運，有自覺的噤聲了，縱使其中有反抗命運者，然而她們的反抗帶來的卻是更悲慘的命運。

〔註263〕陳芳明：〈與為臺灣立傳的臺灣女兒對談〉，收錄於施叔青：《風前塵埃》，（臺北：時報文化出版社，2008年），頁275～276。

〔註264〕所謂「雌性敘述」指的是大歷史下，與每個人有關的語言、服裝、生活行為這些小歷史或個人歷史的變化。參南方朔：〈記憶的救贖——臺灣心靈史的鉅著誕生了〉，收錄於施叔青：《三世人》，（臺北：時報文化出版社，2010年），頁8。

〔註265〕馬振方：《小說藝術論稿》，（北京：北京大學，1991年），頁112～113。

〔註266〕陳芳明：〈與為臺灣立傳的臺灣女兒對談〉，收錄於施叔青：《風前塵埃》，（臺北：時報文化出版社，2008年），頁270。

　　施叔青從宏觀的角度看臺灣的歷史，在歷史中的女性有著堅韌的生命力、有自己的思考、懂得豐富自己的內涵、當面對不同的政權時，她們有屬於自己的認同對象，因此，故事中除了歷史的鋪演外，在歷史中還蘊含了許多細膩的情感與心理變化，以及小人物的心聲，每一種情感的轉折都是深刻的，也加深了歷史的傷痕，他們甚至必須經過自我的分裂、剝離才能認同自己，這些歷史的人們有共同追尋的目標——「我是誰」，這樣的疑問在不同階段的臺灣歷史中反覆出現，在追尋自我的過程中，有傷痛、有喜悅、有身不由己、有矛盾，經過一連串坎坷的過程，最後的答案卻仍舊無解。有如許情在男性女性與真我假我間的掙扎、橫山月姬的自我否定與自我分裂、范姜義明的二我、施家三代的衝突矛盾、王掌珠告訴自己她就是所穿的衣服的那個人，然而她到底是誰？一切的掙扎、困惑、矛盾，還是只留下大問號，疑問、困惑依舊綿延，沒有答案。

　　《臺灣三部曲》，各有不同的敘述方式，自然也就各具特色，不過，其中自小人物發聲搬演臺灣歷史的精神卻是一致的，施叔青曾以水墨畫比喻自己的三部作品，凸顯出了各作品的風格與著重點：

> 《行過洛津》史料龐雜，面面俱到，幾乎是本方誌小說，我以撒豆成兵的技巧來鋪陳清領時的臺灣（洛津），到了《風前塵埃》則是換了一種敘述方式，單一線性的情節，透過時空轉換，以少勝多，用安靜從容的語言來表現一家三代的日本女子，對我是一種挑戰。和服作為象徵，優雅的布料織上坦克、武器的圖案，反應菊花與劍兼具的日本民族性。……《行過洛津》好像我臨摹的宋畫，崇山峻嶺，布局繁複，苔點遍布，寫實的巨幅山水畫，《風前塵埃》則像元、明的文人畫，疏朗的筆墨抒寫心中逸氣，《三世人》剛寫完，像隻剛出爐的饅頭，需要沉澱。〔註267〕

故事中有真實人物，亦有虛構人物，兩者共同交織出臺灣的歷史，真的似假，假的亦似真，歷史彷彿就在真實與虛構間擺盪著，而信史是否確實是可信的，似乎也有了大問號，在此施叔青指引我們一條不同歷史記載的思考之路，也提醒我們看待歷史非只有單一視角。

　　作者以小人物構築臺灣的歷史，真實的人物存在於歷史中，虛構的人物

〔註267〕陳芳明：〈與和靈魂進行決鬥的創作者對談〉，收錄於施叔青：《三世人》，（臺北：時報文化出版社，2010 年），頁 283。

有著他們背負的使命，飽含著生命力，傳達著施叔青的歷史觀，也藉此傳達出信史聽不到的聲音。除了人物的塑造外，在她細膩地洞察下，有生命與無生命的物都有了意義與美感，甚至代表著傷痛與臺灣的命運，樟樹擬人化後成爲了臺灣命運的投射、思鄉者透過植物表達出滿溢的愁思、同樣的植物在不同心境與立場的人眼中有了天差地別的情感。藉由不同的衣物、衣物的特色、衣物的圖案藝術表達出時代的更替、民族性、愛國心、團結的力量等，衣物本身只是衣物，然而以有情的眼光看待，它們就有了超越物質的意義，富有生命、有了訴求、具備情感，這正是施叔青細微的視角與有情的觀照，在她的筆下構築出充滿女性圖像的臺灣歷史，而這亦是《臺灣三部曲》的特色。

第四章　《臺灣三部曲》中的臺灣書寫

施叔青《臺灣三部曲》分別以家鄉鹿港、執教過的花蓮、居住過的臺北作為書寫的舞臺，她以有情的眼光閱覽臺灣歷史，並用宏觀的觀照造就出她想要呈顯的歷史世界，作品中透過底層的人物們構築出臺灣的移民史、被殖民史，以及留下無限傷痛的二二八事件。克勞德‧李維史陀（Claude Levi-strauss）在《憂鬱的熱帶》曾說道：「每一個人身上都拖帶著一個世界，由他所見過、愛過的一切所組成的世界。即使他看起來是在另外一個不同的世界裡旅行、生活，他仍然不停的回到他身上所拖帶的那個世界去。」〔註1〕施叔青亦是如此，無論她到哪一個世界旅行、駐足，在她的心中永遠都惦記、留存著她的故鄉──鹿港。

從《臺灣三部曲》中可知臺灣因其所處的地理位置，使它與外界有頻繁的互動，也讓它的歷史有多元的色彩，生活於臺灣的人民對外來文化有著強韌的適應力。然而，當眾多政權的身影在人民身上游走時，人民對自己的身分與文化即產生了困惑與迷茫，故隨著歲月的遞嬗、政權的更迭，臺灣人的認同也不再單一，被遺的傷痛、被殖民的悲苦、回歸母國的雀躍、與理想落差的徬徨、認同的疑惑……等心情交雜其中。

《行過洛津》中藉伶人許情之際遇與臺灣的遭遇串了連結，《風前塵埃》裡以橫山月姬的心境轉折，細細描繪出當時日本移民村的移民們思念家鄉──臺灣的愁緒，他們都是歷史中的小人物，從中可閱見施叔青以小觀大的筆法，透過他們映照出臺灣歷史背景的紛擾與跌宕。作者細膩地描摹日治時期，

〔註 1〕 克勞德‧李維史陀（Claude Levi-strauss）著，王志明譯：《憂鬱的熱帶》，（臺北：聯經出版公司，1989 年），頁 41。

庶民的衣飾、飲食、節慶、信仰、建築與風俗文化，讓日據時期的歷史故事更加飽滿有血肉，《風前塵埃》特別著墨於宣傳戰爭的日本傳統服飾——和服，以此傳達了愛國意識，也呈現了法西斯暴力美學，織繪有關戰爭場景的和服，貫穿整部小說，透過太魯閣之役、佐久間左馬太總督、原住民、日本人、客家人等人物逐漸編織、建構出日治時期的花東面貌。

到了創作《三世人》時，她更改了焦點角色安排的筆法，而是讓各路的人馬輪番登場，形成掃描式的觀照，故事結尾並沒有明確的結局，彷彿暗示著故事雖然結束，但歷史的腳步並不因此打住。再者，施叔青以往的修辭風格以華麗豐贍爲能事，但到了《三世人》卻越寫越淡，令人覺得清冷，此處的敘事筆法與歷史觀點的變化，令人玩味。〔註2〕從施叔青《臺灣三部曲》中所描繪的空間移轉書寫、臺灣的風俗文化、人物形象的刻畫論析，可看出施叔青書寫臺灣的筆法與她的歷史觀點。

第一節　空間的移轉

施叔青本身有著豐富的空間移轉經驗，在其人生歷程中，她在不同的島嶼遷徙流轉，她說到自己「一輩子住過三個島，一個是愛得根深柢固的臺灣，一個是看盡繁華喧囂的香港，一個是恣情人文薈萃的曼哈頓島」〔註3〕，也因此她有了更開闊的眼界，也更能了解遷徙移轉的箇中滋味。作者曾自言：

> 原本以爲離開一住十七年的香港，搬回臺灣定居後，就會停下流放的腳步，終老於我最愛的原鄉。再怎樣也想像不到我竟然又一次出走，從大島移居到曼哈頓小島。想來我真是天生的島民，這輩子註定在三個島之間流轉度過。〔註4〕

《臺灣三部曲》的首部《行過洛津》自施叔青最愛的原鄉寫起，細膩描繪移民們的空間移轉經驗與心境的變化，而《風前塵埃》則將空間停留在花蓮，以花蓮爲主軸寫出了臺灣被殖民的歷史，到了《三世人》施叔青將空間搬至了臺北，絮絮描述日本殖民、臺灣光復，直至二二八事件，故事才畫下尾聲。

〔註2〕參王德威：〈三世臺灣的人、物、情〉，收錄於施叔青：《三世人》，（臺北：時報文化出版社，2010年），頁11。

〔註3〕廖律清：〈行過——訪問施叔青女士〉，《文訊》225期，2004年7月，頁136。

〔註4〕施叔青：〈後記〉，收錄於施叔青：《行過洛津》，（臺北：時報文化出版社，2003年），頁351。

從清至民國，臺灣的歷史在不同的空間上演著，臺灣各地方的人、事、物共同交織出獨具特色的臺灣歷史，施叔青選擇了她停留過的三個地方，作為臺灣歷史的舞臺，在《臺灣三部曲》之中各自有著空間移轉的故事，而放大眼光來看，《臺灣三部曲》本身也正是三個空間移轉的故事。

　　施叔青的《臺灣三部曲》以出生地鹿港為始，而首善之都臺北則是她首次離開故鄉鹿港的求學之處，她曾自言：「異鄉的雨夜勾起了我的鄉愁」〔註5〕，在臺北這個充滿時尚感的都市，她認識了許多文學界的朋友，彼此互相勉勵切磋，在這裡還有影響著她往後創作的現代主義風潮，而施叔青的《臺灣三部曲》之終章即是以臺北為故事的背景。她曾在花蓮的東華大學擔任駐校作家，除了鹿港和臺北，花蓮是她在臺灣住過最久的地方，因此，她對花蓮衍生出了情感，施叔青曾言：

> 一到東華大學，立刻愛上這個地方，系裡給我一輛自行車──日本時代叫自轉車──我騎著它，大學附近的村路全跑遍了，欣賞不同季節田野開的花樹野菜，週末放假都捨不得回臺北。〔註6〕

施叔青的《臺灣三部曲》以她人生經歷、駐足過的三個地方為場景，正如她所言的「人到一地，註定要以那個地方為題材吧！」〔註7〕。《臺灣三部曲》的空間移轉承載著臺灣的歷史足跡，也負載著施叔青的成長軌跡，在《三世人》中施叔青透過施朝宗回到了她心裡最愛的原鄉──洛津，她自故鄉開始邁出她的創作之路，在創作路上行走多年的施叔青，最後終於回到了她的故鄉。

一、《行過洛津》：泉州──洛津

　　《行過洛津》以移民的開發史為背景，鋪演出許多移民在洛津交會的故事，這些移民或只做短暫停留，或在洛津落地生根，然而無論他們最終是否停留於洛津，在洛津的點點滴滴皆已成為他們生命經驗的一部分，范銘如曾指出：「地方是人類移動的停頓點，而且可以使停頓該處的人產生親切感和凝

〔註5〕 施叔青：〈追逐成長〉，收錄於楊澤主編：《從四〇年代到九〇年代──兩岸三邊華文小說研討會論文集》，（臺北：時報文化出版社，1994年），頁179。

〔註6〕 陳芳明：〈與為臺灣立傳的臺灣女兒對談〉，收錄於施叔青：《風前塵埃》，（臺北：時報文化出版社，2008年），頁266。

〔註7〕 陳芳明：〈與為臺灣立傳的臺灣女兒對談〉，收錄於施叔青：《風前塵埃》，（臺北：時報文化出版社，2008年），頁269。

聚感。這點停頓的地點滿足生物性的需求，也會變成感情價值的核心」〔註8〕，人們停頓過之處都會有著歷史意義的故事上演，行過洛津者，有些人只是行過，留下他們曾經踏足此地的足跡，有些人行過後在此留下動人的故事與停泊了自己的情感，自此駐足深耕此地不再離去。

（一）繁華殆盡

《行過洛津》故事的開端起於〈勸君切莫過臺灣〉，由許情跟隨戲班欲橫渡臺灣海峽至洛津組織洛津第一個七子戲班，自此開展出一段驚心動魄的海洋故事，港口、巨浪、海上鬼哭神號的風聲、驚濤駭浪拍擊船身等構築出海洋空間予人的驚悚恐懼感，也道出了臺灣處於海域的空間中，從當時流傳的「勸君切莫過臺灣，臺灣恰似鬼門關，個個青春無人轉，知生知死都是難」〔註9〕、「過蕃有一半，過臺灣攏無看」〔註10〕即可看出橫渡黑水溝的凶險與移民的心情。然而，洛津也因其海口位置而有了繁華景況，在《行過洛津》中亦書寫了當時的繁榮之景：「帆檣雲集，海面風帆爭飛，萬幅在目，接天無際的盛況」〔註11〕，自此可見洛津依海為生的情景與貿易之盛。

而仰賴海洋發展的洛津，衰頹緣由也是海洋，《諸羅縣志》記載：「鹿仔港、臺仔挖，舊可泊巨艦，今俱沙壅。」〔註12〕，《行過洛津》中透過施輝對洛津之景有了今非昔比的感慨，道出洛津即將走向衰頹的命運：

> 何以同樣一條河——濁水溪，他的先祖引水流滋潤乾旱的農地，哺育生靈無數的一條河流，一翻臉便成禍害，如此暴戾無常，一下變成一條狂暴的巨蛇，憤怒的奪路而走，劈開河道迫使堤岸潰決，不僅造成大水災，使生靈塗炭，沖積而下的泥沙淤積河床，更令大船進不了洛津港，眼看很快要活生生的截斷港口的生機。濁水溪已經從溫柔的母親，變成肆虐的暴君。施輝坐在風雨中，隱隱感覺到鼎盛的洛津，崩潰就在眼前。〔註13〕

從擱淺的戎克船，即可窺探洛津淤廢在即的景況，洛津因泥沙淤積壅塞而淤

〔註8〕 范銘如：《文學地理：臺灣小說的空間閱讀》，（臺北：麥田出版社，2010年），頁161。
〔註9〕 施叔青：《行過洛津》，（臺北：時報文化出版社，2003年），頁6。
〔註10〕 施叔青：《行過洛津》，（臺北：時報文化出版社，2003年），頁7。
〔註11〕 施叔青：《行過洛津》，（臺北：時報文化出版社，2003年），頁7。
〔註12〕 周鍾瑄：《諸羅縣志》，（南投：省文獻會，1993年），頁287。
〔註13〕 施叔青：《行過洛津》，（臺北：時報文化出版社，2003年），頁110。

廢，使盛極一時的洛津海港走向沒落的命運。施叔青透過由中國搭船橫渡黑水溝水域的伶人許情，以許情的空間移動經驗帶領我們閱見了移民渡海的心情與艱辛，並藉由許情之眼見證了洛津的盛衰，也見證了海港的滄海桑田。移民渡海無法掌握吉凶的命運與洛津海港傍海生存的命運，兩者有著相似之處，皆有著時移世易、難以掌握的變化。移民們從陸地至海洋再至陸地、從中國至黑水溝再至臺灣的空間移轉，這樣的空間移轉蘊含著臺灣歷史的深刻足跡，亦是移民歷史的記載，負載移民人們一步一腳印在臺灣共譜出的一段段族群歷史。

（二）生存械鬥

　　歷經千辛萬苦遷移至臺灣的人們，他們伴隨著難以言喻的複雜心情到臺灣生活，一方面要胼手胝足地開闢自己的家園，一方面要與生活在那塊土地的人交涉，不同族群的人們相處在一起，可能彼此尊重、互相影響，亦可能彼此無法和諧相處，引發各種爭執。在臺灣早期歷史裡，民變、械鬥此起彼落，渡臺開墾的移民及其後裔，抱著深植於心的原鄉認同，再加上臺灣河川多東西走向，形成天然的屏障，導致南北交通不便，使得人與人間不甚了解，許多事情皆可能引發戰火，爭執衝突一久，嫌隙日深，故小衝突也會演變成大械鬥，各種「分類械鬥」便在臺灣輪番上演，也因此有了「三年一小反，五年一大亂」〔註14〕的記載。各族群凝聚起團結的力量，共同抵抗外侮，因彼此衝突對立的關係，將對方視為「敵人」的仇視心理便因而漫生，這樣根深柢固的族群意識反映出當時的時代背景，也有著社會的意義，械鬥事件使人們的生活空間有了改變，在你爭我奪的過程中，人們於攻守之間，生活的領域亦隨之更改。

〔註14〕「三年一小反，五年一大亂」，大清的名臣李鴻章曾這樣的看待臺灣。民變與械鬥頻繁的原因可以訴諸政治社會層面，也可以訴諸經濟文化層面。清代政府治臺政策保守嚴格，閩粵移民多半鋌而走險，偷渡而來。他們絕大部分既無家眷，又乏恆產，自然成為不安的種子。尤其有所謂「羅漢腳」者，漂流四方，隨處結黨，一遇亂事，動輒蜂擁而起。十八世紀中葉以來臺灣多已開墾，人口大增，先來與後到者間為了生計問題，時生衝突。而駐臺官吏顢頇無能，輪調頻繁，下情無由上達，也使問題變本加厲。擴大來看，來臺墾殖的先民既已到達帝國疆域的盡頭，所有中原禮教加諸的限制，似乎就有了重組的餘地。他們的變與反固然反映了現實動機，也流露出一種血性的草莽精神。參王德威：《臺灣：從文學看歷史》，（臺北：麥田出版社，2009年），頁61。

　　人們爲了爭地、利益產生衝突，演變成閩粵械鬥、漳泉械鬥，除此之外，亦有因迎神賽會、爭奪商務等而互相結怨殺傷的宗姓間的械鬥，甚至因團體、理念不同而釀成械鬥〔註15〕，清代臺灣的械鬥習氣，也成了施叔青筆下所描繪的素材，營造出清代臺灣的械鬥氛圍：

> 爲了爭一個假男爲女的小旦，一場械鬥蓄勢待發。〔註16〕

> 因演戲謝神，戲棚下聚賭所引起的。〔註17〕

> 小至因看戲引起的械鬥，大至豎旗造反最後都以族群仇殺而兩敗俱傷。〔註18〕

諸多的械鬥原因不勝枚舉，但他們同仇敵愾地將對方視爲敵人的心理，並將此心理化爲不除不快的行動是相同的，械鬥的衝突在臺灣歷史上，留下了傷痛與慘烈的一頁，施叔青細膩地觀察到此現象在臺灣歷史上是不可抹滅的足跡，因此，藉著伶人串起虛與實，將械鬥的歷史化爲筆下的背景。

　　移民渡海至臺，使原本生活於臺灣的原住民生活必然受到影響，他們的生活圈與生活方式亦有所改變。嘉慶以來，臺灣的生齒日繁，漢人至臺開墾已漸無曠土，故漢人侵占番地、贌典番業的景況愈甚〔註19〕，西部平原已多數爲漢人所有，自嘉慶道光以降，平埔族因土地遭漢人侵占，被迫離開自己

〔註15〕如西皮福祿械鬥：乃因音樂團體之不同，而釀成之械鬥。據宜蘭縣志：道光年間有琴師林文登者，至噶瑪蘭開設樂館，傳授樂技。其徒後分爲兩派：一用提絃者（用椰殼張弦爲琴），奉祀西秦王爺爲主神，稱福祿派；一用胡琴，奉神爲田都元帥，稱西皮派。兩派互相嫉視。至同治末年，兩派械鬥甚烈。雙方集眾二千餘人，互相殘殺；延至基隆一帶，數年不休。後官捕斬兩派頭目數名，始息。參臺灣省文獻委員會編：《臺灣史》，（臺北：眾文圖書，1990年），頁424～425。

〔註16〕施叔青：《行過洛津》，（臺北：時報文化出版社，2003年），頁246。

〔註17〕施叔青：《行過洛津》，（臺北：時報文化出版社，2003年），頁247。

〔註18〕施叔青：《行過洛津》，（臺北：時報文化出版社，2003年），頁247。

〔註19〕漢人奪取原住民土地的方法包括：（1）利用平埔族以女性繼承家業的習俗，漢人與她們通婚已奪取土地。（2）利用他們不識字，和他們訂契約，並把界限寫得曖昧，以此騙取土地。（3）偷墾佔有。（4）利用平埔族的習俗，遇見土地上有死物、穢物就棄地他遷，漢人則乘機占土地。（5）借居或租屋而取地，久而反客爲主。〈竹塹社文書〉：「又有一種無賴惡棍，藉名稅屋開張米酒什貨生活，實貪少婦姿色，誘謀術騙私通；甚至鼓惑番婦反目『放手』（丈夫），結爲夫婦，妻佔而屋並距」。（6）逼他們寫典契，放高利貸給他們，最後奪取土地爲抵償。於是，原住民在漢人的威迫利誘下，被迫流離遷徙。參楊碧川：《簡明臺灣史》，（高雄：第一出版社，1987年），頁65～66。

的土地，步上遷徙一途〔註20〕，故漢人移墾後，平埔族的遷徙流亡頻仍。沈
葆楨來臺實施的「開山撫番」政策、教化番仔、賜姓政策〔註21〕，以及滿清
政府的理番政策〔註22〕等皆是要將清廷眼中的平埔族施予大改造，改造成漢
人模樣，在郁永河《裨海紀遊》中謂：「苟能化以禮義，風以詩書，教以蓄有
備無之道，制以衣服、飲食、冠婚、喪祭之禮，使咸知愛親、敬長、尊君、
親上，啓發樂生之心，潛消頑憨之性，遠則百年、近則三十年，將見風俗改
觀，率循禮教，甯與中國之民有以異乎？」〔註23〕在清統治時期，移民臺灣
的漢人人口日益增加，多數的原住民在反抗之餘，逐漸走向漢化之途。

　　《行過洛津》鋪演出早期臺灣社會的移民史，空間從中國到臺灣、又從
臺灣到中國，在兩地的遷徙中，人、事、物也在其間流轉著。中國的移民們
到臺灣找尋生活的新天地，他們冒著生命之險橫渡黑水溝，踏上臺灣扎實的
土地後便在臺灣落地生根、開枝散葉；清廷派駐官員治臺，官員們將臺灣視
爲瘴癘之地，心繫著中國家鄉，踏上臺灣的那一刹那即湧上濃烈的鄉愁與愁
緒，渴望著能夠時光飛逝，趕快返鄉，故治臺的官場上有了「三年官兩年滿」
的慣例；伶人許情爲戲自中國至臺灣，三次的往返正好見證了洛津繁華與衰
頹的歷史，白雲蒼狗、倏忽即逝的興廢命運非人所能掌控，隱含有人的力量
如滄海之一粟的無奈與感慨，施叔青透過許情之眼看盡人生的悲歡，以泉州
七子戲班旦角月小桂的生平際遇爲主線，藉許情的遭遇經歷開啓了洛津的移
民史頁，寫出了臺灣早期的移民史話；移民者至臺開墾，爲了爭取土地開拓

〔註20〕平埔族有二種遷徙方式，一是遷到漢人較少的偏僻貧瘠的山麓、海邊地帶；
　　　　二是遷到官府禁止漢人入墾的生番地界。以後者規模較大。參潘英：《臺灣平
　　　　埔族史》，（臺北：南天書局，1996年），頁222。
〔註21〕強迫平埔族漢化，1758年（乾隆23年）又頒布賜姓政策：平埔族可以姓潘、
　　　　劉、陳、戴、李、王、錢、斛、蠻、林。其中姓「潘」的最多。因爲這個姓
　　　　有田、有水，「番大喜」。參楊碧川：《簡明臺灣史》，（高雄：第一出版社，1987
　　　　年），頁96。
〔註22〕清廷撤廢番境禁例，同時針對理番政策作調整，重點有三：一、撤廢越界入
　　　　番之禁，聽民番交易自如，開放番境之實；二、番社境域，不准租予民人承
　　　　佃；三、在不威脅番人贍養之範圍，雖屬番境，不妨劃界，以供招墾，俾民
　　　　番相安。在積極撫墾上，要旨有三：一、撫化番黎，設義學於各地；二、授
　　　　產於番，以期馴化爲良民；三、招募移民，予以保護，獎其墾成。參劉枝萬：
　　　　《南投縣志稿》，（臺北：成文出版社，1983年），頁234。
〔註23〕郁永河原著，許俊雅校釋：《裨海紀遊校釋》，（臺北：編譯館，2009年），頁
　　　　197。

自己的家園，他們改變了臺灣原住民的生活空間，讓原住民們從平地移居到了山上。《行過洛津》不同的角色有不同的遷移空間，南方朔曾分析此書，認為：「一干子下層社會的戲子演員如玉芙蓉、月小桂、阿婉，搭配著豪門郊商石氏家族，以及官僚朱仕光，屈辱與繁華，粗礪與造作的對比裡，那個遷移時代就像走馬燈般的一幕幕閃過」〔註 24〕。

二、《風前塵埃》：日本──東臺灣

　　一八九四年七月二十五日（清光緒二十年六月二十三日），中日「甲午戰爭」在朝鮮西海岸豐島附近海域爆發，這是中日雙方首度正式交手，也是清廷「自強運動」與日本「明治維新」成果驗收的大對決。〔註 25〕日本支那經略論的代表人物佐藤信淵在《支那經略論》書中強調：「皇國所能容易攻取之地，除支那滿州之外無他。」〔註 26〕，吉田松陰的經國大計亦主張：「北取滿州，南至臺灣、呂宋諸島。」〔註 27〕清廷與日本於一八九五年四月十七日（清光緒二十一年）由李鴻章與伊藤博文於日本春帆樓簽訂《馬關條約》，臺灣在《馬關條約》中割讓予日本〔註 28〕，臺灣自此成為日本帝國的殖民地，擁有戰略位置又具豐富資源的臺灣成了日本南進的基地，日本殖民者的生活空間自日本移至臺灣。

　　從此改朝換代的臺灣人，心境擺盪於龍旗、虎旗與太陽旗之間，經歷了身心的剝離與創傷，日本殖民帝國以「文明／野蠻」之別，武力鎮壓臺灣人的反抗行動，企圖抹煞臺灣人的自我認同與主體性，臺灣人民的生活空間受到了限制與約束。葉盛吉在其作品《手記》中對日本的「皇民化」有著深刻的省思：「任何民族，無論這民族是怎樣處於落後狀態，不懂科學、不講衛生，

〔註 24〕 南方朔：〈走出「遷移文學」的第一步〉，收錄於施叔青：《行過洛津》，（臺北：時報文化出版社，2003 年），頁 8。

〔註 25〕 羅吉甫：《日本帝國在臺灣：日本經略臺灣的策略剖析》，（臺北：遠流出版社，2004 年），頁 13。

〔註 26〕 黃文雄著，楊碧川譯：《締造臺灣の日本人》，（臺北：前衛出版社，2009 年），頁 45。

〔註 27〕 黃文雄著，楊碧川譯：《締造臺灣の日本人》，（臺北：前衛出版社，2009 年），頁 45。

〔註 28〕 條約中第二款明文規定中國割讓臺灣全島及所有附屬島嶼、澎湖列島給日本。參黃靜嘉：《春帆樓下晚濤急：日本對臺灣的殖民統治及其影響》，（臺北：臺灣商務印書館，2002 年），頁 22。

而他們的故鄉，他們的習慣，對他們來說，都是絕對的東西。即使有一天他們能接觸到其他更高級的文化，或者一時陶醉其中，而不久，隨著時光的流逝，他們還要懷念自己的故鄉，懷念過去的生活和習慣。」〔註29〕

　　日本殖民者注重對殖民地人民的思想改造，欲徹底去除臺灣人原有的思想、信仰、物質、文化等，故在臺灣推動殖民教育與積極地進行皇民化運動，小林總督在地方官會議所言的：「謀求皇國精神的徹底化，振興普通教育，糾正言語風俗，培養忠良帝國臣民之素質」〔註30〕，要求臺灣人民完全「日本化」，使臺灣人改頭換面做真正的「日本人」。以「八紘一宇」的精神，抹煞個別的差異，讓殖民地的人民遵守一致的日本人生活準則，同化為日本人，讓臺灣如陳紹馨所言的：「自封閉性、自足性社會漸變為開放性、流動性社會」〔註31〕。在日治時期，臺灣人民、原住民的生活空間皆有了轉變，司馬遼太郎在《臺灣紀行》中提及：「日本統治時代，發生過多起山地人的大小叛亂事件。所有叛亂的原因，全部都是由於日本將他人的鄉里，據為殖民地所造成的。」〔註32〕，從中可窺見殖民者的野心，亦可了解臺灣人民的生活圈有大幅的改變。

（一）擺盪的鄉愁

　　日本帝國統治臺灣，早期的政策是「農業臺灣，工業日本」，為了開拓日本的疆域，並發揚日本文化達到對臺灣的同化，在臺灣東部移植了日本移民村〔註33〕，因此，日本的移民們隨著日本殖民者的腳步到臺灣墾居，他們的

〔註29〕 經典雜誌編著：《赤日炎炎：臺灣一八九五～一九四五》，（臺北：經典雜誌，2005年），頁63。

〔註30〕 黃昭堂著，黃英哲譯：《臺灣總督府》，（臺北：前衛出版社，1994年），頁171。

〔註31〕 陳紹馨：《臺灣的人口變遷與社會變遷》，（臺北：聯經出版社，1997年），頁122。

〔註32〕 司馬遼太郎著，李金松譯：《臺灣紀行》，（臺北：東販出版社，1995年），頁452。

〔註33〕 日本在臺灣的移民事業可分成四期：第一期為初期私營移民時期，1895至1908年；第二期為花蓮港廳官營移民時期，從1909至1917年；第三期為臺東廳私營移民時期，從1917年總督府頒布移住獎助要領到1945年；第四期為後期官營移民時期，從1932年到1935年。日本移民村是經過規畫的村落，移民共居一處，形成純日本式的農村。官營移民村規畫的概念基本上是在聚落領域內採「生產居住複合式」的結構，住宅為密居式，位於生產空間之中，並附帶有生產設施，住宅與耕地之間以道路聯絡，並與外界形成運輸網絡。總督府以每戶專農平均人數作為基準，配與水田1甲5分，旱田3甲，外加

生活空間由日本移轉到了臺灣。在《風前塵埃》中刻畫出這些日本移民們雖處於殖民者的身分，但他們在臺灣建立家園、養育子女、落地生根地生活在臺灣的土地上，因此，在他們的心中，臺灣儼然已成為了他們的故鄉，待他們因日本戰敗必須撤離臺灣時，反而有了失根、離開故鄉的感受。當這些移民們回到日本後卻又必須承受著「純正」日本人異樣、睥睨的眼光，在這些日本的移民們心中是有著矛盾與傷痛的，他們在臺灣的身分是殖民者，但對日本人而言，「灣生」的日本人又非純正的日本人，地位低於日本人。

　　日本移民們以殖民地為故鄉，身分擺盪在殖民者、被殖民者之間，然而，殖民者與被殖民者的身分是互相對立，這樣矛盾的身分，讓日本移民們不真正屬於任何一方。在臺灣出生、成長的日本移民們在憶起臺灣時，是帶著美好回憶、想家與濃厚「鄉愁」的心情與視角的，這是有異於純粹將臺灣視為殖民地的日本人的。施叔青藉著日本移民村的日本人，傳達出並非所有的日本殖民者都將臺灣視為異地，如此的思維將日本移民與臺灣人民做了連結，因為他們擁有共同的原鄉——臺灣。跟隨《風前塵埃》中的日本移民的腳步，我們閱盡了一頁頁令人感傷的移民、殖民歷史：

> 二十多年前，她曾經回到出生地的臺灣，那是在日本與臺灣斷交後的第二年，她跟著一群日治時代在花蓮日本移民村出生成長，而今白髮飄飄的老人們前去探訪他們過去的故鄉。〔註34〕

> 日本戰敗後，三個移民村五百多戶，將近三千個日本農民，悉數被遣送回國，這些如今白髮蒼蒼的老人，回到昔日居住之地，重溫過去的回憶，其中也不乏出生於此，回來探尋原鄉的。〔註35〕

> 無絃琴子記得母親神智還清楚時，不止一次說過，雖然離開那麼久了，還是聞到菸樓烤菸葉時飄出來濃烈的香氣。

> 「當年日本移民種的菸草，價值矜貴，被稱為『綠色黃金』哩！」

> 女兒感受到母親對花蓮的鄉愁。〔註36〕

宅地 1 分 5 厘，但各村各聚落自然條件不相同，因此分配的土地面積有些差異。參許雪姬、薛化元、張淑雅等撰文：《臺灣歷史辭典》，（臺北市：文建會，2004 年），頁 194。

〔註34〕 施叔青：《風前塵埃》，（臺北：時報文化出版社，2008 年），頁 9。

〔註35〕 施叔青：《風前塵埃》，（臺北：時報文化出版社，2008 年），頁 10。

〔註36〕 施叔青：《風前塵埃》，（臺北：時報文化出版社，2008 年），頁 14。

刻著「聚會一所」的納骨塔矗立在黃燦燦的油菜花當中，那是當年
變賣一切家當遠走他鄉墾荒的移民葬身之地。

坐在無絃琴子身後的兩個老人嘆息著：

「唉，也有人得到撫卹金就回日本，並不想埋骨臺灣！」

「這畢竟是少數啊！我們是把這裡當作家，如果不是被趕走……」
〔註37〕

穿日本服飾的老阿公在鳥居下東張西望。他的故居被拆毀了，找不
到他的家。〔註38〕

回到遊覽車，眾人嘆息：

「唉，當初以為只要定居下來就會是故鄉！」〔註39〕

臺灣是「原鄉」、是「故鄉」、是「家」，從日本移民的思鄉口吻與心情，可見
在日本移民們心中一直惦記、掛念著臺灣這個心靈的家鄉，因此，在他們歸鄉
的旅程中，處處充斥著鄉愁的氛圍。橫山月姬晚年雖患了失憶症，但在她心底
亦一直惦念著臺灣，在她神智清楚的時候，她「老是念著她住過的花蓮。」〔註
40〕，她回味著在臺灣花蓮的點點滴滴，可知她心裡真正的故鄉是臺灣。移民
村的日本居民，當初到臺灣開闢自己的家園，懷有在臺灣生根的想法，把臺灣
當作「家」，因此，臺灣和他們之間有著無形的緣份，讓他們彼此緊緊地繫在
一起。多年之後，這群回臺灣尋根、探訪原鄉的老者，看到他們所留下的建築、
植物依舊時，內心百感交集，而看不見自己以前的家時，內心頓失所依，彷彿
希望被抽離般感到心痛，不禁淚眼潸潸，潸出的是充滿哀慟、不捨的淚。

（二）殖民與後殖民

　　日本移民們在臺灣留下許多他們曾經以臺灣為家的足跡，這些足跡也成
了日本日後他們回臺灣的種種回憶，隨著「返鄉」的旅程，他們再次踏上臺
灣這塊土地，映入眼中之景，觸動了他們回憶的心弦，也撥動著今非昔比的
滄桑感。施叔青透過日本移民們觸目所及之處，流露出他們對臺灣之情，在
他們追憶的過程中，隱含有無奈與不捨：

〔註37〕施叔青：《風前塵埃》，（臺北：時報文化出版社，2008年），頁14。
〔註38〕施叔青：《風前塵埃》，（臺北：時報文化出版社，2008年），頁18。
〔註39〕施叔青：《風前塵埃》，（臺北：時報文化出版社，2008年），頁18。
〔註40〕施叔青：《風前塵埃》，（臺北：時報文化出版社，2008年），頁10。

> 進了當年的豐田移民村，派出所對面是一所國民小學，操場飄揚著
> 青天白日滿地紅的國旗，這裡原是日本移民子弟就讀的小學，校園
> 遍植茄苳、欖仁、垂鬚的老榕樹，粗大的樹幹可看出小學校悠久的
> 歷史。〔註41〕

> 距離小學校不遠的豐田神社，已經被改爲碧蓮寺，進入神社步道的
> 鳥居還在，旁邊一株枝葉蔽空高聳的麵包樹，矗立在東臺灣十月的
> 晴空下，見證了政權的遞換變遷。〔註42〕

日本殖民者留在臺灣的空間之景，隨著他們離開臺灣後也已衰頹，象徵日本殖民政權的總督府，也在時間的轉輪下有了不同的意義，今昔的對比中，有了強烈的興廢之感，在對比中交織出在臺灣此空間留下的歷史故事，建築物會頹圮，但留存於記憶中的點滴，卻是歷歷在目，施叔青在此處透過回憶的文字，後殖民的視角，呈顯出今昔的對比，也寫出人們所留下的空間足跡。

　　日本移民村的人們從日本到臺灣開墾家園，到異地建造新的生活空間，在臺灣生活久了，臺灣已成了他們的家鄉，日本戰敗後他們帶著不捨的心情從臺灣返程回到日本，但他們的心裡始終沒有忘卻在臺灣生活的點滴，多年後在因緣際會下他們又從日本回臺灣尋訪他們的原鄉。日本移民村的人們心情與身分都是複雜不純粹的，擺盪在日本與臺灣間的殖民與被殖民的關係，在本島日本人眼中他們是低下的，然而在臺灣人眼中他們又是高尚的，截然不同的眼光交雜在他們身上，心情必然是五味雜陳的，對他們而言日本是故鄉，然而臺灣才是令他們念念不忘的心裡原鄉。

三、《三世人》：臺灣──日本──臺灣

　　日治時期的臺灣人民，被殖民的身分包裹著，殖民的印記讓臺灣人民承受著睥睨、輕視的眼光，雖然生活在自己的原鄉，卻有著寄人籬下的無奈與傷痛，因此，在他們的心裡有了微妙的變化。有些人堅持做原來的自己，承受著與時代背離的矛盾，也因此在心中刻印了更深的傷痕；有些人爲了跳脫次等的身分，透過空間的移轉，褪去過去的自我；有些人經由娶日本妻子，依附在另一半的日本身分下，彷彿有了脫胎換骨的新身分。透過空間的移轉，

〔註41〕 施叔青：《風前塵埃》，（臺北：時報文化出版社，2008 年），頁 16。
〔註42〕 施叔青：《風前塵埃》，（臺北：時報文化出版社，2008 年），頁 17。

有人因此移轉了自己的身分,而更有人因為在被殖民的時代氛圍與背景中,迷失了自我,「我是誰」的困惑找不到解答,不斷地縈繞於心,因此,一道道的傷痕深深地烙印在臺灣人民身上,成了時代的印記與見證。

(一)空間移轉是身分移轉的途徑

日治時期的臺灣人民,要擺脫被殖民的身分是不可能的,然而弔詭的是仍有些臺灣人汲汲營營地要成為日本人,最後,他們找到了身分移轉的方法,施叔青生動地將當時擺脫身分包袱的方法如實呈現:

> 坊間有一種說法,日本統治者不肯為臺灣人的子弟設中學或大學,
> 自有他的盤算,有錢的本島人只好送兒子到日本去深造,娶日本女
> 子為妻,日後勢必成為天皇的忠良臣民。〔註43〕

部份有錢的臺灣人家將子孫從臺灣送至日本,接受日本文化的洗禮,娶日本女子為妻,他的身分就有所提升,尤其是回到臺灣後,似乎完成了一件光耀門楣之事。從臺灣到日本再回臺灣,這樣的空間移轉,讓人的身分地位即隨之提升了,彷彿因為依附在有日本身分的妻子身上,找尋到了自己失去已久的自尊,空間的移轉竟成為了身分移轉的一種途徑。在當時,有人透過留日改變自己的身分,有人內渡中國,但亦有如施寄生之人根留臺灣,堅持做「自己」,而留在臺灣的人,他們在國民政府來臺治理時,成了充滿肅殺之氣的二二八事件之見證者。

《風前塵埃》以佐久間左馬太總督的任內事蹟為基幹,在「征服──被征服」、「認同──自我分裂」、「受害──加害」、「迫害──野蠻」的歷史課題架構下拼湊出臺灣被殖民的歷史。日本殖民者從日本到臺灣治理,他們帶著高高在上的姿態與睥睨的眼神踏足臺灣,殖民的身分已宣示著他們和臺灣人民天差地遠的地位,他們要至臺灣進行大改造;被殖民的臺灣人,有充溢著愛國情懷與勇氣者,他們為了守護自己的家人與家園,不願自己生存的空間被剝奪,他們不畏強權與艱難奮而反抗,《臺灣割讓與乙未抗日運動》記載:「臺灣住民以有限的力量,獨自奮鬥,為反對日本的殖民統治而進行的反殖民戰爭」〔註44〕,他們流下的血汗為臺灣的殖民史留下了壯烈的色彩。其中亦有部分的臺灣人,渴望能夠成為日本皇子,希望自己由內至外地改造成日

〔註43〕施叔青:《三世人》,(臺北:時報文化出版社,2010年),頁31。

〔註44〕黃秀政:《臺灣割讓與乙未抗日運動》,(臺北:臺灣商務印書館,1992年),頁336。

本人，有人過海到日本，這樣的行為彷彿接受了文明的洗禮，即可跳脫落後野蠻的出身，幸運者若能娶日本女子為妻，那麼他的身分地位便會隨之水漲船高，他們藉由空間的移轉來改變自己的身分與地位。

（二）「我是誰」的困惑

《三世人》延續《風前塵埃》的日本殖民背景，從日本殖民寫至臺灣的二二八事件，施家三代施寄生、施漢仁、施朝宗分別代表著在不同政權遞嬗中不同的際遇與心情，也象徵著臺灣人在三種認同中流動，給予人省思「我是誰」的空間。臺灣在《馬關條約》中被遺予日本，因此，有部份臺灣的文人如《三世人》中的劉舉人「起了離臺之心，舉家歸避廈門」〔註45〕，不願再留在臺灣，他們的空間從臺灣內渡到了中國，亦有部份文人如施寄生般選擇留在臺灣，心情如施寄生般：「寄生感謝劉舉人的心意，仍無內渡之意」〔註46〕，雖然他們承受著遺民心情的痛苦，但仍駐守家園，不願離開他們的土地、他們的家；施漢仁接受日本教育，看待日本殖民者和父親有著截然不同的態度，他想到東京留學，也常在上班之餘到城逛內日語書店，他在家中看見父親的遺民氣節，和現實生活中的他造成了衝擊，也因此他有了矛盾的心情，想離開那個家，但心中卻又有一份割捨不了的感情；施朝宗因二二八事件，因此，他「決定離開臺北南下避難，他計畫回到老家洛津」〔註47〕，他親身經歷了蕭殺的氣氛，為了避難他在不同的地方流亡、在不同的空間遊走，臺北、五股、烏日、洛津等都曾留下他的蹤跡，他的空間移轉是為了避難、活命，在移轉之中，也帶我們閱歷了如人間煉獄般的二二八事件，也道出了人們的絕望、心中烙下比日本殖民時更深的傷痕，此正呼應了施叔青所言的：

> 臺灣人是很悲哀的。在不同的政權統治下，命運掌握不在自己手中，一直都是身不由己，無法自主，真的是一種宿命。平情而論，草莽強悍、族群意識強、具移民性格的臺灣人，歷史上出現過好漢，反清的朱一貴、林爽文，抗日的簡大獅、陳秋菊等，都很轟轟烈烈過。二〇年代文化協會、農民組合更是人才輩出，只有到了「二二八」後，才完全噤聲。〔註48〕

〔註45〕施叔青：《三世人》，（臺北：時報文化出版社，2010年），頁58。
〔註46〕施叔青：《三世人》，（臺北：時報文化出版社，2010年），頁59。
〔註47〕施叔青：《三世人》，（臺北：時報文化出版社，2010年），頁7。
〔註48〕陳芳明：〈與和靈魂進行決鬥的創作者對談〉，收錄於施叔青：《三世人》，（臺北：時報文化出版社，2010年），頁280。

人民的「噤聲」，雖然表面是無聲的，但在無聲中即蘊含著最深沉的怒吼，那是一段令人不忍回首的傷痛史。施叔青將國民政府來臺前，在臺灣發生的眾多反抗事件，與國民政府來臺後的無聲，做了強烈的對比。「我是誰」的困惑未因統治者的更替而消逝，反而將人民推入了更深的絕望中，甚至迷失了自我。日治時期，臺灣人民因被殖民的身分，徘徊於究竟自己是清遺民、抑或是要成為日本皇民之間，擺盪的臺灣人民，失去了平衡點，掉入了困惑的泥淖中。到了國民政府來臺，殷切的期盼被深深的絕望所取代，人民再一次地陷入痛苦的尋找自我之途，最終依舊只留下了「我是誰」的困惑與迷惘。

　　在人生的遷移經歷中，蘊藏著對故鄉的眷戀、對未來的期盼、對現實條件的適應等，面對著歷史的變遷、空間的移轉，在遷移的過程中可能留下了困境與創傷，亦可能有新的視野，進而開展出嶄新美好的未來。遷移到新的天地，會接受同化，抑或無法融入主流社會，遭受到文化的衝突與認同的危機，因此，導致負面的邊際人格。不論同化與否，身心都將面臨強烈的衝擊，南方朔於〈走出「遷移文學」的第一步〉中即論及遷移的心理變化：「『遷移』（Migration），無論它指的是跨國的移動，或一個國家的內部流動；也無論它的原因是經濟性的或政治性的，它所涉及的都是最嚴酷的人間條件。由於大規模的遷移，多半都和時代與社會的重大改變有關；而當遷移發生時，它普遍都伴隨著離枝棄葉的滄桑，生命的剝離，甚至野蠻的復歸，以及意義的失落與尋找……。」〔註49〕可見在遷移的過程中，人們隨著空間的移轉，心境也隨之有跌宕起伏，其中有充滿願景的美好心情，也有著無可奈何的惆悵心緒，或是有著一道道傷痕的苦痛創傷。施叔青《臺灣三部曲》的故事場景分別在不同的空間中遷徙，在不同空間中上演著一幕幕臺灣的血淚史。

第二節　臺灣的風俗文化

　　日常生活和文化層面有著相互浸潤的關係，英國人類學家泰勒在《原始文化》認為文化「是做為社會成員的人們習得複雜整體，它包括知識、信仰、

〔註49〕南方朔：〈走出「遷移文學」的第一步〉，收錄於施叔青：《行過洛津》，（臺北：時報文化出版社，2003年），頁5。

藝術、道德、法律、習俗和其它的能力與習性。」〔註 50〕廣義而言，文化是指「一群人的生活方式。」〔註 51〕生活之中處處充斥文化的意涵與價值，食、衣、住、行、育、樂各個層面都可反映出文化的發展與意義。每個地域都有其具特色與意義的風俗，因此，風俗與地域有著深厚的關係，從這些風俗活動中，可以探尋它們的文化特色與風韻。臺灣早期的移民從他們的故鄉帶來了「文化」〔註 52〕，在《臺灣縣志論臺灣風俗》中記載：「民非土著，皆泉漳潮惠之人，故習尚與內地無甚異。」〔註 53〕，住於臺灣的人民在此地經營家園，不同族群的人們，共同在臺灣構築出具有多元特色的「臺灣文化」〔註 54〕。

在《臺灣三部曲》中可見，隨著郊商〔註 55〕的貿易而流轉的建築、物質，以及戲劇文化；而跟著日本殖民者，移植到臺灣的日本風格建築，有象徵政權、矗立於臺北的總督府建築，以及與日本移民一同遷徙至臺灣的移民村，

〔註 50〕 科塔克（Conrad Phillip Kottak）著，徐雨村譯：《文化人類學：文化多樣性的探索》，（臺北：麥格羅・希爾國際出版公司，2005 年），頁 79。

〔註 51〕 李寧遠、黃韶顏、倪維亞編：《飲食文化》，（臺北：華香園出版社，2004 年），頁 20。

〔註 52〕 文化是人類天性、本性所有的，也就是人的「自然」（Nature）之所有，是人在生活環境中培養「出來」的。在此可給「文化」做初步界說：「一群居生活的人」，在「一定環境中」，生活「一段相當長歲月」，於是形成「這一群人的文化」。在文化人類學界最早確認的「文化界說」是「愛德華・帕諾特・泰勒」（Edward Burnett Tylor）於 1865 年提出，於 1871 系統化成的完整概念：文化或文明乃是包括知識、信仰、藝術、道德、法律、風俗，以及其他作為社會成員的個人而獲得的種種能力與習慣化內的一種複合整體。參林初乾等編：《臺灣文化事典》，（臺北：國立臺灣師範大學人文教育研究中心，2004 年），頁 122～123。

〔註 53〕 山根勇藏：《臺灣民俗風物雜記》，（臺北：武陵出版社，1989 年），頁 158。

〔註 54〕 臺灣人——大量的臺灣居民，長期久遠生活於臺灣島嶼，由於人與自然、與他人與團體，還有跟自己相處、適應、調適的過程中，接受一些物理原則的限制，形成臺灣人或臺灣社會特有的習慣、風俗、各種規範、法律觀、道德觀等。綜合性說：形成臺灣人感覺方式、語言文字、思考思想方式、生活方式、行為模式，也形成臺灣人特有的宗教行為宗教態度，臺灣人共有的價值觀，甚而愛情觀、人生觀、生命觀等，終而提昇為臺灣人特有的哲學思考（存在觀、價值觀等）。另一方面，對應而創造了臺灣特有的藝術、文學、科學、各種學術等等。以上綜合的整體表現就是「臺灣文化」或指「臺灣文化的內涵」。參林初乾等編：《臺灣文化事典》，（臺北：國立臺灣師範大學人文教育研究中心，2004 年），頁 123。

〔註 55〕 郊商是自大陸、臺灣沿岸各港來的船戶、水客以及行舖取得進口商品，又包買地區性物產出口的進出口貿易商人。參許雪姬、薛化元、張淑雅等撰文：《臺灣歷史辭典》，（臺北市：文建會，2004 年），頁 327。

日本的建築、物質、服飾、飲食等文化自此駐足於臺灣。當人們在充斥不安
氛圍的環境中生活時，他們需要心靈的寄託，故信仰文化一直是人們生活中
不可或缺的重要力量，泉州移民帶入了媽祖等信仰，日本移民亦帶進他們的
信仰與神社建築。不同族群的建築、信仰、飲食、戲劇、服飾、物質文化，
已隨著人們的腳步在臺灣身上留下了深刻的足跡。

一、建築文化

　　清領時期，移民帶著離鄉背井的愁緒渡海至臺，故鄉之景歷歷在目，因
此，他們將故鄉的建築建材與建造方式，移植到臺灣，欲在臺灣的生活之處，
打造出故鄉的景致，以此聊慰思鄉之愁，故充滿移民故鄉色彩的建築林立於
臺灣。到了日治時期，日本統治者渡海來臺，他們亦將他們的建築風格帶進
臺灣，以此撫慰他們的思鄉之情，也以建築物宣告著他們殖民的地位。而建
築物的頹圮，如政權的傾圮一般，在不同的政權下，臺灣矗立著不同風格、
色彩的建築，透過建築文化的更替，亦可閱覽在臺灣土地上駐足過的政權，
因此，冰冷的建築物被注入了許多豐盈的情感，有著思鄉的寄託、殖民的象
徵、地位的區隔、時序的遞嬗……等意義。

（一）寄寓思鄉情懷

　　在《行過洛津》中，我們可見早期的移民渡海來臺後，將他們的衣著、
信仰、語言、藝術、建築與各種文化色彩帶進臺灣這塊土地上，在此傳承他
們原有的文化。移民們隨著空間移轉，也將他們的文化移轉至臺灣，這些物
質文化除了跟著人移轉外，也會隨著商品的流動動向，而改變它們的價值與
地方，在當時臺灣與大陸有諸多的貿易，如施叔青筆下所描繪的「洛津自嘉
慶中葉後，與大陸貿易往來鼎盛，市面繁榮」〔註56〕、「極盛時期港口幡檣林
立，風帆接天無濟」〔註57〕，因此，彼此的物質文化、器物也在貿易中互相
交流與移轉：

> 洛津溪海口的河段更是檣林如薺，其中一艘三桅帆船裝載整船的
> 米、糖、樟腦等臺灣土產，正揚帆待發，靠著風向，往北駛向寧波、
> 上海，最遠可到天津、錦州、膠州等處。剛剛駛進港口泊岸的，則

〔註56〕施叔青：《行過洛津》，（臺北：時報文化出版社，2003年），頁9。
〔註57〕施叔青：《三世人》，（臺北：時報文化出版社，2010年），頁10。

是一艘龐然的斗頭船，從泉州運來大批木材、布疋及其他日用品、藥材等，船底又載了大批的紹興酒、惠安開採的優質花崗岩壓船艙。〔註58〕

從清朝初年開始，海商從泉州、漳州渡海而來，相繼在洛津成立船頭行，船商沿著溪灣臨水建立碼頭，同時臨港建設庭院，暫時停放運往福建的米、糖、樟腦等農產品。批發交易商品的店鋪及住家逐漸應運而生，連棟戶戶緊接，形成帶狀的街市。〔註59〕

不見天街道寬度僅十二至十五尺之間，十分狹窄，兩邊商家為了爭取街面經營買賣，只有把居住的空間一進進往後延伸，店面後的住家一進一天井用來採光，形成進深大，院落層次多的長條街屋。這種建築格局來自也是地小人稠的泉州，俗稱竹筒屋。〔註60〕

清雍正年間，臺灣府治（今臺南市）有了商業團體的組織——郊〔註61〕，從郊的成立可見商業貿易之盛，到了乾隆四十九年時，又闢彰化鹿港為正口，與泉州蚶江通商，鹿港的商業日趨繁盛〔註62〕。洛津於清治臺灣時，擁有漢人開墾及偷渡的路線、便利之地理位置與優良的港灣條件〔註63〕，港灣及地理位置之利讓洛津的發展日漸繁盛，也擁有多元的物質文化。如臺灣產的米、

〔註58〕 施叔青：《行過洛津》，（臺北：時報文化出版社，2003年），頁9。
〔註59〕 施叔青：《行過洛津》，（臺北：時報文化出版社，2003年），頁55。
〔註60〕 施叔青：《行過洛津》，（臺北：時報文化出版社，2003年），頁17。
〔註61〕 郊是臺灣與大陸兩地進出口貿易商人或是同業商人所形成的商業組織。清代臺灣的郊至少可以分為三種，一是指往同一地區貿易的郊，如泉郊、廈郊。第二是指稱某地區的郊，如塹郊。三是指同業商人的郊，如藥郊、油郊、布郊、糖郊。參許雪姬、薛化元、張淑雅等撰文：《臺灣歷史辭典》，（臺北市：文建會，2004年），頁327。
〔註62〕 彰化縣志規制志云：「鹿港大街，街衢縱橫皆有，大街長三百里許，泉、廈郊商居多，舟車輻輳，百貨充盈。臺至郡城而外，各處貨市，當以鹿港為最。」又同書風俗志云：「遠賈以舟楫運載米、粟、糖、油，行郊商皆內地殷戶之人，出貲遣夥來鹿港，正對渡於蚶江、深滬、獺窟、崇武者曰：泉郊；斜對渡於廈門者曰：廈郊。間有糖船直透天津、上海等處者，未及郡治北郊之多。若澎湖船則來載醃鹹海味，往運米、油、地瓜而已。」參臺灣省文獻委員會編：《臺灣史》，（臺北：眾文圖書，1990年），頁484。
〔註63〕 鹿港街之所以能在海岸砂丘中逐漸出現，同時在短時間內一躍而成為全臺第二大街，係因其所在地於清治臺灣初期巧合地同時擁有漢人墾拓及偷渡路線、便利之地理位置、優良的港灣條件三項時間及空間的有利條件。參林衫乾等編：《臺灣文化事典》，（臺北：國立臺灣師範大學人文教育研究中心，2004年），頁772。

糖、樟腦等，隨著船輾轉到了寧波、上海、天津、錦州、膠州等處；而泉州的木材、布疋及其他日用品、藥材、紹興酒、惠安的優質花崗岩等也跟著船到了臺灣，物質商品即在航運一來一往中流轉於臺灣與中國。隨著航運、港口的發展絡繹不絕，因此，建築也有了不同的式樣，連棟戶戶緊接的帶狀街市與從泉州傳進洛津的竹筒屋建築，正是因為商業需求而蓋的形式，從中可意會洛津當時的繁榮與人口之多，建築的形式有著反映當時文化特色與人民生活的意涵。貿易交流帶來開闊的視野，也讓彼此的商品貨物互通有無，生活更加便利，商人以此獲利，亦帶動城市的繁華，建築的風格也在這一來一往的交涉中，有了觀摩學習，因此，帶來了多元的建築風格，也讓移民的故鄉建築彷彿座落在臺灣。

（二）象徵殖民政權的駐足

清領時代過後，接續的是日治時期，日本人以高高在上的殖民者之姿踏入了臺灣，日本殖民政府直至大正時期，國勢已達如日中天之境界。臺灣總督府是日治時期的最高統治機關，其建築的風格是採用明治時代上流階層和洋並存的建築風格，《風前塵埃》中即敘及：「官邸的建築師把這種設計帶到殖民地來」〔註64〕。日本殖民者在臺灣費心建築的總督府，是殖民政權的象徵，亦成了臺灣曾被日本帝國殖民的紀錄。在《風前塵埃》中，作者將佐久間總督的殖民者心理，藉由總督府的興建表露無遺：

> 佐久間總督為了殖民地的永續統治，做長期留在臺灣的打算，在他任內開始興建臺灣總督府，這座耗費鉅資、全島最高的總督府，完工後將會是臺灣的新地標。〔註65〕

除了日本統治者，留下象徵統治者的建築外，當時日本移民移至臺灣，給予他們精神依歸的信仰，也在臺灣落地生根，建築於花蓮吉野的吉野布教所是移民們是心靈的寄託之處，亦是給予他們安全感的來源，日式風格的建築，彷彿將日本的空間場景移至臺灣：

> 「慶修院」本來是「吉野布教所」，這座大正年間完工的日式佛堂，是當年來自四國的農民仿效故鄉德島的真言宗萬福寺建造的，成為移民的宗教與精神寄託之處。戰後日本人離開臺灣，布教所荒廢了多年，後來改名為「慶修院」，花蓮縣政府為了保護歷史古蹟以及推

〔註64〕施叔青：《風前塵埃》，（臺北：時報文化出版社，2008年），頁45。
〔註65〕施叔青：《風前塵埃》，（臺北：時報文化出版社，2008年），頁30。

廣文化觀光，聘請專家斥資重修，恢復傳統日本寺院的形制原貌，使這座臺灣少見的日式佛堂風華再現。〔註66〕

無絃琴子翻閱慶修院修復過程資料，彩色封面呈現一座日本傳統的佛堂，當年移民村的吉野布教所，正是慶修院的前身，供奉空海弘法大師本尊的佛堂，屬於抬高臺基的高床形式，簷廊下木造欄杆圍繞，寶形造格式的四面鐵皮，屋頂覆盆式的伏缽，造型優美。無絃琴子讀著日文的説明：「……木構架上的頭貫、斗拱、木鼻等構件，散發著典型的江戶風格。」〔註67〕

在《風前塵埃》中，多次描繪了日本移民村的日本建築，其中屋頂鋪著黑色的日本瓦是日本建築的特色，看到這樣的建築方式即可知是日本人家。日本殖民者的建築與臺灣原本建築風格迥異，也代表著殖民者與被殖民者身分懸殊：

走出春日通，通往阿美族番社的路叫高砂通，要到吉野移民村，則走筑紫橋通。沿著這條道路，來到筑紫橋，站在橋上便可看到移民村的農舍，屋頂鋪著黑色的日本瓦。〔註68〕

母親形容記憶裡的移民村，一排排整齊的日式農舍，屋頂覆蓋著日本瓦，桁架及天花板都是檜木板所構成，牆壁是編竹加上黃土、稻草混合而成，牆面抹上石灰，屋外牆覆上魚鱗狀的檜木……〔註69〕

圍牆內，櫛比鱗次的黑色日本瓦農舍下，……。〔註70〕

心事重重的范姜義明，極目眺望湖的另一邊，樹叢中隱約露出櫛比鱗次的農舍，斜斜的屋頂覆蓋著黑色的日本瓦，……。〔註71〕

「黑色的日本瓦」儼然成爲了殖民者住屋的標記，讓臺灣人民一覽即知那是個與自己格格不入的世界，有著明顯的界線、藩籬。日本的建築留存於臺灣，代表著臺灣曾被殖民的紀錄，而日本的建築風格、道路命名等在臺灣留下足跡，也有著時代表徵之意。建築物風格的改變代表著政權的轉移與族群的遷

〔註66〕 施叔青：《風前塵埃》，（臺北：時報文化出版社，2008年），頁4。
〔註67〕 施叔青：《風前塵埃》，（臺北：時報文化出版社，2008年），頁8。
〔註68〕 施叔青：《風前塵埃》，（臺北：時報文化出版社，2008年），頁83。
〔註69〕 施叔青：《風前塵埃》，（臺北：時報文化出版社，2008年），頁84。
〔註70〕 施叔青：《風前塵埃》，（臺北：時報文化出版社，2008年），頁156。
〔註71〕 施叔青：《風前塵埃》，（臺北：時報文化出版社，2008年），頁174。

徙。在《三世人》中，日本統治者將臺灣原有的建築、道路全盤進行改造，「統治者切斷臺灣人原有的地理方位，讓他們成爲一群沒有過去、沒有歷史的遊魂」〔註72〕，日本統治者將原本清領時期、含有臺灣人習慣的建築風格，全換上了日本人的建築，宣示著新政權的到來，摒除一切舊有的風貌，要將臺灣改造成符合日本風格的地域，在殖民地再現日本街市的風貌：

> 日本人來了以後，割斷了臺灣原先與大清帝國的脈絡，拆除了地理風水象徵「四方之極」的臺北城牆，利用拆下的城牆石柱當作修建總督官邸的基座，府城內建於光緒十三年大清帝國的權力象徵布政使司衙門，那座中國式官衙建築也被拆下，其中一部分搬到植物園當風景點綴。〔註73〕

> 劍潭山成爲象徵天皇權力的神域，臺北市內主要的道路系統都與神社遙遙相望。大清朝留下的府中街、府前街早已屍骨無存，城牆拆除後，日本人開闢一條林蔭三線大道，……大肆興建州廳、高等法院、郵政局、銀行、火車站，以雄偉的公共建築作爲權威象徵。〔註74〕

在《風前塵埃》中，日本移民村的日人在多年後回到臺灣的尋根之旅，返鄉的老人們歷經滄海變成桑田的劇變，看見自己原本在臺灣的住屋早已面目全非，換上了入住的新族群之建築風格，人事已非，景物亦已非昔日的景象，心中的感慨油然而生：

> 日本人喜歡整整齊齊的街道，房子的大門都對街，臺灣人習慣房子正面朝東，就把朝西的正門封閉，改由東面做爲出入的大門，日本人的廚房，叫做土間，……臺灣人喜歡大的廚房，把土間加建擴大了好使用，或者另外改建，還有日本人室內脫鞋的習慣也被改掉了。〔註75〕

> 搬進日本式農宅的客家人，時間久了，房屋需要修繕，爲了節省費用，把日本房子的樑柱拿來做新房的基礎。「有一個日本人回來找他從前住過的家，和你一樣也看不到什麼，」老人回憶：「我帶他到客家人家裡喝茶，日本人發現當年他家的樑柱還在，好像看到舊人，眼眶都紅了……」〔註76〕

〔註72〕　施叔青：《三世人》，（臺北：時報文化出版社，2010年），頁52。
〔註73〕　施叔青：《三世人》，（臺北：時報文化出版社，2010年），頁50。
〔註74〕　施叔青：《三世人》，（臺北：時報文化出版社，2010年），頁50～51。
〔註75〕　施叔青：《風前塵埃》，（臺北：時報文化出版社，2008年），頁86～87。
〔註76〕　施叔青：《風前塵埃》，（臺北：時報文化出版社，2008年），頁87。

日本統治者當初以殖民者之姿，將臺灣原有的建築風貌一一改變，將清領時期所建蓋的臺北城牆拆除作爲總督府的邸座，宣示著日本將清廷在臺的政權驅逐，凌駕於原有的政權之上，日本人在臺灣建造充溢日本風的街道建築。然而幾經物換星移，日本建築遭受到當初他們強力拆除清領時期建築一樣的命運，日本戰敗須返回日本，接替他們在臺灣生活空間的族群，將他們的建築方式、構造亦大肆翻修，日本風貌蕩然無存，曾是日本房舍的樑柱被客家人拿作新房的基礎。施叔青以建築風格的改變象徵著「政權的轉移」，新來政權、族群將原有的風貌重新改造，原有建築被拿作新建築的根柢，將之踩於腳下，世事更迭之快速讓人有著濃厚的興廢之感。

二、信仰文化

除了器物隨著人們的遷徙，而有空間的移轉外，在人民生活中扮演著重要角色的神祇，更是和庶民生活密不可分，鄭志明在研究臺灣的神祇信仰時，曾言：「神祇並非完全憑空杜撰的虛無幻想，而是初民文化經驗的一種象徵，每個神祇的存在都含著一種外在神祕力量的詮釋」〔註77〕，因人們對未來有著不可掌握的徬徨與美好的憧憬，以人們有限的認知來面對浩瀚的世界，自然會產生不知所措的心理，而宗教信仰即能撫慰人們的心理，給予人們生活的信心與勇氣，亦讓人們對未知的未來有了美好的期望。

（一）希望的寄託

移民們離開家鄉、橫渡充滿變數的黑水溝，未知的挑戰等待著他們，對大海有諸多的恐懼與不安，故移民們在茫茫無所依的情況下，最能撫慰人心、賜予希望的神祇，給予移民們心靈的依靠，也讓他們更仰賴神明的庇佑。航海的守護神——媽祖，即是人們航海遇險境時的心靈寄託，因此，人們會將媽祖的神像、香火，供奉於船艙上，祈求航行的平安。《行過洛津》中許情的渡臺之行，即有著濃濃的神祕氛圍，媽祖在航海人心中有著極大的穩定力量，也帶給了渡臺者化險爲夷的希望：

> 兩岸橫渡的乘客無不深信海中女神媽祖一見帆船有難，便會立即腰懸桅燈，凌波踏浪前來解危，使船隻化險爲夷。許情搭乘的這艘帆船受到黑鳥鬼蝶的侵襲，昏天暗地中，不止一個乘客看到天空閃過

〔註77〕 鄭志明：《神明的由來：臺灣篇》，（嘉義：南華管理學院，1998 年），頁 287。

> 一絲白光，鼻子聞到一股奇香，氤氳繚繞中，一個白衣飄然的影子
> 翻飛水上，款款升天而去，目睹這奇景的乘客一口咬定是媽祖顯身，
> 才使騷擾的異物失去蹤影，整船人有驚無險。〔註78〕

> 洛津靠海為生，海上風濤險峻，媽祖為護海之神，從事兩岸貿易的
> 海商，無不祈求媽祖庇佑顯靈，在暗夜的海上提一盞明燈，茫茫的
> 黑海中為船隻指點引路，媽祖成為洛津郊商的主祭神。〔註79〕

移民們辛苦成功渡臺，也將他們的文化帶進臺灣這塊土地，媽祖信仰自然也隨著移民們到臺灣，移民渡海來臺之途充滿艱險，海上危機重重，人們信仰的媽祖，給予他們信心與力量，帶領他們不畏艱難、化險為夷地渡過危險的海域。再加上臺灣四面環海，海上活動頻仍，除了移民仰賴媽祖庇佑外，隨著兩岸商業的頻仍，商人們的貨品與船隻是他們經濟之支柱，一趟海上貿易若能順遂，商人就能荷包飽滿，若是不幸遇上海難，商人面臨的即是血本無歸，甚至傾家蕩產，因此，當他們面對著反覆無常的大海時，只能誠心祈求媽祖保佑他們平安渡過海上之險。

移民們得以到新天地建立家園，商人的貿易能夠順遂，在他們的心中都十分感念媽祖庇佑，而媽祖的神蹟亦隨之廣為流傳，凝聚成人們心靈的重要支柱，故當人們心中有困惑、困難時，媽祖信仰總是予人撫慰的力量。在臺灣有關於媽祖的傳說與神蹟故事相當的多，鹿憶鹿曾分析「媽祖靈異傳說與故事藉由吃會和進香活動等的集體力量，使傳說一再繁衍累積，更廣為流傳，同時促成臺灣各地媽祖信仰圈的屹立不搖」〔註80〕，臺灣移民經歷充滿變數的黑水溝，他們將媽祖信仰攜之渡海來臺，保佑移民們平安，在臺拓墾後他們又迭獲庇佑，媽祖信仰儼然已是人們生活中解決疑難的管道，至今媽祖信仰依舊是人們生活的一部份，有許多有關媽祖信仰的文化活動，因此，媽祖成為臺灣人普遍的信仰，進而發展成臺灣民間信仰中的重要神祇〔註81〕，也成為臺灣文化的一部分。

〔註78〕 施叔青：《行過洛津》，（臺北：時報文化出版社，2003年），頁5。
〔註79〕 施叔青：《行過洛津》，（臺北：時報文化出版社，2003年），頁38。
〔註80〕 鹿憶鹿編著：《臺灣民間文學》，（臺北：里仁書局，2009年），頁149。
〔註81〕 「大道公風，媽祖婆雨」的傳說更助長迎媽祖常帶來雨水的事蹟傳播。臺中縣大肚與龍井地區，有一個「西保二十莊迎媽祖」的組織，當地有一則諺語最能傳神的表達媽祖帶來雨水以及三月時節氣候陰晴不定的景況：「墩仔頭鳥，營埔雨，林仔爛糊糊，滂婿浪雨滂，王田燒死人，山仔頂著青驚，社腳去探聽，講無影，大肚戲相拼」。地域性的民間宗教組織是漢人移民臺灣後發展起來的最顯著的社區組織型態，其形成與漢人傳統村庄組織及村落聯盟有

　　除了媽祖信仰外，當船員在大海上遇危難時，還會以划水仙〔註 82〕的方式，向水仙尊王〔註 83〕祈禱。祈禱的方式爲船員們必須異口同聲模仿鑼鼓聲，並且每人手持羹匙、筷子拚命地划，如此，就可以得到水仙尊王的救助，脫離險境，順利靠岸，由此可見水仙尊王在航海者、渡海者心中亦有著舉足輕重的地位。《行過洛津》中描繪許情第三次的渡臺之行並不平順，有巨浪侵襲、鳥群撲飛、鬼蝶異物飛舞，好不容易求得海中女神媽祖的庇佑，放下了心，島嶼在望，以爲危機已過，沒想到耳邊傳來船夫驚恐的吼叫，一船人再次命在旦夕，幸好在眾人齊心協力「划水仙」下終於獲救：

> 「唯有划水仙求水仙尊王保佑，方能免於一死！」

> 船夫教乘客解開腦後長辮，蹲在船邊，用筷子做撥划狀，口中模仿戰士出征打仗的鼓聲，咚咚咚，假裝做掉船回航的樣子。這樣裝神弄鬼折騰了半天，總算撿回一條命。

> 後來許情跟一個經常駕船往來於兩岸航海，經驗豐富的船老大提及

密切關係；同時也凸顯了漢人信仰的主要特色，亦即其群體性。參林美容：〈回思先民篳路襤褸的歷史意識〉、〈媽祖的臺灣化——由海神而成雨水之神〉。林美容、許谷鳴：〈關渡媽祖的信仰圈〉，收錄於林美容、張珣、蔡相煇主編：《媽祖信仰的發展與變遷：媽祖信仰與現代社會國際研討會論文集》，（臺北：臺灣宗教學會，2003 年），頁 117。
媽祖本來是航海女神，逐漸成爲臺灣移民信仰的共同象徵。鹿港天后宮是中部地區沿海鄉村聚落的祖廟。參李筱峰：《快讀臺灣史》，（臺北：玉山社，2002 年），頁 50。

〔註 82〕 郁永河於《裨海紀遊》中曾描述划水仙的景況：「舟師告曰：『惟有划水仙，求登岸免死耳！』划水仙者，眾口齊作鉦鼓聲，人各挾一匕箸，虛作棹船勢，如午日競渡狀；凡洋中危急，不得近岸，則爲之。」參郁永河原著，許俊雅校釋：《裨海紀遊校釋》，（臺北：編譯館，2009 年），頁 136～137。

〔註 83〕 水仙尊王又簡稱「水仙王」，其廟宇叫做「水仙宮」。《海上紀略》：「水仙者，洋中之神。」以貿易商人、船員最爲信奉。各地供奉的水仙尊王各有不同。配祀於臺南市與鹿港媽祖廟裡的水仙尊王多達五位，祂們就是：大禹、伍員、屈平、王勃與詩仙李白。大禹因治水有功，受人民愛戴，成爲航行於河海戎克船上水手倚仗的守護神。伍員又稱伍子胥，其謀國忠誠卻遭人陷害，最後自刎浮屍江中，落水的他變成了水仙。屈平即愛國詩人屈原，他不被楚懷王、楚襄王重用，楚國國勢敗亡，有志難伸，憂時憂國投汨羅江自盡。初唐四傑中的王勃，年少渡江不幸溺死。唐朝大詩人李白因醉後，撈水中之月而溺死。上述者除大禹外，其他四人，死皆與水有關，或忠臣，或才華洋溢，故將祂們奉爲水神。參董芳苑：《臺灣人的神明》，（臺北：前衛出版社，2008 年），頁 276～278。

> 這次驚險的遭遇，船老大說幸虧他們這船人命大，得到水仙尊王的
> 庇佑。……府城三郊商人在五條港邊建了一座水仙宮，供奉水仙尊
> 王，保佑郊商海上往來貿易的船隻平安抵岸，香火鼎盛。〔註84〕

施叔青此處融入現實生活中人們對神祇的信奉，也具體表現出宗教信仰在
生活、文化扮演的重要角色。中國居民橫渡風浪不平穩的臺灣海峽，渡海
到臺灣，所以移民們都會攜帶神像、香火、香灰等作爲護身符，而媽祖神
像更是常被安置在船上，人們以此祈求媽祖庇佑，除媽祖信仰外，人們亦
會向水仙尊王祈求航海的安全與順遂。除了航行仰賴神明庇佑外，在移民
渡臺開墾的初期，由於醫藥不發達，故當有疾病流行時，就會造成許多人
死亡，所以人們都相信神祇可以庇佑身體健康，信徒們也會興建寺廟，以
感謝神祇的保佑。

（二）精神的依歸

　　臺灣初墾之時，瘴氣薰蒸，病疫時發，其中瘟疫的傳散範疇廣泛，因此
讓人們最爲恐懼。在移民的心中，既能司瘟又可驅疫的王爺，能夠保護他們
免於瘟疫的漫生，奉祀王爺給予了人們信心、希望與安全感，自然而然成了
移民的守護神：

> 洛津人稱四月十二日蘇府王爺生日爲小過年，其熱鬧程度不下於媽
> 祖誕辰……民間傳說蘇府王爺原是位明朝的將軍，歷任江西、河南、
> 金門諸縣的縣官，因勤政愛民，被朝廷擢升入閣，赴京途中夜宿於
> 泉州客棧，聽到五瘟神因泉州民眾暴殄天物，不敬神明，決定撒下
> 瘟疫，懲罰泉民之罪。蘇縣官聽完，留下一書勸化泉州百姓向善，
> 愛惜五穀，又托五瘟神轉奏天庭，便奪去瘟藥代罪服下。……〔註85〕
> 蘇王爺掌管瘟疫之神，臺地山海潮濕，多霧露，瘴癘蠻與終年不斷，
> 風土寒熱病叢生，來臺拓植的移民以爲是瘟神作怪，都相信崇拜蘇
> 王爺可免疫病。蘇王爺在洛津顯靈的故事，頗爲傳奇。〔註86〕
> 蘇府王爺出巡，三個月南、中、北走透透，動員無數信徒，光是換
> 班抬神轎的北投郭厝漁民就有幾十個，如果說這只是一項單純的信

〔註84〕　施叔青：《行過洛津》，（臺北：時報文化出版社，2003年），頁6～7。
〔註85〕　施叔青：《行過洛津》，（臺北：時報文化出版社，2003年），頁172。
〔註86〕　施叔青：《行過洛津》，（臺北：時報文化出版社，2003年），頁172～173。

> 仰繞境，同知朱仕光難以置信。蘇府王爺本是明朝官吏，種種異於
> 常情的神化跡象，使他聞嗅出異於常情之處。〔註87〕

神祈的信奉給予人們信心、力量與安全感，從人們的信仰中，可知人們的崇拜
對象皆與他們的生活息息相關，如土地公的信仰即是源於人們對土地的崇拜，
土地載有萬物、生成五穀、供給人民生活的場域，因此，人們對土地崇拜，並
將土地神化、虔誠供奉。在鈴木清一郎著的《臺灣舊慣習俗信仰》將臺灣人的
神明概念分爲「自然崇拜、人類崇拜、器物崇拜」〔註88〕。除了和自然有關的
神靈信仰外，在人類社會中的有德者、有威望的名人會被人們神化，並且加以
祭祀供奉，爲祂們建立廟宇，這樣的精神也成爲了凝聚人們的力量。也因此，
清朝同知朱仕光見到原是明朝官吏的蘇府王爺，被人們神化且有眾多熱烈虔誠
的信徒爲其舉行遶境活動，讓他感到有異於常情之處，從中可閱見宗教凝聚人
心的力量遠超乎想像，也可知某一神祈的信仰即代表著人們的認同。

　　寺廟、廟宇不僅是居民的信仰中心，還兼具有教化、救濟等功能，也反
映出當地的民情與風俗。當人們無助之時，便會求助於神祈，每當人們遭逢
災難而得倖免，他們心懷感恩的歸因於神明的顯靈與保祐，如此越發加深了
他們的信仰，也因此在百姓的生活中彌漫著濃厚的信仰風俗。《行過洛津》描
繪從泉州石獅分香至臺的城隍廟，其中供奉的城隍爺、榜牌爺擁有廣大無邊
的神力，因此，當人們遇到難題時，就會求助於祂們，而人們深信如此難題
即能迎刃而解：

> 洛津城隍廟是從泉州石獅分香而來，掌管陰間的城隍爺塑像威
> 嚴，……洛津人碰到無法破解的疑案，都會求助於神機妙算的城隍
> 爺，找尋失物則求助於那尊面目黝黑、五官短小的榜牌爺，祂一手
> 執令牌一手執鏈銬，威武無比，最近才破了米市街一件大竊案，爲
> 居民津津樂道。〔註89〕

宗教信仰給予人們安穩的力量，也給予人們在絕望中的一線希望，人的力量、
壽命皆是有限的，而神的力量是無限的，這樣廣大無邊的神力，補足了人們
的缺憾，也給予人們無窮的企盼與期待，這也是宗教信仰與人們生活緊密結
合的原因。

〔註87〕 施叔青：《行過洛津》，（臺北：時報文化出版社，2003年），頁181。
〔註88〕 鈴木清一郎著，馮作民譯：《臺灣舊慣習俗信仰》，（臺北：眾文圖書股份有限
　　　　公司，1989年），頁20。
〔註89〕 施叔青：《行過洛津》，（臺北：時報文化出版社，2003年），頁113。

　　不同的族群皆有著他們各具特色的信仰風俗，因此，在臺灣便擁有了多元的宗教色彩。當他們遷徙到臺灣，亦將他們的宗教信仰帶進臺灣，廟宇建築也座落於臺灣的土地上，成了精神的依歸，從中亦可了解宗教信仰在移民們心中重要的地位：

> 廣東潮州的客家人早於明代末年，便過海登陸洛津，建立三山國王廟。〔註90〕

> 客家人隨著歷史上幾次重大的變亂，從中原不斷的向南遷移，廣東潮州的客家人早於明代末年，便過海登陸洛津，建了三山國王廟。〔註91〕

> 洛津流傳一首〈普渡歌〉，父老孩童個個都能朗朗上口，從「初一放水燈，初二普王宮」一直到「八月初三普乞丐寮」，都能背誦如流。……地藏王掌管陰間十殿閻王，洛津恭奉這位幽冥教主的廟宇，是座典型的陰廟……。〔註92〕

> 每逢鬼月，地藏王廟的廟埕會架起一排排與人胸等高的「轄」，……溺水、船難、流屍的水鬼，置身於陰寒的水中，看不到寺廟豎的燈篙，人們為水路的鬼魂放水燈來為照引冥路，……隊伍中最引人側目的，是後車路的歌伎藝妲，仿照盂蘭盛會的傳說故事，靚裝打扮，頭簪茉莉鮮花，手捧檳榔款待路旁觀看的人群，想方設法招徠尋芳客上門。〔註93〕

> 龍山寺普渡那天，頭戴五帝冠的冥然禪師登壇說法，誦經懺放焰口，

〔註90〕施叔青：《行過洛津》，（臺北：時報文化出版社，2003年），頁33。
不同祖籍的移民各有其守護的神祇，因而鹿港寺廟甚多，達五十多座。有的是全鹿港人都祭拜的闔港廟，如天后宮、城隍廟與文武廟。有的是漳州人供奉的，如南靖宮。有的是潮州人拜的三山國王廟。也有某一地區的居民供奉的，稱為角頭廟。龍山寺則是屬於全鹿港人乃至彰化一帶的人也來祭拜的闔港廟。鹿港龍山寺是臺灣現存的精美大佛寺之一，自福建泉州府晉江縣的安海相龍山寺分靈而來，先民為紀念這份淵源，於是將臺灣的寺名取為龍山寺，它代表著城市佛寺建築的一個高峰，除了供奉佛教神祇，也配祀民間信仰或通俗道教的神，兼容並蓄，滿足了早期移民祈求吉慶的願望。龍山寺位於當時的港埠大邑，信徒眾多，捐助者且多為闔港紳士及八郊的巨賈船戶。參李乾朗：《鹿港龍山寺》，（臺北：雄獅圖書，1989年），頁9、11、18。
〔註91〕施叔青：《行過洛津》，（臺北：時報文化出版社，2003年），頁33。
〔註92〕施叔青：《行過洛津》，（臺北：時報文化出版社，2003年），頁148。
〔註93〕施叔青：《行過洛津》，（臺北：時報文化出版社，2003年），頁149～150。

> 使孤魂聞經超渡，……「慶讚中元」的紅絹旗，更是被視為海上的
> 守護符，成為大家奮勇爭搶的焦點。〔註94〕

> 朝廷不准臺灣建造城垣，這些天朝棄民，只能自求多福，廣建廟宇，
> 祈求神明保護。〔註95〕

在《行過洛津》中描繪了平埔族、漳州人、泉州人的宗教信仰，亦描繪了客家人帶入臺灣的三山國王信仰，自此亦可見宗教與人們生活的密不可分，也可知宗教在文化不可或缺的一席之地。在移民來臺後，他們的信仰依舊不可或缺的在他們的生活中有著支持的力量，鈴木清一郎研究臺灣的信仰文化時，論及「漳州人信開漳聖王，泉州同安縣人信保生大帝，泉州南安縣人信保儀大夫或清水祖師，潮州附近的廣東人信三山國王。因此可以從各地所信奉的神佛，而推測出這裡住的是什麼地方的移民。」〔註96〕早期的臺灣移民，心誠地向神明禱告以求取平安順遂、驅逐一切的災難，時至今日，他們依舊虔誠地供奉他們家鄉的守護神，因此，在臺灣有著多元的信仰文化。從信仰我們可以閱見不同民族的文化，這些文化活動在薪火相傳的過程中，也代表著人們為生活努力的足跡以及先人的智慧，宗教信仰已是人們文化中舉足輕重的一部分，從中可窺知人們的心理，及信仰凝聚人心的力量。

（三）與政權的結合

日本殖民者到臺灣後，將日本的神社移植到臺灣，過渡時期時，臺灣總督府對臺灣的宗教乃採取觀察放任的寬鬆政策，直至 1915 年爆發「西來庵事件」〔註97〕，因起事地點在西來庵，日本殖民者為避免臺灣人以宗教組織凝聚反日力量進行叛亂，於是展開大規模的宗教調查。皇民化運動時期，總督府開始展開「寺廟整理運動」，如《戰爭體制下的臺灣》一書中所載：「真正對寺廟開始統制，甚至壓抑寺廟進行整理運動，起點在於 1936 年 7 月的『民

〔註94〕施叔青：《行過洛津》，（臺北：時報文化出版社，2003 年），頁 150～151。
〔註95〕施叔青：《行過洛津》，（臺北：時報文化出版社，2003 年），頁 54。
〔註96〕鈴木清一郎著，馮作民譯：《臺灣舊慣習俗信仰》，（臺北：眾文圖書，1989 年），頁 4。
〔註97〕西來庵為臺南是著名的五福大帝系統的王爺廟，每年一到六月，西來庵就人潮洶湧，例行的繞境、出海等活動，都造成相當轟動。西來庵在大正年間既是王爺廟，也是鸞堂，該堂與正心社關係密切。余清芳即利用王爺降鸞，宣揚抗日。這點日方也有警覺，於是在事變後大肆鎮壓鸞堂。參王見川、李世偉：《臺灣的宗教與文化》，（臺北：博揚文化，1999 年），頁 320。

風作興運動』」〔註98〕，日本殖民者爲了普及敬神思想，開始對臺灣的傳統寺廟進行改革、改良傳統演劇講古形式、打破迷信陋習、改善婚喪祭祀等，許多寺廟都被要求自肅，廢止燃燒金銀紙、燃放鞭炮、供奉牲禮，寺廟聯合辦理祭典等，並要臺灣人民拋棄原有的祭祀習慣，1937 至 1941 年的臺灣宗教浩劫，正如臺灣諺語「慘得無佛可燒香」〔註99〕所言。

　　日本殖民者深知宗教給人的力量，因此，臺灣原有的宗教信仰受到壓抑與禁止，殖民者斷絕臺灣原有的祭祀方式，並要求各家庭都要參拜日本的天照大神，只能信奉日本的信仰，他們對臺灣當時的宗教文化並不尊重，欲將日本宗教深植於臺灣，因此有如此的作爲：

　　　　日本人漠視太魯閣族人的傳統祭典儀式，把他們的神靈、護佑的保
　　　　護神與日本神社混淆在一起，命令每戶家裡設立神龕，參加神社的
　　　　祭拜。〔註100〕

當時的當灣就如日本小說家庄司總一所描述的：「沒有寺廟祭典的臺灣，就像消了氣的啤酒一般；寺廟整理、改善與廢止祭祀以來的臺灣，就像失戀女子略顯寂寥孤獨的臉龐一樣。」〔註101〕在「臺灣人家庭正廳改善運動」、「寺廟整理」的被殖民時代背景下，被殖民的臺灣人只能任殖民者雕塑，仍堅持原有神靈奉祀、祖先祭祀者，將神靈之像、神主牌藏起來偷偷祭祀，但亦有部分的臺灣人被日本化，如《風前塵埃》的范姜義明：

　　　　爲情所苦的范姜義明想到美崙山南麓參拜神社，以日本神道拍首的
　　　　儀式，祈求得到感應，達到人神合一，獲得天照大神的庇佑，令他
　　　　心想事成。〔註102〕

日治時期的臺灣宗教，雜揉進日本色彩之外，日本殖民者的統治方式亦融合滲透臺灣的宗教文化意識，將日本警察與臺灣的觀世音菩薩做了結合：

　　　　海報把警察塑造成救苦濟世的觀音像，上面橫寫「南無警察大菩薩」

〔註98〕蔡錦堂編著，國立編譯館主編：《戰爭體制下的臺灣》，（臺北：日創社文化事業有限公司，2006 年），頁 41。

〔註99〕蔡錦堂編著，國立編譯館主編：《戰爭體制下的臺灣》，（臺北：日創社文化事業有限公司，2006 年），頁 46。

〔註100〕施叔青：《風前塵埃》，（臺北：時報文化出版社，2008 年），頁 130。

〔註101〕蔡錦堂編著，國立編譯館主編：《戰爭體制下的臺灣》，（臺北：日創社文化事業有限公司，2006 年），頁 46。

〔註102〕施叔青：《風前塵埃》，（臺北：時報文化出版社，2008 年），頁 162。

> 幾個大字，中間戴黑帽穿制服的警察右手執刀，左手拿一串念珠，
> 坐在蓮花座上，另外幾隻手分別掌管思想取締、逮捕犯人、惡疫預
> 防等工作。日治時期的警察法力無邊，舉凡治安、戶口、交通、納
> 稅、衛生，無所不管。〔註103〕

日本殖民者要將臺灣人民心中原有的依歸完全根除並不容易，流傳於民間的
觀音菩薩，根深柢固地被人們視爲是俯視蒼穹的救世主，此海報將日本警察
與臺灣信仰的觀音做結合，一方面可見宗教力量之廣，另一方面也可知日本
警察在當時的地位，誇耀、宣揚日本警察如觀音般法力無邊。由此可見當時
的臺灣人民如身陷囹圄般不自由，此海報有著日治時期特別意義的文化展現。

三、飲食文化

　　在移民們胼手胝足、努力耕耘家園的過程，信仰在人們生活中扮演著重
要的支持者，是他們的精神糧食，除此之外，「民以食爲天」，移民們更需要
能供給果腹之用的糧食，飲食是人們生活的一部份，且飲食不單只是食材的
融合，其中還蘊含著文化的縮影，也有著藝術的美感與感動，如《禮記・禮
運》所云：「夫禮之初，始諸飲食。」〔註104〕，其中所載即是將飲食視爲禮儀
的發端。食物的烹調方式、器皿的選擇、飲料的調製、盛宴的禮儀等，無處
不是文化的反映，可見《飲食文化》所述的：「飲食是人類生活經驗中極重要
的部份，這種經驗所包含的民族文化的積澱因素非常豐富，體現著一個民族
的哲學思維傾向。」〔註105〕各地域的民情不同，食材迥異，故烹飪出的佳餚
各具地方的風格，具有獨特的飲食文化特色，對異鄉的遊子而言更是具有家
鄉的味道，有著撫慰思鄉的作用。

（一）懷鄉的味道

　　《行過洛津》中的同知朱仕光，因思鄉難耐，家鄉的景物縈繞在他的腦
海中，他思念故鄉的家人、一草一木……，因此，喚了廚子爲他準備具有家
鄉之味的菜餚，藉此融化他的思鄉之情：

> 同知朱仕光喚來廚子，明天到市場買個豬頭，在這乍暖還寒的暮春，

〔註103〕施叔青：《風前塵埃》，（臺北：時報文化出版社，2008年），頁114。
〔註104〕王學泰：《華夏飲食文化》，（北京：中華書局，1993年），頁2。
〔註105〕李寧遠、黃韶顏、倪維亞編：《飲食文化》，（臺北：華香園出版社，2004年），
　　　　頁67。

一雨竟成秋，他寡味的口腹多麼渴望吃一碗豐腴的家鄉菜，多少撫
慰了獨居這鳥不生蛋的濱海絕地的愁情。他教廚子把豬頭拔毛洗
淨，換水滾煮一、兩次，至七分熟，再以竹墊托起豬頭，加蔥、薑、
調味文火燜煮至酥爛。洛津土法燒出來的豬頭，缺少揚州家廚的手
藝，一定達不到油而不膩、香濃可口的程度，不過聊勝於無，將就
解饞。〔註106〕

連橫《臺灣通史》記載「臺灣之饌與閩粵同」〔註107〕，移民至臺必然也將具
有家鄉特色的飲食風味帶進臺灣，如此，一方面可撫慰他們的思鄉情懷，一
方面也和臺灣原有的食材做了融合，譜出更具豐富滋味的佳餚。王夢鷗認為：
「在經由符號與記憶聯合而促使經驗再生的文學解譯歷程中，能將符號與記
憶作結合的讀者們，因為擁有習成的經驗，而能快速理解文字記號的涵意，
他們並能擴充對符號的印象，再行補足記憶殘像的不足。」〔註108〕飲食記憶
了家的味道，喚起塵封的回憶，在過去與現在的時空，飲食做了兩者的橋樑，
一方面勾起以往、過去的點滴足跡，一方面可在現在做新的記憶連結，那樣
的味道成了懷鄉、懷舊的味道，它不僅刺激著味蕾，更讓人們的心中起了漣
漪。食物的味道記憶了飲食文化背後多元包容的性格、移民們篳路藍縷建設
家園的歷史足跡，以及豐厚的人情味。

（二）馴服的心思

食物可代表著懷鄉的味道，亦可凝聚起人們的共同意識，在〈飲食與文
化——人類學觀點的回顧與展望〉一文中論及「人類學家從結構象徵論的觀
察裡也指出，食物在族群認同意識上同時具有昭示同質性的親近與凝聚功
能，以及區分非我族類的異質性功用」〔註109〕。食物可作為區分不同民族的
界線，如王明珂所言：「傳統漢人如何藉由誇飾本身食物與異族食物的差異，
區隔出華夏與蠻夷的界線優劣，進而強化華夏族群與文化的認同想像」〔註

〔註106〕施叔青：《行過洛津》，（臺北：時報文化出版社，2003年），頁176。
〔註107〕連橫：《臺灣通史》，（臺北：臺灣大通書局，1984年），頁606。
〔註108〕王夢鷗：《文學概論》，（臺北：藝文印書館，1976年），頁32。
〔註109〕許木柱、簡美玲：〈飲食與文化——人類學觀點的回顧與展望〉，收錄於林慶
　　　　弧主編：《第四屆中國飲食文化學術研討會論文集》，（臺北：財團法人中國飲
　　　　食文化基金會，1996年），頁67～70。
〔註110〕王明珂：〈食物、身體與族群邊界〉，收錄於陳慧俐主編：《第六屆中國飲食文
　　　　化學術研討會論文集》，（臺北：財團法人中國飲食文化基金會，2000年），
　　　　頁47～67。

110〕，食物成為不同族群的象徵，這樣的思維在佐久間左馬太總督身上體現，他代表日本的殖民者，他的五年理番計畫，欲以權力馴服臺灣的原住民族，在一次的飲宴中，他吃到了原住民的野菜，其中的味道令他生厭，更興起要以日本文化注入這蠻荒之地的藍圖：

> 那一次植物學家也帶了一大籃阿美族的野菜，山蘇、過貓、山苦瓜、龍葵等，送給總督嘗新換換口味。官邸的廚子做出幾味野菜的菜式：小魚乾炒山蘇、香菇燜山苦瓜、林投辣椒肉末、鳳凰尾蕨炒肉絲、素炒過貓等。據廚子後來說，佐久間總督舉箸每樣嘗了一小口，在嘴裡使勁嚼了好一會，五官緊緊皺在一起，很勉強才吞嚥了下去，放下筷子，說了句：「野菜必須被馴服。」〔註111〕

總督吞嚥野菜的模樣，可知野菜令他感到苦澀難嚥，就如同他在討蕃的過程中遇見許多頑強抵抗日本入侵者的原住民，尤其是太魯閣族一直不肯屈服，依舊頑強抵抗，令他感到深惡痛絕，也讓他欲將他們如野菜般去除澀苦，他要在不斷的淘洗下，馴服那份野味，將之成為日本人的料理，這是佐久間左馬太要討伐太魯閣原住民，欲將他們變成日本帝國子民的隱喻，馴服野菜即是馴服太魯閣原住民。以「野菜」比喻原住民，一方面強調他們必須被改造，一方面也凸顯了難以馴服的野味正是原住民的精神，從佐久間左馬太的理蕃思維，可知他的優越感，也彷彿閱見了原住民的血淚抗爭史，成了原住民悲慘命運的開端。

四、戲劇文化

臺灣人在祭典、喜慶時，喜愛請戲團、樂團一起共樂，讓祭典與喜慶的場合增添熱鬧的氛圍，似乎也藉此宣告今日有喜的歡樂訊息。《臺灣民俗風物雜記》記載：「戲劇與音樂等於是成為祭典和喜事的附屬品，必須演戲和奏樂，節慶喜事才有意義。從某種角度看來，戲劇和音樂可以說是一種宣傳，是一種變形的宣言，宣告自己在慶祝或辦喜事。」〔註112〕連橫《臺灣通史》亦記載了臺灣戲劇之景況：「夫臺灣演劇，多以賽神。坊里之間，醵資合奏。村橋野店，日夜喧闐。男女聚觀，屢為交錯。」〔註113〕在《臺灣三部曲》中，可

〔註111〕施叔青：《風前塵埃》，（臺北：時報文化出版社，2008年），頁33。
〔註112〕山根勇藏：《臺灣民俗風物雜記》，（臺北：武陵出版社，1989年），頁9。
〔註113〕連橫：《臺灣通史》，（臺北：臺灣大通書局，1984年），頁613。

見戲劇文化在人們生活中重要的一席之地，也凸顯出其與信仰文化的聯繫，更帶出了伶人們人生如戲的際遇，作者寫出了戲劇文化的喜與鬧，也襯托出了其中的悲與苦。

（一）與信仰文化的連繫

在《行過洛津》中絮絮描繪出祭典時鑼鼓喧天的熱鬧景象，也帶出了許情隨著戲班至臺「人生如戲，戲如人生」的人生故事：

> 洛津人很重視正月初九天公生日，富有人家會從泉州專程請傀儡戲到家中搭設的天公壇前搬演，隆重奉祀玉皇大帝，祈福除煞。一般人家也以紙糊的燈座來代表玉皇大帝的神位，用雞鴨魚肉等五牲粿品分上、下桌拜祀，其重視的程度遠爲過年所不及。〔註114〕

> 演戲本爲酬神，娛樂神明，夜裡人散了，曲卻不能終，必須演到天亮，所謂「三齣光」。〔註115〕

> 每年三月二十三媽祖的誕辰，洛津商民聚資從泉州請來七子戲班，在天后宮前搭臺張燈分班連臺演戲酬神，日夜不歇。〔註116〕

> 許情第一次隨泉香七子戲班渡海到洛津來演戲，先在北頭天后宮前演了半個月的酬神戲，接下來爲慶祝剛落成的泉郊會館，萬合行的石煙城選了個黃道吉日，在會館前搭棚演戲。〔註117〕

> 衙府外，蘇府王爺生日慶典達到高潮，貼上五方符的信眾，跟隨在神轎後，常常一排，吆喝一聲，一個個踩過炭火堆，喝采吶喊聲震天，氣氛臻至沸騰。〔註118〕

> 南管界祀奉五代的孟昶爲樂神。據古書記載五代孟昶「美丰儀，喜獵、善彈、好屬文，尤工聲曲」，每年春、秋二祭，在孟昶神像前奉曲清唱，稱爲郎君祭。〔註119〕

從《行過洛津》中可知與人民生活息息相關的信仰、廟會活動、喜慶活動與

〔註114〕施叔青：《行過洛津》，（臺北：時報文化出版社，2003年），頁14。
〔註115〕施叔青：《行過洛津》，（臺北：時報文化出版社，2003年），頁28。
〔註116〕施叔青：《行過洛津》，（臺北：時報文化出版社，2003年），頁38。
〔註117〕施叔青：《行過洛津》，（臺北：時報文化出版社，2003年），頁80。
〔註118〕施叔青：《行過洛津》，（臺北：時報文化出版社，2003年），頁176。
〔註119〕施叔青：《行過洛津》，（臺北：時報文化出版社，2003年），頁166。

戲劇有著緊密的連結，酬神戲表達了人們對神祈的重視與謝意，有喜事人們亦會透過戲劇傳達與他人分享心中的喜悅，除此之外，不同的戲班間還會互相較競、要分出軒輊，成了山根勇藏所言的「樂團是慶典的附屬品，而競爭成爲音樂的附屬品。」〔註120〕的景況，因此，有了柔美與壯闊結合的表演場面，戲曲藝術之精在較勁中淋漓盡致地發揮，成就了極盡視聽之美的藝術饗宴。作者在書中亦描繪出此盛景：「石煙城要把南安演戲的盛況在洛津重現。」〔註121〕可見戲曲與民俗活動激盪出了極具藝術感、美感的文化。

由於戲劇與廟會活動的結合緊密，有著神聖的意涵，因此，當人們遇到了糾紛、躲債、要懲處做錯事之人，也會以戲劇的演出作爲解決的途徑，在臺灣諺語「一枝放汝去，二枝打竹刺，三枝罰棚戲。」〔註122〕中亦可見此風俗，施叔青觀察到此民間文化的特色，並將融入作品中，如《行過洛津》即描繪了「罰戲」與「避債戲」：

> 泉香七子戲班被請到洛津地藏王廟前演了一場極特別的戲，這場演出與酬神無關，出神請戲的請主犯了嚴重的錯誤，被八郊裁定罰戲一場當眾謝罪。被罰戲的正是烏秋，他被控告強姦了城南郊外客家村的一個風韻猶存的寡婦。〔註123〕

> 每年除夕夜，三郊都會在水仙宮廟前搭棚通宵達旦地演戲，凡是欠債被債主追討還銀子的，都會跑到水仙宮前戲棚下混入觀戲的人群之中。有意思的是三郊會派壯丁周圍把關維持秩序，債主怕犯眾怒挨打，不敢進入人群中找人索債。……除夕夜水仙宮的戲被稱做避債戲。〔註124〕

從書中可見神祈信仰與民間活動的密切關聯，施叔青細膩又如實地將它們化爲筆下故事的空間背景，顯現了戲劇文化與人物的特色，也突顯了信仰文化在人們心中重要的地位。作者以清代鹿港爲《行過洛津》的時空背景，當時身在異鄉的施叔青，在腦海中不斷地上演著清代鹿港的歷史畫面，她曾言：

> 我在異國關起門來，終日與泛黃的舊照片、歷史文籍爲伴，在古雅

〔註120〕山根勇藏：《臺灣民俗風物雜記》，（臺北：武陵出版社，1989年），頁13。
〔註121〕施叔青：《行過洛津》，（臺北：時報文化出版社，2003年），頁40。
〔註122〕陳耕：《閩臺民間戲曲的傳承與變遷》，（福建：人民出版社，2005年），頁73。
〔註123〕施叔青：《行過洛津》，（臺北：時報文化出版社，2003年），頁32～33。
〔註124〕施叔青：《行過洛津》，（臺北：時報文化出版社，2003年），頁260。

的南管音樂與蔡振南〈母親的名叫臺灣〉的激情呼喊交錯聲中，重
塑了我心目中清代鹿港。〔註125〕

作者讓南管戲的劇情穿插在小說的現實生活中，虛實相間，同時也戲說了臺
灣人的歷史命運。搬演七子戲、魁儡戲的角色命運掌握皆不在己，身在戲班
的許情其悲情，即是身為臺灣人的悲情，許情像魁儡般演出不屬於自己的魁
儡人生，操縱臺灣的命運之線亦不掌握在臺灣人民手中，許情經歷了烏秋、
石家三公子、同知朱仕光的操控，而臺灣則是歷經了不同統治者的壓抑、壓
迫，兩者相互呼應演繹出其中的「苦情」。

（二）皇民化的媒介

皇民化時期，日本殖民政府規定凡帶有中國民族色彩的宗教信仰、戲曲表
演，布袋戲等傳統民俗戲劇一率不准演出。歌仔戲演出時，日警會坐在舞臺旁
臨場監督，《歌仔戲史》中記載「當時臺灣歌仔戲只剩改良戲，改穿和服演皇
民化劇，表面是皇民化劇，內容本質仍是歌仔戲，且因不被允許使用武場的鑼
鼓（禁鼓樂政策），只好配上留聲機代替。」〔註126〕而傳統布袋戲的演出內容
多和民間的信仰相關，因此，傳統布袋戲在此時期面臨著被迫強行解散的命
運，只剩下新劇和改良劇得以演出。〔註127〕歌仔戲、布袋戲的面貌、內容都
已被殖民者進行翻修，形式仍在，但骨子裡的精神已截然不同，歌仔戲、布袋
戲在日治時期被日本殖民者當作皇民化的手段與媒介，施叔青在《風前塵埃》
與《三世人》中，即將此殖民色彩濃厚的戲劇文化，活靈活現地展演：

> 幾年後日本推行皇民化運動對臺灣加強同化，大洋館改演日本武士
> 遊俠故事和現代劇，太平洋戰爭爆發，上演的臺灣布袋戲木偶穿上
> 和服，演些激勵民心的劇情。〔註128〕

> 滿洲事變以後，日本為了加強同化，嚴禁鄉土歌仔戲，改演日本武
> 士遊俠一類的戲劇振奮民心，持劍拿武士刀的演員全由本地人扮
> 演。〔註129〕

〔註125〕施叔青：〈後記〉，收錄於施叔青：《行過洛津》，（臺北：時報文化出版社，2003年），頁351。
〔註126〕楊馥菱：《歌仔戲史》，（臺北：晨星出版社，2004年），頁97。
〔註127〕參邱坤良：《舊劇與新劇：日治時期臺灣戲劇之研究 1895～1945》，（臺北：自立晚報，1992年），頁326～340。
〔註128〕施叔青：《風前塵埃》，（臺北：時報文化出版社，2008年），頁89。
〔註129〕施叔青：《風前塵埃》，（臺北：時報文化出版社，2008年），頁164。

> 皇民化時期，禁演歌仔戲，他們不敢公開演，背著警察的耳目偷偷
> 演酬神戲，從都市演到小地方，最後只能在窮鄉僻壤演。戰爭激烈
> 的那幾年，日本當局要歌仔戲演員穿和服，演武士道的劇本，宣揚
> 皇民思想，大東亞聖戰，每年還規定繳大洋十三圓的「俳優登記」。
> 〔註130〕

《諸羅縣志・風俗志》中記載：「家有喜，鄉有期會，有公禁，無不先以戲者。」
由此可以看出民間演戲風俗熾盛的程度。〔註131〕在不同政權的遞嬗下，戲劇
的形式內容也隨之更迭，清領時期，移民自中國家鄉將戲曲文化搬移至臺，
並聘請中國戲班到臺灣演出傳統戲碼。到了日治的皇民化時期，戲劇深受人
民之喜愛，但也因此演戲的內容受到壓抑，只能演出日人所謂的良戲、良劇，
藉此達到宣揚教化之效。

五、服飾文化

生活之中沒有生命的物，一旦被人賦予主觀的感情後，就彷彿有了生命
般，就像「許情覺得是衣服在穿他，而不是他在穿衣服」〔註132〕，衣物不再
只是單純的衣物，其所代表的是更深刻蘊義。

（一）牢籠般的大陶衫

清領時期至日據時期初期，臺灣女子普遍所穿著的服裝是大裯衫式樣，
然而對養女王掌珠而言，養母給她穿的大陶衫沾染了養母的體味，大陶衫不
只是衣物，它就像是牢籠般困住了王掌珠，養母的體味如鬼魅般如影隨形地
盯著、跟隨著、窺伺著王掌珠，讓王掌珠想掙脫出大陶衫牢籠，她在心中如
此吶喊著：

> 她要脫下那件千瘡百孔、沾滿養母惡劣氣味的大陶衫，與過去割裂，
> 完全棄絕長時間以來所受的凌辱、羞恥，那些最不堪的記憶。〔註133〕

因此，當掌珠褪下大陶衫的那一剎那，也代表著她褪下過去的記憶、過去的
自己，穿上新衣裳的那一刻代表著她已重生，活出新的自我。

〔註130〕施叔青：《三世人》，（臺北：時報文化出版社，2010年），頁259。
〔註131〕呂理政：《布袋戲筆記》，（臺北：臺灣風物出版社，1991年），頁54～55。
〔註132〕施叔青：《行過洛津》，（臺北：時報文化出版社，2003年），頁78。
〔註133〕施叔青：《三世人》，（臺北：時報文化出版社，2010年），頁74。

（二）撫平傷痕與蛻變的媒介

日據後期，日人鼓勵臺灣女子改穿和服或西服，「和服」代表著高貴的地位，穿和服有了至上的榮譽感，《三世人》中的王掌珠見到了穿著和服的女孩時，她有了自覺卑下的心理：

> 注意到一個比她大幾歲，身穿紅梅白點日本和服的女孩，掌珠看看
> 自己灰撲撲的大稻衫，不由得自慚形穢。〔註134〕

和服在日治時代代表的是一種「身分」，也無時無刻提醒著臺灣人民政權已轉移，臺灣已成為日本的殖民地。服裝的轉換也代表自我過去與現在改變的象徵，換上不同的服裝後宛若新生，可以丟棄自己不堪回首的過去，於是王掌珠藉著換服的動作，讓自己新生，她感受到了自己已與從前不同，因此，在她的心理有了強烈的轉折。施叔青透過掌珠與和服的融為一體，表達了掌珠自我的建立與被日化的思維：

> 把穿慣大稻衫的自己驅逐出去摒除在外，吐出一口氣，開放自己，
> 進入日本人的浴衣，讓身體的各個部位去迎合它，交互感應，緊貼
> 黏著在一起，填滿空隙，感覺到和服好像長在她身上的另一層皮膚，
> 漸漸合而為一。〔註135〕

在衣服的脫與穿之間，王掌珠已經蛻變成另一個自我，和服像服貼的肌膚一般滿足了掌珠，彷彿撫平了掌珠的創傷、填補了掌珠原本的傷痕，她認同現在的自己也因此而感到滿足，和服成為掌珠補足缺憾的媒介，她成功地褪去以前千瘡百孔、傷痕累累的自己，正蓄勢待發地展開新的自我。

（三）愛國意識的代言者

到了大東亞戰爭期間，人們所穿著的衣物多是用價廉的棉織品、無圖紋的素布所製成，衣著的色彩灰暗，且以節儉為風尚，當衣物破了則不斷縫補，穿至不能補為止。當時「工業大臣強調女性為了美化身材添置新衣，等於從前線拿走戰機和武器」〔註136〕，日本人個個克勤克儉、縮衣節食，因此，後方人民樸素無華的衣服和前線辛苦作戰的軍人做了連結，愛國的精神流竄其中。然而在那個視奢侈為罪惡淵藪的時代，卻出現了一個弔詭的情況，施叔青以強烈的對比手法，呈顯出令人咋舌的景況：

〔註134〕施叔青：《三世人》，（臺北：時報文化出版社，2010年），頁32。
〔註135〕施叔青：《三世人》，（臺北：時報文化出版社，2010年），頁66。
〔註136〕施叔青：《風前塵埃》，（臺北：時報文化出版社，2008年），頁41。

在那個全國上下共體時艱視奢侈爲罪惡的淵藪的年代，這批用來宣
傳費布耗料的和服卻不在限制之內，從一般庶民穿的木棉織藍紋染
的布衣，到上流人士的華麗昂貴的絲織和服外褂，生產數量之鉅，
令人咋舌。〔註 137〕

本來和服的設計寬袍大袖，少用剪裁，線條純淨簡單至極，好像只用
一塊長布垂墜披掛包圍身體，只在腰間繫上帶子而已，胸前、背後整
塊的布片一覽無遺，這正中宣傳戰爭設計者的下懷，像一塊塊空白的
畫布一樣，他們利用和服特殊的形式，讓戰鬥機、坦克、大炮炸彈殺
傷力最強的武器，配合荷槍實彈的日本軍隊長驅直入貫穿整件和服，
成爲連續圖案，也有的分開上下兩段描繪不同的戰爭。〔註 138〕

一件日本男童和服的背面，和服上織著兩個穿軍裝打扮成小戰士的
男孩，仰望天上的金色風箏，日本人以它象徵神話中的始祖天照大
神，祂正率領戰士們去征服敵人，小和服上顯出「八紘一宇」的字
眼。〔註 139〕

在戰爭期間，和服代表著日本民族精神與愛國意識，「穿上這種宣傳戰爭的和
服，老百姓在潛意識裡結合了古代武士與現代化的軍備武器，莫不以現代武士
自居」〔註 140〕亞里斯多德（Aristotle）在言思想與畫面關係時曾說道：「對於
會思想的靈魂而言，影像直接取代了直接的知覺；當靈魂確認或否定這些影像
是好或不好，就會予以規避或追隨。」〔註 141〕而「和服繪飾的圖案本來就具
有象徵意味」〔註 142〕，和服呈現出的影像呼應日本軍國主義宣揚的戰爭，代
表日本前線軍隊與後方百姓團結一致的愛國心，那樣的影像是人們追隨的，他
們流在體內滾燙的愛國血液，透過和服將愛國的心意表露無疑，「穿上這種衣
服變成一種社會集體的動力，一種意識型態。」〔註 143〕，不分老幼的群眾他
們聚集的力量，化成一股不容攻破的意識形態，「八紘一宇」是他們所信奉的，

〔註 137〕施叔青：《風前塵埃》，（臺北：時報文化出版社，2008 年），頁 41。
〔註 138〕施叔青：《風前塵埃》，（臺北：時報文化出版社，2008 年），頁 40。
〔註 139〕施叔青：《風前塵埃》，（臺北：時報文化出版社，2008 年），頁 257。
〔註 140〕施叔青：《風前塵埃》，（臺北：時報文化出版社，2008 年），頁 42。
〔註 141〕阿爾維托・曼古埃爾（Albreto Manguel）著，薛絢譯：《意象地圖：閱讀圖像
　　　　中的愛與憎》，（臺北：臺灣商務印書館，2002 年），頁 9。
〔註 142〕施叔青：《風前塵埃》，（臺北：時報文化出版社，2008 年），頁 259。
〔註 143〕施叔青：《風前塵埃》，（臺北：時報文化出版社，2008 年），頁 42。

一般百姓穿上這種衣服，便自覺參與了前線的戰爭，愛國不落人後，在戰爭期間，愛國已成為一種激昂的意識。具體的和服成了抽象的愛國意識的代言者：

> 人們穿上宣揚戰爭美學的和服，衣服與身體直接接觸摩擦，好像有
> 靈魂，會耳語，附到身上來，從皮膚的表層進入體內，交互感應，
> 轉化穿它的人的意識，接受催眠的召喚，開始相信戰爭是美麗的，
> 變成為潛在意識，近一步把人蛻化為衣中人。〔註144〕

日本人在和服上下足工夫，從布料、織線到圖像的呈現工法細膩、栩栩如生，和服完成後臻至為一件完美的藝術品，它就如《藝術心理學》中所描述的「是藝術想像的產物（而且就是它的物態化），它自然也就可以用來滿足發洩鬱積能量的需要，它本身在一定意義上則可稱做是鬱積能量的意象活動的物態化。」〔註145〕創作者透過藝術品表達心中濃烈的情感與意念，因此，當人們穿上宣揚戰爭美學的和服，和服彷彿有了靈魂、生命，化為一股強烈的意識滲透到人的思想，和服的物性乃是客觀存在的，因人們將愛國意識移置到和服上，故具體存在的和服就成了人們傳遞抽象意識的象徵與媒介。

在不同統治政權下，衣物不只有保護蔽體的功能，還代表著政權的符號，在更換衣服式樣時，也代表著不同時代的來臨，從《三世人》中王掌珠先後穿過的服裝，可閱見不同的政權在人民身上遊走，服裝更換的過程也代表著個人生命歷程的轉折。《三世人》中的施寄生更是以自己的服裝抗議殖民政權，服裝是他表達堅貞，代表自己心聲的媒介。

六、物質文化

從《臺灣三部曲》中可領略臺灣豐富的物質文化風情，王德威曾言：「《三世人》不只是講臺灣三代『人』的故事，也講三代『物』的故事。」〔註146〕《三世人》描繪出了五光十色的臺北，但在讓人目不暇給的絢麗發展中，卻有著令人心酸的緣由，那即是它代表著這是日本殖民的成果展現，臺北在日人有心的塑造經營下，成了殖民者的展示場。王德威在論析此書時，曾謂：「大至博物館、百貨公司、電影院、西餐廳，小至照相機、化妝品、男女時裝，

〔註144〕 施叔青：《風前塵埃》，（臺北：時報文化出版社，2008年），頁261。
〔註145〕 高楠：《藝術心理學》，（臺南：復漢出版社，1993年），頁19。
〔註146〕 王德威：〈三世臺灣的人、物、情〉，收錄於施叔青：《三世人》，（臺北：時報文化出版社，2010年），頁13。

臺北五光十色，成為殖民地消費現代性最重的展示場。這些物質性的吸引力以一九三五年日本政府慶祝治臺四十周年舉辦的博覽會到達巔峰。」〔註147〕在不同的物質身上，有著它們所背負的使命與意義，也可從其中閱見人們的心情投射與時代的腳步。

（一）任人採擷的際遇

在《三世人》中，施叔青透過擬人化的樟樹，以樟樹身價的翻轉，隨人採擷、無法自我選擇的命運寄寓了臺灣的命運。樟樹對殖民者而言是可開發擷取的資源，能為他們帶進豐沛的利益，而臺灣則是日本的南進基地，他們企圖將生活於臺灣的人們改造成皇民，樟樹與臺灣人民彷彿都只能任憑殖民者在他們身上踐踏、蹂躪，沒有自我選擇的命運。此處施叔青突顯了日本殖民者的威權，更藉著樟樹帶領我們進入被殖民者的內心世界：

> 日本人使用手斧切割樟腦樹，一片一片削下，看起來有如蠶吃食桑葉，從邊緣逐漸侵蝕到材質全面，最後使整棵樹倒下。〔註148〕

> 老天爺把含有腦量的樟木賜給臺灣，是福是禍，難以言說。〔註149〕

以如蠶吃食桑葉喻日本對臺灣蠶食鯨吞的作為是十分生動的寫法，日本殖民者對臺灣一步步進行的改造活動，正是要將原本的臺灣靈魂抽離，換血為日本皇民，對臺灣原有的文化亦進行著腐蝕根柢的行動。樟樹除了述說出臺灣的命運外，也串起了時間的延續，樟樹價值的轉變正是臺灣歷經不同時代背景的呼應，同時，樟樹的描繪也將《風前塵埃》與《三世人》做了連結。

（二）時代的見證者

照相機所拍的相片可傳達出不同的情緒，在《風前塵埃》的首章中，即是以退休的原住民向無弦琴子說出東渡日本的目的，即是要找尋有關日治時期住過花蓮一代的日本人的相關照片，從照片中探尋當時的點點滴滴，此處凸顯了照片對歷史研究的重要性。也因為此故，無弦琴子有了開始了解、閱讀母親人生經歷的契機，而在這趟了解母親、探尋自己根原的旅途中，她開始有了不同的體會，亦真正懂了母親，彷彿被一種氛圍緊緊包覆著，時空、歷史、哀愁、親情的情緒雜揉在一起如波濤般向她湧進。

〔註147〕王德威：〈三世臺灣的人、物、情〉，收錄於施叔青：《三世人》，（臺北：時報文化出版社，2010年），頁13。
〔註148〕施叔青：《三世人》，（臺北：時報文化出版社，2010年），頁91。
〔註149〕施叔青：《三世人》，（臺北：時報文化出版社，2010年），頁5。

　　《三世人》中的阮成義對剛引進臺灣的寫真技術著迷，他不時到城內日本人開的寫真館觀摩、蹓躂，並和同好名流共組寫真沙龍，在一次的聚會演講中，他有了震撼與感動，施叔青將照相機透過應邀演講的醫生表達出它是眼睛的延伸，眼睛可看見具體的人、事、物，但看見後縱使內心有所觸動，卻也只能留於腦海中，而相機卻可捕捉剎那，化剎那為永恆，不僅可留下具體的物，也可將那份心情封存於照片中，她如此描繪：

> 「和上了弦同樣的感到興奮，它成為我身體的一部分，等於我的眼睛的延伸，走到哪裡，被什麼景象，不管是人物、風景，一觸動……」說著，食指按住快門：「手指就自然而然落在適當的位置，喀嚓一聲！」……「手連心，萊卡和我的內心、整個人相通，成為一體啊！」……醫生希望在座的聽眾發現眼睛內在視景角力，拍出事物的本質。「不是那兒存在什麼樣的東西，而是你這個人看見了什麼。」〔註150〕

拍照者捕捉的畫面，主觀的選取拍照場景，即已流露出拍照者的心情，所見之景撥弄心弦而有觸動時，呈顯出的照片是達到情景交融之境界，也因照片可以捕捉剎那，因此，它可以是歷史的保存者，當時的時空背景可以留存在其中，就算時序更移，照片中的時空是停滯的，它可以讓後代子孫們見到前人的經歷與精神，是歷史的紀錄，施叔青書中的描繪即深刻地表達出照片代表的蘊義：

> 詩人拿起豐原農民站在路邊等待布施律師來臨的照片。男女老幼好幾十人，他們赤著腳列隊站在泥地上，身後的樹枝光禿禿的，料峭春寒，不畏風寒神情肅穆地引領企盼，如此精緻，臉上動人的表情，使詩人吟哦惠特曼的詩句，來表達他的感受：「我是人，我受苦，我在這兒。」〔註151〕

> 「百分之一秒的閃光，反映了臺灣社會的悲慘！」〔註152〕

閃光的剎那保留了珍貴的歷史史料，也將成為時代的印記，臺灣社會的發展，人們的悲苦、喜樂都烙印在其中，無法重來亦無法更改，它隨著歷史的腳步忠實地成為時代的見證者。

〔註150〕施叔青：《三世人》，（臺北：時報文化出版社，2010 年），頁 104。
〔註151〕施叔青：《三世人》，（臺北：時報文化出版社，2010 年），頁 114～115。
〔註152〕施叔青：《三世人》，（臺北：時報文化出版社，2010 年），頁 115。

第三節　人物形象的刻畫

　　小說的生命力量常常由小說中輪番上演的人物所賦予，《臺灣三部曲》的
人物皆由施叔青注入情感地捏塑創造與精心安排，以此反映出故事中的主
旨，也照映出作家的思維，施叔青在《兩個芙烈達‧卡羅》中說道：

> 每一個創作者都在尋找一個契機，一種靈光閃現霎時之間幡然醒
> 悟，好使自己的創作與生命來個重新排列組合。〔註153〕

可見施叔青筆下的角色，皆被賦予了豐沛的生命力，而這些角色也注入了她
的生命歷程與視角。白先勇、吳功正在談及現代小說創作時，曾說：

> 覺得人物在小說裏佔非常重要的地位，人物比故事還要重要。就算
> 有好的故事，卻沒有一個真實的人物，故事再好也沒有用。因為人
> 物推動故事。〔註154〕

> 離開了人的活動、人的本性、人的慾望、人的思想感情、人的心理、
> 願望、人與人之間的關係的描寫，就沒有小說。〔註155〕

小說人物動人之處，即是蘊含著作家用心貫注於角色的生命力，與深藏於小
說中的情感意識，從人物角色往往可見作家的思考脈絡及欲表達的蘊義。胡
尹強在《小說藝術：品性和歷史》一書中亦肯定小說藝術是：

> 作家以敏感的靈魂，對人生，對他生活的時代的人的處境和命運有
> 慧眼獨具的認識和發現，並且用小說藝術把這種認識和發現描述出
> 來，啟迪和引導人們思考和重新認識人生，重新認識自己的處境和
> 命運。小說藝術通過全方位的描述，把人的感情觀照的整個人生作
> 為表現對象，因此，比起詩歌和戲劇來，小說藝術能最大限度地滿
> 足人們的認識需求。〔註156〕

從施叔青的《臺灣三部曲》中亦可見她對生活於不同時代的人們之處境和命
運，有其細膩的觀察與慧眼獨具的認識，從作品中可探尋她在營造不同歷史
氛圍下的角色意義，虛構與真實的人物共同在小說的舞台中扮演各自的歷史

〔註153〕施叔青：《兩個芙烈達‧卡羅》，（臺北：時報文化出版社，2001年），頁125。
〔註154〕胡菊人：《小說技巧》，（臺北：遠景出版社，1978年），頁185。
〔註155〕陸志平、吳功正：《小說美學》，（臺北：五南圖書出版有限公司，1993年），
　　　　頁17。
〔註156〕胡尹強：《小說藝術：品性和歷史》，（上海：上海文藝出版社，1993年），頁
　　　　30。

意義，虛構的人物中卻有眞實的歷史意義，他們一步步走出臺灣的歷史足跡。

　　《臺灣三部曲》展演的場域雖然不同，但歷史的洪流未曾間斷，亦無法切割，因此，在《臺灣三部曲》中可見《小說的藝術》談及的：「小說的精神是連續性的精神：每一部作品都是對於先前所有作品的回應，每一部作品都蘊含著小說過往的全部經驗。」〔註 157〕，三部作品亦有著它們相連結之處，無法割裂。張雪媄認爲施叔青「筆下的女性人物，往往具有花旦的特質：接近生活、有血有肉、敢愛敢恨、勇於突破現實環境、嬌媚風情、輕佻欠莊重等。」〔註 158〕王德威在論及施叔青的創作時，認爲故鄉鹿港是她創作的根源，小說的人物靈感也源於故鄉，縱使人物不斷的變形，依舊不離施叔青在故鄉細細觀察的人、事、物：

> 她的作品往往引起評者絕大興趣，因爲不論是現代主義還是寫實主義，女性主義還是後殖民主義，鄉土文學還是海外文學，於她似乎都有跡可循。……也間接說明了她觀人述事、與時俱變的才情。不變的是她對物質世界的貪戀，對人性情欲的耽溺，還有對家鄉那黯敗卻又蠱惑的風景的執念。這是充滿矛盾的寫作位置。因爲她對物欲的嘲諷警醒，對人欲的戒懼悲憫，始終念茲在茲。而她大量書寫城市及異國所見，總暗示對早年故鄉經驗的抗衡姿態。〔註 159〕

鹿港是施叔青小說創作的根源，《臺灣三部曲》的首部《行過洛津》即在鹿港展演臺灣移民史事。隨著故事的腳步，到了《三世人》她以爲了避難的施朝宗計畫回到老家洛津，洛津是他尋求庇護生命的避風港，同時，也讓漂泊的心靈有了靠岸的地方，施朝宗的心靈有了依偎之處，而施叔青也透過施朝宗回到了她心中的原鄉。

一、伶人歌伎的苦情

　　施叔青曾受過中國戲劇的薰陶，對花旦有深刻的了解與喜愛，她於《西方人看中國戲劇》一書裡，細細地講述對中國戲劇的研究與喜愛，尤其是對花旦此角色更是著墨甚多，她如此說道：

〔註 157〕Milan Kundera 著，尉遲秀譯：《小說的藝術》，（臺北：皇冠文化出版有限公司，2004 年），頁 28。
〔註 158〕張雪媄：《天地之女》，（新北市：正中書局，2005 年），頁 205。
〔註 159〕王德威：〈異象與異化，異性與異史──施叔青論〉，收錄於王德威：《跨世紀風華當代小說 20 家》，（臺北：城邦文化事業股份有限公司，2003 年），頁 271。

> 花旦接近真實生活，是個有血有肉的舞台人物。她最富於人的味道，
> 敢於去愛、去恨，更勇於突破現實的環境。花旦蘊含著太多的感性
> 與情慾，她甚至於可以被引誘的，輕佻而欠莊重的。禮教對她也許
> 是一種束縛，不過一般而言，平常的時候她能夠遵行社會生活的規
> 律，直到在某個特殊的情況下，例如，一個她屬意的異性出現，她
> 很快的心旌動搖，投入情愛的懷抱。花旦以追求人間的情感為滿足，
> 她不似青衣探求形而上的心靈的熬苦。〔註160〕

施叔青刻劃清領時期的洛津歷史，即是以伶人許情發端，許情跨越嘉慶、道
光、咸豐三個時間，並且跨越泉州至洛津的空間，許情三次往返中國泉州與
洛津間見證了洛津的繁華與衰頹。作者將伶人命名為許情暗示著「苦情」，在
庶民的生命流動中穿插史實。伶人許情身為男兒身卻自小被訓練為女子的姿
態，在臺上千嬌百媚，眼神攝魂，反串旦角的他歷經烏秋的包養與改造、與
石家三公子的侑觴媚寢、同知朱仕光的強行佔有，許情被物化並在不同的人
手中流轉著，然而心中隱忍許多悲苦心酸的他，最終仍無得到自己內心想要
的情感歸宿。許情命運之「苦」與臺灣的命運相連結；許情旦角生涯的「行
過」匆匆感與洛津的盛衰更迭之速有了呼應；真實生活與戲中的許情都無法
自主，喪失自我的選擇權，許情的傀儡人生正道出了人生如戲的無奈與滄桑
感。

（一）被陰性化的許情

施叔青以小人物開啟臺灣的歷史，以伶人串起了發生於洛津的故事，陳
芳明對《行過洛津》有此評述，他言：「許情的優伶生涯，渲染著移民社會的
歡樂與悲情」〔註161〕。許情戲中演出的「情」影響著看戲者的心情起伏，而
許情本身的人生遭遇，其中的「苦」與「情」不僅道出了伶人的生涯，也象
徵著臺灣的命運。許情早期的命運無法自己掌握，他跟隨著戲班四處漂泊，
演著非自己真實性別的戲中生活，其令讀者感到「苦」之處，除了戲中必須
演出女子角色外，下戲之後他亦活不出自己，言行舉止比女子還溫婉柔媚，
甚至為了得到烏秋的讚同，他細心揣摩如何當一位理想的女性，也因此他隱
藏了男性的自我，過著假男為女、沒有真正自我的生活，隨著烏秋的慾望如

〔註160〕張雪媃：《天地之女》，（新北市：正中書局，2005年），頁232～233。
〔註161〕陳芳明：〈情慾優伶與歷史幽靈──寫在施叔青《行過洛津》書前〉，收錄於
　　　　施叔青：《行過洛津》，（臺北：時報文化出版社，2003年），頁14。

雕鑿植物樹身般，肆意地捏塑著他，將他成爲烏秋理想的女性模樣。

　　許情在石家三公子面前，他亦活得沒有自我，屈意奉承，「除了用身體交換，他一無所有」〔註162〕。其後，他遇到女子阿婠，面對著眞實的女子模樣，原本烏秋在他身上雕鑿的女子形象在此刻幻滅了，他終究是假的，而非眞的女性，這也讓他原本以爲的自我在此刻瓦解，害怕被閹割的夢魘時時提醒著他。當許情愛上阿婠後，他始終無法說出自己的心意，自己也陷入了自我分裂與重塑的痛苦中，他要回復他的男性角色，然而他終究沒有超越自己，沒讓眞正的自我、想法顯現，因此，在他的生命中留下了許多的遺憾與疑問。

　　施叔青透過細膩的眼光，以小人物爲基帶入當時的戲劇、信仰文化，主角許情雖是男性，但他被戲班師傅磨練雕琢成女性的模樣，爲了演戲，也爲了他人的期望，他處處流露出女性的特質，這樣的男性已打破了傳統男性的樣貌，不同以往臺灣大河小說家筆下所呈現的男性角色，而被陰性化的許情與沒有主體性的臺灣正遙遙呼應，陳芳明亦言：「被邊緣化的臺灣社會，一如許情之被陰性化，都同樣被權力支配而喪失主體性」〔註163〕，施叔青以許情的遭遇、心理的掙扎與變化，與臺灣的命運做了相似的連結。

　　施叔青描繪著許情命運的「苦」時，亦道盡臺灣命運之苦，臺灣在不同的政權下流轉就如同許情被企圖在他身上獲取好處的人手上流轉般，無法活出自我只得任人擺弄，也因此留下諸多的創傷，由衷感慨：「苦趣不堪重記憶」〔註164〕。出身梨園的許情屬於邊緣人物，這樣的身分讓他歷經了生命中的滄桑與人情的冷暖，這樣的生命經歷也才能烘托出臺灣命運的滄桑，被陰性化的許情正如同被陰性化的臺灣，兩者間的命運有了牽繫。

（二）「行過」匆匆的命運

　　假男爲女的許情，終究無法逃離生理的轉變，進入青春期的他「腮邊長滿了鬍鬚角，喉結突出，嗓子變了，失去了童音，高音唱不上去」〔註165〕，開始變聲的許情無法再飾演旦角，他的旦角生涯匆匆而逝，他無法掌控，只得任憑他的風華時光隨時間而殘酷地流逝，許情短暫風華的演戲生涯與洛津

〔註162〕施叔青：《行過洛津》，（臺北：時報文化出版社，2003年），頁22。
〔註163〕陳芳明：〈情欲優伶與歷史幽靈——寫在施叔青《行過洛津》書前〉，收錄於
　　　　施叔青：《行過洛津》，（臺北：時報文化出版社，2003年），頁14。
〔註164〕施叔青：《行過洛津》，（臺北：時報文化出版社，2003年），頁22。
〔註165〕施叔青：《行過洛津》，（臺北：時報文化出版社，2003年），頁226。

由盛轉衰的命運相互呼應，人與時空皆有著「行過」匆匆的蒼涼感受，一切
繁景彷若昨日，時間的推移令人不免有白雲蒼狗、倏忽即逝之感，其中的無
奈與悲涼就如書中的烏秋所言：

> 這一切都還剛開始，怎麼就要結束了，果真伶人如彩雲易散，如水
> 蓮泡幻。烏秋失神地跌坐在那裡。怎麼就好像洛津海口一樣短暫，
> 他們南郊益順興正計劃大展鴻圖，大批從獺窟運進魚苗，批發給瑯瑀
> 的魚池，卻聽到進口港泥沙淤積，船進不來了，口門淤廢在即了……
> 一切都才開始，怎麼就要結束了？〔註166〕

許情一生兼具有童伶、戲子、鼓師的多元身分，不同階段、身分卻詮釋著同
樣的劇目《荔鏡記》，每一次的搬演他都有著不同的心理轉折。假男為女的童
伶許情任由烏秋隨心所欲地雕塑他，下戲後依舊維持女子的穿著、身段，烏
秋要將他雕成比女人還要女人的理想女人形態，烏秋對許情說著：

> 他說他不是要穿戲服的月小桂從戲棚走下來，他要許情穿女服，扮
> 成真正的女人。〔註167〕

在被烏秋有心的雕塑下，許情對自己的性別起了質疑，因此，穿上新衣的當
天晚上，許情做了夢，時光回溯到了許情八、九歲從小生戲轉學小旦戲的那
時候，怒氣衝天的師傅手持木棍，大聲斥責喝道要將他像閹公雞一樣把他閹
了〔註168〕，許情雙手護住自己的胯間，深怕被閹割，許情因為「害怕被閹割，
自此雙膝併緊」〔註169〕。當烏秋發現許情喉結突出時，心中念想的是如何把
許情的童伶狀態保留下來，他褪去了許情的褲子，許情袒裎在烏秋面前時，
早年的創傷經驗再次襲上心頭，讓他「羞恥加上早年的恐懼，使許情雙手重
疊護住胯下」〔註170〕，因此，許情的傷痕更為加深。

（三）裹小腳、被閹割的連結

施叔青在描述許情害怕被閹割的情結時，穿插了阿婠裹小腳、清洗小腳
的情節與太監被去勢的畫面，兩者交錯敘述，阿婠所受的痛與被去勢的「那
種疼痛」〔註171〕，以及在許情心中的痛楚，三者有了生命的連結，在〈月斜

〔註166〕施叔青：《行過洛津》，（臺北：時報文化出版社，2003年），頁300。
〔註167〕施叔青：《行過洛津》，（臺北：時報文化出版社，2003年），頁77。
〔註168〕施叔青：《行過洛津》，（臺北：時報文化出版社，2003年），頁79。
〔註169〕施叔青：《行過洛津》，（臺北：時報文化出版社，2003年），頁301。
〔註170〕施叔青：《行過洛津》，（臺北：時報文化出版社，2003年），頁302。
〔註171〕施叔青：《行過洛津》，（臺北：時報文化出版社，2003年），頁304～305。

三更相耗走〉中出現了三次「那種疼痛」，令人感受到那痛徹心扉的疼痛感，那不僅是身體之痛，心靈更是備受痛楚與折磨，承受著傷痕累累的痛。他欲逃離這般受人操控的生活、遠離心靈的痛楚，「再遲就來不及了」〔註172〕成了他最深的渴望，那是潛藏於內心的聲音。陳芳明在論及許情與臺灣命運的共同點時，如此說道：

> 被邊緣化的臺灣社會，一如許情之被陰性化，都同樣被權利支配而
> 喪失主體性。……施叔青及其傳神地點出臺灣歷史是如何有計劃地
> 被陰性化。優伶與藝妲的被虐，終於轉化成床第的快感。他們能夠
> 享受傳自肉體深處的快感時，男性的人格與女性的體格已經淪為扭
> 曲變態的存在。但是，歷史上的臺灣永遠是邊緣的角色嗎？至少從
> 官方的眼光來看，這個被扭曲的島嶼既要繼續扮演陰性化角色，又
> 同時必須接受正統文化的收編。這種既要收攬又要遺棄的相剋態
> 度，都投射到優伶歌妓的命運之上。〔註173〕

許情被陰性化，不容自己做主的過程，自小到演出小旦都寄人籬下，必須仰望他人的臉色，委屈求全，烏秋將他視為自己的財產一般，隨自己的慾望將許情如插手掌控植物生長形態一般，雕塑成烏秋想要的樣子，在這樣過程中許情內心的感受是被忽視的，甚至是視而不見的。

（四）成為「傀儡」是唯一的自主權

許情經歷郊商掌櫃烏秋、萬合行石家三公子、同知朱仕光在他身上予取予求，他們三人皆只顧滿足他們的慾望，沒有人理會許情的感受，許情想逃離這樣的狀況卻愈陷愈深，因此，許情的創傷不斷加深，結痂的傷口從未痊癒過，他唯一的自主權是將自己變得像傀儡般。小時候許情被師傅毒打虐待時，他的面對方式亦是如傀儡般，他「固定的一個表情，身體四肢進入一種無知無覺的狀態，把自己轉化成一具不具生命現象的傀儡」〔註174〕。成為戲班小旦時，同知朱仕光憑藉著所擁有的權勢對他為所欲為時，他的反應方式是：

> 臉上塗了厚厚一層鉛粉，床上的許情像戴了面具，固定只有一種表

〔註172〕施叔青：《行過洛津》，（臺北：時報文化出版社，2003年），頁302、306。

〔註173〕陳芳明：〈情慾優伶與歷史幽靈——寫在施叔青《行過洛津》書前〉，收錄於
　　　　施叔青：《行過洛津》，（臺北：時報文化出版社，2003年），頁15。

〔註174〕施叔青：《行過洛津》，（臺北：時報文化出版社，2003年），頁159。

情，傀儡木偶一樣，任憑同知朱仕光在他身上牽線抽拉，他僵硬的
臉才會像活人一樣，睜眼啓嘴。〔註175〕

他的臉上、身上的肌肉立刻變成僵硬，四肢進入一種無知無覺的狀
態，把自己轉化成一具不具生命現象的傀儡，全身上下三十六條線，
任憑壓在他身上的抽拉，抽到哪一根線，那個部位才會有機械反應。
〔註176〕

許情將自己的靈魂從身體抽離，帶著絕望的悲傷，進行著無聲的抗議，他讓
自己變成無知無覺、任憑他人處置的傀儡，在強權下的他能做的也就只有這
樣，那樣的傷痕難以抹去，逐漸地變成深層的恐懼與不再疼痛的傷口。佛洛
伊德在敘說創傷固著時，論及：「創傷性精神官能症清楚地表明固著於創傷發
生時的情境就是病源之所在，這些病人時常在夢中重複這種創傷的情境」〔註
177〕，許情早期的創傷經驗、不堪的回憶即是如此，它們如夢魘般不時提醒著
他，揮之不去，故他的潛意識即是要保護自己最怕失去的東西。臺灣的被遺、
被殖民創傷經驗就如許情歷經創傷的苦痛經驗，傷痕無法抹滅，反而深刻的
烙印在心中。

　　長久以來假男為女的許情，早已習慣被當女子般地對待，在他人生中第
一次面臨心靈的衝擊是在見到真正的女子阿婠，在那一刻他體認到自己是
「假」的，不可能成為真正的女子，生理的差異是殘酷不可改變的事實。許
情見到「阿婠那兩粒萌芽的初乳，小小的，他想像如果把他的手覆蓋上去，
一定剛好盈盈半握，柔軟如綿」〔註178〕，許情了解自己欠缺的，也明瞭自己
只是偽裝假扮成女子的男子，他「深深意識到自己的缺陷，他並不是完整的」
〔註179〕。當許情見到因裹小腳而求生不得求死不能的阿婠，他將自己的際遇
與阿婠做了連結，阿婠「她看起來像一具沒有生命的傀儡，紅花柳綠被妝扮
成小旦行當的傀儡，竹篾編成的胴體，套在桃紅色衣並不合身的傀儡」〔註

〔註175〕施叔青：《行過洛津》，（臺北：時報文化出版社，2003年），頁308。
〔註176〕施叔青：《行過洛津》，（臺北：時報文化出版社，2003年），頁297。
〔註177〕西格蒙德・佛洛伊德（Sigmund Freud）著，彭舜譯：〈創傷的固著──潛意
　　　　識〉，收錄於西格蒙德・佛洛伊德（Sigmund Freud）著，彭舜譯：《精神分析
　　　　引論》，（新北市：左岸文化出版，2010年），頁336～337。
〔註178〕施叔青：《行過洛津》，（臺北：時報文化出版社，2003年），頁210。
〔註179〕施叔青：《行過洛津》，（臺北：時報文化出版社，2003年），頁210。
〔註180〕施叔青：《行過洛津》，（臺北：時報文化出版社，2003年），頁155。

180〕，阿婠像一個攤手攤腳破碎的傀儡，和他一樣無法決定自己的命運，面對強權他們倆皆毫無招架之力，就像具沒有生命的傀儡般，因此，許情萌生了同爲天涯淪落人的憐惜心情。

（五）人生如戲

　　當許情與阿婠相處的時日愈久，他原本平靜的心愈益泛起陣陣漣漪，許情開始渴望在阿婠面前褪下女裝的「她」，回到自己本來的面目，然而，「心中的他望著鏡子裡依附在他身上的那個女衫裝扮的他，乍離乍合，愈看愈撲朔迷離，在兩者之間游離擺盪，界線模糊」〔註181〕，許情心中充滿著矛盾，不知該如何自處，究竟自我的眞實面目爲何？這樣的疑問困惑著許情，許情已然迷失了自己，縱使愛慕阿婠的心情襲上心頭，但性別上喪失主權的他始終未在阿婠面前卸下女裝。

　　眞實人生的他無法選擇自己想要的模樣，他只能藉著《陳三五娘》劇中的陳三角色紓發要回到自己眞正性別的心聲，許情教導阿婠時，對著阿婠說：「我就是陳三！」〔註182〕許情藉著戲劇中的人生道出自己眞實的心聲，就在那一刻，許情與戲劇虛擬的人物陳三，已虛實合一，陳三就是許情眞正的自己，他藉著故事中的角色，褪去了女裝的「她」：

> 　　許情就是陳三，陳三就是他自己。他把戲臺上那個裝模作樣的月小
> 桂置身度外，與他毫不相干。許情從戲裡走出戲外，走出他的角色，
> 走出他一身的裝扮，回到他眞正的自己，找回那個隱藏在女裝下面，
> 與浮現在上面的正好相反的性別。〔註183〕

許情從僞裝的女子角色走出，走出月小桂的身分，走出烏秋精心營造的那一身女子裝扮，他回到他眞正的性別，眞正的許情想要爲了阿婠留下來，這樣的欲望激盪著許情。施叔青將許情的性別困惑與認同、愛慕阿婠卻深覺自我缺陷以致不敢表達的種種複雜的心理轉折、起伏，與臺灣人的認同困惑相連結，許情的心路歷程，與臺灣失去主體性的命運相仿。

　　施叔青以邊緣人物、具優伶身分的許情寄寓臺灣的歷史，許情的命運即暗喻臺灣的歷史與處境，兩者的連結是沉痛的，作者發揮她的歷史想像藉此道盡臺灣所經歷過的歷史悲苦令人感到貼切，從中可咀嚼出兩者命運遭逢無

〔註181〕施叔青：《行過洛津》，（臺北：時報文化出版社，2003年），頁213。
〔註182〕施叔青：《行過洛津》，（臺北：時報文化出版社，2003年），頁218。
〔註183〕施叔青：《行過洛津》，（臺北：時報文化出版社，2003年），頁219。

限滄桑之味。她不同以往以男性敘述寫臺灣歷史的書寫策略,從施叔青的筆下世界可閱見小人物的生命力,她表達了從底層人物閱覽社會景況才能看到真正的歷史,真實與虛構往往是界線不明的,以小人物之眼或許才能真正去體會真實社會中的無奈與辛酸。

在《行過洛津》中,施叔青寫出反派角色鴇母月花,獨具慧眼、深諳經營之道的她識得後來藝名為珍珠點的林華,於是她不惜工本地要將珍珠點打造成色、聲、藝三全的大色歌伎,好讓珍珠點為她賺進錢財。打造珍珠點的第一步是裹小腳,裹小腳的目的除了怕用錢買來的童養媳偷跑外,更重要的原因是「歌伎一旦腳下一雙三寸金蓮,則身價百倍」〔註184〕,於是鴇母月花迫不及待地選了個「纏足吉日」,便開始進行珍珠點的纏足作業,她不顧珍珠點因劇痛而痛哭慘叫,為了速成反而使勁力氣地裹纏,「纏得女孩痛徹心腑,全身顫抖不止」〔註185〕,施叔青著墨於鴇母月花為珍珠點纏足的畫面與為訓練珍珠點手執鞭子監視、毒打、大罵的景象,在此刻畫出鴇母月花慘無人道的對待童養媳,為了自己的利益枉顧她們的心聲,更不會聽見她們哀痛的喊叫與哭聲,從這樣的過程中,可見歌伎活得沒有自我、在強權壓迫下不得喘息的生活。

當珍珠點厭倦觥籌交錯的日子,病痛纏身時,鴇母月花對珍珠點的病痛冷漠以待,放任珍珠點吸食鴉片,待珍珠點失去利用價值之後,鴇母月花繼續進行下一個搖錢樹的栽培工作,藝名花月痕的阿婠接替珍珠點的角色,在珍珠點抑鬱而終後,鴇母月花「用一條配草蓆把屍體一捲,丟到崙仔頂的亂葬崗,草草掩埋」〔註186〕,完全不念昔日被她當成搖錢樹的珍珠點為她賺進許多錢財,施叔青在此處將鴇母月花的現實、無情刻畫地栩栩如生,道盡了歌伎悲慘無我的命運,讓人不免為珍珠點一生的遭遇感到唏噓。珍珠點死後,由阿婠接收珍珠點在世時的廳房,珍珠點所有的東西皆由阿婠繼承,包括生不如死的裹腳歷程、成為色、聲、藝三全的大色歌伎的命運皆重現在阿婠身上。施叔青傳神地勾勒出鴇母月花的精明、現實、無情、見利忘義、刻薄寡恩的形象,也描繪了底層人物身世的淒涼,當她們面對強勢的壓迫者,她們毫無招架之力,珍珠點有蔡尋深情相伴,但最後仍然無美滿的結局,阿婠有

〔註184〕施叔青:《行過洛津》,(臺北:時報文化出版社,2003年),頁138。
〔註185〕施叔青:《行過洛津》,(臺北:時報文化出版社,2003年),頁139。
〔註186〕施叔青:《行過洛津》,(臺北:時報文化出版社,2003年),頁253。

喜愛她、倚牆聽歌的許情，然而阿婠的情感歸屬卻不在許情身上，她一樣沒有幸福的歸宿，珍珠點與阿婠似乎都逃離不了自己的命運。任憑強權者在她們身上蹂躪著，裹腳的錐心之痛只能隱忍、被執鞭毒打苦練技藝的痛只能往肚裡吞、面對無情的鴇母將她們當作賺錢的工具時，她們只能順應接受，叫天天不應、叫地地不靈的所有遭遇都只能默默承受，她們的命運似乎也道出了臺灣在面對強勢的壓迫者時，亦無招架之力，甚至因為恐懼而不敢反抗，其中縱使有人壯烈的犧牲抑或是隱忍的承受，對人生的無常有透徹的體悟，卻依舊無法改變自己的命運。

二、統治者的落寞

位高權重的統治者，在面對百姓時，總顯現出他們高高在上的地位，然而，在這樣的身分地位背後，卻隱藏著許多不為人所知的落寞與惆悵，施叔青細膩地描摹統治者的內心世界，並以他們外在條件的豐厚與其內心的孤寂，兩者形成的強烈對比，讓他們的落寞感更顯得沉痛。清領時期的同知朱仕光，思鄉的愁緒一直縈繞著他，他有濃烈的被遺感受，備感孤寂；他擁有同知的權力與地位，卻不及洛津郊商所擁有的舉足輕重之影響力，郊商的勢力、影響力凌駕於官府之上，讓他心中又蒙上了沉鬱感。到了日治時期，來臺的殖民者佐久間左馬太，雖然他被勢如破竹的勝利感所包圍，但沉浸於成功喜悅中的他，卻在討伐太魯閣時，慘遭滑鐵盧，自此病痛纏身，成功的成就與喜悅感倏忽即逝，取而代之的是充滿悲涼、悽愴的興廢之感，檢視過往時，他不禁萌生了「他得到勝利了嗎」〔註187〕的納悶與疑惑，最終只剩衰亡的感覺陪伴著他。施叔青以諸多的筆觸描繪出統治者的落寞心理，讓人在看待他們時，多了悲憫的視角，這亦是作者細膩、用心之處。

（一）同知實權的動搖

施叔青在《行過洛津》中安排了一位視角與底層人物截然不同的角色——代表官方立場的同知朱仕光，並以此一角色帶出當時在洛津的郊商們，他們掌握處理大小事情的權力，作者未直接描繪郊商當時的重要地位與權勢，而是藉他們身旁的人物來烘托，如從同知朱仕光內心鬱悶的心思，可知洛津郊商的重要地位：

〔註187〕施叔青：《風前塵埃》，（臺北：時報文化出版社，2008 年），頁 46。

> 洛津這商人的聚落，像石煙城這類賤買貴賣致富的海商，在地方上
> 卻扮演舉足輕重的角色，勢力及影響力竟然凌駕官府之上，甚至像
> 是維持地方秩序及治安，排解糾紛，主持廟宇祭祀，修橋築路，建
> 廟宇置義塚等也非得倚賴他們不可。〔註188〕

自此可見郊商具有仲裁糾紛、維持秩序、統籌廟宇的慶典與祭祀等權力，而
他們的影響力除了商業外，還可藉由他們的財力可翻修廟宇、集資建廟、祭
祀慶典請戲班演戲等擴展到宗教的影響力，因此，「郊商以神明會的形式存在」
〔註189〕，他們在商業貿易上掌握大權，對宗教也具有決定性的主導權，在洛
津他們的權勢已凌駕於同知朱仕光之上。

（二）「拯救」《荔鏡記》的心境

朱仕光有感郊商的權勢與當時不容小覷的戲劇魅力，在雙重壓力下的他
開始思索著如何改變因戲劇而充斥頹廢墮落、不合禮教的民間風氣，當他看
過《荔鏡記》的演出後，他開始翻閱泉香七子戲班班主獻上的《荔鏡記》劇
本，從朱仕光翻閱的動作可窺知他對《荔鏡記》的內容充滿怨懟與不認同，
也因此他興起了要重改、「拯救」《荔鏡記》的想法：

> 他一反平日伏案閱讀的習慣，手拿一把竹尺，挑翻桌上的戲簿，不
> 肯用手指去翻看，那草紙一樣粗糙的黃色紙張，墨筆字體拙劣幼稚，
> 旁邊附著蚯蚓一樣的工尺譜，看起來慘不忍睹，虐待同知朱仕光的
> 眼睛。〔註190〕

> 勉勉強強用竹尺翻閱了幾頁，發現戲文生造字連篇，詞不達意。同
> 知朱仕光放下竹尺，喚來廳府中的書吏，囑咐他把戲本重新抄寫一
> 遍，還特別叮嚀不必照原文重抄，而是把其中的泉州閩南土語一律
> 翻譯成官話，授意書吏對戲文中的口語對白只需取其大意，不必忠
> 實原著。閩南這種俚俗的方言一向不被士大夫看重，口白用詞本來
> 就沒有獨立的文字，聽起來更是詰屈聱牙，全然不可解。〔註191〕

朱仕光看見《荔鏡記》中的鄉土語言，他的反應是要將之刪改，改成他認同
的官方語言，他不顧百姓的文化、不願體會戲劇吸引百姓的根本原因，對臺

〔註188〕施叔青：《行過洛津》，（臺北：時報文化出版社，2003年），頁60。
〔註189〕施叔青：《行過洛津》，（臺北：時報文化出版社，2003年），頁81。
〔註190〕施叔青：《行過洛津》，（臺北：時報文化出版社，2003年），頁130。
〔註191〕施叔青：《行過洛津》，（臺北：時報文化出版社，2003年），頁130。

灣這塊土地他沒有認同感，心中不斷將臺灣和他的家鄉揚州相比，思鄉之情
充溢其中，臺灣的一切都令他深感不適，他對臺灣並沒有土地認同感。從同
知朱仕光看待臺灣的視角即可知官方的立場，民間百姓的生活一旦讓官方感
到不宜，官方即會毫不留情地將之隱埋，朱仕光的主觀看法其實已將原本真
實的樣貌，披上偽善、虛假的外衣，一切都不再真實。他絞盡腦汁著手《荔
鏡記》的「改良」，並找來書吏協助他將《荔鏡記》翻譯成通俗淺易的白話，
開始進行他認為的去蕪存菁的工作：

> 書吏對文士的警語嗤之以鼻。他將屬於民間的陳三五娘據為己有，
> 大刀闊斧斬去他所認為的枝蔓，削除繁枝，自認為棄其鄙俗糟粕。
> 書吏看不慣劇中男女主角「品行低劣，語言粗野，面目可憎，難登
> 大雅之堂」，於是大力刪除庶民生動的口語，堆砌一些毫無意義的詞
> 藻。〔註192〕

> 同知朱仕光坐在廳衙書房，室內窗明几淨，桌上放著書吏去蕪存菁
> 大肆過濾的潔本，同知朱仕光筆酣墨飽，等著縱筆伸紙，改編這齣
> 從明朝流傳閩南，至今仍是滿城沿村爭唱的荔鏡奇緣。他的目的是
> 挪用陳三五娘庶民故事的素材，將之加以重新改編裁製，編出一齣
> 符合教化的道德戲曲。〔註193〕

> 他絕對不能容許這種氣味低俗的庶民趣味，男尊女卑天經地義，唯
> 有如此，社會才不致脫序，哪有像這齣戲裡陳三一個堂堂的讀書人，
> 被五娘顛倒過來罵他膽敢無尊卑。同知朱仕光必須把顛倒過去的顛
> 倒過來。〔註194〕

> 書吏譯寫《荔鏡記》劇本時，已經把五娘開口「賤婢」閉口「我死
> 囉」的庶民用語悉數刪除，同知朱仕光有心把五娘塑造成為傳統士
> 大夫心目中的佳人閨秀。〔註195〕

從同知朱仕光與書吏的態度，可知他們在閱覽民間風俗事物時，無法以同理
心的立場看待，他們帶著濃厚的主觀意識，立於高於人民的視角俯視百姓的
生活文化，以自己的思考邏輯將原本反映民情的戲劇風貌，刪改地支離破碎，

〔註192〕施叔青：《行過洛津》，（臺北：時報文化出版社，2003年），頁132。
〔註193〕施叔青：《行過洛津》，（臺北：時報文化出版社，2003年），頁132。
〔註194〕施叔青：《行過洛津》，（臺北：時報文化出版社，2003年），頁134。
〔註195〕施叔青：《行過洛津》，（臺北：時報文化出版社，2003年），頁134。

創造出他們認為合乎禮教的戲劇，然而這樣的戲劇已是沒有靈魂的空殼，失去戲劇原有的蘊義與風味。朱仕光未設身處地用心去了解民間的事物，將它們任意地刪改，就如他看到臺灣本地才會生長的大紅花時，他「嫌紅花俗豔難以入眼，命令園丁悉數剪去」〔註196〕，他將看不順眼之處狠狠攀折，毫不顧慮百姓的感受，施叔青藉由代表清廷的同知朱仕光，反映出中原文化以其霸權，干預著臺灣百姓的生活以及民間的文化，而這樣的干預正是陳芳明所言的「中原文化對移民文化的干涉，正是進行權力收編的典型反映」〔註197〕，從中亦可見臺灣被視為次等與邊緣的地位。

（三）真我、假我糾結出的孤獨感

朱仕光的外表道貌岸然，他一心一意要將《荔鏡記》重新改寫，使之合乎禮教，然而弔詭的是像他這樣的父母官，在看待百姓因戲劇的影響而做出踰矩行為時，他充滿著不齒、氣憤與正義感。然而，他在面對自己對戲班小旦動念的欲望時，他卻有著矛盾的思維，他不願面對自己真正的心情，並將自己有此不合禮制規範的欲望歸咎於臺灣的氣候水土。在面對臺灣百姓的民間文化時，他可大刀闊斧的刪改，但在面對自己的情慾時，他卻無法灑脫面對自己真正的感受，依舊擺脫不了中原文化的影響，因此，他致力說服自己那般的情慾非自己的本意，企圖隱藏起這樣的情慾，於是他自我割裂出情慾的自我，以及遵循儒家禮教的自我，時時以禮教顯示出自己與臺灣人民的差異：

> 在洛津蠻荒不文的海角餘地，這小旦用他的青春姿色聲藝為他創造出一個賞心悅目的情境，同知朱仕光享受視聽聲色之美。每天晚上唱完戲，他不准月小桂卸妝，命令這男旦抬著粉墨油彩的臉上床侍枕，只有這樣，同知朱仕光才不會從那異色的艷情中醒轉過來。他但願可以永遠沉醉其中。〔註198〕

> 這個孤意在眉深情在眼的男旦碰觸到同知朱仕光柔軟的部位，使他釋放出連他自己都感到吃驚的熱情。他被自己狂恣的情慾給嚇住

〔註196〕施叔青：《行過洛津》，（臺北：時報文化出版社，2003年），頁204。
〔註197〕陳芳明：〈情慾優伶與歷史幽靈──寫在施叔青《行過洛津》書前〉，收錄於施叔青：《行過洛津》，（臺北：時報文化出版社，2003年），頁15。
〔註198〕施叔青：《行過洛津》，（臺北：時報文化出版社，2003年），頁308。

了。那個道貌岸然舉止有度的朝廷命官到哪裡去了？〔註199〕

　　同知朱仕光把無法填滿的慾望歸罪於洛津的天氣水土，他是被腥鹹
　　潮濕的海風薰得懶散到只顧逸樂，喝多了帶鹽味的井水所致，這個
　　充滿誘惑的地方，使他毫無顧忌的恣意求歡，任憑自己的感官擴張
　　膨脹權無限制，同知朱仕光安慰自己幸虧這只是暫時的現象，他不
　　會久居這化外之地，自棄王化，置儒家倫理於不顧……。〔註200〕

身為洛津父母官的他，以樹立好榜樣為己任，欲效法「朱熹衣到閩南上任，
立即下召禁止演戲」〔註201〕，他以儒家、理學講究禮教的精神作為行為的準
則，然而外表看起來舉止有度的他，內心卻有著澎湃熱烈的情慾，在人前與
人後有著極大的差異。當他面對月小桂（許情）所飾演的益春，在戲臺上嫵
媚嬌柔、楚楚動人的模樣時，勾起了他要佔有月小桂的慾望，因此，他將玉
芙蓉與月小桂強留於同知府衙中，令他們唱完一折又一折，就在好幾個天光
後，在玉芙蓉與月小桂唱起陳三私會五娘連帶勾搭益春的那一折時，同知朱
仕光宣稱要由他自己來扮演戲中的陳三角色，就在那一刻戲中的陳三與真實
社會中的朱仕光合而為一，陳三的慾望即是他的慾望，不願面對自己真實情
慾的他走入戲中人生，藉戲中的虛假人生寄寓他的真實人生，被禮教所束縛
的他，只能以假為真，將真實以假包裝，如此更顯出他內心是空虛、孤獨的。
礙於他人眼光，在一股無形的壓力下，他莫可奈何地放走了玉芙蓉與月小桂，
然而孤獨之感卻向他襲來，「同知朱仕光只是不懂，為什麼放走月小桂後，他
不准人撤去那塊唱戲的紅氍毹」〔註202〕，他有了悵然若失的惆悵感，在無計
澆愁的情況下，他常常一人獨酌至深夜，酩酊大醉後得到的卻是更令人清醒
的孤獨感，故他只能透過慟哭以稍解他糾結的情緒。

　　從朱仕光改寫《荔鏡記》的過程，可知官方的歷史記載，並非全然就是
史實，記載者往往以自己的衡量標準取捨要記載之事，真實的一面可能自此
被湮沒，要閱覽不同官方歷史記載的歷史，往往必須透過底層人物才可閱見。
底層人物發出的聲音是被刻意壓抑的聲音，是貼近人民生活、異於官方記載
的歷史，他們發出的心聲比所見的官方歷史記載更為真實、具有存在感。

〔註199〕施叔青：《行過洛津》，（臺北：時報文化出版社，2003年），頁308。
〔註200〕施叔青：《行過洛津》，（臺北：時報文化出版社，2003年），頁309。
〔註201〕施叔青：《行過洛津》，（臺北：時報文化出版社，2003年），頁294。
〔註202〕施叔青：《行過洛津》，（臺北：時報文化出版社，2003年），頁309。

（四）勇猛強悍形象的一夕瓦解

　　日據時期的來臨，宣告著臺灣被殖民的命運，臺灣自此「淪爲日本的殖民地，也同時淪爲帝國主義權力支配的實驗場域」〔註203〕。長達五十一年的殖民時期，日本派駐多位總督至臺治理〔註204〕，其中第五任的總督佐久間左馬太總督在任最久，他有「鐵血總督」之稱。從日本人的立場來看，他們認爲原住民族是粗野、蠻荒、未開化之民，猶如日本近代思想家福澤諭吉所言：「臺灣人是『蠻民』，是『沒有文明』的人。」〔註205〕因此，日本殖民統治者施行嚴苛的警察制度，進行長期徹底的鎮壓行動，企圖泯滅所有反抗日本的聲音，《風前塵埃》即是以佐久間左馬太總督的任內事蹟作爲故事的基幹，在書中多次描繪太魯閣族人賴以維生的獵槍被沒收，文化退化到原始的階段，反映出殖民者對被殖民者正進行著文化斷根的舉動，並將他們的勢力逼退到無法與之抗衡的狀態：

　　　族人的獵槍被第五任佐久間總督視爲逞凶的武器強行沒收殆盡後，
　　　太魯閣族人就像螃蟹被削去雙螯一樣，無以生存。〔註206〕

　　　日本人強迫沒收他們的獵槍後，獵人不再上山打獵，任獵寮荒廢如
　　　斯。〔註207〕

　　　第五屆的佐久間總督強行沒收了族人的獵槍後，他們被迫回到過去
　　　的狩獵方式。〔註208〕

〔註203〕陳芳明：〈殖民地社會的圖像政治——以臺灣總督府時期的寫眞爲中心〉，收錄於陳芳明：《殖民地摩登：現代性與臺灣史觀》，（臺北：麥田出版社，2004年），頁224。

〔註204〕臺灣總督是日本在臺的最高決策者，負有經營管理成敗的責任。他們的任期不定，短則三個月，長則達九年之久。臺灣人稱總督爲土皇帝，意思是說，臺灣的土地雖小，但寧爲雞口，不爲牛後，總督大權在握，就像雄霸一方的皇帝，好不威風。在日本正式接收臺灣之前，就爲總督一職，應該由文官或武官出任而爭議不休，最後決定採用武官制，直到一九一九年才改用文官。一九三六年，爲因應戰爭，重新由武官擔任。將日治時期臺灣史分爲初期武官總督、文官總督及後期武官總督三個時期。參羅吉甫：《日本帝國在臺灣：日本經略臺灣的策略剖析》，（臺北：遠流出版，2004年），頁87～88。

〔註205〕吳密察：〈福澤諭吉的臺灣論〉，收錄於《臺灣近代史研究》，（臺北：稻香出版社，2001年），頁83～99。

〔註206〕施叔青：《風前塵埃》，（臺北：時報文化出版社，2008年），頁132。

〔註207〕施叔青：《風前塵埃》，（臺北：時報文化出版社，2008年），頁138。

〔註208〕施叔青：《風前塵埃》，（臺北：時報文化出版社，2008年），頁153。

桂竹莖幹做的竹弓是太魯閣族人世代相傳的獵具，然而，到了他父
祖輩，甚至更遠的先祖都已經改用銃槍取代傳統的弓箭當做獵人的
武器，到了哈鹿克這一代，竹弓已淪爲競技場上射箭比賽當做技藝
運動的工具，要不是第五任佐久間總督強行沒收族人的獵槍，他們
才被迫回到過去的狩獵方式，做起竹弓來。〔註209〕

靠打獵爲生的山民，槍枝等於第二生命，失去射取獵物的槍枝，等
於死路一條。第五任佐久間總督把族人用來打獵的槍枝，視爲逞凶
的武器，認爲太魯閣族人是因爲擁有精銳的槍械才敢跋扈不馴，總
督下令強行沒收，警察於是挨家挨戶抄槍，不肯服從交出的，當眾
砍斷首級或活埋，放火燒死全家人。〔註210〕

日本總督爲了統治，將原住民的獵槍悉數沒收，而獵槍是原住民賴以生存的
工具，將獵槍沒收意謂著他們將失去依傍，文化也被日本斬斷，如斷根的浮
萍般，從字裡行間可閱見殖民者的強勢剝奪，同時也能體會到被殖民者的無
可奈何、心酸，即使他們有磅礡得反抗之心，然而在面對強勢的殖民政權時，
卻又顯得力量微薄，這樣的對比正顯現出兩者間天差地別的力量與地位。

施叔青讓三個不同種族、語言、生活習慣的族群，同置於時空相同的場
域——日治時期的後山花蓮，上演著臺灣被日本殖民的歷史。作者以日本人
透過殖民主義的眼睛看待這段臺灣的被殖民歷史，陳芳明認爲日本帝國透過
武力的接收過程逐漸獲致對臺灣的認識，勾勒出從殖民帝國之眼閱見的臺灣
島嶼樣貌：

這個被稱爲「南國」的臺灣殖民地，原非日本所屬的領土。當權者
對這塊新地的認識，並非來自歷史的理解，而是透過武裝的接收過
程逐漸獲致。在其權力營造的追逐中，臺灣是一個陌生，甚且是一
個恐懼的島嶼。臺灣的他者性（otherness），就在殖民主義的眼睛下，
與日本的自我中心（self-center）形成強烈對比。〔註211〕

佐久間左馬太是歷史上眞實的人物，施叔青以文學之筆勾勒出他討伐太魯閣

〔註209〕施叔青：《風前塵埃》，（臺北：時報文化出版社，2008年），頁211。
〔註210〕施叔青：《風前塵埃》，（臺北：時報文化出版社，2008年），頁211。
〔註211〕陳芳明：〈殖民地社會的圖像政治——以臺灣總督府時期的寫眞爲中心〉，收
錄於陳芳明：《殖民地摩登：現代性與臺灣史觀》，（臺北：麥田出版社，2004
年），頁226。

社的行動〔註212〕，他的五年理番計畫即是以武力鎮壓原住民族，迫使他們歸
順日本帝國，透過殖民者的眼睛，原住民族在他們的眼中是一群「低劣的種
族本應受日本帝國的教化」〔註213〕。殖民者進行長期而徹底的鎮壓，但有壓
迫就會有反抗，故臺灣被殖民的歷史亦是一段段留下悲慟、創傷的反抗史。
佐久間左馬太以趕盡殺絕的方式來剿滅負嵎頑抗的太魯閣族人，具有勇猛、
果斷、領導風範等人格特質的佐久間左馬太代表著日本帝國進入臺灣的姿
態，然而當權勢達到頂峰之時，即代表著物極必反，權勢將有瓦解之時，因
此，他在討伐太魯閣蕃之役中，失足而身負重傷，讓原本充滿自信、具備能
力，擁有如日中天氣勢的他，在一夕之間崩潰、瓦解：

> 親自率領兩萬軍警討伐太魯閣族的總督，出乎所有人意料之外，竟
> 然跌墜絲羅荷負幹斷崖，付了重傷，躺在擔架上從立霧山被抬了回
> 來。〔註214〕

佐久間總督在討伐太魯閣蕃之役裡勇猛強悍的形象，於一九一四年巡查時因
墜崖重傷而一夕瓦解，他所篤信的「八紘一宇」帝國，也隨之成了泡沫，如
陳芳明所言的：「成了人類歷史集體記憶裡的一座精神廢墟」〔註215〕。曾擁有
權勢、地位的他，此時充斥著衰亡、頹喪的氣息，權勢、地位將如泡沫幻影
般消逝，曾經留下的足跡終將模糊不可見，宛若風前之塵埃。施叔青在《風
前塵埃》與《三世人》寫日據時期的時間階段，皆描繪到佐久間左馬太總督
實施「五年理蕃計畫」之歷史背景，可見他在臺灣歷史發展上不可抹滅的影
響力，《風前塵埃》將佐久間左馬太最終的成敗對人生的體悟，以西行和尚的
詩句呈現：

> 在超脫世俗的心裡，
> 悲哀突然湧上心頭，
> 只因水鳥從沼澤飛起，
> 在秋天的夕暮。

〔註212〕在此期間，將兇惡獰猛之太魯閣北番，予以剿蕩無遺。出動隘勇警察八千人，
連同軍隊約計萬人，費國幣一千六百萬元，死傷病亡總計不出兩千，而收獲
番人銃器約達二萬枝。參井出季和太著，郭輝編譯：《日據下之臺政卷一：臺
灣治績志》，（臺北：海峽學術出版社，2003 年），頁 193。
〔註213〕施叔青：《風前塵埃》，（臺北：時報文化出版社，2008 年），頁 34。
〔註214〕施叔青：《風前塵埃》，（臺北：時報文化出版社，2008 年），頁 44。
〔註215〕南方朔：〈透過歷史天使悲傷之眼〉，收錄於施叔青：《風前塵埃》，（臺北：時
報文化出版社，2008 年），頁 6。

諸行無常，盛者必衰，驕縱蠻橫者

來日無多。正如春夜之夢幻，

勇猛強悍者終必滅亡，

宛如風前之塵埃。〔註216〕

在《風前塵埃》中，施叔青以白蟻啃噬代表殖民最高權力中心的總督府，寄寓勝利與否，無法從單一角度視之，佐久間左馬太討伐立霧山上的太魯閣族，最終留下的即是充滿疑問的問句：「討伐立霧山上的太魯閣蕃，他得到勝利了嗎？」〔註217〕，人生世事變化無常，佐久間總督摀住劇痛的肋膜，認為自己沒有贏了這場戰爭，最終他在一場如真似幻敷演世阿彌「敦盛」的能劇中，體悟到了「諸行無常，勝者必衰，驕縱蠻橫者來日無多」之精髓。

三、原住民的抵侮

　　臺灣廣袤的山林原野有著豐富的經濟資源，原住民山中的家園成了日本總督垂涎的區域，故感化原住民族，將他們成為效忠日本帝國的子民，此目標成為開採山地資源的第一步驟，日本一旦進入山林，即有無限的經濟利益可獲，如樟樹的砍伐、樟腦的萃取、土地的開墾、道路的開闢等，皆可有龐大的獲利，因此，日本總督用心作全島的測量分類，財團亦虎視眈眈地望著會讓他們荷包滿溢的山地資源：

> 繼任總督佐久間左馬太把目光放在殖民地的資源開發，全力為日本
> 母國開拓資本。他一上任即進行全島土地的總點檢，派出二千個林
> 業專家，在臺灣高山峻嶺間作地毯式的測量分類，做未來發展的規
> 劃。調查結果，蕃人盤據的山地佔臺灣林場總面積的一半以上，除
> 了豐富的原始森林，還蘊藏著礦藏資源的山地，成為財團虎視眈眈
> 的財源目標。〔註218〕

殖民者對臺灣原住民展開了鎮壓掠奪的行動，奪取他們的家園、文化，對臺灣富饒的資源更是不願放過，因此，在掠奪的過程中，原住民有了抵禦外侮的行動，這些行動讓殖民者對他們有了不容小覷的心理，故對他們的討伐行動有了不同的作法，施叔青將這段歷史的生命力灌注於作品中，她如此描繪：

〔註216〕施叔青：《風前塵埃》，（臺北：時報文化出版社，2008年），頁52。
〔註217〕施叔青：《風前塵埃》，（臺北：時報文化出版社，2008年），頁46。
〔註218〕施叔青：《風前塵埃》，（臺北：時報文化出版社，2008年），頁23。

> 開發山上豐富的資源，先決條件是先馴服盤據山中的蕃民。佐久間
> 總督訂出「五年理蕃政策」，計畫以武力征服蕃民，從明治四十三年
> 發動臺北州、新竹州泰雅族的討伐，到大正四年，對「北蕃」以武
> 力鎮壓為主，「南蕃」以懷柔為主，鎮壓為副，五年內十餘次的討撫，
> 除了東岸立霧溪上游的太魯閣族猶自頑強不服，其餘各族均已被迫
> 歸順降服。〔註219〕

總督初以綏撫感化的懷柔政策為方法，然而成效緩慢，第四任總督兒玉源太郎
曾言：「番人頑蠢難馭，過去以酒食招待，一味慰撫，日久當然會有成效，但目
前新領土急待開展，再也不容許這種緩慢的姑息手法」〔註220〕，故日本總督開
始強硬的鎮壓行動，也因此讓原本如世外桃源的臺灣山林瀰漫著腥風血雨。

　　原住民面對強大蠻橫的殖民統治者時，他們帶著「士可殺不可辱」的尊
嚴守護自己的家園，保護自己的家人。在《風前塵埃》中塑造了太魯閣族的
勇士──哈鹿克‧那威的形象，雖然他與敵軍的武力相差甚遠，仍依舊擁有
勇氣與智慧對抗日軍，具備以寡敵眾的勇猛姿態，也因此讓他成了日軍眼中
的麻煩人物：

> 太魯閣族由赫斯社勇猛的頭目哈鹿克‧那威，率領族中壯士，從臺
> 灣割讓那年開始，已經和日本統治者纏鬥了整整十八年。〔註221〕

> 與日本人纏鬥了十八年的哈鹿克‧那威，率領背弓擎矛的戰士在樹
> 叢中神出鬼沒，與日軍做遊擊戰。最後一役，敵人如潮水般擁來，
> 對太魯閣族進行滅族式的屠殺，威力強大的炮彈轟垮部落夷平山
> 居，以寡敵眾，武器遠遠不如日軍精良的哈鹿克‧那威，為了保住
> 殘餘的戰鬥力和族人的生命，退守柯羅戰場，憑著天險據守這最後
> 的堡壘。〔註222〕

> 佐久間總督對太魯閣族發動致命的討伐之前，曾經不止一次派遣探
> 險隊假裝善意造訪，夜宿於哈鹿克‧那威的家，長老們得知日本人
> 為窺探地形而來，十分憤怒。入夜後，升火聚集族人飲酒歌唱，情

〔註219〕施叔青：《風前塵埃》，（臺北：時報文化出版社，2008年），頁23～24。
〔註220〕羅吉甫：《日本帝國在臺灣：日本經略臺灣的策略剖析》，（臺北：遠流出版社，2004年），頁102。
〔註221〕施叔青：《風前塵埃》，（臺北：時報文化出版社，2008年），頁24。
〔註222〕施叔青：《風前塵埃》，（臺北：時報文化出版社，2008年），頁141～142。

緒極爲憤恨，族人極欲動手斬殺探險隊員洩怒。然而，哈鹿克・那威想爭取時間做戰爭的準備，不願立即開啓戰端，反對族人輕舉妄動。爲了防範族人夜襲日本探險隊員，乃與敵人同榻而眠，第二天晚上命令副頭目仿效他，結果探險隊有驚無險的全身而退。〔註223〕

佐久間總督沒估計到身披雲豹皮、手持蕃刀、背弓擎矛的蕃人戰士，面對兵精糧足、武器精良的日軍潮水般湧過來，竟然毫不畏懼。彈盡糧絕之下，並不轉身逃命，反而以血肉之軀迎上前去做肉搏之戰，不願被俘虜的，集體在樹上上吊自殺，太魯閣蕃這種死而後已的悲壯意氣，與日本武士道的精神竟然有些類似。〔註224〕

施叔青生動地呈顯出哈鹿克・那威勇猛冷靜的領導特質，其堅毅不可屈服的精神帶領族人狙擊日人，讓日軍討伐太魯閣社的行動，一再挫敗死傷慘重。施叔青以虛構的太魯閣族哈鹿克・那威，呈現出日據時代眞實在臺灣發生的日軍嚴苛暴力鎮壓原住民的作法，以及原住民憤而反抗的抗日行動，藉由哈鹿克・那威將慘烈的原住民反抗史呈現讀者眼前。

四、漢人與原住民的認同危機

在日本的殖民政策下，亦有不採取哈鹿克・那威那樣積極捍衛自我認同者，而如范姜義明在自我認同上接受日本的同化思維，然而在接受殖民文化的同時，亦即代表著否定原本的自我，承認自己身爲被殖民地位的卑微。

（一）「二我」的分裂

范姜義明接受日本的教育，眷念東京的生活，嫌棄家鄉花蓮，因此，當他的義母范姜平妹送他到日本留學後，他不願再回到未帶給他鄉愁的花蓮，在他心中東京才是讓他有鄉愁感的所在：

> 捏著單程船票，在一個淒風苦雨的午後搭上越洋輪船，滿心愴惶的范姜義明揮別了他心愛的東京，立在甲板上，他實在不情願回去養母那傳統陰暗又喪氣的家。東京幾年，他已經無法在同一個屋簷下，每天面對養母那張苦緊、寡婦一般的長臉，餐餐靠鹹菜、豆腐乳過日子了。〔註225〕

〔註223〕施叔青：《風前塵埃》，（臺北：時報文化出版社，2008年），頁142。

〔註224〕施叔青：《風前塵埃》，（臺北：時報文化出版社，2008年），頁47～48。

〔註225〕施叔青：《風前塵埃》，（臺北：時報文化出版社，2008年），頁105。

> 范姜義明登上舢舨時，望著洶湧起伏的浪濤，負氣的想到，如果縱
> 身投入大海，海浪會把他帶離花蓮，這個他不再有鄉愁的所在吧！
> 還沒上岸，他已經開始懷念東京赤阪的料亭、銀座的咖啡廳和酒館、
> 歌舞伎院、上野公園的櫻花了，他尤其想念帶著學生到茶室上課的
> 藤井教授。〔註226〕

他的行為舉止與思維即是一種接受殖民的結果，可見日本的文化霸權，成功
地置入范姜義明的自我認同中。然而矛盾的是當他有了想要成為日本人的渴
望時，他卻發現自己出生的種族，早已殘酷地宣判他希望破滅，他認同日本
文化，但當他聽見由從日本人馬耀口中說出：「人應生而平等，本島人不應該
被視為二等公民」〔註227〕時，他的眼睛因此而溼潤，流著臺灣人血液的他，
對作為臺灣人的卑下地位深感悲哀，他在自我認同與無法抹滅的身分印記中
游移，因此，他自我分裂為二，開了「二我寫真館」，「二我」正是范姜義明
的寫照，他的情況即是陳芳明所謂的：「印證了法農（Franz Fanon）所謂的由
於承認本身為劣等，因而自我分裂為二。向強勢者屈服的意識轉化，加害必
須要有被害的配合，文明的野蠻戲才可以持續下去」〔註228〕，痛苦、徬徨在
范姜義明身上展現。

（二）土地、自我、根

　　繼承父親哈鹿克・那威之名的哈鹿克・巴彥，「表面上他很溫馴順服，有
點躲閃，凹陷的眼睛閃著機警的警覺」〔註229〕，他繼承了父親的血液與剛毅
驍勇的精神，然而與父親不同的是，哈鹿克・那威抵死不願成為日本人的俘
虜，而哈鹿克・巴彥卻心甘情願的成為日本人橫山月姬的俘虜，在愛情的糖
衣下，他跨越了和日本人之間的鴻溝，他奉獻自己的靈魂，無怨無悔地忘卻
自己為何擁有哈鹿克之名的身分：

> 哈鹿克來到小瀑布下，解下從不離身的蕃刀。〔註230〕
>
> 被藏在布教所的地窖，哈鹿克聽任他的莉慕依的支配，任由她來去
> 自如。一聽到無時不在期待的暗號，哈鹿克用手撐開那扇沉重的檜

〔註226〕施叔青：《風前塵埃》，（臺北：時報文化出版社，2008年），頁105。
〔註227〕施叔青：《風前塵埃》，（臺北：時報文化出版社，2008年），頁173。
〔註228〕南方朔：〈透過歷史天使悲傷之眼〉，收錄於施叔青：《風前塵埃》，（臺北：時
　　　　報文化出版社，2008年），頁9。
〔註229〕施叔青：《風前塵埃》，（臺北：時報文化出版社，2008年），頁143。
〔註230〕施叔青：《風前塵埃》，（臺北：時報文化出版社，2008年），頁184。

木門，從外滲入地窖的一線天光，使他得以看到他的莉慕依像個美
麗的精靈，翩然走下臺階。〔註231〕

沒經過她的允許，哈鹿克不敢撫愛她身體的部位，只能屏息等待對
方允許他動手的訊號……。〔註232〕

被當做祕密藏在暗無天日的地窖裡，只有在他的莉慕依現身，把她
擁在懷裡時，他才感到充實，一旦從她的身體抽離，他立刻感到空
虛，無所依侍，只能坐在黑暗中，回味她的手扼住他的脖子，讓他
轉不過氣幾乎窒息的感覺。〔註233〕

具有日本殖民者身分的橫山月姬，與被殖民身分的哈鹿克·巴彥，兩人不平
等的地位，隱約地呈現於他們的互動中，哈鹿克·巴彥在他的莉慕依面前他
自行慚穢，在愛情的世界中他總是扮演著溫馴被動的一方，由橫山月姬主導
他們的愛情，他只需追尋著他的莉慕依的腳步，身為太魯閣族人勇士之子的
他卻像是受到殖民者與父權體制壓迫下的女性，失去主體性，不敢逾越那條
兩人地位不平等的無形界線。在山林中生存的他，擁有無限的自由，踏在自
己的土地上，他可擁有踏實感與安全感，在山林間他從來不會感到孤獨，然
而他卻任由他的莉慕依將他藏在地窖裡，雖然在地窖裡可「整天與土地為伍，
可是哈鹿克·巴彥卻感到飄浮流離，他不是踏在自己的土地上，遠離山林部
落，與自己熟悉的土地剝離，與自然斷裂，他感到失落。」〔註234〕，只是他
的莉慕依不在，哈鹿克·巴彥就只能在黑暗中雙手捧著空虛，任由孤獨感向
他侵襲。

　　哈鹿克·巴彥無依無靠的失根處境，透露出土地對原住民的重要，因此，
當原住民族群面臨殖民者奪取他們的土地時，他們的心境即是茫茫無所依恃
的失根狀態，他們與土地脣齒相依，故喪失土地也將喪失他們的自我。失去
山林生活的哈鹿克·巴彥，只剩下他的莉慕依，除此之外他一無所有，他就
像是沒有箭的弓，一旦橫山新藏發現他，他將無路可逃，無法消失於山林之
中，只能束手就擒。施叔青將哈鹿克·巴彥比喻為橫山新藏的獵物，一旦他
被橫山新藏發現，就如同獵人發現獵物一般絕不會手下留情，此處點出了土

〔註231〕施叔青：《風前塵埃》，（臺北：時報文化出版社，2008年），頁206。
〔註232〕施叔青：《風前塵埃》，（臺北：時報文化出版社，2008年），頁208。
〔註233〕施叔青：《風前塵埃》，（臺北：時報文化出版社，2008年），頁208。
〔註234〕施叔青：《風前塵埃》，（臺北：時報文化出版社，2008年），頁209。

地對原住民的重要，也指出日本殖民者將原住民視爲獵物欲除之的心理。

在《風前塵埃·月見草》中描繪了哈鹿克·巴彥令三個日本警察目瞪口呆的攀登技巧，他在岩壁後面發現了正在水潭淺水處戲耍的一頭水鹿，他與水鹿籠罩在沒有敵意的祥和氣氛中，然而如獵人般的腳步聲響起劃破了這樣的靜謐，哈鹿克·巴彥自知「他是日本警察的獵物」〔註235〕、「他是橫山新藏追捕的獵物」〔註236〕，因此，「哈鹿克但願自己和水鹿一樣，能夠來去無蹤」〔註237〕。在《風前塵埃·沒有箭史的弓》中接續此場景與哈鹿克的心理轉折，但愛上橫山月姬而心甘情願被藏於地窖的哈鹿克就如「沒有箭史的弓」，已預告著他悲劇性的下場：

> 哈鹿克帶著日本警察上山打獵，來到一處被眼前高聳的岩壁擋住去路，憑著敏銳的聽覺，哈鹿克聽到岩壁後方傳來撩撥水的聲音，他手腳並用，抓住藤蔓尖石朝著岩壁直線攀爬上去，追尋聲響的來源。日本警察被哈鹿克無需架設登山繩及鋼釘等攀岩設備，而是像猴子一樣直線徒手攀登嚇得目瞪口呆。〔註238〕

> 上到岩壁頂端，哈鹿克發現高山芒草當中有一處水潭，聲音來自一頭水鹿在淺水處戲耍，他知道肩上的竹弓威力不足以制服這隻頭角崢嶸巨大肥壯的水鹿，然而，他自己卻被當成獵物，警覺到橫山新藏，他的莉慕依的父親正繞過岩壁一步步舉槍向他走來，腳步聲充滿了敵意，在日本警察朝他射擊之前，哈鹿克舉起竹弓朝空中射出一箭，嚇阻敵人的攻擊，然後縱身一躍，跳入芒草原隨著風一樣飛奔的水鹿消失在叢林中。〔註239〕

> 萬一藏在布教所地窖的他，被他的莉慕依的父親發現了，哈鹿克不敢想像這一次日本警察會怎樣對付他。他無路可逃，無法消失於山林之中。哈鹿克舉起尚未完工的竹弓自我防衛，拉開首尾銜接用麻繩綁好的弓弦，擺出射擊的手勢。只有弓，沒有箭桿和箭鏃做成的箭。沒有箭的弓，形同廢物，不是武器。哈鹿克把弓弦隨手一扔，

〔註235〕施叔青：《風前塵埃》，（臺北：時報文化出版社，2008年），頁155。
〔註236〕施叔青：《風前塵埃》，（臺北：時報文化出版社，2008年），頁155。
〔註237〕施叔青：《風前塵埃》，（臺北：時報文化出版社，2008年），頁155。
〔註238〕施叔青：《風前塵埃》，（臺北：時報文化出版社，2008年），頁212。
〔註239〕施叔青：《風前塵埃》，（臺北：時報文化出版社，2008年），頁212。

頹然躺下，等待束手就擒。過不了多久，充滿敵意的腳步聲又將在上面響起，一步步向地窖欺近，這一次哈鹿克無路可逃，他被困住了。〔註240〕

在愛情這塊領域裡，哈鹿克·巴彥與橫山月姬的感情突破了世人設限的藩籬，他們愛上了對方即可摒棄種族、是非的界線，但不被祝福、不能公開的愛情，縱使有著轟轟烈烈的情感，最終還是走到了悲劇的結局。哈鹿克·巴彥最後還是「沒能像草原上那隻嬉水的水鹿，聽到人類的聲音，奔向濃密的森林消失蹤影。他被腳鐐手銬地壓到花蓮監獄」〔註241〕，他為愛情犧牲了自己的性命，像獵物般被橫山新藏緝捕，逐步走向死亡。

（三）悲傷的苦楝樹

橫山月姬「曾每天苦守別墅的那株苦楝樹，眼睛越過鯉魚潭，望向花蓮監獄的方向」〔註242〕，「苦楝樹」代表著哈鹿克·巴彥的下場，她守候著不會歸來的他，承受著無法再聚首的悲慟，最後她帶走了范姜義明的《臺灣寫真帖》，在《臺灣寫真帖》中，有一幀在花蓮監獄磚牆外押解手銬腳鐐的犯人寫真，以此撫慰未能見到哈鹿克·巴彥最後一面的痛楚，橫山月姬自此活在回憶中，陪伴她的是無盡的遺憾與悲傷，活在回憶中的她才是真實的自我，她被層層的傷痛包裹著，一旦揭開會發現在她的身上正烙印著「殖民」與「被殖民」的創傷。

（四）「我」的追溯之路

除了以臺灣為家鄉的日本移民外，來臺的日本人亦有以殖民者的高姿態，以「日本人是本島人的模範，要好好引導本島人」〔註243〕當作使命生活於臺灣者，《三世人》中描繪的坂本先生即是如此，他不吃臺灣的食物，書中如此描繪他的思維、舉止：「坂本先生不吃臺灣的東西，便當的材料都是東京、北海道運過來的，在臺灣要用日本的食材」〔註244〕，從他的日常生活起居，可知他是鄙棄臺灣的，故他只使用純然的日本物資。施叔青藉故事中日本人與臺灣人的互動方式，凸顯出殖民者以主人高高在上不容侵犯之姿對待臺灣人，以及臺灣人被殖民的心酸與卑微，其中令人感到心痛的是臺灣的人民屈

〔註240〕施叔青：《風前塵埃》，（臺北：時報文化出版社，2008年），頁213。
〔註241〕施叔青：《風前塵埃》，（臺北：時報文化出版社，2008年），頁254。
〔註242〕施叔青：《風前塵埃》，（臺北：時報文化出版社，2008年），頁254。
〔註243〕施叔青：《三世人》，（臺北：時報文化出版社，2010年），頁36。
〔註244〕施叔青：《三世人》，（臺北：時報文化出版社，2010年），頁33。

服於現實，企圖與以前的自己割裂，努力造就自己成爲一個日本人，以及發
自內心感受到自己是被奴化的，地位是低於日本人或和日本人有接觸的臺灣
人的，《三世人》中的掌珠初接觸到在日本人坂本先生家幫傭的臺灣人悅子
時，即是這樣的心態：

> 參觀了日本人的廚房，掌珠自覺高攀，以後體力勞動粗重的活，她
> 都自動替悅子代勞。〔註 245〕

> 悅子跟掌珠說：在日本人家住久了，已經差不多不會說臺灣話了，
> 腦子裡想事情，也是用日語來想。悅子抬起下顎神氣地宣稱自己是
> 公學校的畢業生，到坂本家應徵時，憑一口流利的國語才得到這分
> 工作。〔註 246〕

掌珠在看日本人的視角是由下往上的，因此，她由衷地感到日本人有著高尚
的地位，當她跟隨悅子參觀坂本先生家時，因爲「怕弄髒坂本家的榻榻米，
掌珠特地用肥皂刷洗腳底」〔註 247〕。掌珠認同日本人的地位，也希望自己能
成爲日本人，因此她的思維已經接受了日化：

> 相信日語說得愈純正不帶腔調，會使她更接近成爲日本人。〔註 248〕

> 能做日本人，誰去管腰粗不粗呢？〔註 249〕

> 生爲臺灣人，死爲日本鬼。〔註 250〕

這些想法，表達了她以成爲日本人爲最深的渴望與企盼。然而，臺灣人在日
治時期的地位是卑下的，即使有部分的臺灣人他們費盡心思，努力將自己改
造成日本人，讓自己的外貌像極了日本人，但在日本人眼中終究只是個像日
本人的臺灣人，在日本人面前依舊是無法平起平坐的，因此，有著如施寄生
的感慨：「唉，臺灣人做小伏低，連個傭人都沒資格當……」〔註 251〕這段話道
盡了身爲被殖民者的悲哀，被殖民的身分烙印在身上是無法抹去的。想成爲
日本人的臺灣人，就如同浮萍一般，忘卻了自己的根、自己本來的樣子，而
更令人感到悲哀的是他們並不想找回原本的自我，最終「認不出誰是誰，只

〔註 245〕施叔青：《三世人》，（臺北：時報文化出版社，2010 年），頁 34。
〔註 246〕施叔青：《三世人》，（臺北：時報文化出版社，2010 年），頁 34。
〔註 247〕施叔青：《三世人》，（臺北：時報文化出版社，2010 年），頁 39。
〔註 248〕施叔青：《三世人》，（臺北：時報文化出版社，2010 年），頁 62。
〔註 249〕施叔青：《三世人》，（臺北：時報文化出版社，2010 年），頁 40。
〔註 250〕施叔青：《三世人》，（臺北：時報文化出版社，2010 年），頁 65。
〔註 251〕施叔青：《三世人》，（臺北：時報文化出版社，2010 年），頁 47。

知道看起來不是正宗的漢人了」〔註252〕，成了什麼都不是的樣子，而正是身為被殖民者的辛酸與可悲之處。

《三世人》以多線的敘事，描繪清朝的遺民、已皇民化的臺灣人、新知識分子、卑微的養女等人物在大時代下的命運，臺灣人歷經不同政權的轉移，從清廷、荷蘭、明鄭、西班牙、日本，一直到國民政府的統治，在不同的政權下盪漾出激烈的反抗，抑或是隨波逐流，斷裂的臺灣歷史無形之中，也讓臺灣人產生認同上的痛苦與迷失，曾在不同時代背景下生存的臺灣人，如浮萍般無所依恃、到處流浪，究竟自己是誰成了無解的謎。施叔青以樟木作為臺灣人的象徵，樟樹從粗糙、沒有價值的植物，經過反覆的提煉過程，最後提煉出高經濟價值的樟腦，這樣的改造過程如被日本人改造而失去主體性的臺灣人，施叔青以小說之筆為歷史發聲，其中有不少的杜撰人物，然而從這些虛構的人物中卻可看見底層人物真實的情感與心聲，流露出他們的悲苦與生命力。

《三世人》以有清遺民忠烈氣節的施寄生、擺盪在父親施寄生與日本殖民政策間的施漢仁，以及日治第三代心靈已日本化的施朝宗為故事敘述的主軸之一，施家三代即代表著歷經三個不同政權統治的三世代故事。施寄生以清遺民自居，矢志不事二姓，堅決不願日本化，故從施漢人眼中可見一位堅貞、不改志節的清遺民形象：

> 從小漢仁看到的父親，無不是神色鬱悶，閉門不見客，他不肯學日語、不用日本天皇年號，拒絕與日本人統治的外界接觸，深居簡出，每天袖著手窩在家中做他的前朝遺民，寫些「嗟哉武陵客，块塿失康莊，避秦無源路，仰首望蒼蒼」之類的詩句，以無可問津的武陵人自喻，終日長吁短嘆。〔註253〕

施寄生要守住自己的根，他提醒自己與後輩不可成為斷根、背叛自己國族的人，他將自己活著的動力寄託於總有一天漢文化將再興盛的希望中，他不想面對真實的社會，因此，他與日本統治的時代脫節，無論在思維、語言、服裝上皆顯得格格不入，他只得「寄託於前朝而生」。

施家第二代——施漢人，他與他的妻子心靈皆不排斥日本化，施漢仁以優異的成績自公學校高等科畢業，他想到東京留學，但礙於父親的感受因此

〔註252〕施叔青：《三世人》，（臺北：時報文化出版社，2010年），頁56。
〔註253〕施叔青：《三世人》，（臺北：時報文化出版社，2010年），頁43。

作罷,到臺北謀職的他,在上班之餘常逛日文書店,對日文書愛不釋手,平日他與妻子會以日語交談,他們兩人在面對日本殖民者給予的皇民教育皆無抗拒、欣然接受,但心中仍知道自己是漢人而非日本人:

> 「如果按照戶籍上的生日,」他兒子漢仁偷偷告訴人家:「我是清朝人!」〔註254〕

> 漢仁和妻子為避免刺激寄生的情緒,只有在關起房門時才敢用日語交談,而且把聲音放到最低。平日在家,寄生對兒媳嘰哩咕嚕說日語很有意見,一開始聽到兩人輕聲細語以為是在背後說他,後來才知道是習慣成自然。寄生擺出長輩姿態教訓兩人不可忘本,漢仁摸了摸腦袋,向父親道歉:「局裡上班規定說日語,上門辦事的也非日語行不通。回到家舌頭一下子轉不過來,就順溜講下去了!」〔註255〕

> 皇民化雷厲風行,朝宗的母親穿和服更覺得名正言順,到市場買菜,人家把她當成日本婆子,讓她喜孜孜的。她從來不穿臺灣服裝,回洛津探望婆婆時也都穿洋裝,婆婆找裁縫給她量身,做了兩套對襟臺灣衫給她,……不願傷婆媳之間的和氣,只好勉強穿著,一出洛津家門她立刻到鄰居家換了洋裝回臺北,下次到洛津,便把臺灣衫裝在包裡,下了火車先到鄰居家換上,再回去。〔註256〕

> 沒想到多年來只說日語、皇民化得徹底的父親,竟然會把牌位偷偷藏在天花板上,這頗出乎施朝宗意料之外。〔註257〕

施漢仁自小看到的父親是忠誠的清遺民,他的家庭教育告誡他不可忘本,但漢仁在求學、工作、飲食、日常生活都已接受日本化,他的認同擺盪在父親與現實環境中,他明白中國是他的祖國,但在國家認同上他亦認同日本。施漢仁的妻子,她從來不穿臺灣服裝,當她穿著和服被人家當成日本婆子,讓她十分喜悅,從此處可見她亦認同日本。施漢仁尚未完全被日本同化,他正代表著介於兩種文化碰撞、交界矛盾地帶的人們。雖然施漢仁接受日本的教育,不像父親施寄生拒絕日本的文化植入,但他從未忘記自己是「漢人」,民族情懷其實是深植於他的骨子裡的,從他身上可見同於〈臺灣的現代性——

〔註254〕施叔青:《三世人》,(臺北:時報文化出版社,2010年),頁27。
〔註255〕施叔青:《三世人》,(臺北:時報文化出版社,2010年),頁47。
〔註256〕施叔青:《三世人》,(臺北:時報文化出版社,2010年),頁205。
〔註257〕施叔青:《三世人》,(臺北:時報文化出版社,2010年),頁240。

誰的現代性？哪種現代性？〉一文中所論述的：「臺灣人的主體性與漢文化，雖有殖民者的打壓，卻能在殖民者的前項情結夾縫中保存下來，而不至於被日本的『同化』完全摧毀。」〔註258〕

　　然而，到了施家第三代的施朝宗時，他是日本皇民化的見證，在日據時期，從施朝宗的身上找不到認為自己是臺灣人或祖國是中國的軌跡，他接受日本化，心靈的他是真正的「日本人」。日本殖民統治時期的時代氛圍如陳培豐所論及：「明治27年上田萬年將日本語比喻成『日本人的精神血液』與『情深無比的母親』，強調不論是否為大和民族份子，只要讓他們使用國語就可以統一流在他們體內的『精神血液』，灌輸他們忠君愛國思想，將他們融化成日本人。這種擬血緣制的國體論逐漸成為統治臺灣的主流價值，語言中『同化』之意識形態於焉形成。」〔註259〕因此，語言的認同即代表著自我的認同所在，施寄生不願說日本語，但到了施漢仁、施朝宗他們對日語琅琅上口，日語儼然成了他們的母語，他們並以此為榮：

> 皇民化宣揚日語是日本人的精神血液，學習日語是成為日本人的方法。朝宗家是「國語家庭」，在入口處懸掛「國語の家」，令朝宗引以為傲。……這榮譽使他們得到種種的優待……。〔註260〕

> 最近朝宗故意躲著祖父，他要做個徹底的日本人，不想用臺灣話回答他的問語。〔註261〕

> 幾天前，有個洛津同鄉到臺北來找祖父，來人摸摸他的肩膀，說長這麼高了，用臺灣話問他話，朝宗指著大門大聲喝斥：「臺灣人，出去！」〔註262〕

施朝宗因家中入口處被懸掛「國語の家」，讓他感到優越與光榮，他不願像祖父施寄生講著臺灣話，甚至因此之故刻意避開祖父，不想與祖父以臺灣話交談，在他心中認同日本語，將臺灣話視為是下品的語言，可見日本統治者的換血工作成功地在此時的施朝宗身上展現。陳芳明曾言：「強權者不

〔註258〕顧忠華：〈臺灣的現代性——誰的現代性？哪種現代性？〉，《當代》第221期，2006年1月，頁82。

〔註259〕陳培豐：〈殖民地臺灣國語「同化」教育的誕生——伊澤修二關於教化文明與國體的思考〉，《新史學》12卷1期，2001年3月，頁126～137。

〔註260〕施叔青：《三世人》，（臺北：時報文化出版社，2010年），頁202。

〔註261〕施叔青：《三世人》，（臺北：時報文化出版社，2010年），頁202。

〔註262〕施叔青：《三世人》，（臺北：時報文化出版社，2010年），頁204。

僅在借來的空間進行直接的政治、經濟支配，並且在文化上展開抽樑換柱的工作，終至使殖民地人民喪失其固有的歷史記憶與文化傳統」〔註263〕，陳映眞〈原鄉的失落〉論及殖民地性格時，說道其中有一種即是「拚命地使用殖民者的語言，穿著殖民者的服飾，模仿殖民者的生活方式和一切文化，鄙視和輕賤自己的同胞，一意要按照殖民者的形象改造自己」〔註264〕，在否定原本自我的過程重塑符合殖民者的樣貌，但令人感到可悲的是被殖民者無論費盡多少心力打造自己，在殖民者眼中卻無法改變他們是被殖民的地位。

在一九四二年的戰爭時期，日本開始實施志願兵制度，在日本不斷對臺灣百姓施予效忠天皇的洗腦工作下，造成了許多臺灣青年從軍的熱潮，施叔青透過施朝宗加入「若櫻敢死隊」〔註265〕當日本的志願兵〔註266〕，且以此爲最高榮譽，他誓言要像日本武士一般，爲正義與榮譽而戰，將自己的生死置

〔註263〕 陳芳明：〈自序：我的後殖民立場〉，收錄於陳芳明：《後殖民臺灣：文學史論及其周邊》，（臺北：麥田出版社，2011 年），頁 13。

〔註264〕 陳映眞：〈原鄉的失落：試評夾竹桃〉，收錄於陳映眞：《孤兒的歷史，歷史的孤兒》，（臺北：遠景出版社），頁 107。

〔註265〕 當時日本有所謂的「神風特攻隊」。「神風特攻隊」是指戰爭末期，日軍確認戰力無法對抗美國海軍，必須捨棄普通戰術，於是產生「一機屠一艦」的自殺式特攻隊構想。參古野直也著，謝森展譯：《臺灣代誌》（下冊），（臺北：創意力，1995 年）頁 307。

〔註266〕 周婉窈從四個角度，分別探討了當時臺灣年輕人對日本志願兵制度反應熱烈之因：
首先，殖民政府給志願兵制度塗上極爲濃厚的精神色彩。透過傳播媒體，志願兵制度被說成是殖民地人民所領受的最高榮譽，被稱爲「島民的最高榮譽」或「無上之光榮」。
其次，地方政府藉各種管道發動年輕人提出志願書。青年團成立於 1920 年代，其最初功能是對出社會的青年進行再教育，並涵養公民道德。在皇民化時期，青年團正好可資利用，以動員男女青年。第三，同年齡層的壓力很可能在志願兵的狂熱中扮演了重要的角色。「血書」的最初出現也許是受到當局的鼓勵或暗示，但不多久卻成爲年輕人爭相倣效的浪漫的、悲壯的舉動。年輕男子藉以表示或發洩愛國精神，年輕女子也不例外。不少台灣少女志願當戰地看護婦（護士）她們也寫血書，表示內心最熱切的願望。這些官方所讚揚的模範熱血青年給同年齡層的其他青年的影響，當是很難確實估計。
最後，我們不能忽略的是：殖民地人民對志願兵制度的反應在某個層面上多少關係到民族尊嚴。在戰場上，殖民地人民可以眞正證明他們不輸日本人，甚至比日本人還要優秀。
參周婉窈：〈從比較的觀點看臺灣與韓國的皇民化運動〉，收錄於張炎憲等人編：《臺灣史論文精選》（下），（臺北：玉山社，1996 年）頁 187～189。

之度外，把自己的生命效忠予日本天皇，呈顯出當時日本的教育方式，已將
臺灣青年雕塑成他們理想中的模樣，皇民化的影響力已滲透到臺灣人的內心
裡：

> 朝宗曾經覺得在日本人面前，他顯得軟弱自卑，有次躺在沙灘上假
> 寐，被日本排長用軍鞋在他身上踩踏，當時他不以爲忤，還感到快
> 樂。〔註267〕

> 朝宗割破手指，用鮮血寫效命的血書：「天皇陛下萬歲，我是日本男
> 子，具有大和魂……」額頭綁著用鮮血染紅的太陽旗巾，雖不是生
> 爲日本人，卻發誓要成爲日本鬼。〔註268〕

曾經想要成爲徹底的日本人的施朝宗，在日本戰敗國民政府來臺時，面對他
認同的日本政權已崩潰，施朝宗的心理有了不同的轉折，他曾經是日本殖民
者眼中說著標準國語的皇民，獲得讓他感到優越的「國語の家」的牌子，代
表著他對日本有著強烈的認同。但隨著政權的轉移，那標準的日本國語成了
他害怕的夢魘，他曾用來展示優越感與榮譽感的日語，及氣勢萬鈞地高唱〈光
榮的軍夫〉的自信，如今彷彿幻化成鬼魅般要吸取他的魂魄，成了他可能失
去性命的印記。

　　施朝宗因爲對日本的認同感，讓他成爲國民政府眼中的獵物，在不斷逃
命、歸避緝捕的過程，他的內心百感交集。當他逃難到五股，投奔勝光歌仔
戲班班主時，班主爲了確認他是臺灣人，「要他唱日本國語歌證明自己是臺灣
人」〔註269〕，他以低到幾乎聽不到的聲音輕輕地唱著日本國歌，深怕因此丟
了性命，擔憂因爲「南下逃難時唱過日本國歌，也會是他的罪狀之一」〔註270〕。
新的政權來到臺灣，對施朝宗而言，既陌生又充斥恐懼感，他害怕自己曾是
日本殖民者眼中的「良民」，如今成了新政府眼中的「罪民」，動輒得咎、風
聲鶴唳的不安感正是時代變遷下的心境，那樣的恐懼深植於心，充溢著不安
全感，恐懼不僅白天跟隨著施朝宗，到了夜晚他更是無法放鬆闔眼，恐懼感
侵入他的夢境，日夜跟隨著他，施朝宗的形象塑造與心理轉折，正代表著當
時百姓面臨新政權時不安、恐懼的處境與心情：

〔註267〕施叔青：《三世人》，（臺北：時報文化出版社，2010年），頁236。
〔註268〕施叔青：《三世人》，（臺北：時報文化出版社，2010年），頁237。
〔註269〕施叔青：《三世人》，（臺北：時報文化出版社，2010年），頁257。
〔註270〕施叔青：《三世人》，（臺北：時報文化出版社，2010年），頁257。

> 施朝宗做了一個惡夢，夢中的他使勁地揮舞著青天白日滿地紅的國
> 旗，嘴裡卻用日語喊：「萬歲！」「天皇の赤子」，朝宗在睡夢中被自
> 己的叫聲喊醒。〔註271〕

> 施朝宗沒帶走他的卡其布上衣，說是因為天氣太熱穿不下，其實他
> 是故意留下的，他要與過去的他割絕，那個參加「若櫻敢死隊」的
> 自己，卡其布上衣繡有他的名字，他不想做施朝宗，他要變成另一
> 個人。〔註272〕

施朝宗想要與殖民時代的自我割裂，他要變成另一個人，但事實上，施朝宗從未做過自己，在不同的政權下，他只能將自己塑造成掌政者想要的模樣，因此隨著政權波動、移轉時，他必須重新活過，否定之前的自我，在自我追尋的過程中，他產生了自我認同危機。外在的樣貌容易改變，但內心真實的他究竟是什麼模樣，他迷失自我，找不回真正的自己，「I'm not Japanese, I'm Chinese.」〔註273〕他始終沒有機會讓這句話說出口。

> 為了預知一歲大的朝宗的志向，未來是否成器，將書、筆墨、雞腿、
> 算盤、小秤、蔥仔、田土，每件物品各有其代表意義，……。
> 「你抓了一本祖父寫的詩集。」
> 「啊，多可惜喲，抓的不是雞腿……」
> 「看你抓到他的漢詩集，阿公呵呵直笑，開心的很，當場給你取了
> 學名，說是讓你讀書時用的。」〔註274〕

> 隔天施朝宗在一個場合裡的感受，令他體會到民族情懷不僅深植於
> 他父親的骨子裡，自己竟然也感同身受。〔註275〕

> 朝宗背著沒上子彈的步槍在海邊巡邏，輕聲唱著〈光榮的軍夫〉，唱
> 著唱著，猛然覺察到他是用臺灣話唱〈雨夜花〉的歌詞！
> 「雨夜花，雨夜花，受風雨吹落地……，花謝落土不再回。」〔註276〕

被日本殖民受苦的臺灣人民，在國民政府接收臺灣後，依舊過著似被殖民的

〔註271〕施叔青：《三世人》，（臺北：時報文化出版社，2010年），頁256。
〔註272〕施叔青：《三世人》，（臺北：時報文化出版社，2010年），頁270。
〔註273〕施叔青：《三世人》，（臺北：時報文化出版社，2010年），頁236、238、239。
〔註274〕施叔青：《三世人》，（臺北：時報文化出版社，2010年），頁203。
〔註275〕施叔青：《三世人》，（臺北：時報文化出版社，2010年），頁240。
〔註276〕施叔青：《三世人》，（臺北：時報文化出版社，2010年），頁238。

生活，承受許多的苦難。施朝宗從日本投降到二二八事變發生，好像做了三世人，究竟哪一個才是真正的他，他自己亦難解此疑惑。施叔青在《三世人・嫁接》中描繪了由施寄生為孫子施朝宗準備的傳統抓周儀式，施朝宗抓的是祖父寫的詩集，祖父施寄生以清遺民自居，清楚知道自己的「根源」，在自我認同上始終如一、不事二主，透過施朝宗的抓周儀式，此處似乎給予施朝宗一條救贖之路，指引迷失自我、無所依恃的朝宗，要回歸自己的「根」，不要遺忘自己的「本」，朝宗之名即已指引施朝宗該如何找回自我。

　　當施朝宗體會到民族情懷深植於父親的骨子裡時，他自己亦是感同身受的，一直以當日本人為目標期許自己的朝宗，如願以償地當上日本徵召的志願兵，他獨自一人在海邊巡邏時，潛意識唱著日本軍歌，但卻猛然發覺自己唱的並非日語，而是用臺灣話唱著〈雨夜花〉的歌詞。施叔青雖未明言彷彿做了三世人的施朝宗究竟歸屬於哪一世，但卻細心地在故事中描繪了施朝宗的心理變化，透露出不要隨波逐流，不要一味作他人眼中的自己，而要真正探尋自己潛意識想做的自己，如此，似乎就可以為「我是誰」來解惑了。

第四節　小結：女性史觀的臺灣書寫

　　在《臺灣三部曲》中，施叔青寫了真實的人物，如大歷史裡的要角像林獻堂、蔣渭水、謝雪紅等，但他們都只是影子人物。他們被傳奇化了的身影只能反襯出小說人物的各樣缺陷。〔註277〕她亦杜撰了虛構的人物，但位於底層的小人物多半不見於史傳紀錄，他們的心聲與悲苦也往往被遏止抹煞，施叔青以她細膩的觀照，虛構了小說人物作為《臺灣三部曲》的主角，真實的人物反成了背景人物，其中有隱射的意義，她賦予這些底層人物鮮活的形象與個性，傳神地為被忽略的小人物傳達出他們的心聲。施叔青曾自言：

> 我以為小說與史論最大的不同之處在於小說是回到現場，事件正在
> 發生……透過當時所用的物品，說話的語氣，道德行為準則，日常
> 生活中種種瑣碎的細節，風俗祭典，人物之間的愛恨情仇，不同理
> 念的衝突妥協，傳達出那個時代的氣息風貌。小說植根生活，不是

〔註277〕參王德威：〈三世臺灣的人、物、情〉，收錄於施叔青：《三世人》，（臺北：時報文化出版社，2010年），頁10。

哲學思辨，因此更能接近時代的真實性，也因更貼近人心，更能生
動傳神的代表那個時代社會。〔註278〕

透過小人物的書寫，施叔青帶我們閱覽了不同時期的臺灣歷史。《行過洛津》
描繪清領時期，移民渡海來臺，在臺灣開展出的不同族群的故事，書中以「講
古」的方式道出往事，藉由故事中的說書人施輝帶領聽者回到過去的時空，
隨著歷史的腳步閱覽了天后宮的起源、媽祖的靈驗、前港施與後港施的由來
等，讓聽者閱盡過去的風華與典故。廖炳惠認為書中「假借『通靈巫怪』的
內地人（如施瘋子輝、青瞑朱等）或暫離故國的外地人（如許情、朱仕光）
彼此交錯，提供『對位』式的歷史閱讀。」〔註279〕因此，這一段移民史也是
臺灣不同族群碰撞、激盪、交流的文化史，語言、建築、祭典等文化隨著移
民遷移至臺，各族群的文化在臺灣融合，或激盪出新的特色，《行過洛津》中
亦刻畫出移民們各自將生活習慣、文化等，帶進臺灣：

> 洛津移民主要以泉州、漳州為主，少數來自廣東客家，客居異地鄉
> 土觀念深重。……例如與泉州貿易的泉郊崇奉天公、關公，與漳州
> 廈門經商的廈郊祭祀蘇府王爺，與廣東潮州往來貿易的南郊崇祀客
> 家主神三山王爺等。〔註280〕

臺灣移民沿襲閩南的風俗，信仰構築出他們生活重要的一部份，而在信仰的
活動中常會流露出其中的文化意涵，因此，移民們每逢過年過節、神誕喜慶、
廟宇修建、還願或謝恩、生日彌月等，皆會以演戲的方式來慶賀。其中又以
傀儡戲的搬演更顯頻仍，移民藉由傀儡戲來辟邪治煞、禳災納吉，因此，在
重要的日子如新居落成喬遷之期，或是壽慶慶典之日，就會請傀儡戲來開場
演出，以鎮凶煞而延吉慶，自此可知文化伴隨移民移至臺灣的軌跡。作者將
過去曾發生的歷史與正在進行中的事件，交錯敘述，栩栩如生地刻畫小人物
的庶民文化，將庶民文化置入她想像的歷史圖像中，小說人物的心境轉折是
施叔青細膩描繪處，透過他們的人生經歷帶我們走覽臺灣的歷史。

當歷史的足跡走到了日本統治時期，映入我們眼簾的是臺灣被殖民的歷
史，當時的臺灣人面臨著身心的剝離，其中有如施寄生被「被遣」感受縈繞

〔註278〕陳芳明：〈鹿港‧香港到紐約港，小說與人生的三部曲〉，《印刻文學生活誌》
　　　　　第四卷第二期，2007年10月號，頁24～38。
〔註279〕廖炳惠：〈紀實與懷舊之間〉，《聯合報》B5版讀書人，2004年2月22日。
〔註280〕施叔青：《行過洛津》，（臺北：時報文化出版社，2003年），頁80～81。

的清領遺民，亦有接受日本文化、渴望成爲日本人的臺灣人，更有激烈守護自己家園、浴血抵抗的原住民。施叔青在《風前塵埃》與《三世人》描寫日據時期時，皆描繪到佐久間左馬太總督實施「五年理蕃計畫」此歷史背景，她透過故事中底層人物的心理與行爲，生動地呈顯出那一段殖民者與被殖民者的心境與歷史。

在《三世人》的時空背景推移過程中，她透過擬人化的樟樹貫串出臺灣的處境，其中樟樹身價的翻轉與隨人採擷無法自我選擇的命運，寄寓了臺灣的命運與痛楚，書中如此描繪：

> 第五任總督佐久間左馬太實施「五年理蕃計畫」，用武力平綏先住
> 民，將山林收歸官有，也是在樟腦價格在國際市場不斷上揚，供不
> 應求的影響下展開。〔註281〕

《風前塵埃》書寫三個不同的族群，在同樣的時（日治時期）空（花東）背景下展演的歷史故事。有勇猛剛毅的太魯閣族人哈鹿克・巴彥，然而他的剛毅在他的莉慕依面前是被瓦解、被澆滅的，以及跨越族群界線愛上哈鹿克・巴彥的橫山月姬。在立霧山生活的日本家族，擔任警察的橫山新藏、其妻橫山綾子與其女橫山月姬，對殖民地花蓮的生活各自有不同的感觸。而曾在殖民地日本移民村生活的老人們，多年後回到臺灣邁開他們的尋鄉之旅，人事已非的景況讓他們感傷、痛哭涕零。愛上橫山月姬的客家攝影師范姜義明，以及他的義母范姜平妹在日治時期自迷信、守舊跨越到科學、衛生的階段變化與心理的轉折，透過不同的角色表現出的人格特質，我們可閱覽出不同立場的人們，他們的存在正代表著不同心聲的人物，同時也可見臺灣多元色彩的歷史。

施叔青細膩地描摹日治時期庶民的衣飾、飲食、節慶、信仰、建築與風俗文化，讓日據時期的歷史故事更加飽滿、有血肉，《風前塵埃》特別著墨於宣傳戰爭的日本傳統服飾——和服，以此傳達了愛國意識，也呈現了法西斯暴力美學，織繪有關戰爭場景的和服，貫穿整部小說，透過太魯閣之役、佐久間左馬太總督、原住民、日本人、客家人等人物，逐漸編織建構出日治時期的花東面貌。

《三世人》則是將目光放在施家三代的故事，三個世代正好印證了臺灣歷經三個政權的故事，陳芳明在論析此書時，曾言《三世人》是：「臺灣進入

〔註281〕施叔青：《風前塵埃》，（臺北：時報文化出版社，2008年），頁6。

現代化運動以後三個世代的故事。始於文化協會的啓蒙運動，止於二二八事件的爆發。」﹝註282﹞。《三世人》不同於《行過洛津》、《風前塵埃》之處在於它被強烈的悲愴氛圍所包圍著，施叔青以冷筆寫故事中的各路人物，如施寄生一家三代分別代表面對殖民者的三種心態、不甘受命運支配想活出自我的養女王掌珠、黃贊雲醫生、富家子弟阮成義、蕭居正律師、「大國民」等人物，這些人物與歷史事件的結合，串起了小說的情節，也構築出施叔青欲呈現的臺灣歷史。施叔青透過小人物的際遇與心聲寫出了在不同政權下的臺灣人，雖面臨不同的語言、服裝、文化，但在政權的更迭中，臺灣人的命運並未隨之變動，無法自主，自我的建構沒有掌握在自己的手中，這樣既悲苦又悲哀的命運是相同的。

﹝註282﹞陳芳明：〈與和靈魂進行決鬥的創作者對談〉，收錄於施叔青：《三世人》，（臺北：時報文化出版社，2010年），頁280。

第五章　施叔青《臺灣三部曲》的書寫策略與承先啓後

　　施叔青曾在〈我寫《維多利亞俱樂部》〉中自述：

> 我要以作家（而不僅僅是我）的觀點來探察人生百態，與筆下的人
> 物保持距離，我必須用心去琢磨、塑造女人之外的另一性，而且不
> 僅僅讓他們做爲情愛的角色，我要藉著男人接觸的寬廣社會面，表
> 現現實、多面的人生。〔註1〕

在施叔青的《臺灣三部曲》中亦是如此，她以宏觀的視角，細膩雕琢故事中
的人物，賦予他們鮮明的個性，更有著不同的象徵意義。《臺灣三部曲》中她
透過了小人物與宏觀的視角鋪演出臺灣的清領移民、日本殖民、國民政府接
收、二二八事件等歷史，而在歷史上眞實存在的人物，如：林爽文、王芬、
朱一貴、林獻堂、蔣渭水等，非小說中所陳述的主角，他們只是影子人物，
或是爲托出小說虛構人物的背景事件。從小說中可見施叔青的歷史觀點與旨
趣，合情合理的虛構反顯接近小人物的眞實生活，反映出他們的人生，小說
的眞實與虛構，亦幻亦眞。陳芳明認爲在「書寫歷史記憶的同時，在記憶重
構的過程中，許多虛構的想像與模擬的情節也可能滲透進去。眞實與虛構的
敘述混合在一起之後，就不再可能是歷史的恢復（restoration），而是一種歷史
的再現（representation）。」〔註2〕施叔青筆下所呈現的臺灣歷史，即呈顯出她
獨特的史觀。

〔註1〕施叔青：〈我寫《維多利亞俱樂部》〉，（臺北：聯合文學，1993年），頁3～4。
〔註2〕陳芳明：〈後戒嚴時期的後殖民文學：臺灣作家的歷史記憶之再現（一九八七
　　　～一九九七）〉，收錄於陳芳明：《鞭傷之島》，（臺北：自立晚報社，1992年），
　　　頁110。

　　透過小說可以反映人生，可以有天馬行空的想像，亦可以加入作家的關懷，佛斯特曾言：「小說的基礎是事實加 X 或減 X。」〔註3〕施叔青《臺灣三部曲》以歷史爲基，加入她的關懷與悲憫，刻畫出底層人物的草根人生，透過小說虛構的人物表達出在正史中不被重視的聲音，也導引我們從正史以外的記載，去了解眞正的歷史不該只存在官方的歷史之中，以此勾勒出具有施叔青細膩、關懷的史觀下之臺灣歷史圖像。

第一節　女性作家的書寫策略

　　施叔青在《臺灣三部曲》中，她以宏觀的觀照爲底層人物發聲，以小人物的視角爲出發點，具體而微地書寫他們的生命歷程，透過他們的生命歷程構築出不同史傳記載之臺灣歷史。陳芳明認爲施叔青有著：「不同於男性史家構築大歷史的思維方式」〔註4〕，她瓦解以男性爲中心的敘述方式，塑造出鮮明靈活的人物形象，將他們置於臺灣清領、日治時期至二二八事件中，眞實中有虛構成分，虛構中又飽含著眞實又豐沛的情感，刻畫出活靈活現的人物形象。

　　她以細膩的眼光精練地勾勒出人物的特徵，並藉由人物烘托出臺灣的歷史，從書中可閱見當時的時空背景，亦可明瞭、透視故事中呈顯的時代氛圍與社會環境，亦可知各時代的人物與環境背景是互相依存、無法割離的，如劉世劍所言：「環境永遠同人物尤其是主要人物的活動有機地結合在一起，具體的時間和空間總要牽連著特定的歷史、時代以及各個人物所面臨的社會生活。」〔註5〕透過人物與時空背景的連結，能夠更透徹地了解當時的生活樣貌與歷史意義，如移民們造成臺灣原住民生活空間的移轉，殖民者對臺灣人民的殘酷，留下臺灣被殖民的傷痕，當殖民者戰敗返回日本時，人民歡欣鼓舞地迎接國民政府來臺時，卻發生了二二八事件，二二八事件的肅殺恐怖氛圍令人聞之喪膽，施叔青描繪在臺灣不同的掌權者無情的一面，以他們的無情卻映照出生活其中的小人物有情的一面，在無情與有情的對應下，鋪演出臺灣的歷史。

〔註 3〕　佛斯特著，李文彬譯：《小說面面觀》，（臺北：志文出版社，1973 年），頁 38。
〔註 4〕　陳芳明：〈情慾優伶與歷史幽靈──寫在施叔青《行過洛津》書前〉，收錄於施叔青：《行過洛津》，（臺北：時報文化出版社，2003 年），頁 13。
〔註 5〕　劉世劍：《小說概說》，（高雄：麗文文化事業股份有限公司，1994 年），頁 119。

一、說故事形式、情慾的書寫

在《行過洛津》中，施叔青透過說故事的方式，讓底層庶民人物逐一現身，使被史傳湮沒的聲音，透過這些人物而重新發聲，並藉由流傳於民間的故事、傳說，以及軼聞趣事閱見庶民的思維。在薪火相傳的民俗風情、宗教信仰、節慶儀典中，可再現庶民的生活樣貌與流傳久遠的文化風俗，施叔青讓這些小人物在歷史的舞臺上展演自己的人生，他們的人生經歷即映照出臺灣人民的心聲與當時的處境。烏秋、石家三公子、同知朱仕光對許情的佔有，代表著強權的佔有，擁有權勢者將其勢力伸進庶民的生活中時，庶民呈現的是無力招架的狀態，只能在百般忍耐中尋找安身立命的方式，但令人感到悲愴的是——這樣的方式不一定就能得到人民想要的生活，反而可能會陷入更難熬的苦難中。其中，許情的性別錯亂，即是肇因於後天環境所致，在有心人的雕塑下，讓許情對自己的性別產生了疑惑，然而，就在他面對阿婠的性別特徵時，他有了性別覺醒的的觸動，這樣的觸動讓他開始擁有做自己的念頭，這樣的遭遇與轉變就如同庶民們被長期的壓抑下突然覺醒，開始思索如何追尋自我，雖然其中可能充盈著悲劇的色彩，但對生命的歷程而言，它代表著重要的轉捩點。玉芙蓉、月小桂、妙音阿婠皆是底層人物，他們的存在，襯托出強權者對他們的剝奪與傷害，就如臺灣人民們有著難以抹滅的創傷一般，歷史的傷痕不斷地跟隨著他們。

人們在強權下壓迫下，藉由宗教的慶典中找到了撫慰傷口的力量，從中也呈顯出人們的生命韌性，《行過洛津》中以洛津人民舉辦各種迎神賽會的活動場域——洛津天后宮前的廣場，展演宗教力量對人民的影響，在這樣的節慶中人民可透過儀式表達出自己的熱情，並顛覆平日被禮教、法度所限制的生活方式，這樣的活動空間儼然是與強權者割裂的，也因此庶民的生活空間與位高權重者有了格格不入的區隔。可惜的是慶典一旦結束，人們又將被拉回現實，回到受到強權約束與壓迫的現實世界，其中的箇中滋味正是身爲臺灣百姓之辛酸。

二、現代主義手法

《風前塵埃》中除了以橫山月姬、哈鹿克・巴彥的愛情爲主軸外，施叔青藉佐久間左馬太的事蹟營造出日本殖民者在臺的日據時空背景。曾經風光一時的佐久間左馬太在討伐太魯閣族時，不愼跌墜斷崖，使得他不再擁有威

武的氣勢，遲暮之年的他更因被病痛纏身，身體愈來愈虛弱不堪，空寂孤絕之感油然而生，他的往日威風不再，取而代之的是在心中翻湧的失落感，施叔青以佐久間左馬太人生的起伏、心情的迭宕，印證了世事的變化「盛極必衰」乃是必然的法則，無法以人力左右與強求。

小說中除了有佐久間左馬太的事蹟與治臺政策的鋪演外，亦可見施叔青現代主義的筆法，她透過佐久間左馬太的內心世界，流露出日本教育對他的人格塑成：

佐久間總督深深的嘆了一口長氣。他是身不由己，出身下級武士家庭，生逢日本受制西方列強不平等條約的束縛，內遭封建的地方軍閥割據分裂，他義無反顧的披上軍袍報效天皇。〔註6〕

身為天皇的子民，佐久間左馬太克己禁欲，嚴防自己耽溺舊習，服膺「儉樸剛毅為興國之良藥，奢華輕薄乃亡國之酖毒」的訓誡。

〔註7〕

佐久間左馬太抱持忠於日本天皇的心態，開發臺灣這塊殖民地，表現出殖民者的強勢姿態與主觀的思維方式。除了佐久間左馬太外，在臺灣擔任警察的橫山新藏身上亦留有日本教育的足跡，他自小的教育深深地刻印在他的心中，影響著他的一言一行，施叔青如此描繪他的心理：

他從小就被教育要做一個謹慎自重的人，不但要小心察顏觀色，還要強烈的意識到別人隨時會對自己的言行有所批評，只有受到別人肯定時，才會有安全感。〔註8〕

在橫山新藏的心中亦如佐久間左馬太效忠日本天皇，在他們的心中藏有深厚的「鄉愁」，這樣的信念聯繫著他們與日本的情感，也因此他們用盡方法要開拓臺灣，他們服膺於愛國的信念，因此之故讓他們看不到臺灣百姓的辛酸與流淌下的血汗。愛國是橫山新藏的行為準則，因此，當他認為未為母國效命時，有了羞恥的愧疚心理：

討伐太魯閣社的征戰部隊凱旋而歸，警視隊在花蓮花崗山舉行解隊儀式結束後，橫山新藏卻進了瑞穗溫泉療養院，他為自己在戰役中染病倒下，沒能參與戰鬥有辱使命而感到羞恥。他總是垂著頭，沈

〔註6〕 施叔青：《風前塵埃》，（臺北：時報文化出版社，2008年），頁51。
〔註7〕 施叔青：《風前塵埃》，（臺北：時報文化出版社，2008年），頁51。
〔註8〕 施叔青：《風前塵埃》，（臺北：時報文化出版社，2008年），頁53。

默不語，害怕接觸到別人批判的眼光，給他冠上「病夫」的稱號嘲
笑他。〔註9〕

上山就任途中，橫山新藏以自虐來報答提拔他的長官，……。他以
不再繼續服用奎寧丸治療他的瘧疾，寧願病發時忽冷忽熱說譫語，
讓肉體受苦虐待自己。〔註10〕

冬天時海拔兩千多公尺的高山寒氣逼人，橫山新藏每天早起，面朝
東方向天皇皇居的方向跪拜，然後脫光衣服，掬起水桶中幾乎結冰
的水，一桶桶往頭上澆淋下來，以之清洗他不潔的身體。凍得青紫
的嘴唇哆嗦著，但死命咬住，不允許自己發出寒冷的哼哼聲。〔註11〕

以戴罪立功的心情，把深負天皇之恩的羞恥感化爲原動力，……。
他總是是全年無休，年年全勤。〔註12〕

藉由佐久間左馬太與橫山新藏的心理轉折，可見殖民者面對殖民地的心態，
在傲視殖民地人民的視角中，卻也流露出他們的無奈與滄桑，這樣的描述筆
法是其他臺灣大河小說家所未呈顯的，從此處可見施叔青的細膩之處與她的
視角，她與其他作家淋漓盡致地刻畫日本殖民者的蠻橫、霸道、惡劣等寫作
方式不同，作者從心理的描摩，刻畫出日本殖民者的「身不由己」，自此彷彿
弭平了臺灣與日本殖民者的對立，留予被殖民的臺灣人民一條救贖之路，或
許將所有的怨懟放下時，自我也才能從禁錮靈魂的痛苦中慢慢重生。

三、後殖民視角

　　《風前塵埃・靈異的苦行僧》中以七腳川事件的倖存者——阿美族的巫
師笛布斯，傳達被殖民的束縛與去殖民的掙脫歷程。在他成爲族人的巫師之
前，他「曾經是身穿淺灰色的法衣，里漏日本神社的神主」〔註13〕，他甚
至拋棄了他原有的族名，改喚爲鈴木清吉，「笛布斯放棄了父母給他的名字，
以日本人的姓名自居，然而，生爲阿美族人，『笛布斯』等於他靈魂的印記，
也是與靈域溝通的鑰匙，已用日本名字取代族名的笛布斯已經離開了祖靈，

〔註9〕　施叔青：《風前塵埃》，（臺北：時報文化出版社，2008年），頁53。
〔註10〕施叔青：《風前塵埃》，（臺北：時報文化出版社，2008年），頁55。
〔註11〕施叔青：《風前塵埃》，（臺北：時報文化出版社，2008年），頁55。
〔註12〕施叔青：《風前塵埃》，（臺北：時報文化出版社，2008年），頁55～56。
〔註13〕施叔青：《風前塵埃》，（臺北：時報文化出版社，2008年），頁221。

得不到庇蔭，互通有了阻礙」〔註 14〕，生病的他在女巫嘎瑪雅的協助下，
終於卸下了束縛他已久的日本「昏都死」，笛布斯終於找回了失去已久的自
我，彷彿新生般重獲自由與生命力。具有殖民象徵意義的「昏都死」是有形
的囹圄束縛住臺灣人民，藉教育改造臺灣人的想法是無形的囹圄，殖民者以
不同的策略與手段剝奪臺灣人民做自己的自由，也因此被殖民的傷痕烙印在
臺灣人民身上，失去自我的他們就像笛布斯一樣，身為被殖民的臺灣百姓如
殖民者手中之棋被擺弄著，不平等的地位讓臺灣的歷史留下了許多反抗的血
跡。

　　施叔青構築出日據時期的臺灣，存在著強勢的日本殖民者和弱勢的被殖
民者原住民族，因而在臺灣這塊充滿被殖民色彩的土地上，有了激烈的角力
與戰爭，殖民者侵略山林、奪取原住民居住的土地、掠奪他們的資源，如：

> 殖民者的策略，往往把人民與土地區隔，使之產生疏離、遺忘的效
> 果。被殖民者與自己的土地疏離，越有利於殖民者對土地資源的剝
> 削，而且也越使被統治者不易產生認同。〔註 15〕

此處揭露出一段原住民抵抗日本殖民者的血淚史，然而，在苦痛之中，施叔
青給予人們一條救贖的方法──透過大自然可以幫助人們洗滌性靈、沉澱心
靈，俯仰其中所有的不愉快與界線皆可擱下，甚至可忘卻與原諒。

四、雌性敘述、禁錮的靈魂

　　《三世人》與《行過洛津》、《風前塵埃》有著接續的脈絡，《三世人》以
施家三代呈顯的心情轉折與衝擊，見證了時代的推移，在他們身上烙印下的
心情與認同感即是歷史的足跡。而養女王掌珠的命運即象徵著臺灣的命運，
王掌珠因養女的身分而失去自由與快樂，養母在她身上任意踐踏與蹂躪，她
不敢也不能反抗，默默承受養母強勢地加諸在她身上的傷害，而臺灣在清領
時期被認為是瘴癘之地，至臺的官員多半無心經營此地，臺灣的人民也被視
為是低下的，在清廷將臺灣割讓與日本後，臺灣更是像棄兒一般，仰人鼻息
地生活著，不論是在清領時期，抑或是日據時期，臺灣的邊緣位置未曾改變，
王掌珠之名即已透露了其命運，其中帶有哀悽的氛圍，但也有著珍愛自我的

〔註 14〕 施叔青：《風前塵埃》，（臺北：時報文化出版社，2008 年），頁 223～224。
〔註 15〕 陳芳明：〈後現代或後殖民──戰後臺灣文學史的一個解釋〉，收錄於陳芳明：
　　　　《後殖民臺灣：文學史論及其周邊》，（臺北：麥田出版社，2011 年），頁 34。

積極力量，掌珠取自於「掌上明珠」之意，代表著她的渴望，同時也告訴自己：「既然無人疼，自己疼惜自己好了」〔註16〕。

　　王掌珠的侍讀工作是改變她命運的契機，學會了日語「使她和日本警察站在平等的地位，解開了臺灣人的誤會與齟齬」〔註17〕，日語讓她幫助了一位擺攤的老婦，掌珠相信日語講得愈純正，會使她更接近成為日本人，因為有這樣的信念，所以，掌珠努力地改變自己，與從前身為養女的自我割裂，她的身心面臨著衝突，而這樣的狀況即是當時臺灣人民面對日本殖民教育下所產生的心理，此時期的臺灣人民就如陳芳明所言的：「在日本人現代化的論述下，許多不具自覺的臺灣人以為『日本性』等同於『現代性』。因此更加錯覺地以為要朝向現代化的目標，最佳捷徑便是接受日本化。這種知識論上的錯亂，終於使許多臺灣人產生文化認同的動搖。」〔註18〕王掌珠她要「用日文寫一部自己成為日本人的小說，就叫『孤女的願望』」〔註19〕，掌珠身上有著皇民化的印記，皇民化政策施行之效可自王掌珠身上看見，這亦是在臺灣日據時期的印證。

　　隨著歷史的腳步，到了光復時期的王掌珠，見到一位老婦的菸攤被查緝員查緝的景況，她想為老婦人說情，「卻有口難言，腦子一片空白，說不出一句話來」〔註20〕，無法再像當初以流暢日語為老婦解圍的掌珠，心中了解到「現在改朝換代，得說中國國語了」〔註21〕。施叔青以「語言」象徵著不同的政權，不同的統治者皆要求臺灣人民學習統治者的語言，可見「語言具有文化宰制的作用」〔註22〕。施叔青讓王掌珠面對類似的場景，但卻因語言的同化、隔閡，讓王掌珠對老婦的協助有了天壤不同的結果與心情，從中亦可見臺灣人民的認同，隨著政權的轉移被強迫著必須隨著掌權者而更改，在認同的建構與瓦解的過程中，臺灣人民的心情必然是經過一次次的掙扎、痛苦與身心剝離的。

〔註16〕　施叔青：《三世人》，（臺北：時報文化出版社，2010 年），頁 29。

〔註17〕　施叔青：《三世人》，（臺北：時報文化出版社，2010 年），頁 61。

〔註18〕　陳芳明：〈現代性與日據臺灣第一代作家〉，收錄於陳芳明：《殖民地摩登：現代性與臺灣史觀》，（臺北：麥田出版社，2004 年），頁 48。

〔註19〕　施叔青：《三世人》，（臺北：時報文化出版社，2010 年），頁 172。

〔註20〕　施叔青：《三世人》，（臺北：時報文化出版社，2010 年），頁 216。

〔註21〕　施叔青：《三世人》，（臺北：時報文化出版社，2010 年），頁 217。

〔註22〕　宋國誠：《後殖民論述：從法農到薩依德》，（臺北：擎松出版社，2003 年），頁 169。

　　王掌珠的故事串起了《三世人》的三世故事，從掌珠的身上閱見了一位堅強女性的故事，也閱見了臺灣經歷不同政權的故事，施叔青在小說中細膩刻畫了掌珠的形象與人格特質，小說中的掌珠想寫一部小說，這樣的安排讓故事虛實幻化，隱約傳達歷史、史傳記載本來就充盈著虛與實，其呈現的歷史非一定屬實，掌珠的故事隨著她想寫的故事而落幕，「掌珠構想的小說，主要想描寫一個處在新與舊的過渡世代，卻勇於追求命運自主，突破傳統約束，情感獨立，堅貞剛毅的臺灣女性」〔註 23〕，而這樣的精神正是臺灣人民可貴的精神與韌性。

五、抽象之情的具象化

　　在《行過洛津》、《風前塵埃》皆描繪了「土地」，《行過洛津》中述及部份來臺的移民們對原來住於臺灣的民族詐騙土地，鳩佔鵲巢，因此，造成山地人的大遷移，他們失去安身立命的土地，在遷徙的過程中，他們的心情是悲痛的，故平埔族人藉著慶典唱出他們沉重的哀慟。《風前塵埃》中的客家婦女范姜平妹，她「對土地有一種深情的眷戀，抱著『有土斯有財』的信念」〔註 24〕，跟著土地仲介跑遍後山向阿美族、泰雅族買「蕃仔田」，因此，就算她生了重病依舊以她僅有的生命氣息，守護著她用一生心血換來的一疊疊蓋有血紅大手印的地契，最終她不敵病痛離開塵世，她費了一生所得的土地輕易地落入了養子范姜義明的手中，留下令人感到不值的淒涼，她絞盡腦汁以低價騙取原住民手中的土地，然而離開人世的她卻無法帶走任何一塊土地。

　　日據時期，臺灣的原住民被迫改變居住的場域，他們的土地被其他民族豪取強奪，原住民深信「土地充滿生靈，具有看不見的力量」〔註 25〕、「他們的靈魂來自土地，他們與土地脣齒相依，自認為屬於大自然的一部分，喪失土地，也將喪失自我」〔註 26〕，因此，土地的失去意味著他們與祖靈、自我的關係斷了聯繫，他們處於失序的生活狀態中，施叔青透過失去土地的原住民，流露出原住民生活與文化的斷根，與被強權者壓迫的哀慟，而這也是被壓迫的臺灣人民心中的傷痛。

〔註 23〕　施叔青：《三世人》，（臺北：時報文化出版社，2010 年），頁 231。
〔註 24〕　施叔青：《風前塵埃》，（臺北：時報文化出版社，2008 年），頁 104。
〔註 25〕　施叔青：《風前塵埃》，（臺北：時報文化出版社，2008 年），頁 149。
〔註 26〕　施叔青：《風前塵埃》，（臺北：時報文化出版社，2008 年），頁 149。

在《行過洛津》與《三世人》皆描繪了女子的「小腳」，《行過洛津》中的珍珠點與阿婠因「歌伎一旦腳下一雙三寸金蓮，則身價百倍」〔註27〕，鴇母對歌伎遊說、洗腦言道：「大腳是婢，小腳是娘」〔註28〕，事實上鴇母乃是爲了自己的利益，因此，一方面遊說她們，一方面又狠心對她們纏足。再者，纏足後劇痛難耐，行動自然就受到的侷限，便可以防止歌伎逃離，對鴇母而言纏足乃一舉數得，利益置於眼前她又怎會理會被纏足者的痛楚。而《三世人》中則描繪了大國民的矛盾心理，他是最早響應總督放足政策的人，但他卻嫌響應日本當局放足政策的歌伎月眉，放足之後腳太大，從此不再駐足月眉住的地方，由此可知「他愛的是她的小腳」〔註29〕，可見大國民對月眉的溫柔，只是爲了滿足自己愛小腳的欲望。施叔青在《行過洛津》中談及女人纏足之因：「金蓮的妙處，是讓男人畫裡憐惜，夜裡撫摩。小腳婦站立不穩，要風吹得倒才算是好的」〔註30〕，她以纏足對女人造成的戕害，隱約流露出強權者對人民的迫害，女人纏足造成行動不便，這代表著男人的掌控欲，也象徵著握有政權者對臺灣人民的控制與壓迫。

六、被閹割的男性、「情」的視角

人物的情感、景物的更換、服飾的改變、植物的移植、文化的轉變等都是施叔青細膩觀察的對象，透過人、事、物的改變，施叔青建構了一幅幅臺灣歷史的圖像，在其《臺灣三部曲》中對男性的描繪有其賦予的意義。邱貴芬在〈性別／權力／殖民論述──鄉土文學中的去勢男人〉文中所論及去勢的男人，而這正是施叔青筆下部分男性呈顯出的特質，在這樣的特質中寓有臺灣的處境與命運的意涵：

> 充斥於當代臺灣女性小說中的男性，都是一些軟骨人物，無法自力更生，表現了被閹割去勢的特色。〔註31〕

> 臺灣的社會基本上是一個沒有「男性」的社會，因爲臺灣的男人在面對殖民者時，若非被迫放棄男性能力，便是深爲「不能」的焦慮

〔註27〕 施叔青：《行過洛津》，（臺北：時報文化出版社，2003 年），頁 138。
〔註28〕 施叔青：《行過洛津》，（臺北：時報文化出版社，2003 年），頁 207。
〔註29〕 施叔青：《三世人》，（臺北：時報文化出版社，2010 年），頁 88。
〔註30〕 施叔青：《行過洛津》，（臺北：時報文化出版社，2003 年），頁 185。
〔註31〕 邱貴芬：〈性別／權力／殖民論述──鄉土文學中的去勢男人〉，收錄於邱貴芬著：《仲介臺灣‧女人》，（臺北：元尊文化，1997 年），頁 192。

煎熬，或是接下女性被嫖的角色。當殖民者展現雄風，盡情施暴於
被殖民的土地和女人時，被殖民社會的男人必須隱藏自己的性能
力，甘於「英雄無用武之地」的情景，方能生存。〔註32〕

描繪男性的儒弱與被閹割的心理，這樣的寫法正是施叔青異於男性臺灣大河
小說家之處。書中藉由移植至臺灣的奇花異木、建築、風俗、文化代表著不
同的政權進入臺灣，透過人民心情與處境的改變可見政權的移轉，以及在不
同政權下的臺灣人民不得不低頭的悲哀與痛苦，在時代更迭、政權更替中，
她細膩地描繪小人物的心情，可知他們面對現實環境的韌性與生命力，在其
中更流露出哀愁、淒愴感，創傷已深深烙印在臺灣人民的心中。不論是哪一
政權移植臺灣，他們以自己擁有的權勢，對臺灣人民進行嫁接、改造等工作，
未加考慮臺灣人民的心情，因此，臺灣的移民史、殖民史都有著傷痛，到了
國民政府來臺，人們的情感變化又更加複雜，而二二八事件更成爲了臺灣創
傷記憶的圖騰，王德威在〈三世臺灣的人、物、情〉中認爲：

> 「臺灣三部曲」的首部《行過洛津》以多情的戲子跨海來臺尋情開
> 始；第二部《風前塵埃》以日本移民在臺灣的情殤作爲主軸。儘管
> 都是黯然收場，卻是此恨綿綿，餘意盎然。這其實也是施叔青以往
> 寫香港故事就擅長的風格。但到了《三世人》，她「言情」的策略有
> 了改變。小說表面充斥各種情緒：亡國的悲情，追逐殖民現代性的
> 熱情，獻身民主獨立的激情。然而施叔青寫來卻讓我們見證了一個
> 人與人、人與家國，甚至與自己，缺乏眞情與實意的故事。〔註33〕

施叔青以細微、細膩的心思觀察著生活在臺灣的人們，她聚焦於小人物身上，
絮絮描繪出他們生活於臺灣的樣貌，並忠實的爲他們發聲，因此，在她筆下
描繪人們的心情變化時，讓人讀來充滿著「情」，其中或有歡樂，或有悲苦，
然而也因此讓《臺灣三部曲》中的人物顯得眞實而具有血肉，彷若活躍於眼
前。廖輝英認爲：「男性寫女性，每多侷限和自以爲是的當家做主。而女性寫
男性或女性，時而欺身相貼近，時而忽高忽低的睥睨或仰望體察，從每一個
不同角度切入，沒有大頭病，也不患沙文主義，大量的感覺，大量的體己，

〔註32〕邱貴芬：〈性別／權力／殖民論述──鄉土文學中的去勢男人〉，收錄於邱貴
芬著：《仲介臺灣・女人》，（臺北：元尊文化，1997 年），頁 184。
〔註33〕王德威：〈三世臺灣的人、物、情〉，收錄於施叔青：《三世人》，（臺北：時報
文化出版社，2010 年），頁 15。

然後忠實的發聲。」〔註34〕施叔青的《臺灣三部曲》有她細膩的觀照，絮絮描繪小說人物的心理轉折，此爲她獨到之處，亦可見她與男性臺灣大河小說家的異處。

七、擬人的手法

　　《三世人》的每一卷卷首，都有樟腦紀事，賦予樟腦生命力，將之擬人化娓娓道出臺灣的歷史沿革，如南方朔所言：「樟腦是個大隱喻，樟腦的利益開始了列強的爭逐，而臺灣的命運也就與樟樹如影隨形般同起同落，樟樹其實也就是臺灣命運的另外一種『無關係聯想』」〔註35〕。

　　施叔青不同於吳濁流、鍾肇政、李喬、東方白的二二八作品之處，即是她透過「物」的擬人手法，表達出當時環境帶來的傷害，樟樹看到生命力旺盛的竹子，竟在光復後不復有生命力，感慨地說：

> 光復後，陳儀政府一來，大聲疾呼要立刻抹去臺灣人被日本奴化的
> 影響，光復一周年，報紙去除日文版，規定人人必說國語，沒有風
> 也沒有雨，我發現水池畔的臺灣竹，缺乏養分往上輸送，生氣萎縮，
> 變得襤褸不堪，奄奄一息。
>
> 有如晴天霹靂，光復後不到兩年，一場臺灣人的浩劫悲劇，從距離
> 南門工廠不遠的公賣局引起！〔註36〕

透過本身亦有著價值轉換的樟樹，以旁觀的立場，看著在臺灣發生的一切，與二二八浩劫，讀來有著第三人稱的客觀見解，娓娓道出心中的想法與心情，樟樹實乃隱喻著臺灣的命運，故也具體地道出了臺灣人民的心聲。

八、角色命名的蘊義

　　在《行過洛津》中的主角──許情，其名字道盡了伶人生涯的「苦情」，也呼應了臺灣命運的苦情，漂泊的許情三次往返於臺灣與中國之間，他閱歷許多人世的滄桑，也飽嘗人情冷暖之苦，亦面對了自我重塑的矛盾、痛楚，

〔註34〕廖輝英：〈不歸路一走十餘年〉，收錄於廖輝英：《製作多情》，（臺北：九歌出
　　　　版社，1996 年），頁 148。
〔註35〕南方朔：〈記憶的救贖──臺灣心靈史的鉅著誕生了〉，收錄於施叔青：《三世
　　　　人》，（臺北：時報文化出版社，2010 年），頁 9。
〔註36〕施叔青：《三世人》，（臺北：時報文化出版社，2010 年），頁 273。

最後他終於停下了自己漂泊的腳步，選擇在臺灣靠岸，他找到了情感的停泊處，也找回了自己，許情「許諾了根歸臺灣之情」。

《風前塵埃》中的橫山月姬，她承受著殖民時代帶予她的傷痛，眞實的世界是她不想面對的，現實的壓力不斷壓著她的傷口，她無法選擇自己身爲日本人的身分，也無法更改她深愛的哈鹿克的原住民身分。注定走向悲劇的愛情，在轟轟烈烈的火花後，在現實生活中留給她無盡的傷痛，而在回憶中卻留下了最甜蜜、幸福的片段。殖民與被殖民的傷痕，同時在橫山月姬的身上體現，她只能分裂出「眞子」這另外的分身，才得以傾訴自己眞正的聲音，書中非眞有「眞子」此人，她是一個虛構的人物，然而此虛構人物的一言一行卻才是橫山月姬眞正的自我，現實與回憶的矛盾，衝擊著橫山月姬，她藉著「眞子」而眞正的活出自己，「眞子」之名，已告訴讀者這才是眞正存在的橫山月姬。

橫山月姬的女兒——無弦琴子，她的名字已點出了她的身世，及她一直感到迷惘的原因，她就如沒有弦的琴一般，失根的她爲自己的身世疑惑，也因此埋怨母親。直至她到臺灣的尋根之旅，讓她找到了解答，也讓她多年對母親的誤解終於冰釋，在那一刹那，她找到了迷失已久的自己，也懂了母親的苦，在大自然的洗滌下，無弦琴子不再無弦，她已能活出新的自我，生命重生如琴可彈奏出悠揚的樂章般。

《三世人》的施寄生以清遺民自居，他的忠貞、堅毅與高風亮節的形象十分顯著，但在日治時期的他，有著生不逢時的苦，他只能將自己置於自己營造的清朝世界中，「寄於前朝而生」的他，有著許多的苦悶與傷痛。施寄生之子——施漢仁，雖已接受日化，但在父親勿忘根本的教育之下，他的認同擺盪於漢人與日人之間，有此矛盾與痛楚的他，依舊未忘自己是「漢人」，他的根深植於心。到了施家第三代——施朝宗，他是皇民化下的代表，但曾讓他感到優越的日語與皇民身分，卻在日本戰敗、國民政府接手統治臺灣時，成了他沉重的包袱、揮之不去的夢魘，他被恐懼感與肅殺氛圍包圍著，陷入迷網、困惑。迷失自我的他，被「我是誰」的疑惑煩擾著，但其名「朝宗」，其實已給了他一條找回自己的大道，也有了自我救贖的味道。

九、「救贖」的味道

施叔青栩栩如生地刻畫出活躍於臺灣的人物，因此，日治時期的日本殖

民者，他們高姿態的心理躍然紙上，但作者亦刻畫出了從關懷角度、具同理心看待臺灣的日本人，如《風前塵埃》中的人類學家山崎睦雄，他如此說道：

> 強制把從遠古時代就居住於高山的蕃人移居平地，使蕃人喪失其傳統的生活方式與社會組織，將會導致蕃人傳統社會的崩潰。他還預言強迫蕃人下山，「社中姿態佳美的婦女，下了山多做漢人妻，山地壯丁無配偶，丁口減失，蕃人喪失眞實面貌。」〔註37〕

雖然山崎睦雄被包裝著日本人的身分，但他的內心是摒除族群界線的，純粹從「宏觀」的人類學角度來看待日本人對待原住民族的方式，他認爲那是充滿強權與不尊重的，不自然附加的方式，將會使原住民族失去傳統，面臨「斷根」的苦痛。他以寬大的胸襟、宏觀的視角，看到了佐久間左馬太、橫山新藏所置之不理的層面，施叔青透過山崎睦雄，他具殖民者身分，但卻不具殖民者蠻橫強勢的想法，道出了對原住民族的關懷，這樣的寫法，也有著「救贖」的味道，彷彿在告訴讀者們，日本殖民者有如佐久間左馬太者，但也有如山崎睦雄者，他們的視角迥異，但身處在同一背景時，他們卻都有著無法與命運抵抗的無奈與心酸，這樣的筆法，是施叔青細膩的觀照，宏觀的角度，讓她在作品中並沒有瀰漫猛烈的批判味道，在不同的人們身上，筆者閱見了他們不同層面的悲苦。

施叔青的《臺灣三部曲》以說故事形式、現代主義手法、後殖民視角、雌性敘述、抽象情感的具象化、救贖的筆法、擬人與以小博大手法等，織就出有悲有喜的臺灣歷史圖像，並從中寄寓她的史觀，亦流露出作者對臺灣深厚的情感與關懷，臺灣的歷史即在施叔青的描繪下，歷歷如繪地在讀者眼前呈顯著，跟隨著書中的人物，讀的心情亦隨之有了跌宕起伏，追著她筆下所寫的臺灣歷史，也閱覽著臺灣一頁頁的歷史足跡。

然而，從《臺灣三部曲》中，筆者亦見到了書中不盡完善之處。如在《風前塵埃》中有多處的描繪與史料的描述相同，讀之無文學的感受，例如：

> 爲了鎮壓漢人的抗日行動，疲於奔命沒有餘力討撫桀敖不馴的蕃族，只好採取隔離政策，將他們封閉拘禁在山上，限制他們的活動範圍，禁止自由進出，並在山地與平地界線的通路，用鐵絲網圍圍，又設隘勇線，主要據點有監督站，派漢人壯丁監視山地人的出入。〔註38〕

〔註37〕施叔青：《風前塵埃》，（臺北：時報文化出版社，2008年），頁34。
〔註38〕施叔青：《風前塵埃》，（臺北：時報文化出版社，2008年），頁22。

討伐結束後，佐久間總督把隘勇線向山地深處延伸，更縮小太魯閣
的生存空間。鐵柵欄通上強大電流，甚至還設觸發性地雷，以防備
蕃民越過隘勇線偷襲；又在山上開鑿更多的山路，架鐵索橋，並設
立警察通信電話，以便於通訊，防止太魯閣人死灰復燃，再起來造
反。橫貫山脈設立十九個「蕃務官吏駐在所」，四十八所「隘勇監督
所」，七座炮台，眞是三步一哨五步一崗，隔離山上住民的隘勇線延
長到四三六公里，幾乎是圍繞了整座中央山脈。〔註39〕

筆耕史傳小說的作用，應是補正史之不足，抑或是渲染史實，將之藝術化、
形象化，是以文學的筆法，注入作家的關懷，使之令人印象更加深刻，但此
處文字的描繪，就如同將史料直接抄寫下來，而未加以文學化，故讀來顯得
較爲冰冷，讀之如在閱讀史書般，無文學的氛圍，亦無法撥動讀者的心弦、
沒有感動的感受。

　　再者，作者在描繪山崎睦雄對臺灣的關懷角度時，可見他是同情臺灣原
住民的日人，施叔青描繪出山崎睦雄對臺灣人的同理心是令人感動的，但可
惜篇幅太短，只在《風前塵埃》書中三十四頁處以七行的文字敘述呈現，未
見有厚度的發揮，讓筆者感到有著不夠有力道、戛然而止的可惜感，若作者
能在此處多加著墨，必能使之餘韻無窮，觸動心弦的感動也會更加綿延。

第二節　臺灣大河小說的「接續」

　　臺灣大河小說的創作有其重要的歷史意義，如李喬所言：「代表臺灣小說
進入新的境界，也是臺灣作家開始正視並且書寫自身歷史的有計畫性的開始」
〔註40〕。鍾肇政的《濁流三部曲》、《臺灣人三部曲》開啓了臺灣大河小說的
創作，接續者有李喬《寒夜三部曲》、東方白《浪淘沙》，以及施叔青的《臺
灣三部曲》──《行過洛津》、《風前塵埃》和《三世人》。臺灣大河小說的作
家們將臺灣作爲文學的場域，刻畫出臺灣人民的生活點滴，臺灣因其地理的
位置，使它在歷史的洪流之中有著移民、殖民等際遇，也讓生活於臺灣土地
上的人們面臨著心理的游移，使臺灣的歷史有著複雜多變的歷程，人們內心
有不同的衝突、曲折的心理轉折。

〔註39〕施叔青：《風前塵埃》，（臺北：時報文化出版社，2008年），頁53。
〔註40〕李喬等著，財團法人文學臺灣基金會主編：《臺灣大河小說家作品學術研討會
　　　　論文集》，（臺南：國家臺灣文學館籌備處，2006年），頁1。

作家以文學之筆呈現出臺灣的時代背景，刻畫出臺灣人不屈的精神，其中還蘊含著民族的認同轉折與痛楚，藉著小說中鋪演的歷史場景，呈顯出具有眞實味道的臺灣人民，縱使處於卑微的地位，但仍爲了生存與尊嚴努力地活著，經文學的描繪將小人物的形象栩栩如生地映入眼簾，藉由小說的字裡行間流露出小人物的眞情。

一、巨觀──《臺灣三部曲》於臺灣大河小說長流中的接續

鍾肇政爲臺灣大河小說創作的第一人，其《濁流三部曲》〔註41〕是以臺灣終戰前後的三、四十年之歷史爲背景，有著十分濃厚的自傳性質，鍾肇政自言：「《濁流三部曲》要表達的，是那段臺灣歷史上，以民族思想爲基礎的心靈活動。」〔註42〕，楊照分析《濁流三部曲》所流露出的國家認同轉折，認爲：「《濁流三部曲》告訴我們的是：認同其實是流動可塑的。在日據後期，尤其是一九三七年『皇民化運動』展開後，年輕一輩臺灣人中愈來愈多眞正相信自己是『日本人』；更重要的，日本敗象顯露之後，中國認同並不是自然而然就在臺灣人心中被『喚醒』，中國認同其實是個歷經掙扎、選擇才建立起來的新認同。」〔註43〕鍾肇政深刻刻畫出當時臺灣人的心理轉折與認同，其中充滿著認同的矛盾、游移與衝突，然而，《濁流三部曲》因具有濃厚的自傳性質，故亦有其侷限之處，葉石濤即認爲：「一個作家把自己影子投進小說的主角身上，本是無可厚非的事，然則，這可先天地圍囿了他活動的範疇，較易顯露出不少的弱點。」〔註44〕

而《臺灣人三部曲》〔註45〕則是以臺灣被日本殖民統治的五十年歷史作

〔註41〕《濁流三部曲》是以《濁流》、《江山萬里》、《流雲》三部所構成的大河小說。第一部《濁流》於 1961 年獲得《中央日報》連載，迄 1962 年 4 月 22 日刊畢，5 月，由中央日報社印行。第二部《江山萬里》於 1962 年於《中央日報》連載，迄 9 月 1 日刊畢。第三部《流雲》於 1964 年《文壇》月刊第 51 期連載，迄 1965 年 2 月刊畢。

〔註42〕鍾肇政：〈日據時代的臺灣新文學運動〉，收錄於丘爲君、陳連順編：《中國現代文學的回顧》，（臺北：文鏡文化事業有限公司，1986 年），頁 85～86。

〔註43〕楊照：〈歷史大河中的悲情──論臺灣的「大河小說」〉，收錄於邵玉銘、張寶琴、瘂弦主編：《四十年來中國文學》，（臺北：聯合文學，1994 年），頁 181。

〔註44〕葉石濤：〈鍾肇政論──流雲，流雲，你流向何處？──〉，收錄於葉石濤：《臺灣鄉土作家論集》，（臺北：遠景出版社，1979 年），頁 147。

〔註45〕《臺灣人三部曲》是以《沉淪》、《滄溟行》、《插天山之歌》三部所構成的大河小說。

為小說背景，應鳳凰言它是「一部民族史詩的風格，一卷本省人民悲歡離合多采多姿的敘事詩；闡釋民族和土地絕對不得割裂的思想」〔註 46〕。臺灣的文壇耆老葉石濤曾對《臺灣人三部曲》如此讚揚：「整體說來，它根據臺灣淪日五十年間歷史的發展，寫來客觀而理性，就其深度而言毫不愧為世界性的作品。」〔註 47〕葉石濤在〈論鍾肇政的文學特質〉中，對《濁流三部曲》與《臺灣人三部曲》如此評論：

> 我們在他的長篇小說《濁流三部曲》、《臺灣人三部曲》等大河小說裏所看到的正是這種氣勢磅礴的生命力具體的形象化。他的大河小說大都以客家人在臺灣的生活史為材料，透視了整個臺灣、社會的動向，剖析了臺灣人在日據時代各歷史階段裡的遭遇和抗爭。大約他的長篇小說是我們這時代裡最重要的文學收穫之一，有偉大文學特有的濃厚人道精神，也是歷史的正確證言；他的文學記錄了殖民地生活之下農民為主的臺灣各階層民眾的真實情況，同時著力描寫了跨越兩個截然不同的時代裡——即日據時代到光復前後這一段時期——臺灣年輕知識份子的徬徨和覺醒。〔註48〕

彭瑞金認為「如果就內容加以分析時，《濁流三部曲》可以說是代表了作者成長的痕跡，而《臺灣人三部曲》則是一部寫臺灣史的意念下產生的作品。」〔註 49〕在兩部作品中，可探知鍾肇政「企圖擺脫被殖民的創傷糾纏，走入人群，追求安身立命的依憑；再現先民樸實刻苦的精神，以建立臺灣人的心靈原鄉。」〔註 50〕

在鍾肇政的《濁流三部曲》與《臺灣人三部曲》之後，繼之者李喬曾自言：

> 臺灣本土作家幾乎都抱相同的理念——「使命感」，以文學作品呈現

〔註 46〕應鳳凰：《臺灣文學花園》，（臺北：玉山社，2003 年），頁 99。

〔註 47〕葉石濤、鍾鐵民、彭瑞金：〈臺灣文學的里程碑——鍾肇政《臺灣人三部曲》對談紀錄〉，《臺灣文藝》第 75 期（1982 年 2 月），頁 214～233。

〔註 48〕葉石濤：〈論鍾肇政文學的特質〉，收錄於葉石濤：《臺灣鄉土作家論集》，（臺北：遠景出版社，1979 年），頁 154。

〔註 49〕彭瑞金：〈論鍾肇政的鄉土風格〉，收錄於彭瑞金：《泥土的香味》，（臺北：東大出版社，1980 年），頁 41。

〔註 50〕從《濁流三部曲》、《臺灣人三部曲》到《怒濤》，鍾肇政始終以「臺灣人」為命題，他說：「我們臺灣有一些東西必須用文學的方式把它留個見證、留個記錄。」參劉慧真：〈臺灣文學的傳燈者——鍾肇政〉，收錄於李喬、曾貴海、劉慧真等著：《臺灣文學導讀》，（臺北：群策會李登輝學校，2006 年），頁 56。

描繪多難母土臺灣的歷史行程與内在景觀。這種悲願從吳濁流完成
《亞細亞孤兒》，成爲第一位描述臺灣的人，接著是鍾肇政創作了《臺
灣人三部曲》，之後以世代來論，接棒是我的天命吧！那就是我以一
百萬寫下的《寒夜三部曲》。〔註51〕

李喬《寒夜三部曲》〔註52〕以日本殖民臺灣五十年的歷史爲背景，藉由彭、
劉兩家族三代人的悲苦生活爲軸，並在小說人物故事中穿插史料，劉慧眞認
爲此作是在「敘事之外，更由『愛土地』的觀念出發，執著於臺灣主體性的
確立與發展、揭示『反抗哲學』」〔註53〕，小說中的燈妹即是李喬母親的形象
轉化，其中固然有悲苦、苦痛之處，但卻對創傷與仇恨有超越之處，此思維
乃與李喬的成長經歷相關，劉慧眞認爲自小說中可見「窮絕悲苦的山居生活，

〔註51〕 李喬：〈歷史素材書寫——我的心得〉，收錄於李喬等著，財團法人文學臺灣
基金會主編：《臺灣大河小說家作品學術研討會論文集》，（臺南：國家臺灣文
學館籌備處，2006年），頁222。
應鳳凰言：「李喬自稱《寒夜三部曲》是他平生最重要的一部書，一部合計九
十萬字的長篇小說，既是小說，也是臺灣歷史。作者要用說故事的方法，呈
現臺灣這塊土地和百姓的生命史，也是小說家用以表達他個人哲學觀與歷史
觀的一部臺灣文學經典，顯現作者強烈的企圖心。……作者說，這部小說也
可以叫作『母親的故事』，因爲『母親是大地的化身，而生命是母親的再生』。
這部小說也用了臺灣高山鱒魚的象徵比喻：『每到秋風起冬寒來的時刻，深山
絕谷裡的鱒魚，晚上就開始作還鄉的夢』；因爲鱒魚是『鄉愁的魚，是悲劇的
魚』，牠們遨遊四海，但一定歸依故鄉。作者懷抱著『生命充滿了無奈，但也
十分莊嚴悠遠』的哲學觀，藉著番仔林窮僻山野中，一群『鱒魚』，也是主角
人物的生命歷程，描繪臺灣人民苦難而又奇妙的生命故事——通過這群臺灣
百姓的層層災難，通過他們從南洋迢遠跋涉與回鄉夢的追尋，來呈現生命的
面目，述說『鱒魚的夢』，……鱒魚的夢也是人類的夢。」參應鳳凰：《臺灣
文學花園》，（臺北：玉山社，2003年），頁101～102。

〔註52〕 《寒夜三部曲》是以《寒夜》、《荒村》、《孤燈》三大長篇構成的大河小說。
這部經典之作的誕生，必須回溯到1977年撰寫《結義西來庵》的經驗。李喬
爲了重現噍吧年事件的眞貌，詳讀三、四百萬字的「余清芳革命檔案」，又親
赴臺南、高雄等地進行田野調查；當他親手檢視受難者留有刀痕、彈孔的遺
骨時，更讓他於瞬間融入歷史，瞭然個人在綿延時空長河中的位置。臺灣意
識的萌展與成熟、田野調查與寫作技巧的磨練，是他寫《結義西來庵》的最
大收穫，也讓他因此更有能力繼續寫出《寒夜三部曲》以及1989年以二二八
爲張本的《埋冤・一九四七・埋冤》。參劉慧眞：〈天生反骨的啓蒙大師——
李喬〉，收錄於李喬、曾貴海、劉慧眞等著：《臺灣文學導讀》，（臺北：群策
會李登輝學校，2006年），頁83。

〔註53〕 劉慧眞：〈天生反骨的啓蒙大師——李喬〉，收錄於李喬、曾貴海、劉慧眞等
著：《臺灣文學導讀》，（臺北：群策會李登輝學校，2006年），頁83。

構成李喬人格結構的底流，同時也影響他的思想與創作」〔註 54〕。李喬曾說：
「在人間，事實往往比小說還奇怪。」〔註 55〕，又說：「『虛構』是：把人間
無數個事實的『點』，以虛擬杜撰的『線』（故事情節）貫串起來，形成更眞
實的人間面目」〔註 56〕在李喬的小說中，即表現出這樣的特質，在《寒夜三
部曲》中可見李喬對人性的深入挖掘，呈顯出人性的多面向。

在李喬之後，東方白的《浪淘沙》〔註 57〕以臺灣歷史爲證〔註 58〕，以臺
灣鄉土爲懷，描繪三個臺灣家族——福佬人丘雅信、客家人江東蘭、福州人
周明德等三代歷史的人事滄桑與悲歡離合，其空間場域涵蓋了臺灣、日本、
中國、菲律賓、馬來西亞、緬甸，及美加等地，「映現外來勢力（浪）不斷『淘』
洗臺灣人民（沙）的歷史風貌，呈顯臺灣人民於時代巨輪運轉下不屈不撓的
精神與意志，還有，永恆追尋的愛與光明。」〔註 59〕鍾肇政說：「《浪淘沙》
爲我們展現了臺灣自淪日時起直到當代的歷史風貌，並以三個家族裏的三代
人的人事滄桑與悲歡離合，來印證時代巨輪的運轉。」〔註 60〕東方白營造的
小說人物，流露出不同的人性，也蘊藏著愛與寬容，他曾自言：

> 文學不必忌諱政治，但應描寫政治下亙古貫今的人性才是，不單單
> 描述政治就了事，否則時過境遷，小說也就失去永恆的意義。〔註 61〕

〔註 54〕 劉慧眞：〈天生反骨的啓蒙大師——李喬〉，收錄於李喬、曾貴海、劉慧眞等
著：《臺灣文學導讀》，（臺北：群策會李登輝學校，2006 年），頁 82。

〔註 55〕 林瑞明：〈愛恨分明的大地之子——李喬集序〉，收錄於李喬著，林瑞明編：《李
喬集》，（臺北：前衛出版社，1994 年），頁 13。

〔註 56〕 林瑞明：〈愛恨分明的大地之子——李喬集序〉，收錄於李喬著，林瑞明編：《李
喬集》，（臺北：前衛出版社，1994 年），頁 13。

〔註 57〕 《浪淘沙》全書包括「序幕」、第一部《浪》、第二部《淘》、第三部《沙》、「餘
音」等五部分，「序幕」與「餘音」若各以一章計，則全書共三十八章，總計
約 137 萬字。參歐宗智：《多少英雄浪淘盡：《浪淘沙》研究與賞析》，（臺北：
前衛出版社，2005 年），頁 60。
《浪淘沙》封底書介成全書 150 萬字，經實際計算，全書 2036 頁，扣除空白
頁，約 137 萬字。參歐宗智：《多少英雄浪淘盡：《浪淘沙》研究與賞析》，（臺
北：前衛出版社，2005 年），頁 59。

〔註 58〕 彭瑞金謂：「《浪淘沙》是深富使命的創作，是歷史素材小說，重點不在虛構。」
參彭瑞金：《臺灣新文學運動四十年》，（高雄：春暉，1998 年），頁 183。

〔註 59〕 東方白：《浪淘沙》，（臺北：前衛出版社，1992 年），封底書介。

〔註 60〕 葉石濤：〈臺灣人命運的史詩〉，收錄於東方白：《浪淘沙（上冊）》，（臺北：
前衛出版社，1992 年），頁 46。

〔註 61〕 鍾肇政、東方白著，張良澤編：《臺灣文學兩地書》，（臺北：前衛出版社，1993
年），頁 157。

不再以揭露與抗議作為目的，而是以愛與合諧作為出發點，雖然是
政治小說，但已超越政治範疇而成了純文學的好作品。〔註62〕

如何描寫政治而超越政治，如何在血肉模糊之中，讓人窺見人性的
光明，以達文學的崇高目的，……。〔註63〕

《浪淘沙》中，可見東方白擅以語言烘托出人物，其中的臺語俗諺更是饒富
韻味，小說中臺語的使用正是《浪淘沙》一大特色，透過臺語對話、鄉土俚
語，不僅有庶民氣息，更讓人物的性格與形象生動地呈現出來，使讀者如聞
其聲，如見其人。陳明雄引用王育德的話來評估《浪淘沙》說：「用臺語寫出
一篇好作品，比寫一百篇論文來鼓吹臺語更有效力。」〔註64〕東方白在〈命
定──《浪淘沙》誕生的掌故〉中說道：

一開始寫《浪淘沙》，我就對自己苛求起來，用北京話來寫臺灣人的
對話已不能讓我滿足，因為那不像是在寫「小說」，那根本就是在寫
「翻譯小說」！……我常常在想，《紅樓夢》的最大成功，在於曹雪
芹用他的母語寫他的對話，如果強迫他用臺灣的河洛話或客家話寫
《紅樓夢》的對話，不必說《紅樓夢》會有今天的成就，恐怕它早已
被棄置周顧不見經傳了，……。我不能讓我們一百年前的老祖母在《浪
淘沙》裡說一口流利的京片子，那簡直是天大的諷刺與笑話！所以我
從《浪淘沙》的第一頁起就讓臺灣人說全套純正的臺灣話。〔註65〕

東方白以「語言」讓小說人物具生命力，亦更具有真實性、呈現出濃厚的本
土性性格，小說中運用的臺灣話有福佬話、客家話、原住民語，可見東方白
在語言上的用心琢磨，歐宗智肯定其優點但也感慨：「只可惜書中這麼多人物
的臺語對話，似乎皆為東方白一個人說話的語氣，讓人覺得眾多人物在談話
中並沒有分別」〔註66〕。以小說歷史的完整性而言，《浪淘沙》較《濁流三部

〔註62〕鍾肇政、東方白著，張良澤編：《臺灣文學兩地書》，（臺北：前衛出版社，1993
　　　　年），頁173。

〔註63〕鍾肇政、東方白著，張良澤編：《臺灣文學兩地書》，（臺北：前衛出版社，1993
　　　　年），頁260。

〔註64〕葉石濤：〈臺灣人命運的史詩〉，收錄於東方白：《浪淘沙（上冊）》，（臺北：
　　　　前衛出版社，1992年），頁46。

〔註65〕東方白：〈命定──《浪淘沙》誕生的掌故〉，收錄於東方白：《浪淘沙（上冊）》，
　　　　（臺北：前衛出版社，1992年），頁17～18。

〔註66〕歐宗智：《多少英雄浪淘盡：《浪淘沙》研究與賞析》，（臺北：前衛出版社，
　　　　2005年），頁283。

曲》、《臺灣人三部曲》、《寒夜三部曲》更加完整，《浪淘沙》自一八九五年臺
灣乙未之役，迄至戰後的二二八事件及其後遺的臺灣，東方白自述：「放膽在
《浪淘沙》中寫了幾則『二二八』時期的動人故事，聊補先前臺灣大河小說
的缺憾。我竟能適時適地在《浪淘沙》中寫了『二二八』，我的時機也真再好
不過了。」〔註67〕楊照於〈歷史大河中的悲情──論臺灣的「大河小說」〉中
論及《浪淘沙》較之前的臺灣大河小說之長處：

> 就完整性而言，《浪淘沙》最大的長處在於可以把小說一直往下寫，
> 寫進了「二二八」等戰後事件，這是前輩鍾肇政、李喬當時白色恐
> 怖的寫作環境所不許可的。不過進入九○年代之後，鍾肇政也出版
> 了《臺灣人三部曲》續集──《怒濤》，再度以陸家人為中心，將以
> 前視為禁忌的「二二八事件」表達出來，為戰後的臺灣初期做了見
> 証。李喬隨後也努力地完成了以「二二八事件」為背景的《埋冤·
> 一九四七·埋冤》，同樣也被視為《寒夜三部曲》的續曲。〔註68〕

李喬認為東方白創作《浪淘沙》是採旁觀的客觀角度：

> 《浪淘沙》是純粹「寫實風格」的小說，作者理性客觀，完全是「旁
> 觀角色」的敘述。又因為加入許多史地翔實資料，頗有人類學「民
> 族誌」的風味。這本小說告訴我們：臺灣，是如何被不斷殖民的島
> 嶼；臺灣人是怎樣一個民族？幸福在哪裡？應該怎麼走？〔註69〕

二二八事件是臺灣歷史上一道熱鐵烙膚的傷痕，作家將此悲劇精神化為筆下
的文學作品，不僅反映歷史事件，更在作品中蘊含深切的關懷與悲天憫人的
精神，同時也有著作家本身的反省與心緒的宣洩。

伯子的〈臺灣島上血和根〉（1947 年 05 月），是目前所見最早描寫二二八
慘劇真相的文學作品，「它的價值在於真實的描寫了歷史事件的原來面目，它
通過一個處於朦朧狀態的臺灣普通市民陳福生的眼睛，像攝影機一樣攝下了
一組以暴抗暴的歷史鏡頭，使二二八事件作為經典的文學題材奠定了基礎。」

〔註67〕東方白：〈命定──《浪淘沙》誕生的掌故〉，收錄於東方白：《浪淘沙（上冊）》，
　　　　（臺北：前衛出版社，1992 年），頁 18。
〔註68〕楊照：〈歷史大河中的悲情──論臺灣的「大河小說」〉，收錄於楊照：《文學·
　　　　社會與歷史想像──戰後文學史散論》，（臺北：聯合文學，1995 年），頁 94。
〔註69〕李喬：〈《浪淘沙》導讀〉，收錄於李喬、曾貴海、劉慧真等著：《臺灣文學導
　　　　讀》，（臺北：群策會李登輝學校，2006 年），頁 86～87。

〔註 70〕在伯子之後的作家，雖然二二八是政治禁忌的題材，但仍有許多作家甘於冒險的去接觸它，而二二八題材也「越來越成爲政治抗爭和本土意識的一個象徵物，但在延伸意義上，它依然具有抗議一切暴政的普遍價值。」〔註 71〕關懷二二八事件，以此爲小說題材的作家、作品多如牛毛，以下主要以臺灣大河小說家吳濁流、鍾肇政、李喬、東方白，與施叔青《三世人》的二二八描寫做比較，並從中了解施叔青如何呈顯她的歷史圖像與對臺灣大河小說的接續。

　　吳濁流〔註 72〕的《無花果》屬自傳性質的作品〔註 73〕，呈顯出因臺灣歷經不同政權的自身經歷，小說以紀錄爲主軸，時間止於二二八事件，描繪事件爆發前臺灣人民與國民政府之間的摩擦、不公平的對待、人民失望的心情，以及二二八事件後國民政府派遣軍隊的鎮壓、崇禧來臺宣慰臺灣人民等，勾

〔註 70〕　許俊雅：〈小說中的「二二八」〉，收錄於許俊雅：《無語的春天——二二八小說選》，（臺北：玉山社，2003 年），頁 9～10。

〔註 71〕　許俊雅：〈小說中的「二二八」〉，收錄於許俊雅：《無語的春天——二二八小說選》，（臺北：玉山社，2003 年），頁 10。

〔註 72〕　吳濁流本名吳建田，1900 年生於新竹縣新埔鎮。曾擔任南京《大陸新報》記者，一年後返臺，先後擔任《臺灣日日新報》、《臺灣新報》、《臺灣新生報》（即日據時代《臺灣新報》）日文版、《民報》記者。吳濁流創作文類包括論述、詩、散文、小說等。1943 年，他開始動筆寫長篇小說《胡志明》（原名《胡太明》，後易名《亞細亞的孤兒》），紀錄自己在臺灣、日本和大陸親眼所見的社會經歷寫實，透過主角胡太明，反映出日治時期臺灣人民在社會上遭受歧視以及精神上苦惱的情形，同時也呈現出殖民地底下臺灣人民認同糾結的問題，葉石濤稱這部小說：「不但寫盡了臺灣社會的諸樣相，道出了臺灣人的悲歡離合，迂迴曲折的命運，而更進一步的指出了臺灣人的意願，應走的路，未來的命運。」是臺灣文學史上第一部探索臺灣人歷史命運的著作。他亦以新聞記者敏銳的觀察和採訪時所見所得的內幕秘辛爲本，描繪諸多政治亂象，如：《黎明前的臺灣》、《無花果》、《臺灣連翹》等；而戰後完成的〈泥濘〉、〈陳大人〉、〈波茨坦科長〉等作品，則是陳述社會上買辦、漢奸等人物對臺灣人民所造成的傷害。鍾肇政曾論及吳濁流的作品：「那是靠周詳的觀察，冷靜的分析，深刻的體會，憑一枝熱血奔騰的筆而解剖出來展示在讀者面前的社會病態的縮影。」吳濁流除文學創作外，更爲臺灣文學奉獻許多心力。參彭瑞金主編：《吳濁流集》，（臺北：前衛出版社，1991 年），頁 289～296。

〔註 73〕　1970 年，作家吳濁流在二二八事發當時任報社記者，並將其目睹的經歷寫入自傳小說《無花果》，全書共十三章。1967 年起，分三期於《臺灣文藝》雜誌連載。1970 年首先由林白出版社出版單行本，但因內容觸及政治禁忌——二二八事件，旋遭查扣。其後改由美國臺灣出版社出版，在海外流傳。1984 年，該書偷渡回臺，繼續在地下流傳，直至臺灣解嚴後，1988 年才正式由前衛出版社在臺灣公開發行。

勒出二二八事件的輪廓。吳濁流發揮曾擔任無冕王的專業視角，如實地記下
自己的所見所聞。臺灣人民在此背景之下默默付出的韌性如無花果般，「雖然
沒有讓人賞心悅目的花朵，但總是能在被踐踏的土地上，悄悄地結起纍纍的
果實」。完成《無花果》之後，吳濁流覺得「此書只寫到二二八事件，以後的
事沒有勇氣繼續詳細寫下。」〔註74〕，又深感「然而，二二八事件從民國三
十六年至三十八、九年，這段期間社會很複雜，年輕作家並未身歷其境，極
難了解其時代背景，如果老一輩作家不寫的話，其真相實無可傳。」〔註75〕
故吳濁流開始筆耕另一部作品《臺灣連翹》〔註76〕。

　　《臺灣連翹》描述二二八事件時「半山」〔註77〕出賣了臺灣本省人的行
為，是第一部出現半山形象的二二八小說〔註78〕，除此外，《臺灣連翹》以表
格式的方式說明外省人取代日本人後的統治地位，以及臺灣人被歧視的遭
遇，極具資料性，他以銳利的筆鋒，提出他對政治的批判，期盼自己能像充
滿韌性的臺灣連翹，有不屈不撓的意志，根植自己的土地，吳濁流以臺灣連
翹只要稍稍出頭，就會遭到修剪的下場，暗喻著臺灣人民在被殖民統治下不
容出頭的命運，也寫出了對「祖國」的幻滅與對臺灣的期許。陳芳明指出《臺
灣連翹》的主要性，「並非只是記錄二二八事件而已；它其實是吳老思想的一
個總結」〔註79〕

〔註74〕 吳濁流：《臺灣連翹》，（臺北：草根出版社，1995年），頁241。
〔註75〕 吳濁流：《臺灣連翹》，（臺北：草根出版社，1995年），頁259。
〔註76〕 吳濁流自1971年9月起，著手撰寫另一部自述小說《臺灣連翹》，此係根據
　　　　《無花果》多所改寫補充，費時三年餘，至1974年12月才以日文完成全書，
　　　　是為吳濁流生前最後一部作品。《臺灣連翹》全書十四章，其中一至八章曾中
　　　　譯發表於《臺灣文藝》，其餘部分因牽涉到當時尚在活躍的政治人物，同時也
　　　　觸及太多敏感的政治事件，吳濁流決定暫不公開，「待後十年或二十年，留與
　　　　後人發表」。吳濁流為了安全因素，以日文完成《臺灣連翹》，其後除自己翻
　　　　譯外，也拜託鍾肇政接手翻譯為中文。後來經保存全書原稿的鍾肇政，完整
　　　　譯出第九至十四章，讀者才終於見到了《臺灣連翹》的全貌。參歐宗智：〈吳
　　　　濁流性格的矛盾與掙扎：讀《無花果》與《臺灣連翹》〉，《臺灣圖書館管理季
　　　　刊》第二卷第二期，2006年4月，頁111。錢鴻鈞編，黃玉燕譯：《吳濁流致
　　　　鍾肇政書簡》（臺北：九歌出版社，2000年），頁279。
〔註77〕 「半山」是指日據時期，前往中國大陸求學或工作的臺灣人。
〔註78〕 吳濁流說：「因為把二二八事件的時候出賣了本省人的半山的行為誠實地描述
　　　　下來，那麼我不但必受他們懷恨，而且還大有遭他們暗算之虞。」參吳濁流：
　　　　《臺灣連翹》，（臺北：草根出版社，1995年），頁241。
〔註79〕 陳芳明：〈吳濁流與「臺灣連翹」〉，收錄於吳濁流：《臺灣連翹》，（臺北：草
　　　　根出版社，1995年），頁261。

　　吳濁流以無花果〔註 80〕、臺灣連翹〔註 81〕兩種植物表達出臺灣人的命運，更表達出臺灣人堅韌的精神。《無花果》、《臺灣連翹》皆充滿著反抗的精神，以此道出臺灣人不屈服於殖民者的生命韌性。鍾肇政曾論及吳濁流的作品：「那是靠周詳的觀察，冷靜的分析，深刻的體會，憑一枝熱血奔騰的筆而解剖出來展示在讀者面前的社會病態的縮影。」在這樣一個言論自由受到箝制的時代，吳濁流以曲筆或隱晦的技巧手法來表達內心的思想。而在臺灣光復後，因時代背景的肅殺氛圍，他以日文持續寫作。他的生命歷程與精神亦如無花果與臺灣連翹般，「吳濁流總是以『無花果』默默開花的精神自我期許，也以『臺灣連翹』的堅韌生命來鞭策自己，其自述小說乃先後以《無花果》、《臺灣連翹》爲書名，我們的確由此看到了吳濁流堅忍不拔的文學魂。」〔註82〕這樣的用心是令人敬佩的。吳濁流以新聞記者敏銳的觀察，歷歷如繪地化爲書中每個字句，因此，如報導般平實，「幾乎可以說毫無虛構的成分」〔註83〕，是採用「回憶錄體材與筆法」〔註84〕。

〔註 80〕　無花果的花爲雌雄同株，晚春開花，雄、雌花皆極小，生在肉質、綠色的花托內部，外表不明顯。參 Allen J. Coombes（科莫斯）：《世界樹木圖鑑》，（臺北：貓頭鷹出版社，2008 年），頁 219。

〔註 81〕　臺灣連翹是臺灣民間常用來做爲圍籬的植物之一，它的學名爲金露花，別名小本苦林盤、臺灣連翹、苦林盤等。樹性強健，生長速。栽培土質不苛求，其性耐修剪，而分枝力強。金露花、箭竹常被種植於家屋正廳正前方做爲圍籬，住家爲求環境的美觀，會經常修剪它，因此，只要臺灣連翹稍爲出頭，就會被修剪掉。參蔡福貴：《臺灣自然觀賞圖鑑──木本觀賞植物》，（臺北：渡假出版社，1986 年），頁 3。鄭元春：《有毒植物》，（臺北：渡假出版社，1991 年），頁 196。

〔註 82〕　歐宗智：〈吳濁流性格的矛盾與掙扎：讀《無花果》與《臺灣連翹》〉，《臺灣圖書館管理季刊》第二卷第二期，2006 年 4 月，頁 114。吳濁流曾藉由小說主角胡太明，將「無花果」和「臺灣連翹」並置在一起，從容地表達其心境：「他認爲一切生物都有兩種生活方式：例如佛桑花雖然美麗，但花謝以後卻不結果；又如無花果雖無悅目的花朵，卻能在人們不知不覺間，悄悄地結起果實。……他一面賞玩著無花果，一面漫步到籬邊，那兒的『臺灣連翹』修剪得非常整齊，初生的嫩葉築成一道青蔥的花牆，他向樹根邊看看，粗壯的樹枝正穿過籬笆的縫隙，舒暢地伸展在外面。他不禁用驚奇的目光，呆呆地望著那樹枝，心想：那些向上或向旁邊伸展的樹枝都已經被剪去，唯獨這一枝能避免被剪的厄運，而依照她自己的意志發展她的生命。他觸景生情，不覺深爲感動。」參吳濁流：《亞細亞的孤兒》，（臺北：遠景出版社，1980 年），頁 233 至 234。

〔註 83〕　鍾肇政：《鍾肇政回憶錄（二）──文壇交遊錄》，（臺北：前衛出版社，1998 年），頁 109。

〔註 84〕　鍾肇政：《鍾肇政回憶錄（二）──文壇交遊錄》，（臺北：前衛出版社，1998 年），頁 108。

　　而鍾肇政〔註85〕創作《怒濤》〔註86〕，其書寫著墨於二二八事件暴風雨前夕的情景與當時臺灣的動盪背景，鍾肇政以此抒發他沉鬱如滔天巨浪的心情，書名《怒濤》正是其心情寫照、憤怒之言。鍾肇政在寫此作品，是在政治上二二八禁忌被打破之後，故他可如實地敘述，鍾肇政表示寫該書最大的目的是「我是多麼希望能夠在筆下重現那個時代，以及那個時代的臺灣人，尤其是年輕的一代。……我就曾經是那個時代的年輕人之一啊！」〔註87〕李喬指出：「作者採用了為臺灣人精神史而寫的筆法，並不特別著重那血淋淋的場面重現，而是在捕捉那逝去的、令人哀傷的時代中，臺灣年輕人的感受。」〔註88〕《怒濤》是家族史小說，以真實的歷史為主軸，虛構臺灣客家人陸氏家族三代的故事，藉故事角色不同的命運寫出了臺灣的歷史，在故事中描繪出臺灣人堅強的生命力與勇敢的抗議精神。同時，透過族群的婚姻關係，呈顯出臺灣人面對不同族群的心態與族群問題。

　　《埋冤・一九四七・埋冤》的作者李喬〔註89〕，花了近十年的工夫收集

〔註85〕 鍾肇政於 1925 年，出生於桃園縣龍潭。鍾肇政的創作文類以小說為主，兼及論述、散文、傳記。鍾肇政創作數十年來，著作等身。《魯冰花》於 1961 年發表在《聯合報》，這是他的第一部長篇小說。至 1961 年，他發表《濁流三部曲》，為開啟臺灣大河小說創作的第一人。參彭瑞金主編：《鍾肇政集》，（臺北：前衛出版社，1992 年），頁 299～302。

〔註86〕 鍾肇政強調自己受到吳濁流《無花果》、《臺灣連翹》創作理念感召。二二八事件爆發當時，鍾肇政有著穩定的小學教職和要好的女友，他回憶：「我躲在那個小小的天地裡，輕易不敢到外界，我只願意在熟悉的人們當中過日子，因此那一場驚天動地的事件，我根本就是置身事外，連一個旁觀者都談不上。《臺灣連翹》裡頭所寫，雖然大多不出當時見聞及後來的涉獵，不過吳老既然正好在臺北，所聞所觀，若干細節還是可以敲動我的心弦。」參鍾肇政：《鍾肇政回憶錄（二）——文壇交遊錄》，（臺北：前衛出版社，1998 年），頁 109。

〔註87〕 鍾肇政：〈後記〉，收錄於鍾肇政：《怒濤》，（臺北：前衛出版社，1993 年），頁 400。

〔註88〕 李喬：〈那時代的感受——介紹「怒濤」〉，《新觀念》第 106 期（1997 年 8 月），頁 108。

〔註89〕 李喬，本名李能棋，於 1934 年，出生於苗栗縣大湖鄉深山中。李喬創作的文類以小說為主，並兼及論述、散文，作品大多偏重在社會大眾生活面的描繪，為無告的小民作微弱的代言。李喬認為他平生最重要的著作是《寒夜三部曲》——《孤燈》、《寒夜》、《荒村》，作品記述臺灣開發及歷史事件，以清末至日據為時期背景，深刻地凸顯了民族的苦難和人性的尊嚴，頗具史詩氣魄、母愛的光輝和人對土地的依戀。參林瑞明主編：《李喬集》，（臺北：前衛出版社，1993 年），頁 349～357。

資料、採訪、口述，在史料的蒐集十分詳盡〔註 90〕，融用龐雜的歷史資料與
大量的田野調查資料，以三年半的工夫寫成此作。《埋冤‧一九四七‧埋冤》
被視爲是《寒夜三部曲》續曲〔註 91〕，時間進一步寫到民國五〇、六〇年代
的白色恐怖時期。故事敘述二二八事件各地民眾的響應、各地的鎮暴行動，
以及二二八對臺灣人造成的影響，讓讀者彷彿置身現場。書中使用了閩南語、
客語、原住民語，日語則以漢音日語的方式處理，如實的呈現不同種族的文
化，此用心與趙滋蕃所言有異曲同工之妙：「如何寫『活』人物，原是小說家
筆下見高低的關鍵。」〔註 92〕《埋冤‧一九四七‧埋冤》勇於揭示二二八事
件此敏感話題，道出臺灣人民的苦難心靈，同時，也爲臺灣人的未來挹注了
希望的光芒。李喬認爲臺灣人處於自我認同的迷失中，但在經歷二二八事件
之後，臺灣人有了不同的精神意識：「領域中的『文化中國』虛位化了，卻可
能『創造』自己的文化認同；臺灣人對於『國家』產生根本的迷惑了，然而
卻也深化確定了『臺灣人意識』、『臺灣意識』。」〔註 93〕李喬曾自言：「作者
之於長篇小說，與其說在『說故事』，不如說，是借情節故事來表達其理念，
借人物『完成』其理想。」〔註 94〕在《埋冤‧一九四七‧埋冤》中有著對不
同族群的包容意識，女性角色的塑造亦已走出傳統女性形象的窠臼，有女性
自主的想法。

東方白〔註 95〕創作《浪淘沙》時，臺灣的政治環境已逐漸開放，故可以

〔註 90〕「大河小說的作家曾以『宗教的奉獻』來自我期許。」參鍾肇政、東方白合
　　　　著，張良澤編：《臺灣文學兩地書》，（臺北：前衛出版社，1993 年），頁 99。
　　　　葉石濤於〈一個臺灣老朽作家的告白〉說：「作家要認眞生活，刻苦過日，孜
　　　　孜不倦地寫到死。簡言之，作家必須是人道主義者，奉獻和獻身是作家唯一
　　　　的報酬。」收錄於葉石濤：《走向臺灣文學》，（臺北：自立晚報，1990 年），
　　　　頁 10。
〔註 91〕楊照：〈歷史大河中的悲情——論臺灣的「大河小說」〉，收錄於楊照：《文學、
　　　　社會與歷史想像——文學史散論》，（臺北：聯合文學，1995 年），頁 107。
〔註 92〕趙滋蕃：《文學原理》，（臺北：東大出版社，1988 年），頁 243。
〔註 93〕李喬：〈自序二〉，收錄於李喬：《埋冤一九四七埋冤》（上冊），（基隆：海洋
　　　　臺灣，2003 年），頁 19。
〔註 94〕李喬：《小說入門》，（臺北：時報文化出版社，1986 年），頁 74。
〔註 95〕東方白，本名林文德，於 1938 年出生於臺北市。現已退休，旅居加拿大。東
　　　　方白青年時期喜愛閱讀大仲馬、狄更斯、托爾斯泰、屠格涅夫、莫泊桑、芥
　　　　川龍之介等人作品，因此創作多深受這些作家所影響。東方白的長篇小說《浪
　　　　淘沙》歷時十餘年完成，全書約 150 萬字，以三個臺灣家族爲主軸，藉由描
　　　　述這三代間的人世滄桑與悲歡離合，刻畫出近百年來臺灣人民的歷史命運，

較多的篇幅敘述二二八事件。東方白以臺灣歷史為證，以臺灣鄉土為懷，描繪三個臺灣家族三代人的人事滄桑與悲觀離合的故事。《浪淘沙》中的江東蘭、丘雅信、周明德皆有所本，乃得自三位真實人物的筆錄、口述，故事場景由臺灣、日本、中國、菲律賓、馬來西亞、緬甸、美國、加拿大交織而成，映現外在勢力如浪一般不斷的淘洗如沙的臺灣人民之歷史風貌，呈顯出臺灣人民於時代更迭下不屈不撓的精神，以及愛與光明的氛圍，彰顯出跨越國籍、種族的人本關懷。東方白曾說：「我的小說的主題是愛、諒解、寬恕，絕不寫仇恨、殘酷、暴戾等等。」〔註96〕

　　林鎮山亦認為：「《浪淘沙》在論斷風情世事的時候，已經超越了人為的界線，例如種族、國籍。」〔註97〕除此之外，《浪淘沙》運用了諸多的閩南語與俗諺，而「臺灣閩南諺語在臺灣文學中妥切的運用，能夠增加作品感染力，使讀者產生鄉土的親切感。」〔註98〕可使人物的塑造更加活靈活現，故在故事中的對白部分，閩南語即約占了三分之一。故事中的女性——丘雅信，隨著時代與政權的更迭，而有了坎坷的命運，但她卻有著不向命運屈服的堅毅精神，故事反映出臺灣的歷史，也呈顯出丘雅信充滿女性主義的勇氣與不凡，鍾肇政曾如此讚嘆：「這位矮小瘦弱的女醫生在高大的洋人之間那麼正氣凜然，那麼傲岸不屈，表現出臺灣查某的（也正是所有臺灣人的）高潔與尊嚴，令人擊節，也令人讚嘆。」〔註99〕李喬亦推崇之：「將女性之原型寫出來。其一生頗有象徵意味，象徵臺灣在這樣困苦的環境如何存在。」〔註100〕

　　馬振方曾言：「可信的情節未必感人；感人至深的情節卻必須可信。真實

書中穿插多種本土語言，東方白適時地將客家話、福佬話等歌謠、諺語加入書，使小說人物的對話更為生動。參林瑞明、陳萬益主編：《東方白集》，（臺北：前衛出版社，1993年），頁303～314。

〔註96〕鍾肇政、東方白合著，張良澤編：《臺灣文學兩地書》，（臺北：前衛出版社，1993年），頁17。

〔註97〕林鎮山：〈人本主義的吶喊——試論東方白《浪淘沙》〉，收錄於東方白：《浪淘沙》，（臺北：前衛出版社，1990年），頁2062。

〔註98〕簡正崇：《臺灣閩南諺語研究》，逢甲大學中國文學研究所碩士論文（1995年6月），頁158。

〔註99〕鍾肇政：〈含淚的歡呼——聞東方白巨著「浪淘沙」完成書感〉，收錄於東方白：《浪淘沙》，（臺北：前衛出版社，1990年），頁23。

〔註100〕臺灣文藝編輯部：〈「浪淘沙」文學座談會記要〉，《臺灣文藝》第123期，1991年02月，頁9。

性乃藝術情節諸多條件的首要條件，是作品價值與力量的生命基礎。」〔註101〕吳濁流、鍾肇政、李喬、東方白、施叔青即是如此，作品皆以二二八的史實為創作泉源，立基於史實，再各自加入不同份量的虛構成分。再者，宋澤萊言：「好的文學大半是母語文學。」〔註102〕、「母語才能賦予文學神髓，文學才能活靈活現。」〔註103〕在這些作品中皆如實呈現不同族群的用語，為人物增添了生動性與生命力。

　　在形式上，吳濁流、鍾肇政、李喬、東方白皆以長篇小說的形式描繪二二八事件，且「都扛著一份重任，有著有生之年沒寫下就『心願未了』、『死不瞑目』的情懷」〔註104〕而施叔青則是以《三世人》下卷第四、五章描述，篇幅較短。以內容而言，《三世人》描繪二二八的篇幅雖然短，但施叔青藉由施寄生、施漢仁、施朝宗三代，隨著政權的更換而產生了自我定位的困惑，在不同的認同中變化不定，這是施叔青用的「雄性敘述」〔註105〕，「尤其是二二八事變，更造成臺灣認同出現被背叛的空白化，它是心靈創傷的源頭」〔註106〕。而與雄性敘述相對應的「雌性敘述」〔註107〕，施叔青是透過養女王掌珠呈現，王掌珠雖然命運坎坷，但卻從不向命運低頭，「現在她自覺是個獨立自主的女性，不僅做自己身體的主人，在經濟上也自給自足」〔註108〕她堅強的面對生命中的所有波折，南方朔認為掌珠的角色「其實已在替認同的救贖，勾畫出了路線圖。」〔註109〕施叔青對人物的描摹、心理的描繪、周遭的物都

〔註101〕馬振方：《小說藝術論稿》，（北京：北京大學出版社，1991年），頁112～113。

〔註102〕宋澤萊：《宋澤萊談文學》，（臺北：前衛出版社，2004年），頁72。

〔註103〕宋澤萊：《宋澤萊談文學》，（臺北：前衛出版社，2004年），頁74。

〔註104〕許俊雅：〈小說中的「二二八」〉，收錄於許俊雅：《無語的春天——二二八小說選》，（臺北：玉山社，2003年），頁30。

〔註105〕所謂的「雄性敘述」指的乃是隨著大歷史的轉移而造成的心靈變化。參南方朔：〈記憶的救贖——臺灣心靈史的鉅著誕生了〉，收錄於施叔青：《三世人》，（臺北：時報文化出版社，2010年），頁8。

〔註106〕南方朔：〈記憶的救贖——臺灣心靈史的鉅著誕生了〉，收錄於施叔青：《三世人》，（臺北：時報文化出版社，2010年），頁9。

〔註107〕所謂「雌性敘述」指的是大歷史下，與每個人有關的語言、服裝、生活行為這些小歷史或個人歷史的變化。參南方朔：〈記憶的救贖——臺灣心靈史的鉅著誕生了〉，收錄於施叔青：《三世人》，（臺北：時報文化出版社，2010年），頁8。

〔註108〕施叔青：《三世人》，（臺北：時報文化出版社，2010年），頁126。

〔註109〕南方朔：〈記憶的救贖——臺灣心靈史的鉅著誕生了〉，收錄於施叔青：《三世人》，（臺北：時報文化出版社，2010年），頁8。

十分細膩，傳神的將心理轉折、和服的象徵意義絮絮作描述，這正是使讀者心靈盪起漣漪之處。

施叔青曾說道：

> 作家絕非歷史下的人物，而是親手創造歷史的人。〔註110〕

故施叔青筆下創造的各人物都有著蘊意，作者自言說道：「這本書寫來最沉痛的部分，是篇幅不多的二二八。」〔註111〕施叔青坦言，在寫二二八前閱覽史料時，往往掩卷不忍看下去，她曾向白先勇討教，白先勇建議：「不要把事件發生時的臺灣孤立來看，而是應該放開視野，放到當時整個中國的狀況宏觀地來看這事件，就不會那麼難過了。」〔註112〕，施叔青則說：「我也知道小說必須更超然，不能如此感情用事，但我做不到。」〔註113〕、「小時候只要哭鬧，大人就用『二二八來了！』這句話來威嚇孩子。」〔註114〕有了這些情緒的縈繞，她在寫作時，每每讀到二二八的史料，往往就不忍繼續往下讀，那樣的恐怖氛圍及創傷，已深深烙印在心裡，因此，她在《三世人》中將納粹屠殺猶太人與二二八並列，小說的第一章〈避難〉即是以施朝宗在二二八事變後連夜逃亡開始，與末章〈傷逝〉施朝宗在二二八事變後對自我認同的迷失，前後相互呼應。南方朔認為施叔青的《三世人》：「在作品的定位上，《三世人》可以說是近代臺灣文學裡第一部有關心靈史的創作。」〔註115〕作品末雖未明

〔註110〕丁文玲：〈施叔青專訪〉，資料來源：時報悅讀網，網址：http://www.readingtimes.com.tw/TimesClub/portal/product/product01/s11.aspx?productcode=AK0099&excerpttitle=%E5%A0%B1%E5%B0%8E%EF%BC%9A%E4%B8%AD%E5%9C%8B%E6%99%82%E5%A0%B1%E6%96%BD%E5%8F%94%E9%9D%92%E5%B0%88%E8%A8%AA，下載日期：2011 年 06 月 17 日。

〔註111〕林欣誼：〈施叔青《三世人》譜完臺灣三部曲〉，資料來源：中國電子報藝文，網址：http://news.chinatimes.com/reading/0,5251,51301580x112010101400471,00.html，2010－10－14，下載日期：2011 年 06 月 17 日。

〔註112〕陳芳明：〈與和靈魂進行決鬥的創作者對談〉，收錄於施叔青：《三世人》，（臺北：時報文化出版社，2010 年），頁 274～275。

〔註113〕林欣誼：〈施叔青《三世人》譜完臺灣三部曲〉，資料來源：中國電子報藝文，網址：http://news.chinatimes.com/reading/0,5251,51301580x112010101400471,00.html，2010－10－14，下載日期：2011 年 06 月 17 日。

〔註114〕林欣誼：〈施叔青《三世人》譜完臺灣三部曲〉，資料來源：中國電子報藝文，網址：http://news.chinatimes.com/reading/0,5251,51301580x112010101400471，00.html，2010－10－14，下載日期：2011 年 06 月 17 日。

〔註115〕南方朔：〈記憶的救贖——臺灣心靈史的鉅著誕生了〉，收錄於施叔青：《三世人》，（臺北：時報文化出版社，2010 年），頁 7。

確言「我是誰？」但我們可從內容體會到施叔青已從另一個角度，試著梳理
「我不是誰」，並以此觀點來替時代解惑。

　　臺灣大河小說自鍾肇政的《濁流三部曲》、《臺灣人三部曲》開始了悠長的
旅程，在漫漫大河中有李喬《寒夜三部曲》、東方白《浪淘沙》匯聚於此大河之
中，爲臺灣大河小說灌注了生命力。臺灣大河小說各具作家的觀照與視角，李
喬曾對鍾肇政、李喬與東方白的臺灣大河小說之作品風格與異同，予以比較：

> 鍾肇政的《臺灣人三部曲》，李喬的《寒夜三部曲》，東方白的《浪
> 淘沙》；時代背景，故事原型，大都相似，但（一）訴求重點（二）
> 切入的主題（三）敘事風格（四）作者寫作的位置等等卻是差異極
> 大，……。可以提示的是：三書都在反省歷史，尋找自己，也試著
> 提示自知自證之道……〔註116〕

> 以臺灣歷史作爲創作題材的「大河小說」中，鍾肇政、李喬以及東
> 方白正好標誌了「大河小說」三種不同樣貌，或者說三種不同介入
> 歷史的方式，鍾肇政是以「見證者」（witness）的姿態書寫歷史，而
> 李喬則是以「建構者」（constructor）的姿態介入歷史，而東方白則
> 是以「說故事者」（storyteller）的方式陳述歷史。〔註117〕

作家以不同的姿態看待歷史，文學之筆所刻畫的關注點、視角自然有了差異
性，施叔青曾言：

> 我以爲小說與史論最大不同之處在於小說是回到現場，事件正在發
> 生，是進行式，小說不受史實的約束，憑創作者想像杜撰，透過當
> 時所用的物品，說話的語氣，道德行爲準則，日常生活中種種瑣碎
> 的細節，風俗祭典，人與人之間的愛恨情仇，不同理念的衝突與妥
> 協，傳達出那個時代的氣息風貌。〔註118〕

小說乃根植於生活之中，無論是「見證者」、「建構者」，抑或是「說故事者」
皆有歷史的觀照。在傳統的父權社會中，男性掌握了歷史的發言權，創作大
河小說的歷史之作，亦無不出自於男性作家筆下，男性看待歷史的視角自然

〔註116〕李喬：〈《浪淘沙》導讀〉，收錄於李喬、曾貴海、劉慧眞等著：《臺灣文學導
　　　　讀》，（臺北：群策會李登輝學校，2006年），頁87。

〔註117〕申惠豐：〈說故事──論《浪淘沙》的敘事型態及其意義〉，收錄於李喬等著，
　　　　財團法人文學臺灣基金會主編：《臺灣大河小說家作品學術研討會論文集》，
　　　　（臺南：國家臺灣文學館籌備處，2006年），頁131。

〔註118〕施叔青：〈我寫歷史小說〉，收錄於李勤岸、陳龍廷主編：《臺灣文學的大河：
　　　　歷史、土地與新文化》，（高雄：春暉出版社，2009年），頁9。

不同於女性，也因此有所侷限，鍾肇政、李喬以及東方白皆爲男性作家，故
在他們的作品中依舊可見男性爲中心的思維方式，東方白《浪淘沙》故事中
的女性，除了丘雅信〔註119〕較具女性主義的思維外，其他的女性不論出身、
教育程度等，普遍都缺乏女性自主意識，但丘雅信在愛情與婚姻方面，卻依
舊是觀念保守的臺灣早期傳統女性思維。

　　女性主義作家西蘇（Helene Cixous）認爲女性應該要參與寫作，她指出：

　　女性必須參加寫作，必須寫自己，必須寫婦女。就如同被驅離她們
　　自己的身體那樣，婦女一直被暴虐地驅逐出寫作的領域，這是由於
　　同樣的原因的法律，出於同樣的目的。女性必須把自己寫進文本——
　　——就像通過自己的奮鬥嵌入世界和歷史一樣。〔註120〕

臺灣大河小說至施叔青的《臺灣三部曲》，她以女性作家的身分，切入臺灣
大河小說的長河中，抱持著「女性作家不能夠在大河小說的園地缺席」〔註

〔註119〕丘雅信的人物原型即蔡阿信。參東方白：《眞與美》（第五冊），（臺北：前衛
　　　　出版社，2001 年），頁 137～154。
　　　　鍾肇政讀至丘雅信在加拿大被控非法行醫，在法庭上爭訟的一幕時，對她如此
　　　　讚嘆：「這位矮小瘦弱的女醫生在高大的洋人之間那麼正氣凜然，那麼傲岸不
　　　　屈，表現出臺灣查某的（也正是所有臺灣人的）高潔與尊嚴，令人擊節，也令
　　　　人讚歎。」參鍾肇政：〈含淚的歡呼——聞東方白巨著《浪淘沙》完成書感〉，
　　　　收錄於東方白：《浪淘沙（上冊）》，（臺北：前衛出版社，1992 年），頁 28。
〔註120〕埃萊娜·西蘇：〈美杜莎的笑聲〉，收錄於張京媛編：《當代女性主義文學批評》，
　　　　（北京：北京大學出版社，1992 年），頁 188～211。
　　　　在伍寶珠的《書寫女性與女性書寫——八、九十年代香港女性小說研究》一
　　　　書中，提及關於女性書寫的女性敘事觀點有（1）女性中心的敘述話語，女性
　　　　作家有意識地以女性的視角爲文本的敘述者，一改傳統以男性爲敘述中心的
　　　　結構。她們要改變一向以來兩性間「看」與「被看」的固定模式。（2）女作
　　　　家利用男性視角去呈現女性的情慾世界，表面看來是爲了得到男性的認同，
　　　　實爲對父權寫作體系的一種無聲的控訴。（3）建構女性的歷史話語權。而女
　　　　性書寫的文本敘述策略則有（1）反傳統「大敘事」的敘述方式，以「瑣碎、
　　　　閒話家常」的敘述模式書寫，又或是改裝或改寫既有的符碼，作爲反抗傳統
　　　　書寫模式的工具。（2）採用反傳統的小說敘述方式。（3）暴力書寫的嘗試。（4）
　　　　重構女性形象，女性不再只是傳統好母親、好妻子、好媳婦的角色。資料整
　　　　理自：伍寶珠：《書寫女性與女性書寫——八、九十年代香港女性小說研究》，
　　　　（臺北：大安出版社，2006 年），頁 149～224。
〔註121〕施叔青曾言：「回想起來，從少女時代所寫的第一篇小説，『壁虎』登上『現
　　　　代文學』雜誌，寫到如今白髮蒼蒼，一路走來，彷彿就爲了實現一個使命：『女
　　　　性作家不能夠在大河小說的園地缺席』。」參施叔青：〈我寫歷史小說〉，收錄
　　　　於李勤岸、陳龍廷主編：《臺灣文學的大河：歷史、土地與新文化》，（高雄：
　　　　春暉出版社，2009 年），頁 2。

121〕的使命感，顛覆了傳統大河小說的格式，施叔青曾言：

> 中國歷史上，即使是女人的歷史，也是男人在寫，沒有什麼中國女
> 作家寫過歷史小說，大河小說都是男人寫的，所以我很堅持女人要
> 有詮釋歷史的權利。臺灣很多大河小說都是很激昂慷慨的故事，所
> 以我要寫卑微的小人物，以小搏大，以前被忽略掉的，女性的觀點，
> 我要找回來。〔註122〕

廖炳惠曾表達對施叔青女性書寫方式的感受：

> 在小說裡，她對邊緣女性角色的處理，一方面有像是男人在看女人那
> 種不了解的可怕，心裡面有一種畏懼，有一種光怪陸離的女性奇特特
> 性。在施女士的作品裡，以一種驚心動魄、非常仔細的描寫，從屋內
> 的擺設到個人性慾的發展，包括對文化理解的方式，可以說有震撼人
> 心的描寫。除光怪陸離之外，她的女性角色在整個推翻社會的大格
> 局，從殖民社會到國家歷史的重新書寫的分量是非常奇特的。⋯⋯作
> 爲一個女性作家，對女性的解讀方式可能有獨到的地方。〔註123〕

陳芳明亦提出施叔青以其史觀描繪臺灣歷史，呈顯出她的特色，從中我們亦
可明瞭學者們看待施叔青在臺灣大河小說中地位的看法：

> 施叔青憑藉她豐富的歷史知識，熟悉的故鄉記憶，以及純美的文字
> 鍊金術，已經拓出了開闊的想像空間。迥異於過去男性作家所構思
> 的大河小說，《行過洛津》並不受到英雄人物與歷史事件的羈絆，全
> 然超脫官方的、男性的史料紀錄，形塑了完全屬於她個人的女性史
> 觀。多少被禁錮的、緊纏的、壓抑的靈魂，都因爲她的書寫而獲得
> 釋放。情慾比歷史還來得眞實，庶民比官方還來得眞實，女性比男
> 性還來得眞實。〔註124〕

然而，施叔青雖會站在女性的立場發言，關懷在正史中被湮沒的女性聲音，
但她的視角卻非只有女性的視角，亦不只是「女性史觀」，施叔青乃是以「宏

〔註122〕謝朝宗：〈施叔青「風前塵埃」以小搏大，「臺灣三部曲」之二／透過現代女
　　　　人的眼光詮釋一向被男人掌握的歷史〉，《世界日報》（紐約休閒／人物），2008
　　　　年 04 月 17 日。

〔註123〕廖炳惠、施叔青：〈後殖民歷史與女性書寫〉，收錄於劉亮雅等著：《想像的壯
　　　　遊：十場臺灣當代小說的心靈饗宴 2》，（臺南：國立臺灣文學館，2007 年），
　　　　頁 144～145。

〔註124〕陳芳明：〈情慾優伶與歷史幽靈——寫在施叔青《行過洛津》書前〉，收錄於
　　　　施叔青：《行過洛津》，（臺北：時報文化出版社，2003 年），頁 16。

觀」的視角重新詮釋歷史的，作者塑造出具有自主意識的女性，如《三世人》中的王掌珠，這是施叔青異於男性作家之處，而她細膩的觀察與心思，在《臺灣三部曲》中更是處處流露、可見。作者以「以小博大」的手法爲臺灣立史傳，其中充盈著豐沛的生命力、令人肅然起敬的小人物精神，以及不聽天由命的堅強女性等，而這亦是《臺灣三部曲》的特色。

二、微觀——施叔青之大河小說創作的接續

　　施叔青在創作《臺灣三部曲》前，即以女性作爲其筆下大河小說的主角，她爲生活了十七年的香港寫下了香江故事，將對香港的情感，化爲筆下的故事〔註125〕，創作了《香港三部曲》——《她名叫蝴蝶》、《遍山洋紫荊》與《寂寞雲園》。在《香港三部曲》中施叔青站在女人的立場爲女人發聲，以從東莞的鄉下被綁賣到香港淪落爲妓的不幸女人——黃得雲，作爲故事的主角，描繪黃得雲在香港近百年崛起的歷史夾縫中跌宕發跡的家族傳奇。施叔青曾對創作《香港三部曲》的立場與視角做了陳述：

> 我顛覆了傳統大河小說的書寫格式，一反以陽剛光鮮的英雄爲主角，而是有意識的採取女性角度，創造了黃得雲，一個從大陸被綁架到香港賣入妓女戶社會最底層的邊緣人物，以小博大，揭示她所受到的性別、種族、階層的三重壓迫，站在女性的立場發言，找回詮釋歷史的權力，而一直以來這項權力都是掌握在男性作家手中。但願我的香港三部曲填補了這個空缺。〔註126〕

施叔青藉由故事中的黃得雲道出女性遭受了種族、性別歧視的地位，反映出當時身爲社會底層的人們，其所承受的許多被強權壓迫的痛苦，黃得雲的遭遇、坎坷命運即是在殖民地裡被壓迫的人們的心情寫照。作者藉著黃得雲的家族發跡、變遷、衰敗，交織出香港的興衰、跌宕，象徵著落入英國殖民統

〔註125〕施叔青曾自言寫香港故事的動機：「我原是寫作的人，香港現有這麼些有趣的人與事，觀察一段時候，手癢之餘，就動筆了。創作的滿足感是任何東西所無法取代的，也最爲我珍惜，這就是爲什麼我下決心把又好玩又有意義的藝術中心策劃節目工作辭掉，回來專心寫作的原動力。」參施叔青：〈序：我寫「香港的故事」〉，收錄於施叔青：《情探》，（臺北：洪範書店有限公司，1986年），頁1。

〔註126〕施叔青：〈我寫歷史小說〉，收錄於李勤岸、陳龍廷主編：《臺灣文學的大河：歷史、土地與新文化》，（高雄：春暉出版社，2009年），頁3。

治的香港命運。施叔青以「以小搏大」的手法呈現歷史，以具體的歷史作爲背景，透過小人物的生活拼湊出一段段的歷史與社會景象，在《香港三部曲》中她藉由妓女黃得雲與幾代人的故事寫下香港百年殖民史的滄桑，並透過黃得雲與幾個男人之間的關係烘托出香港的處境。

　　施叔青參照歷史事件，運用想像力構築出百年前的香港〔註127〕，寫下《香港三部曲》。《香港三部曲》的第一部——《她名叫蝴蝶》，以蝴蝶象徵香港的形成，「香港的黃翅粉蝶於嬌弱的外表下，卻敢於挑戰既定的命運，在歷史的陰影裏擎住一小片亮光」〔註128〕，施叔青把「舞臺搬到華洋雜處的殖民地，任由英國殖民者現身說法，斗膽地嘗試國人作家未曾涉足的領域——深入白人統治者的內裏，審視殖民者的諸般心態。」〔註129〕她自言：

> 以武力征服新界，如道格拉斯・懷特一類的英國殖民主義者，開始
> 在這借來的時間、借來的地方作威作福。而我在第一部曲精心塑造
> 的蝴蝶——黃得雲，也從那個濫淫巾釵、珠鍘玉搖的青樓紅妓，因
> 爲機遇與選擇，轉換成爲一個脂粉盡去、過日子的尋常主婦。我嘗
> 試以平淡無奇的文字來縷縷細述黃得雲柴米油鹽的市民生活，以之
> 有別於《她名叫蝴蝶》中的古艷濃鬱之詞。如此自我顛覆，實際上
> 是在爲自己的創作拓展另一個空間。〔註130〕

《香港三部曲》呈顯出有關種族、性別、階級等不同面向的議題，同時亦有了後殖民的視角，施叔青將黃得雲作爲香港的象徵，並藉此刻畫出香港被殖民的歷史，細膩地表現出情慾與權力的輆輵，王德威曾評《她名叫蝴蝶》是：「頹靡幽麗的情慾探險、暗潮洶湧的歷史際會、殺機處處的天災時疫，交織

〔註127〕施叔青說道：「下筆之前，遍讀有關史話、民俗風情記載，凡是小說提到的街
　　　　景、舟車、建築風貌，英國人維多利亞風格的室內佈置，妓寨的陳設，那個
　　　　時代衣飾審美、民生飲食，中、西節慶風俗，甚至植物花鳥草蟲，我都刻意
　　　　捕捉鋪陳，也不放過想像中那個年代的色彩、氣味與聲音。我是用心良苦地
　　　　還原那個時代的風情背景。」參施叔青：〈我的蝴蝶——代序〉，收錄於施叔
　　　　青：《她名叫蝴蝶：香港三部曲之一》，（臺北：洪範書店有限公司，1993年），
　　　　頁3。
〔註128〕施叔青：〈我的蝴蝶——代序〉，收錄於施叔青：《她名叫蝴蝶：香港三部曲之
　　　　一》，（臺北：洪範書店有限公司，1993年），頁3。
〔註129〕施叔青：〈我的蝴蝶——代序〉，收錄於施叔青：《她名叫蝴蝶：香港三部曲之
　　　　一》，（臺北：洪範書店有限公司，1993年），頁2。
〔註130〕施叔青：〈施叔青序〉，收錄於施叔青：《遍山洋紫荊：香港三部曲之二》，（臺
　　　　北：洪範書店有限公司，1995年），頁2。

成施筆下十九世紀末的香港：既淫逸又清冷、既喧囂又荒涼」〔註131〕。王德威在〈也是傾城之戀——評施叔青《她名叫蝴蝶》〉一文中說道：

> 海峽兩岸的歷史大河小說，動輒上下三代家譜，外加孤臣孽子、烽火兒女，務求涕淚飄零而後已。施叔青反其道而行，以一個沒有家的妓女作爲一段家史的開端，以一個墮落的荒島作爲一場世紀盛會的舞臺。她似乎暗示，殖民地的「歷史」，恰似過眼雲煙，也只能以虛構形式托出。施本人「客居」香港的身分，更爲這一連串的弔詭命題，增添一註腳。〔註132〕

施叔青譜完《香港三部曲》後，開始《臺灣三部曲》的寫作計畫，繼爲香港留下紀錄後，再探故鄉臺灣的遷移、殖民、生活史，爲臺灣的歷史留下足跡，她的《臺灣三部曲》——《行過洛津》、《風前塵埃》和《三世人》，作品中除了有歷史的關懷與性別的意識外，還加入了後殖民〔註133〕的視角。

陳芳明對描繪臺灣歷史的小說認爲：

> 從歷史長河中去捕捉裂縫遺失的記憶，長篇歷史小說藉由解構和建構再現歷史，透露作者史觀，啓蒙讀者思索臺灣歷史發展，以不同的書寫形式，強調歷史的被看見。文本呈現的歷史脈絡雖仍是片段的、作者主觀的歷史，然而別於以往的敘述，藉由片段的拼疊再現當時代的社會、政治風貌，和既有的歷史敘述作一參照。〔註134〕

〔註131〕王德威：〈也是傾城之戀——評施叔青《她名叫蝴蝶》〉，收錄於王德威：《眾聲喧嘩以後：點評當代中文小說》，（臺北：麥田出版社，2001 年），頁 288。

〔註132〕王德威：〈也是傾城之戀——評施叔青《她名叫蝴蝶》〉，收錄於王德威：《眾聲喧嘩以後：點評當代中文小說》，（臺北：麥田出版社，2001 年），頁 289。

〔註133〕後殖民一詞的意涵包含了去殖民歷史時期的描述、殖民遺產的批判、獨立新興國家意識形態的的特徵、西方知識與殖民計畫共謀關係的展現、乃至西方內部曖昧不穩定狀態的揭露等各種不同意涵。整體而言，相較於現代化論者對於西方普同現代性的正面評價，後殖民研究的主要特徵，在於批判帝國主義及殖民歷史的政經及文化效應，強調現代性傳布過程中，在不同時期、區域、族群、階層與性別的多重脈絡，以及殖民接觸過程中，殖民者與被殖民者在政經與文化層面的複雜關連及互動。參張隆志：〈後殖民觀點與臺灣史研究：關於臺灣本土史學的方法論反思〉，收錄於柳書琴、邱貴芬主編：《後殖民的東亞在地化思考》，（臺南：國家臺灣文學館籌備處，2006 年），頁 360 ～361。

〔註134〕陳芳明：〈後戒嚴時期的後殖民文學：臺灣作家的歷史記憶之再現（一九八七～一九九七）〉，收錄於陳芳明：《鞭傷之島》，（臺北：自立晚報社，1992 年），頁 110。

臺灣大河小說一路走來，已形成臺灣文學的歷史長流，從臺灣大河小說的創作者來看，以往作者多爲男性，至施叔青從女性的身分與宏觀的視角寫歷史，呈顯出施叔青的細微之處與宏觀的觀照，讓臺灣大河小說有了不同的視野；施叔青異於男性臺灣大河小說家之處，還在於她擅以現代主義的筆法描摩小說人物的心理，無論是移民、遺民、殖民者、被殖民者等心理她皆有著細膩地描繪，小說人物的心理狀態不再單一，其中蘊含著自我的衝突與轉折，此心理描繪手法讓小說人物更飽含生命力與眞實性，活靈活現地展演他們生活於臺灣的人生。

　　在臺灣當代作家當中，評論家南方朔曾指出，自《香港三部曲》及《微醺彩妝》起，施叔青的文學切面已沿著文學現代主義這根主軸，而更加向下做扎根式的探索，諸如歷史、性別、後殖民等〔註135〕，從籌畫構思多年、極具史詩氣魄的臺灣三部曲，便可清晰看出施叔青意圖處理臺灣歷史的企圖心，施叔青以女性主體的觀點，爲臺灣建構新的歷史圖像與國族寓言，由此可知《臺灣三部曲》的重要性，更可明瞭施叔青對臺灣大河小說長流的貢獻。

〔註135〕南方朔：〈一個永恆的對話〉，收錄於施叔青：《兩個芙烈達・卡羅》，（臺北：時報文化出版社，2001 年），頁 3。

第六章　結　論

　　《行過洛津》刻畫了清領時期的臺灣移民史，也描繪了移民的風俗、文化隨之移轉到臺灣的情景，因此，在臺灣可瀏覽不同族群的藝術風俗，可品嘗各族群美味的佳餚，可以欣賞他們的文化傳承之美。移民的心情、伶人的苦悶、小人物的生活與吶喊都呈現了當時臺灣社會的情景，施叔青在虛構中串起眞實的情感，這些被正史記載中遺忘的聲音，在她的作品中更顯宏亮、令人心中起了波波的漣漪。

　　《風前塵埃》以日本殖民爲時空背景，營造出了日本移民村的風情、總督府的帝國美學、和服代表的愛國精神，日本殖民帝國將他們的文化帶進臺灣〔註1〕，欲將臺灣改造成他們心中理想的模樣，也因此改變了臺灣人的生活方式、思考模式與價值觀念，這些異國風情在臺灣編織出了殖民的色彩，也在臺灣這塊土地上留下許多殖民色彩濃厚的建築風貌。在書中，施叔青藉無弦琴子的尋找身世之謎的旅途，而接觸到日本和服，透過和服一層層的揭祕，她終於懂了母親的心思與無奈，於是心結得到了釋放，在此書中有向著大自然尋求救贖的濃烈味道。

　　《三世人》中以施家三個世代與養女王掌珠見證了臺灣歷史腳步的移走，臺灣人民穿著的轉變、建築物風格的迥異、道路的變更、文化的多元都反映出在臺灣的身上有著不同政權的遊走。沒有生命的物質在人賦予它們蘊

〔註1〕　臺灣在一八九五年割讓給日本以後，整個社會逐漸逐漸從一個以農業經濟爲基礎的封建社會，篤定地過渡到成爲一個以資本主義與工業經濟爲基礎的現代化社會。參陳芳明：《殖民地摩登：現代性與臺灣史觀》，（臺北：麥田出版社，2004年），頁51。

義時，它們就成了人們表現心思的媒介，施叔青以擬人的手法描繪樟樹，它的身分隨著不同時代而轉變，那正是臺灣人命運的隱喻。日本殖民帝國要打造臺灣人，有遺民情懷如施寄生以清領時期所留的辮子、服裝寄託他生不逢時、忠於故國的愁緒與堅貞，亦有如王掌珠的新女性，在不同的政權下，她活出不同的自我，跟著時代的腳步生活著。臺灣身處交通輻輳地區，故貿易頻繁，在歷史的發展中，它經歷了不同的政權，成了本土文化、中國移民文化、日本殖民遺緒匯流的場域，也因此臺灣社會存在多元文化的現象，是民族文化的大融爐。

　　從施叔青的作品中，我們閱見了她宏觀的史觀，這樣的視角是與其人生經歷有關的，她鑽研史料的用心也在《臺灣三部曲》中呈顯，在閱讀她的作品的過程中更可嗅讀到現代主義、女性主義、後殖民立場、家國關懷等味道，這些味道融合在一起時，此即是《臺灣三部曲》所表現出的特色。可知施叔青豐富的人生經歷，讓她的作品中有著絢麗多姿的色彩，不同時期的她，有不同的關注點及創作思維，作品扣合著她的生命歷程，她將她的所知所感化為筆下篇篇扣人心弦的故事，從作品中可見施叔青細膩的觀察，雋永的象徵筆法，自《臺灣三部曲》中更可領略她對臺灣的關懷與熱愛，她在創作這三部作品時，花了許多心力與工夫在史料、文獻典籍的搜集與閱讀，作者曾自言：

> 利用文獻史料記載重現歷史達到擬真的效果，以相關的情節來鋪陳歷史書寫，是我的創作策略。我選擇以古名洛津的鹿港來做為清代臺灣的縮影，以這古都，臺灣人普遍的文化記憶來書寫，走向從前，走向歷史，並不是檢驗使用歷史材料的正確與否。所謂史料，本身就是二度建構，不要說是小說創作，歷史學者亦是如此。〔註2〕

作者所說的二度建構，正代表著歷史史料的記載，往往帶著傳統男性的思維，許多小人物、女性的聲音是被湮沒的，那已非真實的歷史原本的面貌，而是解讀、篩選過的男性歷史。而她的《臺灣三部曲》，正是在虛實之間構築出了她的史觀，真實的歷史在她筆下成了遙遠的背景，虛構的人物才是故事所要陳述的焦點，因此，書中深刻地寫出了移民的辛苦、遺民的心酸、清廷官員的矛盾、殖民者的落寞、被殖民者的悲苦、臺灣人民的期盼與失落等，所有的心路歷程與愁緒都在書中發抒。

〔註2〕施叔青：〈走向歷史與地圖重現〉，《東華人文學報》第19期（2011年7月），頁2。

　　施叔青以她細膩、宏觀的視角，將不同的角色做了全面的觀照，這是異於臺灣大河小說的男性作家的立場與視角的，她以細膩的眼光，觀察著塵世的紛紛攘攘，也觀察到在各種身分包裝下的人們，他們的內心世界與心情轉折。在書中，作者描繪出在上位者、殖民者的威權與不仁，但她亦從「救贖」的角度寫出他們的心酸與無奈，因此，佐久間左馬太與橫山新藏的蠻橫與高傲，不再純然如表面所見，反而蒙上了濃烈的哀愁感，這樣的筆法是柔的，沒有猛烈的批判味道，但卻在柔筆中有著強烈的同情與救贖的原諒，具有強而有力的力道。施叔青關懷不同族群的人們，在她的作品中的族群界限似乎已消弭無蹤，留下的是回歸大自然的救贖之路，在大自然底下的人們如滄海之一粟，所有的名利終會如風前之塵埃倏忽即逝，釋然寬宏地放下怨懟，也才能讓自己得到真正的救贖。

　　施叔青的《臺灣三部曲》讓我們領略閱讀臺灣歷史的另一種心境，有著反思的力道，也有著關懷的仁慈，透過她的作品，可閱見她的文學筆法、特色，亦可知她對臺灣大河小說的貢獻與重要性。讀完《臺灣三部曲》後，在筆者的心中深被作者在作品中營造的氛圍所感動，遺民的愁緒、原住民的浴血抵抗、臺灣人的茫無所依……，已在腦海中繚繞不去，那樣的哀愁更是烙印於心，最終的救贖提供了寬遠的視野，作品中有濃濃的哀愁，卻也有著令人心生敬佩的「原諒」。筆者的論文雖在此畫下尾聲，但其中的感動卻並未因此畫下休止符。在筆者寫論文的過程中，面臨到了資料難尋的困境，如對和服的研究資料、施叔青的人生經歷等，故在書寫這些地方時，總有著不夠了解的遺憾；在行文中，有時對歷史與小說的分際會不夠明確，這些都是筆者未來進行再研究的著力點，我期許自己能在未來對《臺灣三部曲》有更精進的研究，對其中的蘊義有更深入的瞭解，當我再次邁開文學研究的腳步時，能對施叔青與臺灣的歷史有更貼近的接觸，研究的深度能夠更豐厚與精進。

參考文獻

一、施叔青著作（依出版年月順序排列）

1. 施叔青著：《約伯的末裔》，臺北：仙人掌出版社，1969 年。
2. 施叔青著：《拾掇那些日子》，臺北：志文出版社，1975 年。
3. 施叔青著：《牛鈴聲響》，臺北：皇冠文化出版有限公司，1975 年。
4. 施叔青著：《常滿姨的一日》，臺北：景象出版社，1976 年。
5. 施叔青著：《琉璃瓦》，臺北：時報文化出版社，1976 年。
6. 施叔青著：《西方人看中國戲劇》，臺北：聯合文學出版社，1976 年。
7. 施叔青著：《愫細怨》，臺北：洪範書店有限公司，1984 年。
8. 施叔青著：《完美的丈夫》，臺北：洪範書店有限公司，1985 年。
9. 施叔青著：《臺上臺下》，臺北：時報文化出版社，1985 年。
10. 施叔青著：《韭菜命的人》，臺北：洪範書店有限公司，1988 年。
11. 施叔青著：《那些不毛的日子》，臺北：洪範書店有限公司，1988 年。
12. 施叔青著：《指點天涯》，臺北：聯合文學出版社，1989 年。
13. 施叔青著：《對談錄：面對當代大陸文學心靈》，臺北：時報文化出版社，1989 年。
14. 施叔青著：《情探》，臺北：洪範書店有限公司，1993 年。
15. 施叔青著：《她名叫蝴蝶》，臺北：洪範書店有限公司，1993 年。
16. 施叔青著：《藝術與拍賣》，臺北：東大圖書公司，1994 年。
17. 施叔青著：《推翻前人》，臺北：東大圖書公司，1994 年。
18. 施叔青著：《遍山洋紫荊》，臺北：洪範書店有限公司，1995 年。
19. 施叔青著：《回家，真好：原鄉的變調》，臺北：皇冠文化出版有限公司，1997 年。

20. 施叔青著：《寂寞雲園》，臺北：洪範書店有限公司，1998 年。

21. 施叔青著：《耽美手記：施叔青談畫論藝》，臺北：元尊文化出版公司，1998 年。

22. 施叔青著：《微醺彩妝》，臺北：麥田出版，1999 年。

23. 施叔青著：《枯木開花：聖嚴法師傳》，臺北：時報文化出版社，2000 年。

24. 施叔青著：《兩個芙烈達‧卡蘿》，臺北：時報文化出版社，2001 年。

25. 施叔青著：《行過洛津》，臺北：時報文化出版社，2003 年。

26. 施叔青著：《心在何處：追隨聖嚴法師走江湖訪禪寺》，臺北：聯合文學，2004 年。

27. 施叔青著：《驅魔》，臺北：聯合文學，2005 年。

28. 施叔青著：《維多利亞俱樂部》，臺北：聯合文學，2006 年。

29. 施叔青著：《風前塵埃》，臺北：時報文化出版社，2007 年。

30. 施叔青著：《三世人》，臺北：時報文化出版社，2010 年。

二、專書（依作者姓氏筆劃多寡排列）

1. 〔清〕宋犖著：《四庫全書禁燬叢刊》，北京：北京出版社，1995 年。

2. 〔清〕歸莊著：《歸莊集》，北京：中華書局，1962 年。

3. 二二八事件小組編：《「二二八事件」研究報告》，臺北：時報文化出版社，1994 年。

4. 子宛玉編：《風起雲湧的女性主義批評》，臺北：谷風，1988 年。

5. 山根勇藏著：《臺灣民俗風物雜記》，臺北：武陵出版社，1989 年。

6. 井出季和太著，郭輝編譯：《日據下之臺政卷一：臺灣治績志》，臺北：海峽學術出版社，2003 年。

7. 天下編輯編：《一同走過從前：攜手臺灣四十年》，臺北：天下雜誌，1988 年。

8. 心岱著：《百年繁華，最鹿港》，臺北：西遊記文化，2006 年。

9. 王世慶著：《清代台灣社會經濟》，臺北：聯經出版事業公司，1994 年。

10. 王志弘、余佳玲、方淑惠譯：《文化地理學》，臺北：巨流圖書出版，2003 年。

11. 王良卿著：《三民主義青年團與中國國民黨關係研究（1938～1949）》，臺北：近代中國出版社，1998 年。

12. 王見川、李世偉著：《臺灣的宗教與文化》，臺北：博揚文化，1999 年。

13. 王建生、陳婉眞、陳湧泉著：《1947 臺灣二二八革命》，臺北：前衛出版社，1991 年。

14. 王夢鷗著：《文學概論》，臺北：藝文印書館，1976 年。

15. 王德威、黃錦樹編：《原鄉人：族群的故事》，臺北：麥田出版，2004 年。

16. 王德威著：《閱讀當代小說》，臺北：遠流出版社，1991 年。

17. 王德威著：《小說中國：晚清到當代的中文小說》，臺北：麥田出版，1993 年。

18. 王德威著：《如何現代，怎樣文學？十九、二十世紀中文小說新論》，臺北：麥田出版，1998 年。

19. 王德威著：《眾聲喧嘩以後：點評當代中文小說》，臺北：麥田出版，2001 年。

20. 王德威著：《跨世紀風華：當代小說 20 家》，臺北：麥田出版，2003 年。

21. 王德威著：《歷史與怪獸：歷史，暴力，敘事》，臺北：麥田出版，2004 年。

22. 王德威著：《後遺民寫作》，臺北：麥田出版，2007 年。

23. 王德威編選、導讀：《臺灣：從文學看歷史》，臺北：麥田出版，2009 年。

24. 王學泰著：《華夏飲食文化》，北京：中華書局，1993 年。

25. 王曉波著：《臺灣抗日五十年》，臺北：正中書局，1997 年。

26. 王曉波編：《臺灣殖民地的傷痕》，臺北：帕米爾書店，1985 年。

27. 丘為君、陳連順編：《中國現代文學的回顧》，臺北：文鏡文化事業有限公司，1986 年。

28. 古野直也著，謝森展譯：《臺灣代誌》（下冊），臺北：創意力，1995 年。

29. 司馬遼太郎著，李金松譯：《臺灣紀行》，臺北：東販，1995 年。

30. 幼獅文藝主編：《我其實仍然在花園裡》，臺北：幼獅文化，1998 年。

31. 弗朗茲・法農著，楊碧川譯：《大地上的受苦者》，臺北：心靈工坊文化，2009 年。

32. 瓦特著，魯燕萍譯：《小說的興起》，臺北：桂冠，1994 年。

33. 白先勇著：《第六隻手指》，香港：華漢出版社，1988 年。

34. 白舒榮著：《自我完成、自我挑戰》，北京：作家，2006 年。

35. 矢內原忠雄著，周憲文譯：《日本帝國主義下之臺灣》，臺北：帕米爾書店，2004 年。

36. 伍寶珠著：《從反思到反叛：八、九零年代臺灣女性主義小說探究》，臺北：大安出版，2001 年。

37. 托里莫著，陳潔詩譯：《性別／文本政治：女性主義文學理論》，臺北：駱駝，1995 年。

38. 朱文一著：《空間、符號、城市》，臺北：淑馨出版社，1995 年。

39. 朱剛著:《二十世紀西方文藝文化批評理論》,臺北:揚智文化,2002 年。

40. 朱景英著:《海東札記》,臺北:臺灣銀行,1958 年。

41. 朱棟霖編:《文學新思維》,南京:江蘇教育出版社,1996 年。

42. 江寶釵著:《臺灣古典詩面面觀》,臺北:巨流圖書有限公司出版,2002
年。

43. 艾德華・薩依德著,單德興譯:《知識份子論》,臺北:麥田出版,1998
年。

44. 西格蒙德・佛洛伊德著,彭舜譯:《精神分析引論》,新北市:左岸文化
出版,2010 年。

45. 西格蒙德・佛洛伊德著,趙蕾、宋景堂譯:《性欲三論》,北京:國際文
化,2000 年。

46. 西格蒙德・佛洛伊德著,滕守堯、姚錦譯、夏光明、王立信主編:《性愛
與文明》,合肥:安徽文藝,1996 年。

47. 西格蒙德・佛斯特著,李文彬譯:《小說面面觀》,臺北:志文出版社,
1973 年。

48. 何欣著:《現代歐美文學概述——象徵主義至二次大戰》,臺北:書林出
版有限公司,1996 年。

49. 何寄澎編:《文化、認同、社會變遷:戰後五十年臺灣文學國際學術研討
會論文集》,臺北:行政院文化建設委員會,2000 年。

50. 余光中著:《中國現代文學大系——小說第一輯・總序》,臺北:巨人出
版社,1972 年。

51. 克勞德・李維史陀著,王志明譯:《憂鬱的熱帶》,臺北:聯經出版公司,
1989 年。

52. 吳三連口述,吳豐山撰記:《吳三連回憶錄》,臺北:自立晚報,1991 年。

53. 吳密察著:《臺灣近代史研究》,臺北:稻鄉出版社,1994 年。

54. 吳達芸編:《當代小說論評——閱讀與創作之間》,臺北:春暉出版,2003
年。

55. 吳濁流著:《亞細亞的孤兒》,臺北:遠景,1980 年。

56. 吳濁流著:《無花果》,臺北:前衛出版社,1998 年。

57. 吳濁流著:《臺灣連翹》,臺北:草根,1995 年。

58. 呂正惠著:《小說與社會》,臺北:聯經出版,1988 年。

59. 呂正惠著:《殖民地的傷痕:臺灣文學問題》,臺北:人間,2002 年。

60. 呂理政著:《布袋戲筆記》,臺北:臺灣風物出版社,1991 年。

61. 宋國誠著:《後殖民論述:從法農到薩依德》,臺北:擎松出版社,2003
年。

62. 宋澤萊著：《宋澤萊談文學》，臺北：前衛出版社，2004 年。

63. 李仕芬著：《愛情與婚姻：臺灣當代女作家小說研究》，臺北：文史哲出版，1996 年。

64. 李仕芬著：《女性觀照下的男性：女作家小說析論》，臺北：聯合文學，2000 年。

65. 李癸雲著：《臺灣現代女性詩作之意象研究》，臺北：里仁書局，2008 年。

66. 李乾朗著：《鹿港龍山寺》，臺北：雄獅圖書，1989 年。

67. 李敏勇編：《傷口的花：二二八詩集》，臺北：玉山社，1997 年。

68. 李喬著：《小說入門》，臺北：時報文化出版社，1986 年。

69. 李喬著：《臺灣運動的文化困局與轉機》，臺北：前衛出版社，1989 年。

70. 李喬著：《埋冤一九四七埋冤》（上冊），基隆：海洋臺灣，2003 年。

71. 李喬、曾貴海、劉慧真等著：《臺灣文學導讀》，臺北：群策會李登輝學校，2006 年。

72. 李喬等著，財團法人文學臺灣基金會主編：《臺灣大河小說家作品學術研討會論文集》，臺南：國家臺灣文學館籌備處，2006 年。

73. 李勤岸、陳龍廷主編：《臺灣文學的大河：歷史、土地與新文化》，高雄：春暉出版社，2009 年。

74. 李筱峰、劉峯松著：《臺灣歷史閱覽》，臺北：自立晚報，1994 年。

75. 筱峰著：《二二八消失的臺灣菁英》，臺北：自立晚報，1990 年。

76. 李筱峰著：《解讀二二八》，臺北：玉山社，1998 年。

77. 李筱峰著：《快讀臺灣史》，臺北：玉山社，2002 年。

78. 李寧遠、黃韶顏、倪維亞編：《飲食文化》，臺北：華香園出版社，2004 年。

79. 李鴻章著：《臺灣割讓——中日談判秘話錄：伊藤博文‧李鴻章一問一答》，四川：西南書局，1975 年。

80. 阮美姝著：《幽暗角落的泣聲》，臺北：前衛出版社，1992 年。

81. 阮美姝著：《漫話二二八》，臺北：杜葳文化出版，2005 年。

82. 亞當‧朱克思著，吳庶任譯：《為何男人憎惡女人》，臺北：正中書局，1996 年。

83. 周芬伶著：《聖與魔：臺灣戰後小說的心靈想像，1945～2006》，臺北：印刻出版，2007 年。

84. 周英雄、劉紀蕙編：《書寫臺灣：文學史、後殖民與後現代》，臺北：麥田出版，2000 年。

85. 周婉窈著：《臺灣歷史圖說》，臺北：聯經出版，2009 年。

86. 周鍾瑄著：《諸羅縣志》，南投：省文獻會，1993 年。

87. 周璽著：《彰化縣志》，臺北：臺灣銀行，1830 年。

88. 孟悅、戴錦華著：《浮出歷史地表：中國現代女性文學研究》，臺北：時報文化出版社，1993 年。

89. 東方白著：《浪淘沙（上冊）》，臺北：前衛出版社，1992 年。

90. 東方白著：《真與美》（第五冊），臺北：前衛出版社，2001 年。

91. 林木順著：《臺灣的二月革命》，臺北：前衛出版社，1990 年。

92. 林礽乾等編：《臺灣文化事典》，臺北：國立臺灣師範大學人文教育研究中心，2004 年。

93. 林書揚著：《從二·二八到五〇年代白色恐怖》，臺北：時報文化，1992 年。

94. 林偉盛著：《羅漢腳——清代臺灣社會與分類械鬥》，臺北：自立晚報，1993 年。

95. 林瑞明主編：《李喬集》，臺北：前衛出版社，1993 年。

96. 林瑞明、陳萬益主編：《東方白集》，臺北：前衛出版社，1993 年。

97. 林瑞明著：《臺灣文學的歷史考察》，臺北：允晨文化，1996 年。

98. 林德龍輯註：《二二八官方機密史料》，臺北：自立晚報，1992 年。

99. 林宗義編：《二二八事件學術論文集——臺灣人國殤事件的歷史回顧》，臺北：前衛出版社，1995 年。

100. 林慶弧主編：《第四屆中國飲食文化學術研討會論文集》，臺北：財團法人中國飲食文化基金會，1996 年。

101. 林衡道口述，洪錦福整理：《臺灣一百位名人傳》，臺北：正中書局，2003 年。

102. 林玉茹著：《清代臺灣港口的空間結構》，臺北：知書房出版社，1993 年。

103. 松永正義、劉進慶、若林正丈編著：《臺灣百科》，臺北：克寧出版社，1995 年。

104. 邵玉銘、張寶琴、瘂弦主編：《四十年來中國文學》，臺北：聯合文學，1994 年。

105. 邱坤良著：《舊劇與新劇：日治時期臺灣戲劇之研究 1895～1945》，臺北：自立晚報，1992 年。

106. 邱貴芬著：《「不同國女人」聒噪：訪談當代臺灣女作家》，臺北：元尊文化，1998 年。

107. 邱貴芬著：《仲介臺灣·女人：後殖民女性觀點的臺灣閱讀》，臺北：元尊文化，1997 年。

108. 邱貴芬著：《後殖民及其外》，臺北：麥田出版，2003 年。

109. 阿爾維托・曼古埃爾著，薛絢譯：《意象地圖：閱讀圖像中的愛與憎》，臺北：臺灣商務，2002 年。

110. 封德屏編：《五十年來臺灣文學研討會論文集》，臺北：文建會，1996 年。

111. 施淑、高天生主編：《李昂集》，臺北：前衛出版社，1992 年。

112. 施懿琳、中島利郎、下村作次郎、黃英哲、黃武忠、應鳳凰、彭瑞金合著：《臺灣文學百年顯影》，臺北：玉山社出版，2003 年。

113. 柯喬治著，陳榮成譯：《被出賣的臺灣》，臺北：前衛出版社，1991 年。

114. 柳書琴、邱貴芬主編：《後殖民的東亞在地化思考》，臺南：國家臺灣文學館籌備處，2006 年。

115. 科莫斯著：《世界樹木圖鑑》，臺北：貓頭鷹，2008 年。

116. 科塔克著，徐雨村譯：《文化人類學：文化多樣性的探索》，臺北：麥格羅・希爾國際出版公司，2005 年。

117. 胡尹強著：《小說藝術：品性和歷史》，上海：上海文藝出版社，1993 年。

118. 胡菊人著：《小說技巧》，臺北：遠景出版社，1978 年。

119. 范銘如著：《文學地理：臺灣小說的空間閱讀》，臺北：麥田出版，2008 年。

120. 范銘如著：《眾裏尋她：臺灣女性小說縱論》，臺北：麥田出版，2002 年。

121. 郁永河原著，許俊雅校釋：《裨海紀遊校釋》，臺北：編譯館，2009 年。

122. 海登・懷特著，陳永國、張萬娟譯：《後現代歷史敘事學》，北京：中國社會科學出版社，2003 年。

123. 郝譽翔著：《情慾世紀末：當代臺灣女性小說論》，臺北：聯合文學，2002 年。

124. 馬文・艾倫、喬・羅賓森合著，孫柯譯：《與男性為伍：如何了解身旁男人的內心世界》，臺北：遠流出版，1994 年。

125. 馬振方著：《小說藝術論稿》，北京：北京大學，1991 年。

126. 高楠著：《藝術心理學》，臺南：復漢出版社，1993 年。

127. 國家臺灣文學館編：《2005 青年文學會議論文集》，臺南：國家臺灣文學館，2005 年。

128. 尉遲秀譯：《小說的藝術》，臺北：皇冠文化，2004 年。

129. 張子文、郭啟傳、林偉洲撰文；國家圖書館特藏組編輯：《臺灣歷史人物小傳：明清暨日據時期》，臺北：國家圖書館，2003 年。

130. 張小虹著：《穿衣與不穿衣的城市》，臺北：聯合文學，2007 年。

131. 張文義、沈秀華著：《噶瑪蘭二二八：宜蘭 228 口述歷史》，臺北：自立晚報，1992 年。

132. 張京媛編:《新歷史主義與文學批評》,北京:北京大學出版社,1993 年。

133. 張京媛編:《當代女性主義文學批評》,北京:北京大學出版社,1994 年。

134. 張炎憲、李筱峰、戴寶村編:《臺灣史論文精選(上)》,臺北:玉山社出版,1996 年。

135. 張炎憲、李筱峰、戴寶村編:《臺灣史論文精選(下)》,臺北:玉山社出版,1996 年。

136. 張炎憲、胡慧玲、黎澄貴著:《臺北南港二二八》,臺北:吳三連基金會,1995 年。

137. 張炎憲、胡慧玲、黎澄貴著:《淡水河域二二八》,臺北:吳三連基金會,1996 年。

138. 張炎憲、胡慧玲、黎澄貴著:《臺北都會二二八》,臺北:吳三連基金會,1996 年。

139. 張素貞著:《細讀現代小說》,臺北:東大圖書股份有限公司,1996 年。

140. 張雪媃著:《天地之女:二十世紀華文女作家心靈圖像》,臺北:正中書局,2005 年。

141. 張進著:《新歷史主義與歷史詩學》,北京:中國社會科學出版社,2004 年。

142. 張瑞芬著:《胡蘭成、朱天文與「三三」臺灣當代文學論集》,臺北:秀威資訊科技股份有限公司,2007 年。

143. 張誦聖著:《文學場域的變遷:當代臺灣小說論》,臺北:聯合文學,2001 年。

144. 曹永和著:《臺灣早期歷史研究》,臺北:聯經出版事業公司,1979 年。

145. 曹永和著:《臺灣早期歷史研究續集》,臺北:聯經出版事業公司,2000 年。

146. 梅家玲著:《性別,還是家國?五〇與八、九〇年代臺灣小說論》,臺北:麥田出版,2004 年。

147. 梅家玲編:《性別論述與臺灣小說》,臺北:麥田出版,2000 年。

148. 理安・艾斯勒著,黃覺、黃棣光譯:《神聖的歡愛:性、神話與女性肉體的政治學》,北京:社會科學文獻,2004 年。

149. 莫達爾著,鄭秋水譯:《心理分析與文學》,臺北:遠流文化,1987 年。

150. 莊展鵬編:《鹿港》,臺北:遠流文化,1992 年。

151. 莊嘉農著:《憤怒的臺灣》,臺北:前衛出版社,1990 年。

152. 許俊雅著:《臺灣文學論:從現代到當代》,臺北:國立編譯館主編,1997 年。

153. 許俊雅著:《無語的春天——二二八小說選》,臺北:玉山社,2003 年。

154. 許俊雅著：《裨海紀遊校釋》，臺北：國立編譯館，2009 年。

155. 許雪姬著：《鹿港鎮志：宗教篇》，彰化：彰縣鹿港鎮公所，2000 年。

156. 連橫著：《臺灣通史》，臺北：臺灣大通書局，1984 年。

157. 陳引馳譯：《女性主義文學批評》，臺北：駱駝，1995 年。

158. 陳永興編：《二二八學術研討會論文集（1991）》，臺北：自立晚報，1992年。

159. 陳明台著：《臺灣文學研究論集》，臺北：文史哲出版社，1997 年。

160. 陳芳明著：《鞭傷之島》，臺北：自立晚報社，1992 年。

161. 陳芳明著：《典範的追求》，臺北：聯合文學，1994 年。

162. 陳芳明著：《危樓夜讀》，臺北：聯合文學，1996 年。

163. 陳芳明著：《左翼臺灣：殖民地文學運動史論》，臺北：麥田出版，1998年。

164. 陳芳明著：《殖民地臺灣：左翼政治運動史論》，臺北：麥田出版，1998年。

165. 陳芳明著：《文化、認同、社會變遷：戰後五十年臺灣文學國際學術研討會論文集》，臺北：文建會，2000 年。

166. 陳芳明著：《殖民地摩登：現代性與臺灣史觀》，臺北：麥田出版，2004年。

167. 陳芳明著：《後殖民臺灣：文學史論及其周邊》，臺北：麥田出版，2011年。

168. 陳建忠、應鳳凰、邱貴芬、張誦聖、劉亮雅合著：《臺灣小說史論》，臺北：麥田出版，2007 年。

169. 陳映真編：《左翼傳統的復歸：鄉土文學論戰三十年》，臺北：人間，2008年。

170. 陳清敏、黃昭仁、施志輝著：《認識臺灣》，臺北：黎明文化，1996 年。

171. 陳紹馨著：《臺灣的人口變遷與社會變遷》，臺北：聯經，1997 年。

172. 陳萬益主編：《大河之歌：鍾肇政文學國際學術會議論文集》，桃園：桃園縣文化局，2003 年。

173. 陳義芝編：《臺灣文學經典研討會論文集》，臺北：聯經出版，1999 年。

174. 陳慧俐主編：《第六屆中國飲食文化學術研討會論文集》，臺北：財團法人中國飲食文化基金會，2000 年。

175. 陳懋仁著：《泉南雜志》，北京：中華書局，1985 年。

176. 陸志平、吳功正著：《小說美學》，臺北：五南圖書出版有限公司，1993年。

177. 鹿憶鹿著:《臺灣民間文學》,臺北:里仁書局,2009 年。

178. 喜安幸夫著:《臺灣抗日秘史》,臺北:武陵出版社,1983 年。

179. 彭小妍著:《殖民地經驗與臺灣文學》,臺北:遠流文化,2002 年。

180. 彭瑞金著:《泥土的香味》,臺北:東大出版社,1980 年。

181. 彭瑞金主編:《吳濁流集》,臺北:前衛出版社,1991 年。

182. 彭瑞金主編:《鍾肇政集》,臺北:前衛出版社,1992 年。

183. 彭瑞金著:《臺灣新文學運動四十年》,臺北:春暉出版社,1997 年。

184. 彭瑞金著:《文學評論百問》,臺北:聯合文學,1998 年。

185. 曾永義、游宗蓉、林明德合著:《臺灣傳統戲曲之美》,臺北:晨星出版社,2003。

186. 曾貴海著:《戰後臺灣反殖民與後殖民詩學》,臺北:前衛出版社,2006 年。

187. 游勝冠著:《臺灣文學本土論的興起與發展》,臺北:前衛出版社,1996 年。

188. 程佳惠著:《臺灣史上第一大博覽會》,臺北:遠流文化,2004 年。

189. 賀安慰著:《臺灣當代短篇小說中的女性描寫》,臺北:文史哲出版社,1989 年。

190. 黃文博著:《南瀛歷史與風土》,臺北:常民文化出版,1995 年。

191. 黃文雄著,楊碧川譯:《締造臺灣的日本人》,臺北:前衛出版社,2009 年。

192. 黃秀政著:《臺灣割讓與乙未抗日運動》,臺北:臺灣商務,1992 年。

193. 黃昭堂著,黃英哲譯:《臺灣總督府》,臺北:前衛出版社,1994 年。

194. 黃美娥著:《重層現代性鏡像》,臺北:麥田出版公司,2004 年。

195. 黃煌雄著:《臺灣抗日史話》,臺北:前衛出版社,1992 年。

196. 黃榮洛著:《渡臺悲歌——臺灣的開拓與抗爭史話》,臺北:臺原出版社,1989 年。

197. 黃靜嘉著:《春帆樓下晚濤急:日本對臺灣的殖民統治及其影響》,臺北:臺灣商務印書館,2002 年。

198. 楊小濱著:《否定的美學》,臺北:麥田出版,1995 年。

199. 楊逸舟著,張良澤譯:《二二八民變:臺灣與蔣介石》,臺北:前衛出版社,1991 年。

200. 楊照著:《文學、社會與歷史想像:戰後文學史散論》,臺北:聯合文學,1995 年。

201. 楊裕富著:《都市空間之理論與實例調查》,臺北:明文書局,1989 年。

202. 楊碧川著：《簡明臺灣史》，高雄：第一出版社，1987年。

203. 楊碧川著：《日據時代臺灣人反抗史》，臺北：稻鄉出版社，1988年。

204. 楊碧川著：《臺灣歷史年表》，臺北：自立晚報出版部，1988年。

205. 楊碧川著：《二・二八探索》，臺北：克寧出版社，1995年。

206. 楊碧川著：《後藤新平：臺灣現代化奠基者》，臺北：一橋出版社，1996年。

207. 楊碧川著：《臺灣歷史辭典》，臺北：前衛出版社，1997年。

208. 楊碧川著：《臺灣歷史辭典》，臺北：前衛出版社，1997年。

209. 楊碧川著：《革命的故事》，臺北：一橋出版社，2000年。

210. 楊碧川編著：《昭明歷史手冊》，臺北：昭明，2003年。

211. 楊碧川譯：《大地上的受苦者》，臺北：心靈工坊文化，2009年。

212. 楊澤主編：《從四十年代到九十年代：兩岸三邊華文小說研討會》，臺北：時報，1994年。

213. 楊澤編：《閱讀張愛玲：張愛玲國際研討會論文集》，臺北：麥田出版，1999年。

214. 楊馥菱著：《歌仔戲史》，臺北：晨星出版社，2004年。

215. 經典雜誌編著：《赤日炎炎：臺灣一八九五～一九四五》，臺北：經典雜誌，2005年。

216. 葉大沛著：《鹿港發展史》，彰化：左羊出版，1996年。

217. 葉石濤著：《臺灣鄉土作家論集》，臺北：遠景出版社，1979年。

218. 葉石濤著：《文學回憶錄》，臺北：遠景出版公司，1983年。

219. 葉石濤著：《臺灣文學史綱》，臺北：春暉出版社，1987年。

220. 葉石濤著：《走向臺灣文學》，臺北：自立晚報社文化出版部，1990年。

221. 葉石濤著：《臺灣文學的悲情》，高雄：派色文化出版社，1990年。

222. 葉振輝著：《臺灣開發史》，臺北：普林斯頓國際，2003年。

223. 葉榮鐘著：《臺灣人物群像》，臺中：晨星，2000年。

224. 葛瑞爾著，吳庶任譯：《女太監》，臺北：正中書局，1995年。

225. 董天工著：《臺海見聞錄》，臺北：臺灣大通，1987年。

226. 詹伯望著：《半月沉江話府城》，臺灣建築與文化資產出版社，2006年。

227. 鈴木清一郎著，馮作民譯：《臺灣舊慣習俗信仰》，臺北：眾文圖書，1989年。

228. 雷蒙・威廉斯著，彭淮棟譯：《文化與社會：1780年至1950年英國文化觀念之發展》，臺北：聯經出版，1985年。

229. 雷蒙・塞登爾、彼得・維德生、彼得・布魯克合著，林志忠譯：《當代文學理論導讀》，臺北：巨流圖書股份有限公司，2009 年。

230. 廖宜方著：《圖解臺灣史》，臺北：易博士文化出版，2004 年。

231. 廖炳惠著：《另類現代情》，臺北：允晨文化，2001 年。

232. 廖炳惠著：《回顧現代：後現代與後殖民論文集》，臺北：麥田出版，1994 年。

233. 廖炳惠著：《關鍵詞 200：文學與批評研究的通用辭彙編》，臺北：麥田出版，2003 年。

234. 廖輝英著：《製作多情》，臺北：九歌出版社，1996 年。

235. 漢寶德主編：《鹿港古風貌之研究》，彰化：臺灣彰化鹿港文物維護及地方發展促進委員會，1978 年。

236. 臺灣省文獻委員會編：《臺灣史》，臺北：眾文圖書，1990 年。

237. 赫伯・高博格著，楊月蓀譯：《兩性關係的新觀念》，臺北：書評書目，1996 年。

238. 趙滋蕃著：《文學原理》，臺北：東大，1988 年。

239. 遠流臺灣館編著：《鹿港深度旅遊》，臺北：遠流文化，2001 年。

240. 齊邦媛著：《千年之淚》，臺北：爾雅，1990 年。

241. 劉世劍著：《小說概說》，高雄：麗文文化事業股份有限公司，1994 年。

242. 劉枝萬著：《南投縣志稿》，臺北：成文出版社，1983 年。

243. 劉亮雅、舞鶴、施叔青等著：《想像的壯遊：十場臺灣當代小說的心靈饗宴 2》，臺南：國立臺灣文學館，2007 年。

244. 劉亮雅著：《後現代與後殖民：解嚴以來臺灣小說專論》，臺北：麥田出版，2006 年。

245. 劉紀蕙著：《孤兒・女神・負面書寫：文化符號的徵狀式閱讀》，臺北：立緒，2000 年。

246. 劉康著著：《對話的喧聲：巴赫汀文化理論述評》，臺北：麥田出版，1995 年。

247. 劉登翰著：《臺灣文學隔海觀：文學香火的傳承與變異》，臺北：風雲時代出版社，1995 年。

248. 歐宗智著：《多少英雄浪淘盡：《浪淘沙》研究與賞析》，臺北：前衛出版社，2005 年。

249. 歐宗智著：《臺灣大河小說家作品論》，臺北：前衛出版社，2007 年。

250. 潘英著：《臺灣平埔族史》，臺北：南天書局，1996 年。

251. 蔣君章著：《臺灣歷史概要》，臺北：遠東圖書公司，1970 年。

252. 蔡丁貴譯：《狗去豬來：二二八前夕美國情報檔案解密》，臺北：前衛出版社，2009 年。

253. 蔡福貴著：《臺灣自然觀賞圖鑑——木本觀賞植物》，臺北：渡假出版社，1986 年。

254. 蔡錦堂編著，國立編譯館主編：《戰爭體制下的臺灣》，臺北：日創社文化，2006 年。

255. 鄭元春著：《有毒植物》，臺北：渡假出版社，1991 年。

256. 鄭至慧著：《女性屐痕（二）：臺灣女性文化地標》，臺北：草根、國家文化總會，2008 年。

257. 鄭志明著：《神明的由來：臺灣篇》，嘉義：南華管理學院，1998 年。

258. 鄭明娳編：《當代臺灣女性文學論》，臺北：時報文化出版社，1993 年。

259. 鄭明娳編：《當代臺灣政治文學論》，臺北：時報文化出版社，1994 年。

260. 鄭樹森編：《現象學與文學批評》臺北：東大圖書股份有限公司，1988 年。

261. 鄭樹森編選：《張愛玲的世界》，臺北：允晨文化，1990 年。

262. 盧卡奇著，楊恆達編譯：《小說理論》，臺北：唐山出版，1997 年。

263. 蕭新煌、林國明主編：《臺灣的社會福利運動》，臺北：巨流，2000 年。

264. 賴澤涵、馬若孟、魏萼合著，羅珞珈譯：《悲劇性的開端：臺灣二二八事變》，臺北：時報文化，1993 年。

265. 錢鴻鈞編，黃玉燕譯：《吳濁流致鍾肇政書簡》臺北：九歌，2000 年。

266. 龍應台著：《龍應台評小說》，臺北：爾雅出版社，1985 年。

267. 應鳳凰著：《臺灣文學花園》，臺北：玉山社，2003 年。

268. 戴國輝、葉芸芸著：《愛憎二·二八：神話與史實：解開歷史之謎》，臺北：遠流，1992 年。

269. 戴國輝編著《臺灣霧社蜂起事件研究與資料》，臺北：國史館，2002 年。

270. 鍾肇政、東方白合著，張良澤編：《臺灣文學兩地書》，臺北：前衛出版社，1993 年。

271. 鍾肇政著：《怒濤》，臺北：前衛，1993 年。

272. 鍾肇政：《鍾肇政回憶錄（二）——文壇交遊錄》，臺北：前衛出版社，1998 年。

273. 鍾慧玲著：《女性主義與中國文學》，臺北：里仁書局，1997 年。

274. 簡瑛瑛著：《何處是女兒家：女性主義與中西比較文學／文化研究》，臺北：聯合文學，1998 年。

275. 羅吉甫著：《日本帝國在臺灣：日本經略臺灣的策略剖析》，臺北：遠流，2004 年。

276. 羅斯瑪麗・派特南・童著，艾曉明等譯：《女性主義思潮導論》，武漢：華中師範大學出版社，2002 年。

277. 羅蘭・巴特著，董學文、王葵譯：《符號學美學》，臺北：商鼎文化，1992年。

278. 藤井省三著，張季琳譯：《臺灣文學這一百年》，臺北：麥田出版，2004年。

279. 蘇偉貞著：《孤島張愛玲——追蹤張愛玲香港時期（1952～1955 年）小說》，臺北：三民書局，2002 年。

280. 蘇新著：《憤怒的臺灣》，臺北：時報文化出版社，1993 年。

281. 顧燕翎編：《女性主義理論與流派》，臺北：女書文化，1999 年。

282. 顧力仁主編：《臺灣歷史人物小傳：日據時期》，臺北：國家圖書館，2002年。

三、期刊論文（依作者姓氏筆劃多寡排列）

1. 印刻雜誌編輯：〈鹿港・香港到紐約港——陳芳明對談施叔青〉，《印刻文學生活誌》，第 4 卷第 2 期，2007 年 10 月。

2. 宋澤萊：〈忍向屍山血海求教訓——試介鍾逸人、李喬的二二八長篇小說〉，《臺灣新文學》，第 11 期，1998 年 12 月。

3. 李文茹：〈當代臺灣女性作家殖民史書寫——論《風前塵埃》的「帝國」創傷記憶〉，第五屆花蓮文學論文集，花蓮縣文化局、國立東華大學中文系，2009 年 12 月。

4. 李喬：〈那時代的感受——介紹「怒濤」〉，《新觀念》，第 106 期，1997年 8 月。

5. 李紫琳：〈地理環境的歷史書寫：從地貌及聚落空間解讀《行過洛津》〉，《東華中國文學研究》，第 4 期，2006 年 9 月。

6. 林曉英：〈音樂文獻抑或藝術史小說——《行過洛津》〉，《臺灣音樂研究》，2006 年 4 月。

7. 邱貴芬：〈召喚另類生活想像〉，《中國時報》，第 2 版（開卷版），2004年 1 月 18 日。

8. 施叔青：〈走向歷史與地圖重現〉，《東華人文學報》，第 19 期，花蓮：東華大學人文社會科學學院，2011 年 7 月。

9. 施淑：〈日據時代臺灣小說中頹廢意識的起源〉，《兩岸文學論集》，臺北：新地出版社，1997 年。

10. 施淑：〈現代的鄉土——六、七○年代台灣文學〉，《兩岸文學論集》，臺北：新地出版社，1997 年。

11. 施懿琳：〈鹿港在臺灣史上的地位及其人文特質〉，《鹿港風物》，第 8 期，1987 年。

12. 張同修：〈我的鄉愁，我的歌〉，《誠品好讀》，第 41 期，2004 年 1 月。

13. 張羽：〈「轉眼繁華成水泡」：《行過洛津》的歷史敘事〉，《臺灣研究集刊》，第 1 期，2008 年。

14. 張瑞芬：〈行過歷史的紅氍——讀施叔青《行過洛津》〉，《文訊》，第 219 期，2004 年 01 月。

15. 陳秀芳：〈如是我寫——與施叔青一席談〉，《幼獅文藝》，第 41 卷第 4 期，1975 年 4 月。

16. 陳芳明：〈鹿港・香港到紐約港，小說與人生的三部曲〉，《印刻文學生活誌》，第 4 卷第 2 期，2007 年 10 月。

17. 陳芳明：〈歷史・小說・女性——施叔青的大河巨構〉，《聯合文學》，第 317 期，2011 年 3 月。

18. 陳祖彥：〈施叔青暢談寫作與生活〉，《幼獅文藝》，第 430 期，1989 年 10 月。

19. 陳培豐：〈殖民地臺灣國語「同化」教育的誕生——伊澤修二關於教化文明與國體的思考〉，《新史學》，第 12 卷第 1 期，2001 年 3 月。

20. 黃英哲：〈香港文學或是臺灣文學：論「香港三部曲」之敘述視野〉，《中外文學》，第 33 卷第 7 期，2004 年 12 月。

21. 黃英華：〈淺論《風前塵埃》的歷史書寫〉，《安徽文學》，第 11 期，2009 年。

22. 黃啓峰：〈《行過洛津》的歷史書寫研究——從小說人物看後殖民現象的權力運作〉，《國立中央大學中國文學研究所論文集刊》，第 10 輯，2005 年 7 月。

23. 黃鳳鈴：〈與施叔青談閱讀與寫作——騷動與沉潛〉，《明道文藝》，第 259 期，1997 年 10 月。

24. 楊艾俐：〈施叔青：學習寬恕歷史〉，《天下》，第 294 期，2004 年 3 月。

25. 葉石濤、鍾鐵民、彭瑞金：〈臺灣文學的里程碑——鍾肇政《臺灣人三部曲》對談紀錄〉，《臺灣文藝》，第 75 期，1982 年 2 月。

26. 廖律清：〈行過——訪問施叔青女士〉，《文訊》，第 225 期，2004 年 7 月。

27. 廖炳惠：〈紀實與懷舊之間〉，《聯合報讀書人》，2004 年 2 月 22 日。

28. 臺灣文藝編輯部：〈「浪淘沙」文學座談會記要〉，《臺灣文藝》，第 123 期，1991 年 2 月。

29. 劉梓傑：〈每個人都會寫他最熟悉的地方〉，《中國時報》，2003 年 12 月 14 日。

30. 歐宗智：〈吳濁流性格的矛盾與掙扎：讀《無花果》與《臺灣連翹》〉，《臺灣圖書館管理季刊》，第 2 卷第 2 期，2006 年 4 月。

31. 謝朝宗：〈施叔青「風前塵埃」以小搏大，「臺灣三部曲」之二／透過現代女人的眼光詮釋一向被男人掌握的歷史〉，《世界日報》（紐約休閒／人物），2008 年 4 月 17 日。

32. 鍾肇政：〈簡談大河小說‧祝福時報百萬小說獎〉，《中國時報》，第 39 版，1994 年 6 月 13 日。

33. 簡瑛瑛：〈女性心靈的想像：與施叔青對談文學／藝術與宗教〉，《中外文學》，第 27 卷第 11 期，1999 年 4 月。

34. 顧忠華：〈臺灣的現代性——誰的現代性？哪種現代性？〉，《當代》，第 221 期，2006 年 1 月。

四、學位論文（依時間先後順序排列）

1. 簡正崇：〈臺灣閩南諺語研究〉，臺中：逢甲大學，中國文學研究所，碩士論文，1995 年。

2. 梁金群：〈施叔青小說研究〉，臺中：逢甲大學，中國文學研究所，碩士論文，1999 年。

3. 魏文瑜：〈施叔青小說研究〉，臺北：政治大學，中國文學研究所，碩士論文，1999 年。

4. 莊宜文：〈張愛玲的文學投影——臺、港、滬三地張派小說研究〉，臺北：私立東吳大學，中國文學研究所，博士論文，2001 年。

5. 張雅惠：〈存在與慾望：七等生小說主題研究〉，臺北：國立政治大學，中國文學研究所，碩士論文，2004 年。

6. 廖苙妘：〈施叔青小說中香港故事研究〉，嘉義：南華大學，文學研究所，碩士論文，2004 年。

7. 黃恩慈：〈女子有行——論施叔青、鍾文音女遊書寫中的旅行結構〉，臺南：成功大學，臺灣文學研究所，碩士論文，2006 年。

8. 顏如梅：〈施叔青香港時期長篇小說研究——以「香港三部曲」及《維多利亞俱樂部》為中心〉，臺中：中興大學，中國文學研究所，碩士論文，2006 年。

9. 魏伶玨：〈孤島施叔青〉，臺中：中興大學，中國文學研究所，碩士論文，2006 年。

10. 姜怡如：〈施叔青長篇小說的港臺書寫〉，桃園：中央大學，中國文學研究所，碩士論文，2007 年。

11. 洪靜儀：〈施叔青小說女性書寫之研究〉，臺北：政治大學，國文教學碩士學位班，碩士論文，2007 年。

12. 曹世耘：〈小説《行過洛津》之互文性書寫研究〉，臺南：成功大學，中國文學研究所，碩士論文，2007 年。

13. 陳惠珊：〈施叔青鬼魅書寫研究〉，花蓮：東華大學，中國語文學研究所，碩士論文，2007 年。

14. 陳筱筠：〈戰後臺灣女作家的異常書寫：以歐陽子、施叔青、成英姝爲例〉，新竹：清華大學，臺灣文學研究所，碩士論文，2007 年。

15. 莊嘉薰：〈鹿港雙妹——施叔青與李昂的小説主題比較〉，臺北：政治大學，國文教學碩士學位班，碩士論文，2008 年。

16. 楊慧鈴：〈施叔青小説中的女性跨國遷移書寫之研究〉，臺北：臺北教育大學，臺灣文化研究所，碩士論文，2008 年。

17. 劉依潔：〈施叔青與李昂小説比較研究——以「臺灣想像」爲中心〉，臺北：輔仁大學，中文研究所，博士論文，2008 年。

18. 許君如：〈一九六○年代臺灣學院派本省籍女作家成長小説研究——以陳若曦、歐陽子、施叔青、李昂爲例〉，臺北：臺灣師範大學，國文學系研究所，碩士論文，2009 年。

19. 楊采陵：〈家鄉的三重變奏——從空間語境和身體意識探究施叔青的臺灣書寫〉，新竹：清華大學，臺灣文學研究所，碩士論文，2009 年。

20. 謝秀惠：〈施叔青筆下的後殖民島嶼圖像——以《香港三部曲》、《臺灣三部曲》爲探討對象〉，臺北：臺灣師範大學，臺灣文化及語言文學研究所，碩士論文，2010 年。

附錄：施叔青年表

年表編制說明：

1. 資料來源參考葉石濤《臺灣文學史綱》與楊碧川《臺灣歷史年表》、《昭和歷史年表》。

2. 依施叔青作品《三世人》中的敘述，呈顯出反中的想法，強調本土意識，故此年表將中國置於世界紀事中。

3. 編制施叔青年表的意義在於了解施叔青個人的文學、成長之軌跡，並從中明瞭施叔青從個人推至家國書寫的轉捩點。而與《臺灣三部曲》有關的歷史事件已在小說中論及歷史事件如何轉換為小說書寫，故此年表不再編錄小說中的歷史大事。

年	事、文學創作	臺灣政壇紀事	臺灣文壇紀事	世界紀事
1945 （1歲）	出生於彰化鹿港	昭和天皇發布終戰詔書，中華民國政府代表盟軍接收臺灣（臺灣光復）	1. 臺灣總督府編《決戰臺灣小說集》，收錄戰時作品。 2. 吳濁流著《亞細亞的孤兒》。	美炸日本關東、東京、廣島、長崎，日本天皇宣布投降，日本接受波茨坦宣言、中蘇友好同盟條約
1946～1947 （2～3歲）		1. 實施地方自治。成立臺灣省國語推行委員會（1946）	《臺彎文化》創刊。同年開始取締日語書籍，故龍瑛宗主編《中	約旦獨立。中國·聞一多逝(1946)

年	事、文學創作	臺灣政壇紀事	臺灣文壇紀事	世界紀事
		2. 公佈〈中華民國憲法〉，同年發生二二八事件（1947）	華日報》日文版文藝欄持續到本年廢除日文爲止（1946）	
1948 （4 歲）		1. 蔣介石、李宗仁當選正、副總統 2. 實施〈動員戡亂時期臨時條款〉	楊逵創辦《臺灣文學叢刊》	1. 印度聖雄甘地被暗殺 2. 第一次中東戰爭爆發 3. 中國‧朱自清逝
1949 （5 歲）		1. 發生「四六事件」 2. 中華民國政府撤退來臺，實施戒嚴（5 月 20 日），開始世界最長久戒嚴令		1. 中華人民共和國成立 2. 美國務院發表「中國白皮書」
1950～1955 （6～11 歲）		1. 韓戰爆發，美國派遣第七艦隊巡弋臺灣海峽，執行臺灣海峽中立化政策（1950） 2. 臺灣接受美援（民生、戰略、基礎建設的物資），在臺北成立「軍事顧問團」。美國等 48 國與日本簽署舊金山和約，日本聲明放棄對臺灣、澎湖的主權（1951） 3. 禁止日本語與臺灣話教學。同年，在臺北與日本簽訂	1. 反共文學、戰鬥文學、鄉愁文學成爲主流（1950） 2. 中華文藝獎金委員會機關誌《文藝創作》創刊（1951） 3. 紀弦等在臺北成立「現代詩社」，創辦《現代詩》（1953－1964） 4. 創世紀詩社成立，《創世紀》創刊（1954－1969） 5. 藍星詩社成立（1954）	1. 韓戰爆發（1950） 2. 美國與日本於華盛頓簽訂日美安保條約（1951） 3. 英封鎖蘇伊士運河。美‧海明威發表《老人與海》（1952） 4. 朝鮮訂定停戰協定（1953） 5. 英國、美國等九國簽訂日內瓦協定，劃分南北越（1954） 6. 歐洲社會主義陣營國家簽署《華沙公約》（1955）

年	事、文學創作	臺灣政壇紀事	臺灣文壇紀事	世界紀事
		〈中日和平條約〉（1952） 4. 美艾森豪美國解除臺灣海峽中立化宣言（1953） 5. 簽署《中美共同防禦條約》（1954）		
1956～1960 （12～16歲）		雷震與在野人士共同連署反對蔣介石連任總統，鼓吹成立反對黨參與選舉以制衡執政黨（1960）	1. 紀弦創導的現代派成立於臺北，提出「領導新詩的再革命，推行新詩的現代化」的口號。鍾理和發表《笠山農場》（1956） 2. 鍾肇政發起《文友通訊》（1957） 3.《現代文學》雙月刊創刊，白先勇任發行人，王文興、陳若曦任主編（1960～1973）。現代主義文學由此進入全盛期	1. 歐洲共同市場成立。巴斯特納克發表《齊瓦哥醫生》（1957） 2. 中國發動大躍進運動（1958） 3. 中國因大躍進運動引發爭議故開廬山會議。古巴革命成功。新加坡獨立，李光耀組閣（1959） 4. 美國通過黑人民權法案。法·卡謬車禍逝（1960）
1961 （17歲）	處女作短篇小說〈壁虎〉發表於《現代文學》二十三期	聯合國大會表決並通過決議，接納蒙古加入聯合國，因受美國施壓，臺灣並未參加	鍾肇政發表《濁流三部曲》，開啟臺灣大河小說創作	1. 甘迺迪就任美國總統 2. 東德築起柏林圍牆
1962～1964 （18～20歲）	至臺北就讀淡江大學法文系（1963）	與法國斷交。同年，彭明敏、謝聰敏、魏廷朝因	1. 鍾肇政《濁流》出版。郭良蕙小說《心鎖》	1. 中國·胡適逝（1962）

年	事、文學創作	臺灣政壇紀事	臺灣文壇紀事	世界紀事
		印製「臺灣人民自救宣言」被捕（1964）	引發「心鎖論戰」（1962） 2. 吳濁流創辦《臺灣文藝》。林亨泰等人發行《笠詩刊》，爲跨越從日文過渡到中文的語言障礙所創辦的刊物（1964）	2. 甘迺迪總統被暗殺，詹森繼任（1963） 3. 美國造成東京灣事件（1964）
1965 （21歲）	短篇小說〈瓷觀音〉發表於《現代文學》二十五期	美停止援助貸款		1. 印尼發生九三〇政變 2. 甘比亞獨立 3. 美軍介入越戰 4. 美・艾略特逝。法・毛姆逝
1966 （22歲）	1. 與尉天驄、陳映眞、七等生等人共同創辦《文學季刊》 2. 短篇小說〈痙癒〉發表於《文學季刊》第一期		《文學季刊》創刊	1. 中國文化大革命 2. 中國・老舍逝
1967 （23歲）	1. 短篇小說〈石烟城〉、〈紀念碑〉、〈池魚〉發表於《文學季刊》二、三、五期 2. 〈約伯的末裔〉發表於《草原》雜誌創刊號	佐藤榮作訪臺	1. 鍾肇政臺灣三部曲之第一部《沉淪》發表於《臺灣日報》 2. 吳濁流發表《無花果》 3. 於梨華長篇小說《又見棕櫚，又見棕櫚》（第一本留學生小說）出版 4. 王禎和發表	1. 發生第三次中東戰爭 2. 哥倫比亞・馬奎斯發表《百年孤寂》

年	事、文學創作	臺灣政壇紀事	臺灣文壇紀事	世界紀事
			《嫁妝一牛車》、黃春明發表《鑼》，代表臺灣鄉土小說的興起	
1968（24歲）	1. 短篇小說〈安崎坑〉、〈泥像們的祭典〉發表於《文學季刊》六、七、八期 2. 兒童讀物《杜立德醫生》由王子出版社出版			日‧川端康成獲諾貝爾文學獎
1969（25歲）	1. 短篇小說〈火雞的故事〉發表於《文學季刊》第九期 2.〈倒放的天梯〉發表於《現代文學》三十九期 3. 散文〈拾掇那些日子〉，短篇小說〈曲線之內〉發表於《中國時報》 4. 小說集《約伯的末裔》由仙人掌出版社出版	柏楊因在自立晚報刊登改編的大力水手漫畫而被捕		1. 美阿波羅號太空船登陸月球 2. 中蘇邊界發生珍寶島事件
1970（26歲）	1. 赴美紐約市立大學修習戲劇碩士 2. 短篇小說〈擺盪的日子〉、〈那些不毛的日子〉發表於	世界性的「臺灣獨立聯盟」（今臺灣獨立建國聯盟）在美國紐約正式成立	楊青矗發表《工廠人》	日‧三島由紀夫闖入自衛隊後自殺

年	事、文學創作	臺灣政壇紀事	臺灣文壇紀事	世界紀事
	《現代文學》四十、四十二期 3. 小說集《拾掇那些日子》由志文出版社出版			
1971 （27歲）		發生釣魚臺事件。臺灣退出聯合國	白先勇《臺北人》出版	中國進入聯合國
1972 （28歲）	劇本〈另外一個人〉發表於《現代文學》四十八期	臺日斷交	關傑明與葉維廉、張默、洛夫發生現代詩論戰，焦點在現代詩的「困境」和「幻境」	1. 日發生連淺間山莊事件 2. 中美宣佈〈上海公報〉 3. 琉球歸還日本 4. 美國發生水門事件
1973 （29歲）			鍾肇政臺灣三部曲之第三部《插天山之歌》發表於《中央日報》	1. 越南簽訂和平協定 2. 發生第四次中東戰爭
1974 （30歲）	1. 獲中山文化基金獎助研究平劇。開始《拾玉鐲》的研究，向名旦梁秀娟學習，後入俞大綱門下 2. 短篇小說〈回首·驀然〉發表於《聯合報》 3.〈俞大綱教授談平劇〉發表於《書評書目》	1. 臺日斷航 2. 美廢除〈臺灣決議案〉		國際發生石油危機
1975 （31歲）	1. 長篇小說《牛鈴聲響》連載於《聯合報》	蔣介石歿，嚴家淦繼任總統	國家文藝獎成立	高棉越南成為共黨國家

年	事、文學創作	臺灣政壇紀事	臺灣文壇紀事	世界紀事
	一月八日至四月二十七日 2. 長篇小說《牛鈴聲響》由皇冠出版社出版 3. 主編評論集《由女人到女人》由拓荒者出版公司出版 4. 獲中山文化基金獎助研究臺灣歌仔戲			
1976 （32歲）	1. 呂秀蓮為推動婦運，創辦「拓荒者出版社」，施叔青擔任總編輯 2. 短篇小說〈常滿姨的一日〉、〈後街〉，散文〈也算白目〉發表於《聯合報》 3. 戲劇評論集《西方人看中國戲劇》由聯經出版公司出版 4. 小說集《常滿姨的一日》由景象出版社出版 5. 長篇小說《琉璃瓦》由時報出版公司出版		鍾肇政臺灣三部曲之第二部《滄溟行》發表於《中央日報》	1. 發生天安門事件。之後，江青反革命集團被粉碎，文化大革命結束 2. 越南社會主義共和國建國 3. 中國・毛澤東、林語堂逝
1977 （33歲）	1. 得到美國「亞洲基金會」的贊助，與漢寶德等人開始鹿	桃園縣長選舉發生舞弊，引發中壢事件	臺灣文學史上發生第二次鄉土文學論戰	1. 西、法、義共發表《馬德里宣言》歐共主張尊重民主自由

年	事、文學創作	臺灣政壇紀事	臺灣文壇紀事	世界紀事
	港古城古風物的調查 2. 紀念文〈哭俞老師〉發表於《現代文學》復刊號第一期			2. 中國實施四個現代化政策 3. 東南亞公約組織解散
1978 （34歲）	隨著美籍夫婿移居香港，任香港藝術中心亞洲節目部主任			《日中友好條約》簽訂
1979 （35歲）	短篇小說〈李梅〉（後改為〈臺灣玉〉）發表於香港《八方》雜誌	1. 美國與中華民國斷交，與中華人民共和國建交 2. 發生美麗島事件	臺灣文學初次在中國大陸受到引介，最初轉載的作品是聶華玲的〈愛國獎券〉，大陸一時熱衷介紹臺灣文學	1. 美中建交 2. 美國制定〈臺灣關係法〉 3. 中國提出「三通」
1980 （36歲）		施明德於美麗島事件軍法大審的辯論庭上，主張「中華民國模式的臺灣獨立」：表示「臺灣應該獨立，而且事實上已經獨立三十多年」	1. 鍾肇政《臺灣人三部曲》出版 2. 李喬《寒夜三部曲》出版 3. 李昂發表《殺夫》，標幟臺灣女性主義抬頭	1. 韓國發生光州事件 2. 雷根當選美國總統 3. 中國鄧小平上臺 4. 法·沙特逝
1981 （37歲）	短篇小說〈愫細怨：香港的故事之一〉發表於《聯合報》			1. 伊拉克轟炸德黑蘭，兩伊戰爭激化 2. 哥倫比亞·馬奎斯發表《預知死亡記事》
1982 （38歲）	短篇小說〈窯變：香港的故事之二〉發表於《聯合報》	最後一批因二二八事件入獄的24位受刑人在囚禁35年之後在立委洪昭男努力下獲釋放		1. 美、中簽署〈八一七公報〉 2. 英國發動阿根廷戰爭

年	事、文學創作	臺灣政壇紀事	臺灣文壇紀事	世界紀事
1983 （39歲）	1.〈票房：香港的故事之三〉、〈冤：香港的故事之四〉發表於《聯合報》 2.小說集〈倒放的天梯〉由香港博益出版公司出版 3.〈窯變〉獲《聯合報》小說推薦獎	黨外作家編聯會成立，林濁水擔任會長	1.李喬、高天生共編《臺灣政治小說選》 2.高雄事件繫獄的王拓以《牛肚港的故事》記錄七〇年代的社會運動	
1984 （40歲）	1.小說〈一夜游：香港的故事之五〉發表於《聯合文學》創刊號 2.小說〈情探：香港的故事之六〉發表於《中國時報》 3.小說集《愫細怨》由洪範書店出版	蔣經國當選臺灣總統，李登輝為副總統	宋冬陽於「臺灣文藝」八十六期發表〈現階段臺灣文學本土化的問題〉，三月號「夏潮論壇」推出「臺灣結的大解剖」專題加以反駁，引發一場意識形態的臺灣文學論戰	1.汶萊完全獨立 2.雷根訪中國 3.鄧小平提出「一國兩制」
1985 （41歲）	1.〈夾縫之間：香港的故事之七〉發表於《中國時報》 2.〈尋：香港的故事之八〉發表於《聯合報》 3.小說集《完美丈夫》由洪範書店出版 4.戲劇評論集《臺上臺下》由時報文化出			

年	事、文學創作	臺灣政壇紀事	臺灣文壇紀事	世界紀事
	版公司出版 5. 小說集《一夜遊》由香港三聯書店出版			
1986 （42歲）	1. 〈驅魔：香港的故事之九〉、〈晚晴：香港的故事之十〉發表於《中國時報》 2. 小說集《情探》由洪範書店出版 3. 《夾縫之間》由香港香江出版公司出版	1. 五一九綠色行動，黨外人士於臺北萬華龍山寺集結，要求解除戒嚴 2. 民主進步黨成立	1. 臺灣筆會舉行「二二八文學會議」 2. 西德召開「中國現代文學大同世界」會議，李昂提出「臺灣作家的定位」的問題	1. 日本社會黨改採西歐社會民主主義路線 2. 中國發生安徽學潮，要求民主化，涉及上海、北京、天津各大學
1987 （43歲）	大陸作家訪談錄〈上帝是唯一的聲音：天津作家馮驥才談寫作與作品〉、〈與阿城談禪論藝〉、〈散文化小說是抒情詩：與大陸作家汪曾棋對談〉、〈以筆爲劍，爲民請命：與大陸作家劉賓雁對談〉發表於《中國時報》	1. 臺灣解除戒嚴 2. 開放大陸探親，實施《國家安全法》		中國‧梁實秋逝
1988 （44歲）	1. 短篇小說〈黃昏星〉發表於《中國時報》 2. 大陸作家訪談錄〈走出大山，擁抱生活：與大陸作家古華對談〉、〈鳥的傳	1. 蔣經國歿，李登輝繼任總統 2. 蔡友泉、許曹德「臺獨案」被捕 3. 發生五二○事件 4. 開放報禁		兩伊停戰

年	事、文學創作	臺灣政壇紀事	臺灣文壇紀事	世界紀事
	人：與湖南作家韓少功對談〉、〈為了報仇寫小說：與大陸作家殘雪對談〉、〈「造園家」與「美食家」：與大陸作家陸文夫對談〉、〈知識份子三部曲：與大陸作家戴厚英對談〉發表於《中時晚報》 3. 小說集《韭菜命的人》由洪範書店出版 4. 《那些不毛的日子》由洪範書店出版			
1989 （45歲）	1. 大陸作家對談錄〈走出絕望：與大陸作家史鐵生對談〉、評論〈找回玄想絢麗的巫楚文化：文革以後的湖南文化〉發表於《中時晚報》 2. 散文〈未曾逝去〉發表於《中國時報》 3. 《對談錄：面對當代大陸文學心靈》由時報文化出版公司出版 4. 遊記《指點天涯》由聯合文	《自由時代》雜誌負責人鄭南榕自焚身亡		1. 中國發生六四事件 2. 東德拆除柏林圍牆

年	事、文學創作	臺灣政壇紀事	臺灣文壇紀事	世界紀事
	學出版社出版 5. 遊記《哈爾濱看冰燈》獲上海文匯報散文獎			
1990 （46歲）	1. 評論《胡風沉冤》、遊記《湘西行》發表於《中時晚報》 2. 完成長篇小說《維多利亞俱樂部》	1. 野百合學運展開（臺灣三月學運） 2. 與沙烏地阿拉伯斷交 3. 以「臺澎金馬祖關稅區」名義，申請重返GATT 4. 民進黨通過「臺灣主權獨立」決議案	東方白《浪淘沙》出版	1. 伊拉克併吞科威特 2. 東、西德統一 3. 中國‧錢穆逝
1991 （47歲）	長篇系列小說〈香港序曲〉、〈她名叫蝴蝶〉發表於《聯合報》	廢除動員戡亂時期臨時條款，動員戡亂時期結束		1. 發生波斯灣戰爭 2. 蘇聯解體
1992 （48歲）	1. 長篇系列小說〈公元一九八四年香港的英國女人〉發表於《聯合文學》 2.〈紅棉樹下〉、〈有關姜俠魂的傳說〉發表於《聯合報》	1. 與南韓斷交、斷航 2. 解除金門、馬祖戒嚴，解除戰地政務，回歸地方自治		1. 細川護熙成立日本新黨 2. 日本政府就慰安婦問題公開道歉
1993 （49歲）	1. 長篇小說《維多利亞俱樂部》發表於《聯合文學》 2. 長篇系列小說〈重回青樓〉、〈夢斷東莞〉發表於《聯合報》	1. 辜振甫、汪道涵於新加坡展開首次辜汪會談 2. 國民黨脫黨者另立「新黨」	鍾肇政《怒濤》出版	1. 西藏人反中國起義 2. 亞太經濟合作會議（APEC）在西雅圖召開

年	事、文學創作	臺灣政壇紀事	臺灣文壇紀事	世界紀事
	3. 長篇小說《她名叫蝴蝶》(香港三部曲之一)由洪範書店出版 4. 長篇小說《維多利亞俱樂部》由聯合文學出版社出版			
1994 (50歲)	1. 搬離住十六年的香港，回臺灣定居 2. 完成長篇小說《遍山洋紫荊》(香港三部曲之二) 3. 長篇系列小說〈妳讓我失身於妳〉發表於《聯合報》，並選入《八十三年短篇小說選》(爾雅出版) 3. 〈家鄉裏的外鄉人〉、〈遍山洋紫荊〉發表於《聯合文學》			1. 捷、匈、斯洛伐克、波蘭簽訂中歐自由貿易聯合 2. 黑人曼德拉當選南非總統 3. 巴勒斯坦自治
1995 (51歲)	1. 長篇系列小說〈雕花的太師椅〉發表於《聯合報》 2. 〈十七行的算盤〉發表於《聯合文學》 3. 長篇小說《遍山洋紫荊》(香港三部曲之二)由洪範書店出版	二二八紀念碑落成，李登輝總統代表政府正式爲二二八事件道歉		1. 美越建交 2. 江澤民對臺灣發表〈江八點〉

年	事、文學創作	臺灣政壇紀事	臺灣文壇紀事	世界紀事
1996 （52歲）	1. 長篇系列小說〈蝶影〉發表於《聯合報》 2.〈血色島嶼〉發表於《聯合文學》 3.《遍山洋紫荊》（香港三部曲之二）榮獲一九九五《中國時報》「開卷」十大好書獎，及《聯合報》「讀書人」年度最佳書獎	1. 中國向臺灣海面試射飛彈，引爆臺海飛彈危機，美國派出尼米茲號及獨立號航空母艦巡弋臺灣海峽 2. 臺灣舉行首次總統直選，李登輝、連戰當選臺灣正副總統 3. 美國宣布將臺灣自超級 301 名單中除名 4. 與南非斷交		
1997 （53歲）	1. 長篇系列小說〈寂寞雲園〉、〈驚變〉發表於《中國時報》 2.〈花魂〉發表於《聯合報》 3. 長篇小說《寂寞雲園》（香港三部曲之三）由洪範書店出版 4. 小說集《回家眞好》、《遍山洋紫荊》（香港三部曲之二）榮獲《中國時報》最高成就推薦獎	臺灣省「精省」		1. 香港回歸中華人民共和國，香港特別行政區建立 2. 泰幣對美元大貶值，引發亞洲金融風暴
1998 （54歲）	1. 藝術評論集《耽美手記》由元尊出版 2.《寂寞雲園》獲			柯林頓訪中，表明承認一個中國，不支持臺灣獨立等立場

年	事、文學創作	臺灣政壇紀事	臺灣文壇紀事	世界紀事
	《聯合報》「讀書人」年度最佳書獎 3. 香港三部曲獲金石文化廣場「1997 年度最具影響力的書」			
1999 （55 歲）	1. 編《世紀女性・臺灣第一》，由麥田出版 2. 香港三部曲獲香港《亞洲周刊》「二十世紀中文小說一百強」	李登輝接受德國之聲訪問時宣稱中、臺為國與國的特殊關係，提出「兩國論」		1. 歐洲聯合發行統一貨幣「歐元」 2. 澳門回歸中華人民共和國，澳門特別行政區建立
2000 （56 歲）	1. 擔下臺灣三部曲的重責，攜著故鄉資料，至夫家紐約 2. 佛教傳記《枯木開花：聖嚴法師傳》由時報文化出版公司出版 3.《微醺彩粧》獲臺北文學獎	臺灣民進黨陳水扁、呂秀蓮當選中華民國正、副總統，臺灣首次政黨輪替		
2001 （57 歲）	1. 中篇小說《兩個芙烈達・卡羅》由時報文化出版公司出版 2.《臺灣散文雜論》由時報文化出版公司出版	1. 小三通開始 2. 黃主文成立「臺灣團結聯盟」		1. 小林善紀漫畫《臺灣論》引發風暴 2. 美國發生九一一事件 3. 布希、江澤民於上海會談
2002 （58 歲）	長篇小說《微醺彩妝》由麥田出版	1. 臺灣以「臺澎金馬獨立關稅領域」名稱正		胡錦濤接任中共總書記

年	事、文學創作	臺灣政壇紀事	臺灣文壇紀事	世界紀事
		式加入世界貿易組織 2. 中華民國總統陳水扁在世臺會視訊會議上，公開表示臺灣與中國的關係是「一邊一國」		
2003 （59歲）	1. 長篇小說《行過洛津》由時報文化出版公司出版 2. 聯合報2004年讀書人年度最佳書獎（推薦書單：文學類） 3. 中國時報2004年開卷年度十大好書獎（中文創作類） 4. 2004年1月中國時報開卷一周好書榜 5. 2004年2月聯合報副刊一周好書榜	1. 兩岸春節包機直航，分隔54年後，中華民國民航包機首次合法降落中國大陸地區 2. 賴比瑞亞宣布與中華民國中斷外交關係，重新與中華人民共和國建交 3. 臺灣公投法獲得通過，引起兩岸關係緊張		1. 美英聯軍攻打伊拉克 2. 太空人楊利偉乘坐神舟五號載人太空飛船順利完成了中國第一次載人太空飛行任務
2004 （60歲）	《心在何處：追隨聖嚴法師走江湖訪禪寺》由聯合文學出版社出版	2月28日，臺灣200萬人民牽起500公里人鍊「手護臺灣」，縱貫臺灣南北，表達捍衛臺灣的決心		
2005 （61歲）	《騙魔》由聯合文學出版社出版	1. 臺灣數十萬人民聚集在臺北市，舉行三二		1. 中華人民共和國第十屆全國人民代表大會

年	事、文學創作	臺灣政壇紀事	臺灣文壇紀事	世界紀事
		六護臺灣大遊行，以抗議中華人民共和國通過《反分裂國家法》 2. 2005 年臺灣團結聯盟參拜靖國神社事件，引起爭議 3. 與諾魯建交 4. 廢除國民大會，國民大會正式走入歷史		第三次會議通過《反分裂國家法》 2. 旨在資助最不已開發國家網際網路發展的世界數字團結基金在日內瓦正式啟動
2006 （62 歲）	《維多利亞俱樂部》由聯合文學出版社出版	國統綱領廢除	邱家洪《臺灣大風雲》	
2007 （63 歲）	1.《風前塵埃》由時報文化出版公司出版 2. 金鼎獎 98 年度（入圍：最佳文學類圖書獎） 3. 中國時報開卷一周好書榜（2008 年 3 月）	1. 二二八國家紀念館正式開幕，而以此為主題的首套臺灣郵票也於同日發行 2. 與東加勒比海島國聖露西亞正式建交，全面恢復大使級外交關係 3. 臺灣首次以「臺灣」名義申請成為世界衛生組織會員		
2008 （64 歲）	獲國家文藝獎	1. 馬英九、蕭萬長當選第 12 任正副總統，政權再度轉移 2. 以「臺灣」名義申請成為世界衛生大會（WHA）觀		

年	事、文學創作	臺灣政壇紀事	臺灣文壇紀事	世界紀事
		察員遭大會否決，第十二次叩關失敗		
2009（65歲）		民主進步黨與多個民間本土社團於臺北、高雄同步舉行嗆馬保臺大遊行，表達對馬英九政府兩岸、經濟、人權政策的不滿		
2010（66歲）	《三世人》由時報文化出版公司出版	1. 兩岸 ECFA 正式簽訂 2. 臺南、高雄、臺中縣市合併升格為三個直轄市，臺北縣獨立升格為直轄市：新北市		中國 2010 年上海世界博覽會開幕